Das Rätsel der Nächstenliebe

Morton Hunt

Das Rätsel der Nächstenliebe

Der Mensch zwischen
Egoismus und Altruismus

Aus dem Englischen
von Hella Beister

Campus Verlag
Frankfurt/New York

Die amerikanische Originalausgabe »The Compassionate Beast. What Science Is Discovering About The Human Side of Humankind« erschien 1990 bei William Morow and Company, Inc., New York.
Copyright © 1990 by Morton Hunt

Die Deutsche Bibliothek – CIP-Einheitsaufnahme

Hunt, Morton:
Das Rätsel der Nächstenliebe: der Mensch zwischen Egoismus
und Altruismus / Morton Hunt. Aus dem Engl. von Hella Beister. – Frankfurt/Main;
New York: Campus Verlag, 1992
Einheitssacht.: The compassionate beast <dt.>
ISBN 3-593-34621-4

Copyright © 1992 by Campus Verlag GmbH, Frankfurt Main
Umschlaggestaltung: Atelier Warminski, Büdingen
Satz: Fotosatzstudio »Die Letter«, Hausen/Wied
Druck: Clausen & Bosse, Leck
Printed in Germany

Für meinen Sohn Jeffrey

Inhalt

Erstes Kapitel
Ein befremdliches Verhalten

Das Rätsel Altruismus

Nichts schien besonders an dem Mann: Mitte Vierzig, Revisor bei einer Bank, beginnende Glatze, kleiner grauer Bart; wer Arland Williams kannte, war über sein Verhalten an einem Nachmittag im Januar 1982 genauso erstaunt wie der Rest der Welt.

Es war schon fast dunkel in Washington, neblig, bitter kalt, und auf der Brücke der Vierzehnten Straße über den Potomac stauten sich die heimwärtsfahrenden Autos, als urplötzlich eine große Düsenmaschine aufdröhnte – immer lauter, immer näher, immer mühsamer –, ins Blickfeld platzte, mit ohrenbetäubendem Krachen über die Brücke schoß und in einer Kaskade von Wasser, Wrackteilen und herumfliegenden Körpern in den eisigen Fluß stürzte.

Von den 85 Menschen an Bord dieses Flugzeugs der Air Florida starben 79 entweder sofort oder innerhalb von Sekunden nach dem Sturz in das eisige Wasser. Aber die Besatzung eines Rettungshubschraubers, der wenig später eintraf, sah drei Frauen und zwei Männer, die sich an ein im Wasser treibendes Wrackteil klammerten, und dicht daneben, wassertretend, einen weiteren Mann.

Der Hubschrauber ließ ein Seil zu dem wassertretenden Mann herunter, zog ihn hoch und brachte ihn in Sicherheit. Dann kam er zurück und ließ das Seil zu der Gruppe hinunter, die sich an dem Wrackteil festhielt. Ein Mann mit beginnender Glatze und kleinem Bart fing das Seil, aber noch ehe die Retter ihn hochziehen konnten, gab er es Kelly Duncan, einer Stewardeß, und also nahm der Hubschrauber sie mit.

Als er das nächste Mal kam, fing wieder dieser Mann das Seil und reichte es abermals einem anderen weiter. Arland Williams dürfte gewußt haben, daß er als Büromensch mit seinen 46 Jahren nicht besser als die anderen für diese Art Abenteuer gerüstet war und daß seine Überlebenschancen rapide abnahmen.

Und es gab manches, für das zu leben sich lohnte. Seit einiger Zeit geschieden, hatte er sich erneut verliebt und war frisch verlobt. Und doch, auch als er das Seil ein drittes und vielleicht sogar ein viertes Mal fing (die Augenzeugenberichte gehen hier auseinander), gab er es weiter.

Als der Hubschrauber ein letztes Mal kam, seinetwegen, war er nicht mehr da (*The New York Times*, 14. 01. 1982, 15. 01. 1982, 19. 01. 1982; Claire Safran, »Hero of the Frozen River«, *Reader's Digest*, Sept. 1982, S. 49–53).

Wie bewundernswürdig – und wie unbegreiflich.

Wir stehen voller Hochachtung vor einem solchen Verhalten, und doch wundert und beunruhigt es uns. Wir glauben zwar, daß es gut und richtig ist, einem anderen Menschen, der in Not ist, zu helfen, aber wir halten es doch für unnatürlich, diesem anderen Menschen, und erst recht einem Fremden, auf Kosten des eigenen Lebens zu helfen. Derartige Handlungen verblüffen und irritieren uns, denn sie widersprechen dem Urtrieb, alles zu tun, was die eigenen Überlebenschancen erhöht, und alles zu vermeiden, was zum Gegenteil führt.

Viel wichtiger aber ist, daß uns eine ganz ähnliche Mischung aus Respekt und Unbehagen auch bei verhältnismäßig normalen, undramatischen Akten von Freundlichkeit, Hilfsbereitschaft oder Großmut gegenüber Fremden oder Außenstehenden befallen kann. Immer kostet ein solches Verhalten den Geber einiges – und manchmal sogar ziemlich viel – an Zeit, Kraft und Geld; ist keine Aussicht auf Gegenleistung oder Belohnung damit verbunden – handelt es sich also um das, was wir Altruismus nennen –, finden wir es zwar besonders lobenswert, aber auch besonders rätselhaft und sogar beunruhigend.

Selbstsüchtige, aggressive oder brutale Handlungen sind viel leichter zu verstehen, denn für den, der so handelt, zahlen sie sich fast immer aus – oder sollen es doch zumindest. Altruistische Handlungen aber scheinen dem Urtrieb der Selbsterhaltung so sehr zuwiderzulaufen, daß wir schnell bereit sind, nach heimlichen Befriedigungen, bizarren Neurosen und anderen nicht ganz geheuren Erklärungen zu suchen. Gerade so, wie wir uns insgeheim fragen mögen, was Arland Williams »wirklich« dazu bewogen haben mag, das Seil weiterzugeben, können wir uns auch Gedanken über die geheimen Motive all derer machen, die Suppenküchen für Obdachlose betreiben, mit alleingelassenen Kindern in Krankenhäusern spielen oder auch nur unterwegs den Fahrer eines liegengebliebenen Autos mitnehmen.

Die Verwirrung, die altruistisches Verhalten bei uns auslöst, ist eine Folge jener trostlosen Auffassung von der menschlichen Natur, die zumindest im westlichen Kulturkreis seit den alten Griechen die vorherrschende ist. Zwar haben sich einige Denker auf den Standpunkt gestellt, der Mensch sei im Grunde gut, aber die große Mehrheit hielt es mit dem düsteren Plautus und seiner Feststellung, »der Mensch ist dem Menschen ein Wolf«: selbstsüchtig, grausam, ein wildes Tier – ja, was seine Artgenossen angeht, schlimmer als jedes Tier. In unserer Zeit mit ihrem beispiellosen Aufgebot an Massakern, Großkriegen und Völkermorden ist solche Menschenfeindlichkeit die bevorzugte, die aufgeklärte, die angeblich realistische Sichtweise; jede positivere Sicht der menschlichen Natur gilt weithin als naiv oder hoffnungslos optimistisch.

Die Informationen allerdings, auf die sich diese Art Realismus beruft, sind stark verzerrt. Wir müssen schon deshalb die Summe aller menschlichen Güte im Vergleich zur Summe aller menschlichen Brutalität für gering halten, weil Geschichte und Medien in erster Linie über letztere berichten und erstere selten für erwähnenswert halten. Im übrigen erwarten meist selbst diejenigen von uns, die eigentlich von der Schlechtigkeit der Menschheit überzeugt sind, daß die Menschen im allgemeinen anständig und hilfsbereit miteinander umgehen – eine Grundeinstellung, die fast allen Kindern vermittelt wird –, und nehmen ein solches Verhalten größtenteils nicht bewußt wahr; es ist wie die Luft, die wir atmen: die unsichtbare Atmosphäre unseres Alltags. Das Gegenteil aber – Raubüberfälle, Morde, Vergewaltigungen, Kindesmißhandlungen, Rassenunruhen, Kriege, Völkermord – nehmen wir gerade deshalb wahr, weil diese Verhaltensweisen eben nicht das sind, was wir in Wirklichkeit von unseren Mitmenschen erwarten. Die Welt ist, wie die Altruismusforscherinnen Harriet L. Rheingold und Gena N. Emery von der Universität North Carolina wehmütig anmerken, »so gepolt, … daß asoziales Verhalten die Aufmerksamkeit auf sich zieht, während das ungleich normalere prosoziale Verhalten weitgehend unbemerkt bleibt« (in Olweus u. a. 1986: 94). Und so kommen wir leicht zu der Auffassung, daß der Mensch nicht nur eine Bestie ist, sondern die schlimmste Bestie überhaupt.

In unserer Zeit jedoch werden zum ersten Mal in der Geschichte regelmäßig Statistiken erstellt, die uns einen Begriff von den Dimensionen des menschlichen Altruismus geben. Zum Beispiel:

– Rund neun Millionen Amerikaner spenden jedes Jahr einen halben Liter oder mehr Blut für Leute, die sie nicht kennen, obwohl der Dank dieser Leute, in deren Körpern dann ihr Blut fließt, sie nie erreichen wird, und obwohl sie nicht einmal erfahren, ob das geschenkte Blut wirklich gebraucht wurde.

– Nach einer Gallup-Umfrage aus dem Jahre 1988 leistete im Jahre 1987 nahezu die Hälfte aller erwachsenen Amerikaner ehrenamtliche Arbeit, manche für ihre Clubs und Nachbarschaftsgruppen, andere jedoch für Leute, die sie nicht kannten und die in vielen Fällen in ganz entlegenen Landes- oder Weltgegenden lebten. Der durchschnittliche ehrenamtliche Helfer brachte pro Woche fast fünf Stunden (im ganzen Land insgesamt 19,5 Milliarden Stunden) damit zu, Krankenhauspatienten im Rollstuhl herumzuschieben, Sterbende zu Hause zu pflegen, eine Telefonbereitschaft für Menschen zu unterhalten, die Angst haben oder sich umbringen wollen, Geld für die Aids-Forschung zu sammeln und so weiter und so fort.

– Sieben von zehn amerikanischen Haushalten beteiligten sich 1988 an Spendenaktionen für wohltätige Zwecke, meistens zugunsten von Menschen, die sie nicht kannten oder zu denen sie in keiner direkten Beziehung standen. Trotz der jüngsten Einschränkungen der steuerlichen Absetzbarkeit solcher Spenden kamen von Einzelspendern fast *87 Milliarden Dollar*, 7,3 Prozent mehr als im Vorjahr, davon mehr als zwei Drittel völlig freiwillig und außerhalb der eher obligatorischen Kanäle kirchlicher Spendenaktionen.

Für unser Gefühl jedoch sind solche Daten weniger überzeugend als unsere eigenen Alltagserfahrungen mit dem Altruismus, die uns größtenteils so selbstverständlich sind, daß wir sie übersehen, sobald wir allgemeinere Aussagen über die Natur des Menschen machen. Das sind etwa:

– die zahllosen kleinen Freundlichkeiten, die wir, ohne abzuwägen, was wir vielleicht dafür bekommen, vielen Menschen erweisen, die uns nicht besonders nahestehen – Nachbarn, Mitfahrern in Bus oder Zug, Fremden auf der Straße (typisch zum Beispiel ist, daß wir fast alle, wenn wir vor einem Restaurant ein Auto mit brennenden Scheinwerfern parken sehen, den Eigentümer im Restaurant zu finden versuchen);

– die handfeste Hilfe, die wir fast alle sofort und ohne uns zu besinnen jemandem leisten, der ausgerutscht und hingefallen ist, etwas fallengelassen hat oder so aussieht, als hätte er sich verlaufen und käme nicht zurecht;

– das Kleingeld, das wir blinden Bettlern oder der Weihnachtssammlung der Heilsarmee geben oder in Sammelbüchsen für alle möglichen guten Zwecke werfen;

– die vielen Male, die wir für andere, oft ganz fremde Leute bei Polizei oder Feuerwehr anrufen, auch wenn wir gar nicht betroffen sind;

– die Hilfe, die viele von uns ganz selbstverständlich Menschen anbieten, die durch Feuer, Überschwemmungen, Explosionen aus ihren Häusern vertrieben wurden; die Spenden, die viele von uns geben, wenn sie lesen, daß die Behausungen eines weit entfernt lebenden, fremden Volks durch Erdbeben zerstört wurden, oder wenn wir Bilder von Kindern mit aufgedunsenen Bäuchen und spindeldürren Beinen sehen, die in irgendeinem afrikanischen Staat verhungern, von dem wir sonst nichts wissen.

Solche Reaktionen auf anderer Leute Not machen selten Schlagzeilen. Tun sie es doch, weil sie irgendwie dramatisch oder sonst bemerkenswert sind, sind es typischerweise nicht Beispiele vom übermenschlichen Verhalten außergewöhnlicher Menschen, sondern Beispiele von normalen Reaktionen ganz gewöhnlicher Leute auf einen Unbekannten, der leidet oder in Gefahr ist. Ein paar Beispiele aus jüngerer Zeit:

- Als im Jahre 1987 durch das Fernsehen ging, daß der 17jährige Ronald DeSillers bereits eine transplantierte Leber abgestoßen hatte und sterben würde, wenn er keine neue bekäme – was seine Mutter nicht bezahlen konnte –, schickten Menschen aus dem ganzen Land unaufgefordert Spenden, ganz kleine und ganz große, insgesamt 690 000 Dollar.

- In Riverhead, New York, brachten Joan und Roger Metcalf, Charles West und Donna Lee einen großen Teil der Wochenenden des Jahres 1988 damit zu, ein Haus zu bauen, und zwar nicht für sie selbst, sondern für Classie Kelly, eine schwarze Frau mit fünf Kindern, die sich sonst kein Haus hätte leisten können. Die vier Wochenend-Bauarbeiter, alle Mitglieder der Mount Sinai Congregational Church, gehören zu Habitat for Humanity, einer internationalen Gruppe mit Untergruppen in 25 Ländern; ihr Mitgliedsbeitrag ist die unbezahlte Arbeit als Häuserbauer für bedürftige Familien. (Allein in den Vereinigten Staaten laufen zur Zeit rund 280 solcher Projekte.) Die Beschenkten arbeiten Seite an Seite mit den freiwilligen Helfern und brauchen nur die Material- und Grundstückskosten zu zahlen. Warum wählen Leute freiwillig eine derart mühsame und aufwendige Form des Gebens? Mrs. Metcalfs Erklärung ist so gut wie jede andere: »Ich helfe Menschen gern und ich sitze sehr ungern in Versammlungen herum. Ich muß sehen, wie etwas passiert.«

- Im Dezember 1982 stand Reginald Andrews, 29, schwarz, damals arbeitslos und hoch verschuldet, auf einem Bahnsteig der U-Bahn in Manhattan und dachte betrübt darüber nach, daß es ein trauriges Weihnachten für seine acht Kinder werden würde, denen er nichts schenken konnte. Der Zug fuhr ein. Vor Andrews tastete David Schnair, ein älterer, blinder Weißer, mit seinem Stock herum, hielt den freien Raum zwischen zwei Wagen für eine Tür und stürzte auf die Gleise. Andrews sprang auf der Stelle unter den Zug, zog Schnair in eine Höhlung unter dem Bahnsteig, außer Reichweite der Räder, und hielt ihn da fest, bis der Zug, der schon wieder angefahren war, gestoppt wurde und beide in Sicherheit gebracht werden konnten. Als er später gefragt wurde, warum er das getan hatte, sagte Andrews nur: »Ich wußte, was ich zu tun hatte.« (Sein Altruismus hatte eine Folge, mit der er natürlich nicht gerechnet hatte, als er Schnair das Leben rettete: Drei Tage später schickte ihm jemand, der in der Zeitung von der Rettung gelesen hatte und anonym bleiben wollte, einen Scheck über 3 000 Dollar, mit denen er seine Schulden bezahlen konnte.)

Man könnte ein dickes Dossier solcher Beweise für die Allgegenwart des Altruismus zusammentragen, aber eigentlich genügt eine einzige, ganz allgemeine, aber leicht zu übersehende Tatsache als Beweis dafür, daß wir zwar oft abscheulich zu unseren Mitmenschen sind, aber doch auch regelmäßig spontan rücksichtsvoll und freundlich. Dieser Beweis ist: *Wir sind noch nicht ausgestorben.* Emotional und physisch sind wir so beschaffen, daß wir auf das enge Zusammenleben mit anderen Menschen angewiesen sind, und wären wir primär grausam und selbstsüchtig, könnten wir in dieser sozialen Lebensform gar nicht bestehen.

Unser wechselseitiges Wohlverhalten ist auch keineswegs nur eine Sache der Kooperation. Anderen zu helfen, um selber Nutzen daraus zu ziehen, ist für das Gemeinschaftsleben notwendig, aber nicht ausreichend; dies allein würde aus dem sozialen Leben nur so etwas wie einen hochgerüsteten Waffenstillstand machen. Anderen ohne Aussicht auf persönlichen Nutzen oder sogar mit gewissen eigenen Kosten zu helfen, ist etwas ganz anderes; dies ist es, was Einzelpersonen aneinander bindet und eine Gesellschaft aus ihnen macht. Keine Gesellschaft könnte Bestand haben, lautete die bekannte Hypothese des großen Soziologen Emile Durkheim, in der die Menschen nicht ständig Opfer füreinander brächten.

Nun besagt Durkheims Hypothese zwar, daß Altruismus für das Überleben des Menschen unerläßlich ist, löst jedoch nicht das größere Rätel: Wie nämlich dieses Verhalten im Konflikt mit dem Selbsterhaltungstrieb überhaupt entstehen kann.

Gewöhnlich fasziniert die Wissenschaftler jedes Phänomen, an dem etwas rätselhaft ist, aber um das Thema Altruismus haben sie sich bis vor ein paar Jahrzehnten praktisch nicht gekümmert. Den Psychologen und sonstigen Verhaltens- und Sozialforschern war nicht wohl bei diesem Thema, und sie mißtrauten dem Augenschein, da er klar der allerersten Regel für erworbenes Verhalten widerspricht, nämlich dem *Gesetz der Verstärkung*, das besagt, daß Lebewesen in der Art und Weise zu handeln lernen, die ihnen Gewinn verspricht oder sie in die Lage versetzt, unangenehme Erfahrungen zu vermeiden. Von der Taube in der Skinner-Box, die lernt, daß sie den roten Knopf bedienen muß, um Futter zu bekommen, bis hin zum Abgeordneten, der sich zur Wiederwahl stellt, richtet sich das Verhalten fühlender Lebewesen nach Gewinn und Schmerz.

Wenn aber Altruismus weder sichtbaren Gewinn zur Folge hat noch vor Schmerz schützt, sondern gewöhnlich auch noch mehr oder weniger hohe Kosten mit sich bringt – wie wird dann dieses Verhalten überhaupt erworben und warum praktizieren wir es? Schon 1883 sprach Lester Ward, der erste amerikanische Soziologe, vom »Paradox des Altruismus« (zit. n. Wispé, 1978: 307). Bis vor kurzem war es den meisten Sozial- und Verhaltensforschern immer noch lieber, Altruismus für eine bloße Illusion zu halten – und Egoismus oder Eigennutz für sein verborgenes Motiv –, als davon auszugehen, daß er eine Realität ist, die die Grundannahmen der Verhaltenspsychologie infragestellt.

Vielleicht aber ist Altruismus ja auch angeboren und nicht erworben. Nur wird er auch dadurch nicht verständlicher: Jeder Trieb, der das Wohlbefinden eines Lebewesens und damit seine Überlebens- und Fortpflanzungschancen herabsetzt, müßte eigentlich im Kampf um das Überleben des Stärkeren unterliegen und verschwinden. Auch in dieser Sicht stellt sich Altruismus als Paradox dar; und wiederum ist es verführerisch, ihn nur für eine kaschierte Form von Eigennutz zu halten.

Obwohl inzwischen in zwei Jahrzehnten Forschung fast unübersehbar viele Erkenntnisse über den Altruismus zusammengekommen sind, ist er in den Augen vieler Wissenschaftler immer noch mehr oder weniger ein Paradox und scheint unvereinbar mit den Grundgesetzen der Psychologie wie des Lebens. Je großmütiger jemand handelt, desto unnatürlicher und verdächtiger finden das manche Menschen. Vor ein paar Jahren ergab eine Untersuchung, daß die meisten Ärzte ernsthafte Zweifel am Altruismus von Menschen hatten, die sich als lebende Organspender meldeten; ihrer Ansicht nach waren solche Personen von den Familien unter Druck gesetzt worden, wenn sie mit dem Empfänger verwandt waren, oder psychisch krank, wenn sie das nicht waren (Sadler, zit. n. Fellner und Schwartz, 1971).

Inzwischen aber ist ein anderer Standpunkt möglich geworden: Das ständig anwachsende Material der Altruismusforschung hat nicht nur schon viel zur Lösung des Rätsels und zur Aufklärung des Paradoxons beigetragen, sondern gibt uns auch allen Anlaß, die menschliche Natur in einem besseren Licht zu sehen, als dies in der Vergangenheit möglich war; Anlaß auch zu der Hoffnung, daß wir eines Tages, vielleicht schon bald, Wege zum Aufbau einer besseren, weniger feindlichen, menschlicheren Welt finden. Denn wüßten wir genug über die Ursprünge des Altruismus, um ihn gezielt fördern zu können – und das Material spricht dafür, daß dem bereits jetzt so ist –, könnten wir das Familien- und Gemeinschaftsleben, das Leben unserer Gesellschaft und vielleicht sogar die Beziehungen zwischen den Völkern der Welt erheblich verbessern.

Was verstehen wir unter Altruismus?

Bevor wir uns dem wissenschaftlichen Material zuwenden, sollten wir kurz innehalten, um genauer zu definieren, worüber wir eigentlich reden.

Das Wort Altruismus wird manchmal so benutzt, als wäre damit alles und jedes Verhalten gemeint, das in irgendeiner Form anderen Menschen zugute kommt. Von Psychotherapeuten und Sozialarbeitern etwa heißt es manchmal, ihre Berufe wären altruistisch. Aber die Ausübung dieser Berufe nutzt ihnen selbst nicht weniger als den anderen; gleiches gilt für Gruppenaktivitäten, die unserem eigenen Wohl ebenso dienen wie dem der anderen Gruppenmitglieder, für Freundlichkeiten, von denen wir wissen, daß wir auf eine entsprechende Gegenleistung rechnen können (die Blumen gießen, wenn die Nachbarn verreist sind, damit sie einem später denselben Dienst erweisen), und für Handlungen, die uns nützen, indem sie uns Strafen ersparen (den Bürgersteig vor dem Haus fegen, abblenden, wenn ein Auto entgegenkommt). An derartigem Verhalten ist weder etwas rätselhaft, noch widerspricht es dem Eigeninteresse; es ist sozial nützlich, aber nicht altruistisch.

Altruismus wird auch oft mit Helfen gleichgesetzt, oder Helfen mit Altruismus. Das kommt der Sache schon näher, ist aber immer noch zu weit gefaßt. Altruismus hat zwar fast immer damit zu tun, daß jemandem geholfen wird, der Hilfe braucht, aber nicht alles Helfen ist altruistisch. Vieles ist kooperativ (und soll wiederum dem Helfer genauso nützen wie dem, dem geholfen wird); manches ist erzwungen und kommt nicht aus freien Stücken; und manches zielt auf Prestige- oder anderen Gewinn ab und ist somit eigennützig.

All diese sozial nützlichen Handlungen gehören zu dem, was die Sozialwissenschaftler *prosoziales Verhalten* nennen. Altruismus ist eine mögliche Form prosozialen Verhaltens – die einzige allerdings, die gegen das Gesetz der Verstärkung zu verstoßen und dem Eigeninteresse zuwiderzulaufen scheint.

Wie also sollen wir ihn definieren? Unter den vielen Definitionen, die die Sozialwissenschaftler anbieten, scheint diejenige auf die breiteste Zustimmung gestoßen zu sein, die vor mittlerweile gut zwanzig Jahren von den Psychologen Jacqueline R. Macauly und Leonard Berkowitz (1970: 3) aufgestellt wurde: »ein Verhalten, das anderen nützt und nicht in Erwartung einer externen Belohnung erfolgt«.

Damit sind ganz klar alle Handlungen ausgeschlossen, die wie Altruismus aussehen, aber nicht wirklich altruistisch sind. Eine mir bekannte Biologieprofessorin erzählte mir vor kurzem, daß sie als Jugendliche in Polen 1944/45, also zur Zeit der »Endlösung«, mit einem knappen Dutzend anderer Juden ein halbes Jahr lang in einem stinkenden Schlammloch unter dem Boden eines Hühnerstalls zusammengepfercht gelebt hatte, halb tot vor Kälte und übelriechender, verbrauchter Luft; der ganze elende Haufen überlebte mit nur einem Eimer gekochter Kartoffeln am Tag. War der Bauer ein Altruist, der sie unter Lebensgefahr vor den Nazis versteckte und durchfütterte? Wohl kaum. Er verachtete sie genauso wie jeder Nazi und versteckte sie nur für Geld, behandelte sie weit schlechter als seine Hühner, schikanierte sie, preßte ihnen immer mehr Geld ab und drohte, sie anzuzeigen, wenn sie um mehr Essen und bessere Lüftung bettelten. Nein, zwar rettete er ihnen das Leben, aber er tat es um des eigenen Gewinns wegen; ein Altruist war er nicht.

[Randnotiz: Gegen-beispiele]

Die Definition von Macauly und Berkowitz schließt auch solche eigennützigen Akte der Großmut aus wie das »Potlatch«, jenes merkwürdige Brauchtum der Kwakiutl-Indianer an der nördlichen Pazifikküste, von dem die frühen Entdeckungsreisenden so beeindruckt waren. Dort pflegte der Gastgeber im Rahmen eines rituellen Festmahls große Mengen Nahrung und wertvoller Besitztümer an seine Gäste zu verteilen und sich damit praktisch zum armen Mann zu machen. Anthropologen, die diese Sitte untersuchten, erkannten, daß sie zwar grenzenlose Freigebigkeit zu verkörpern schien, ihr wahrer Zweck aber die Einhaltung oder Erhöhung des Status des Schenkenden in der Gemeinschaft war; das Geben war weniger altruistisch, als vielmehr stark konkurrenzorientiert und eigennützig (Perry, 1985/86).

Gleiches gilt weitgehend auch für gewisse Wohltätigkeitsakte in unserer eigenen Gesellschaft. Die Schirmherrschaften gutbetuchter Persönlichkeiten des öffentlichen Lebens über Spendenkampagnen zur Förderung der Kunst oder der medizinischen Forschung sind ein einschlägiger Fall. Wer sich für solche Ziele zum Wohle der Menschheit einsetzt, tut dies für den guten Zweck, aber auch für ihn selbst springt einiges dabei heraus: Solche Aktivitäten zeigen an, daß man gesellschaftlich »wer ist«. Altruistisch sind Spendenaufrufe dieser Art nur dann, wenn der soziale Gewinn nicht ihr primäres und ausschlaggebendes Motiv ist, aber nach allem, was man hört, ist das selten der Fall; gäbe es die öffentliche Anerkennung nicht und hätte das Spendensammeln heimlich zu geschehen, würden diese Wohltäter vermutlich ganz etwas anderes tun. Ihre Arbeit ist sozial nützlich und lobenswert, aber weder paradox noch rätselhaft; die Feststellung, daß sie kein echter Altruismus ist, soll sie auch gar nicht herabsetzen, sondern ihr nur den richtigen Namen geben.

Etwas komplizierter ist der Fall bei wohlhabenden Personen, die sich durch ihre Spenden und Stiftungen einen nicht unerheblichen Steuervorteil verschaffen. Solche Spenden werden häufig für altruistisch gehalten, aber die Motive der Spender sind oft recht gemischt; humanitäre Gesinnung ist eines davon, aber in dem Maße, wie der Spender ohne den Steuervorteil weniger oder gar nichts geben würde, haben wir es mit einer Zwitterform des Altruismus oder vielleicht sogar mit einer Form von Pseudoaltruismus zu tun. Genauso genü-

[Randnotiz: Misch-formen]

[Randnotiz unten: m.E. ¬ vergleichbar!]

gen Ärzte oder Anwälte, die jede Woche ein paar Gratisstunden für Bedürftige einlegen, meist nur den ethischen Grundsätzen ihres Berufsstandes; der Soziologe Robert K. Merton nennt das den »institutionalisierten Altruismus«, im Unterschied zu einem Verhalten, dessen Motiv Hilfsbereitschaft ohne den Gedanken an äußeren Lohn ist (Merton, 1960; Merton und Gieryn, 1978: 319f.). Es ist eine Art verwässerter Altruismus – sozial nützlich und durchaus achtenswert, aber nichts, was einer genaueren Überprüfung standhält, wenn man dem Phänomen Altruismus auf den Grund gehen will.

Bei den Aktivitäten der Samaritania, einer Vereinigung mit Sitz in Grafton, Massachusetts, die ihre mit »Samaritern« bemannten Werkstattwagen auf vielbefahrene Landstraßen schickt, um nach Autofahrern Ausschau zu halten, die Pannenhilfe brauchen, existieren gleich mehrere Ebenen von Pseudoaltruismus nebeneinander. Die Vereinigung finanziert sich über Spenden von Firmen, deren Namen dann auf den Reklameflächen der Autos zu lesen sind; die Fahrer bekommen pro Jahr 15 000 bis 25 000 Dollar. Wer sind bei diesem Unternehmen die Altruisten? Die Eigentümer der Samaritania? Kaum; sie sind in diesem Geschäft, um mit etwas sozial Nützlichem Geld zu verdienen. Die Förderer? Sie sind zwar teilweise im Geschäft, weil sie sich nützlich machen wollen, zum größeren Teil aber, damit die Leute eine gute Meinung von ihren Firmen bekommen. Die Fahrer? Deren gute Tat wird durch die Bezahlung ein wenig getrübt, doch da diese auch nicht gerade üppig ist, bewerben sich auf solche Stellen immerhin nur Leute, die gerne Gutes tun; die Bezeichnung »bezahltes prosoziales Verhalten« wäre hier eher zutreffend. Dem Verständnis des Altruismus kommt man nur über die Betrachtung von weniger zweideutigen Beispielen näher.

Die Definition von Macauly und Berkowitz ist also durchaus brauchbar; sie lenkt unsere Aufmerksamkeit auf das, was am Phänomen des Altruismus einzigartig ist – die Absicht, jemand anderem ohne Erwartung von äußerem Lohn etwas zugute kommen zu lassen. (Innerer Lohn wie Befriedigung oder Freude über die gute Tat ist etwas anderes; wir kommen darauf zurück.)

In einer Hinsicht jedoch ist diese Definition zu eng: Man kann durchaus primär von dem Wunsch motiviert sein, jemand anderem etwas Gutes zu tun, und trotzdem wissen, daß man wahrscheinlich irgendeine Art Dank ernten wird. Wenn die uneigennützige Motivation nicht nur die stärkere ist, sondern auch für die Ausführung des altruistischen Akts an sich genügen würde, bedeutet das zusätzliche Vorhandensein eines eigennützigen Motivs jedoch nicht, daß der Akt nicht altruistisch ist. Als mein Freund William J. Goode, ein hervorragender Soziologe, erfahren hatte, was ich in meinem Buch alles behandeln wollte, schrieb er mir einen besorgten Brief, in dem er mir dringend davon abriet, »echten« und weniger echten Altruismus unterscheiden zu wollen:

»Meine Sorge ist, Du könntest einer allzu platonischen Idee von Altruismus und damit einer falschen Dichotomie nachgehen. Ein Skeptiker kann immer sagen: Beweisen Sie mir, daß diese Person wirklich auf nichts anderes aus war und die altruistische Tat für nichts und wieder nichts getan hat. Gewinn hat so viele Seiten. Wenn jemand einem Museum eine großzügige Spende zukommen läßt, hat er dabei vielleicht wirklich ein halbes Dutzend völlig uneigennütziger Zwecke einschließlich dem Wohl der Menschheit im Sinn. Es kann ihm aber auch bewußt sein, daß ihm die Spende soziale Anerkennung, Ehre und womöglich die Einladung zu irgendeiner prestigeträchtigen Cocktailparty eintragen wird.«

Sein Argument leuchtet mir ein, aber mir scheint das Beispiel, das er anführt, nicht gegen die Hypothese eines echten Altruismus zu sprechen. Wenn der Spender dem Museum seine Spende in jedem Fall gegeben hätte, auch ohne irgendetwas dafür zu bekommen, dann ist dieses Geben zum Nutzen anderer *plus* dem eigenen Nutzen immer noch altruistisch; hätte er ohne eigenen Nutzen nichts gegeben – wäre also Eigennutz sein primäres und wichtigstes Motiv gewesen –, ist sein Geben nicht altruistisch, selbst wenn es anderen zugute kommt.

Schließlich bleibt bei Macaulys und Berkowitz' Definition eine wichtige Komponente unerwähnt: die *Kosten* des Altruismus für den Altruisten – oft das zentrale Rätsel. Sie haben einem blinden Bettler fünfzig Pfennig gegeben? Ihr Handeln kostet Sie an Geld sehr wenig und an Zeit oder Mühe überhaupt nichts; trotzdem waren es meßbare Kosten. Am anderen Ende des Spektrums stehen dann jene Männer und Frauen (und sogar Kinder), die jedes Jahr von der Carnegie Hero Fund Commission dafür ausgezeichnet werden, daß sie in ein brennendes Gebäude gestürzt oder in einen zugefrorenen Teich gesprungen sind, um fremdes Leben zu retten, oft mit schweren Verletzungen oder sogar Todesfolge. Das ist viel schwerer zu erklären als die fünfzig Pfennig für den Bettler; aber wie hoch oder niedrig die Kosten auch immer sein mögen, sie wirken in jeder Form abschreckend und sind daher eine wesentliche Komponente des Rätsels Altruismus.

Meine eigene Arbeitshypothese lautet folgendermaßen: »Ein Verhalten zum Vorteil anderer, das mit gewissen eigenen Opfern verbunden ist und ohne Erwartung einer Belohnung aus externen Quellen, oder zumindest nicht primär aufgrund einer solchen Erwartung erfolgt.«

Gibt es überhaupt »echten« Altruismus?

Das ideale Beispiel für diese Definition ist einer der bekanntesten Akte von Altruismus: der Passant, der den Fremden rettet, der ausgeraubt, verletzt und blutend am Wege liegen gelassen wurde. Ich meine natürlich das Gleichnis vom guten Samariter; es lohnt sich, es hier noch einmal zu lesen, da wir noch mehrfach Anlaß haben werden, uns darauf zu beziehen.

Ein Schriftgelehrter, dem Jesus sagte: »Du sollst deinen Nächsten lieben wie dich selbst«, fragte: »Wer ist denn mein Nächster?«

»Da antwortete Jesus und sprach: Es war ein Mensch, der ging von Jerusalem nach Jericho hinab und fiel unter die Räuber; die zogen ihn aus und schlugen ihn und gingen davon und ließen ihn halbtot liegen. Es begab sich aber von ungefähr, daß ein Priester dieselbe Straße hinabzog; und da er ihn sah, ging er vorüber. Desgleichen auch ein Levit; da er kam zu der Stätte und sah ihn, ging er vorüber. Ein Samariter aber reiste und kam dahin; und da er ihn sah, jammerte ihn sein Schicksal. Er ging zu ihm, goß Öl und Wein auf seine Wunden und verband sie ihm und hob ihn auf sein Tier und führte ihn in eine Herberge und pflegte sein. Des anderen Tages zog er heraus zwei Silbergroschen und gab sie dem Wirte und sprach zu ihm: Pflege ihn, und so du was mehr wirst dartun, will ich dir's bezahlen, wenn ich wiederkomme. Welcher dünkt dich, der unter diesen dreien der Nächste sei gewesen dem, der unter die Räuber gefallen war? Er sprach: Der die Barmherzigkeit an ihm tat. Da sprach Jesus zu ihm: So gehe hin und tue desgleichen.« (Lukas 10)

Der Priester hätte dem Opfer helfen müssen, weil es seine Pflicht war, der Levit, weil er auch ein Judäer war, aber geholfen hat keiner von beiden. Der Samariter jedoch, obwohl ein Fremder und einem Volk zugehörig, dessen Beziehungen zu den Judäern nicht die besten waren, sah in dem Opfer seinen »Nächsten« – seinen Mitmenschen – und behandelte ihn auch so, was ihn einiges an Zeit, Mühe und Geld kostete und keinerlei sichtbaren Lohn oder Aussicht auf zukünftigen Lohn versprach. Sein Handeln ist das Modell des Altruismus schlechthin.

Aber, kann man mit Recht sagen, das ist nur ein Gleichnis; Christus hat die Menschen gelehrt, wie sie sich verhalten *sollen*, nicht wie sie sich *tatsächlich* verhalten. Warum sollte irgendjemand einem fremden Menschen helfen, wenn ihm das nichts einbringt, nicht einmal das Gefühl, einem Verwandten oder Landsmann gegenüber seine Pflicht getan zu haben, und wenn es ihn darüber hinaus noch Zeit, Mühe und Geld kostet? Wenn sich unser Verhalten nach dem Gesetz der Verstärkung richtet, und wenn Eigeninteresse das Letzte und Eigentliche aller Motivationen ist, warum sollte dann irgendjemand handeln wie der Samariter?

Viele von denen, die glaubten, daß die Menschen von Natur aus selbstsüchtig sind, haben gesagt, daß es so etwas wie »echten«, »wahren« oder »reinen« Altruismus schlicht nicht gibt. Was aussieht wie selbstlose Güte, hat einen verborgenen Gewinn; was Altruisten für andere tun, dient ihren eigenen Zwecken. Von Lukrez bis John Stuart Mill haben diejenigen Philosophen, die den

Genuß als die Haupttriebfeder des Verhaltens ansahen, gesagt, daß wir anderen nur um der größeren inneren Befriedigung willen nützen; selbst wenn ein altruistischer Akt uns Schmerzen verursacht, handeln wir in Erwartung eines späteren höheren oder größeren Genusses.

So schrieb im 17. Jahrhundert ein Geistlicher und Schriftsteller, der Erzbischof Fénelon – selber ein guter, freundlicher Mensch –, an Madame de Maintenon: »Alle Großmut, alle natürliche Zuneigung, ist nur eine besonders raffinierte, täuschende und teuflische Form der Eigenliebe.« Andere haben argumentiert, daß wir oft Gutes tun, um uns nicht schlecht fühlen zu müssen: Der im 18. Jahrhundert lebende Satiriker Bernard de Mandeville sagte, daß, wenn wir ein kleines Kind davor bewahrten, ins Feuer zu fallen, »wir uns nur selber einen Gefallen damit tun, denn es hineinfallen zu sehen und nichts dagegen getan zu haben, hätte uns einen Schmerz bereitet, den zu vermeiden uns schon die Selbsterhaltung zwingt.«

Die meisten zeitgenössischen Psychologen erklären Altruismus auch nicht viel anders und belegen dies mit Experimenten, die zeigen, daß die primäre Motivation für helfendes Verhalten, wie nobel es auch immer aussehen mag, irgendeine Form von Eigeninteresse ist. Dies ist die herrschende Auffassung in der heutigen Psychologie, wie es lange Zeit die der Philosophie war (Batson, 1987: 66).

Manche Altruismusforscher behaupten zum Beispiel, daß alle Altruisten nach so offenkundigem Lohn wie gleichwertigen Gegenleistungen oder öffentlicher Anerkennung streben oder mit ihm rechnen. Andere sagen, daß Altruisten dann, wenn es keinen äußeren Gewinn gibt, um des inneren Gewinns willen handeln, vor allem um ihrer Selbstwert- und Selbstachtungsgefühle willen. Julie Leirich, Angestellte eines Supermarkts in Los Angeles, die ausgesonderte Lebensmittel beiseitelegt und am Strand von Santa Monica an Obdachlose verteilt, sagte einem Reporter des *People* (16. 03. 1987), das mache ihr »Gänsehaut«. Esther Taylor, Rentnerin und ehemalige Krankenschwester in Southampton, New York, arbeitet mehrmals in der Woche halbtags ehrenamtlich in einem Altenheim und hilft, tröstet und pflegt Sterbende zu Hause; als ich sie fragte, wie sie dazu käme, so etwas zu tun, sagte sie einfach: »Es macht mir *Freude*, wenn ich Menschen helfen kann. Ich erlebe viel Schönes mit meinen Patienten.«

Andere Forscher behaupten, primäres Ziel des Altruismus sei eher eine andere Art von innerem Gewinn: die Aufhebung des Unbehagens, das wir empfinden, wenn wir Zeuge der Not anderer Menschen sind. Der Psychologe C. Daniel Batson, vehementer Gegner dieser Auffassung, zitiert trotzdem gern eine kleine Anekdote über Abraham Lincoln, mit der sich dies angeblich belegen läßt. Einer Notiz des *Monitor* in Springfield, Illinois, zufolge legte Lincoln einem Mitreisenden in einer Kutsche dar, daß alle Menschen überhaupt nur aus Selbstsucht Gutes tun. Gerade da fuhren sie über eine Brücke und hörten eine Muttersau am Ufer fürchterlich schreien, weil ihre Ferkel ins Wasser gefallen waren. Lincoln ließ den Kutscher anhalten, sprang aus der Kutsche, holte die Ferkel aus dem Wasser und setzte sie ans Ufer. Als er wieder einstieg, sagte der Mitreisende: »Na, Abe, was war denn daran selbstsüchtig?« »Ja, du meine Güte, Ed«, sagte Lincoln, »das war ja nun das Selbstsüchtigste vom Selbstsüchtigen. Wäre ich weitergefahren und hätte diese arme Sau mit ihrer Angst um ihre Schweinchen stehen lassen, ich hätte heute keine ruhige Minute mehr gehabt. Ich hab's für meinen Seelenfrieden getan, verstehen Sie?« (Batson u. a., 1986: 212)

Ob Lincoln das ernst meinte oder Ed auf den Arm nehmen oder auch nur seine wahren Gefühle verbergen wollte, wissen wir nicht; viele Menschen, die sich zu altruistischen Handlungen bewegen lassen, haben Angst, ausgelacht oder für wunderlich gehalten zu werden. Die Frage aber, ob ein Altruist in erster Linie einen fremden Schmerz oder das eigene Unbehagen beseitigen will, schließt solche Handlungen wie die Lincolns nicht aus dem Bereich des Altruismus aus. Es gibt viele Motive für altruistisches Verhalten und viele Schattierungen der moralischen Bewertung altruistischer Handlungen; nur wenn das Hauptmotiv ganz klar der äußere Lohn und ganz klar stärker als der Wunsch ist, der anderen Person zu helfen, ist der hilfreiche Akt kein Akt des Altruismus.

Hier eine Handvoll Beispiele für Mitgefühl oder Güte, bei denen man natürlich immer auch irgendeinen persönlichen Gewinn, ein egoistisches Motiv erkennen oder sich vorstellen kann. Bei allen aber war der Nutzen für den Empfänger so eindeutig größer als für den Geber, und zwei waren noch dazu für die Geber so kostspielig, daß es gerechtfertigt erscheint, sie als Beispiele für echten Altruismus anzuführen. (Die Beispiele reichen von der geringfügigen guten Tat bis zur völligen Selbstaufopferung, aber auch geringfügige Taten können aufschlußreich sein.)

– Als Cyrus Segal, Fagottist bei der New York City Opera und dem American Ballet Theater, vor einiger Zeit am Lincoln Center in Manhattan auf den Bus wartete, wurde ihm auf dem Gehsteig von seinen Füßen weg sein wertvolles 12 000-Dollar-Fagott in seinem schwarzen Futteral gestohlen. Er hatte es seit 25 Jahren, und obwohl er versichert war, war Segal außer sich. »Jedes Fagott hat eine eigene Persönlichkeit«, sagte er. »Ein Fagott wie dieses hätte ich nie wieder bekommen.« Ein Stadtstreicher brachte das Fagott in einen nahegelegenen Laden, Olga's Luggage and Gifts, und bot es dem Inhaber Mark Mavris für zehn Dollar an. Mavris, der aus einer musikalischen Familie stammt und wußte, was in dem ursprünglichen Besitzer vorgehen mußte, entschloß sich sofort zum Kauf; er handelte den Stadtstreicher noch auf drei Dollar und eine Packung Zigaretten herunter, und sobald das Fagott in seinem Besitz war, fragte er Musiker, die in seinen Laden kamen, ob sie nicht von jemandem wüßten, dem sein Fagott gestohlen worden wäre. Innerhalb von vier Tagen kam das Segal zu Ohren, der daraufhin in den Laden ging und sein geliebtes Instrument erkannte. Mavris verlangte keine Belohnung und lehnte es sogar ab, sich die drei Dollar und die Zigaretten zurückzahlen zu lassen.

- Georgia Advocacy ist eine Vereinigung, die Freundschaften und sonstige Hilfsdienste für geistig Behinderte und andere Bedürftige vermittelt. Irene Cissel, eine geistig leicht behinderte, 63jährige Frau, wurde 1986 krank und hätte, weil sie ins Krankenhaus mußte, ihre beiden erwachsenen Kinder, die ebenfalls geistig behindert waren und nicht für sich selber sorgen konnten, in ein Heim geben müssen. Alice Smith, eine 56jährige frühere Arzthelferin, bot über Georgia Advocacy ihre Hilfe an: Bis Irene Cissel wieder zu Hause war, übernahm sie die Betreuung ihrer Kinder, und seither besucht sie die Familie regelmäßig, um nach dem Rechten zu sehen und mit ihnen zusammen zu sein.

- In New York sitzen ehrenamtliche Helfer Tag und Nacht an den Krisentelefonen der Samaritans of New York, Inc., hören selbstmordgefährdeten Anrufern zu und bieten Mitgefühl und Beistand für den Versuch, Gründe und Kraft für ein Weiterleben zu finden. (Insgesamt gibt es dort rund siebzig ehrenamtliche Mitarbeiter; jeder arbeitet pro Monat mindestens dreimal vier Stunden.) Die konfessionell nicht gebundene Organisation ist eine von 126 Einrichtungen der Samariter in 26 Ländern. Im Zentrum von New York rufen nach Auskunft von June Mann, der Leiterin, jeden Tag durchschnittlich siebzig depressive, selbstmordgefährdete Personen an. Ihnen zuzuhören und zu versuchen, ihnen zu helfen, ist emotional sehr belastend und manchmal sehr deprimierend, denn, wie June Mann sagt: »Nicht jeder, der anruft, hält durch. Wir wissen, daß manche von ihnen sterben.« Die Überzeugung jedoch, daß viele durchhalten, die ohne ihren Beistand vielleicht gestorben wären, läßt die Helfer weitermachen.

- 1963 ging Paul Theroux, ein damals noch junger Mann, der ein berühmter Schriftsteller werden sollte, als Peace-Corps-Arbeiter nach Malawi, wo er zwei Jahre hindurch an mehreren Projekten beteiligt war und unter primitiven Bedingungen hart arbeitete. Dem Einzelgänger Theroux war die Peace-Corps-Bürokratie zuwider, und er hatte seine Probleme mit ihr, aber seine Einstellung zu seiner Arbeit in Malawi – unterrichten, eine Alphabetisierungskampagne aufbauen, Sporttraining, Bäume pflanzen, beim Straßenbau helfen – spiegelt, wie eine psychologische Untersuchung ergab, die Empfindungen der meisten Peace-Corps-Arbeiter wider: »Ich hatte das Gefühl, am richtigen Platz zu sein, ich war glücklich, ich war engagiert. Ich hatte Spaß und tat etwas Vernünftiges – gibt es etwas Besseres?« (Zit. n. Viorst, 1986: 83)

– Als 1943 die deutsche Wehrmacht in Italien einmarschiert war und Juden verhaftet und in Konzentrationslager deportiert wurden, bat der Erzbischof von Florenz einen italienischen Priester, ein Komitee zu leiten, mit dessen Hilfe Juden in Klöstern, Garagen und Privathäusern versteckt werden sollten.* Da die Juden Geld für Essen und Kleidung brauchten, bekam der Priester von einem reichen Spender 720 000 Lire – damals sehr viel Geld – und teilte dieses Geld eine Zeitlang an seine Schutzbefohlenen aus. Dann aber wurde das Komitee verraten und seine Mitglieder mitsamt dem Priester ins Gefängnis gesteckt. Er rechnete mit seiner Hinrichtung, kam aber dank der Intervention eines einflußreichen Freundes schließlich frei. Zu diesem Zeitpunkt waren alle anderen Mitglieder nach Deutschland verschleppt worden, und niemand wußte mehr, daß er immer noch 400 000 Lire hatte. Obwohl er nun als Judenhelfer bekannt war, ließ er verbreiten, daß er jeden Morgen auf dem Ponte Vecchio und jeden Nachmittag in der Kathedrale sein würde; Juden in Not konnten ihn dort finden. Bis das Vermögen verbraucht war, verteilte er unter Einsatz seines Lebens weiter Geld an die, die zu ihm kamen.

– 63 von 207 Auszeichnungen für ehemalige Vietnamkämpfer gingen an Soldaten, die andere mit ihren eigenen Leibern vor explodierenden Sprengkörpern geschützt hatten – meistens, indem sie sich auf gezündete Handgranaten warfen (59 dieser 63 Soldaten kamen dabei um). Der Soziologe Joseph A. Blake vom Virginia Polytechnic Institute and State University untersuchte dieses Phänomen und fand heraus, daß die Wahrscheinlichkeit eines solchen Verhaltens mit dem engeren Zusammenhalt der Gruppe anstieg; Soldaten, die so handelten, opferten sich nicht für die militärischen Ziele ihrer Gruppe, sondern für die Männer, die zu ihr gehörten. Blake (1978: 53–58) ordnete ihr Verhalten dementsprechend dem »altruistischen Selbstmord« zu, einer Erscheinung, die zum erstenmal 1897 von Durkheim beschrieben worden war.

---

* Dieser Priester bleibt anonym wie alle an der Rettung von Juden beteiligten Personen, die von einer Arbeitsgruppe unter Leitung des Soziologen Samuel Oliner interviewt wurden; die Studie wird im 7. Kapitel behandelt.

Die wissenschaftliche Erforschung des Altruismus

Altruismus, 1851 so benannt durch Auguste Comte, den ersten Soziologen, war lange unter anderen Namen bekannt – Güte, Mitleid, Mitgefühl, Großmut und so weiter – und wurde von Philosophen und Kirchenmännern beschworen, wissenschaftlich aber erst in den letzten dreißig Jahren erforscht. Was man bis dahin darüber wußte – oder vielmehr glaubte –, war das Ergebnis von Stubengelehrsamkeit und moralischen Abhandlungen.

Die Kirchenmänner priesen den Altruismus als ethisches Ideal und legten es ihren Zuhörern ans Herz. Die Philosophen waren sich nicht recht einig: Viele taten ihn, wie die Zitate zeigen, kategorisch als verdeckten Eigennutz ab; andere, darunter Platon, Aristoteles und Spinoza, glaubten zwar an seine Existenz, machten aber keinen Versuch, ihn anders als nur ganz allgemein zu erklären. Spinoza zum Beispiel wußte über Güte wenig mehr zu sagen, als daß sie von einer natürlichen Neigung des Menschen herkomme, diejenigen zu bemitleiden, die Not leiden, und diejenigen zu beneiden, denen es wohlergeht. Adam Smith, ebenso sicher, daß echter Altruismus existiert, war, was seine psychischen Wurzeln angeht, nicht minder lakonisch:

»Wie selbstsüchtig auch immer der Mensch eingeschätzt werden mag, so liegen doch offensichtlich bestimmte Grundveranlagungen in seiner Natur, die ihn am Schicksal anderer Anteil nehmen und ihm die Anteilnahme an deren Glück notwendig werden lassen, obwohl er keinen anderen Vorteil daraus zieht als das Vergnügen, Zeuge davon zu sein. Mitleid oder Erbarmen sind von dieser Art.« (Smith, 1949: 25)

Auch Comte hielt die Existenz des Altruismus – seiner Ansicht nach die höchste aller Tugenden – für erwiesen. Aber obwohl er mehr Sozialwissenschaftler als Philosoph war, machte er keinen Versuch, dies empirisch nachzuweisen oder Experimente durchzuführen, um herauszufinden, wie Altruismus entsteht. Und nach der Namensgebung durch Comte tat dies auch mehr als ein Jahrhundert lang kein anderer Verhaltens- oder Sozialforscher mehr.

Die Soziologen kümmerten sich mehr um rein gesellschaftliche Phänomene, etwa die Organisationsprinzipien von Gesellschaften oder die Ursachen für sozialen Wandel; die Untersuchung des Altruismus war in ihren Augen eine Sache der Psychologie. Einzige bekannte Ausnahme war der Harvard-Soziologe Pitirim Sorokin, der in den 40er und 50er Jahren über »altruistische Liebe« schrieb, die er als die einzige Macht ansah, mit der der Welt zu helfen wäre. Aber sein Ansatz war mystisch-spirituell und weltverbesserisch, und seine Absichten entbehrten jeder empirischen Grundlage und boten keine wissenschaftliche Erklärung.

Die Psychologen dagegen interessierten sich zwar von Anfang an für Individualpsychologie, nicht aber für zwischenmenschliche Phänomene wie den

Altruismus. Eine der beiden psychologischen Hauptströmungen des 19. Jahrhunderts war die des deutschen Physiologen Wilhelm Wundt, der 1879 an der Universität Leipzig die erste psychologische Versuchsstation einrichtete. Er und seine Anhänger interessierten sich in erster Linie für elementare psychologische Vorgänge, die anhand einfacher Experimente untersucht werden konnten, etwa die Geschwindigkeit und Genauigkeit, mit der Leute unter verschiedenen Bedingungen auf visuelle oder auditive Reize reagieren; Altruismus lag natürlich außerhalb dieses Rahmens.

Die andere psychologische Hauptströmung wurde etwa zur gleichen Zeit von William James in Harvard begründet. Anders als Wundt interessierten er und seine Anhänger sich für die Erforschung von innerpsychischen Phänomenen wie Gewohnheitsbildung, Bewußtsein, Selbst, Vorstellungskraft, logisches Denken und Wille, und zwar hauptsächlich mit Hilfe von Introspektion (also mit Hilfe der Berichte von Versuchspersonen über ihre Gedanken und Gefühle in der Experimentalsituation). Aber wie bei den Wundtianern war ihr Gegenstand ein individualpsychologischer; Altruismus, der ein soziales nicht weniger als ein psychologisches Phänomen ist, lag außerhalb ihres Interessenbereichs.

Auch für die meisten psychologischen Schulen und Subschulen, die in der ersten Hälfte dieses Jahrhunderts aufkamen, scheint Altruismus kein geeignetes Forschungsobjekt gewesen zu sein. Der Trend in der psychologischen Forschung ging zu immer kleineren und immer spezifischeren Gegenständen. Das war nur natürlich; jede neue Wissenschaft macht eine Zeit der Mikrountersuchungen durch, ehe sie sich größeren Themen und übergreifenden Theorien zuwenden kann. Darüber hinaus wurde in fast all diesen Jahren die psychologische Forschung in Amerika vom Behaviorismus beherrscht, der sich nur mit dem beobachtbaren, objektiven Verhalten und nicht mit inneren, subjektiven Vorgängen wie Gefühlen und Denkvorgängen befaßte, die von seinen Anhängern als nicht beobachtbar und nicht verifizierbar angesehen wurden.

Und somit beschäftigte sich die psychologische Forschung dieses Jahrhunderts überwiegend mit kleinen, objektiven Phänomenen, etwa damit, wie Tiere oder Menschen durch Konditionierung oder Training zu unterschiedlichen Reaktionen gebracht werden können, wie sie diese Reaktionen wieder verlernen oder durch andere ersetzen können, und wie sich natürliche oder spontane Reaktionen unterdrücken lassen.

Nur die Sozialpsychologie – ein neuer Zweig der Psychologie, der sich in den 20er Jahren entwickelte – befaßt sich mit genau solchen zwischenmenschlichen, subjektiven Phänomenen wie dem Altruismus. Sie untersucht, wie wir andere wahrnehmen bzw. falsch wahrnehmen, auf sie reagieren und im sozialen Umgang durch sie beeinflußt werden; ihr Territorium liegt zwischen

Individualpsychologie und Soziologie und überschneidet sich teilweise mit beiden.

Zunächst jedoch beschränkten sich die meisten Sozialpsychologen unter dem Einfluß des Behaviorismus auf kleinere Forschungsobjekte und auf Experimente, aus denen sich Verhaltensdaten gewinnen ließen – Fragen wie die, ob Menschen Aufgaben allein oder in Anwesenheit anderer Menschen besser lösen und ob die Länge eines Strichs in ihrer Wahrnehmung durch die Meinung anderer Leute beeinflußbar ist (und damit auch, welche Bedingungen tendenziell eher Konformität erzeugen). Fast niemand in der Sozialpsychologie interessierte sich für die Untersuchung eines so subtilen und komplexen Phänomens wie des Altruismus, wozu die Disziplin von ihren Methoden her auch gar nicht in der Lage gewesen wäre.

Als sie es schließlich war, hatte der Zweite Weltkrieg die Aufmerksamkeit der Sozialpsychologen in die entgegengesetzte Richtung gelenkt, auf die Untersuchung von Aggression, Gewalt und Völkermord. Erst in den 60er Jahren begannen die Sozialpsychologen, und in geringerem Maße auch andere Verhaltens- und Sozialforscher, das Wesen des Altruismus zu untersuchen.

Zu diesem Zeitpunkt hatten zwei andere Entwicklungen in der Psychologie bereits den Boden für solche Studien bereitet. Die eine war die Ablösung des Behaviorismus durch eine mehr ganzheitliche psychologische Betrachtungsweise, die kognitive Psychologie, in der die Untersuchung innerpsychischer Vorgänge als möglich, wenn nicht gar notwendig angesehen wurde. Die andere war das Aufkommen der Entwicklungspsychologie: Der Schweizer Kinderpsychologe Jean Piaget und seine zahlreichen amerikanischen Schüler, die Kinder vom Neugeborenenalter bis fast zur Erwachsenenreife beobachteten, entdeckten nun, wie geistig-seelische Funktionen und ihr Ausdruck im Verhalten Schritt für Schritt durch die Interaktion von Erfahrung und angeborenen Neigungen aufgebaut werden.

Viele Altruismusforscher meinen jedoch, daß durch diese Entwicklungen die Untersuchung des Altruismus und anderer Aspekte prosozialen Verhaltens zwar eher realisierbar erschien als früher, daß die eigentliche Motivation von Sozialpsychologen und anderen Forschern jedoch in dem allgemeinen Klima und im sozialen Wandel der 60er Jahre zu suchen sei. Der israelische Sozialpsychologe Daniel Bar-Tal, der viele Jahre in Amerika verbrachte und selbst viele Altruismusstudien durchführte, erklärt das zunehmende Interesse der Forscher in den 60er und vor allem in den 70er Jahren so:

»Die Erforschung helfenden Verhaltens scheint sich als Folge einer Art sozialen Zeitgeistes entwickelt zu haben. ... Das Interesse an der Erforschung helfenden Verhaltens entwickelte sich nicht nur aufgrund der wissenschaftlichen Bedeutung des Problems, sondern hauptsächlich als Folge der sozialen Probleme, mit denen es Amerika im letzten

Jahrzehnt zu tun bekam. Wie sich der zunehmende Faschismus in Untersuchungen zur autoritären Persönlichkeit niederschlug, der Zweite Weltkrieg in einer Zunahme der Aggressionsforschung und die Repressalien der MacCarthy-Ära in der Konformitätsforschung, so [kam] das Interesse an helfendem Verhalten zu einer Zeit [auf], als die amerikanische Gesellschaft nach neuen Lebensformen suchte – Lebensformen, die zu besseren zwischenmenschlichen Beziehungen führen sollten.« (Bar-Tal, in: Staub u. a., 1984: 15 f.).

Dies war die Zeit, als Präsident Kennedys weithallender Ruf: »Fragen Sie nicht, was Amerika für Sie tun kann; fragen Sie, was Sie für Amerika tun können!«, eine explosionsartige Zunahme des Idealismus nach sich zog; die Zeit, in der Bürgerrechte, Hilfe für die Armen und andere humanitäre Anliegen auf der Tagesordnung der Nation ganz weit oben standen; die Zeit, in der ein großer Teil der amerikanischen Jugend gegen den Vietnamkrieg revoltierte und sich leidenschaftlich für Frieden, gemeinschaftliche Lebensformen und gute Zwecke engagierte.

Erst eine Handvoll, dann Dutzende, dann Hunderte von Verhaltens- und Sozialforschern begannen, experimentelle Untersuchungen und Feldstudien zu Kooperation, Teilen, wechselseitiger Hilfe, Spenden, Hilfe in Notfällen und dergleichen durchzuführen. Allein zum Altruismus gab es bis 1970 rund 150 Veröffentlichungen in psychologischen Zeitschriften; bis 1982 war ihre Gesamtzahl auf 1050 angewachsen; und heute dürfte sie bei 1200 liegen. Dutzende, wenn nicht Hunderte weiterer Studien zum Altruismus wurden in anderen Disziplinen durchgeführt und in anderen Zeitschriften veröffentlicht.

Was für Leute stehen hinter all dieser Arbeit? Die meisten sind um die vierzig (und waren, als die Altruismusforschung populär wurde, gerade mit dem Studium fertig), aber manche kommen auch frisch von der Hochschule und wieder andere sind ergraute Professoren. Ihr Interesse an diesem Thema hat ganz unterschiedliche Gründe: Bei manchen ist es immer noch der Idealismus der 60er Jahre; andere arbeiten einfach auf einem Gebiet der Forschung, das sie für wichtig und »heiß« halten; bei einigen hat das dauerhafte Interesse an moralischem Verhalten einen religiösen Hintergrund; und ein paar sind Überlebende des Holocaust, die von altruistischen Nicht-Juden gerettet wurden und ein tief verwurzeltes persönliches Interesse daran haben, helfendes Verhalten zu verstehen und zu fördern. Das wohl einzige Merkmal, das die Altruismusforscher verbindet, ist eines, das sie mit allen Sozial- und Verhaltensforschern gemeinsam haben: die Erwachsenenversion der unstillbaren Neugier des Kindes, das wissen möchte, warum sich Menschen so verhalten, wie sie sich verhalten.

Zu Hunderten haben diese Wissenschaftler gewissenhaft ein breites Spektrum von Faktoren untersucht, von denen sie annehmen, daß sie altruistisches

Verhalten fördern bzw. hemmen, und versucht, ihre verstreuten Forschungsergebnisse zu einer umfassenden, kohärenten Erklärung zusammenzufügen. Im Interesse »harter« Daten wurden zahlreiche Hypothesen formuliert und jede Menge Testverfahren entwickelt.*

Manche Forscher haben Experimente angestellt, um herauszubekommen, ob Tiere jemals altruistisch handeln (was den Schluß nahelegen würde, daß Altruismus mindestens zum Teil auf Instinkt beruht). Unter anderem haben sie:

– eine vor Angst quiekende Versuchsratte auf einer Platte in die Höhe gezogen, um zu sehen, ob ihr eine andere Ratte, die sie durch einen Tastendruck wieder herunterholen konnte, auf diese Weise zu Hilfe kommen würde (Rice und Gainer, zit. n. Krebs, 1970: 261);
– zwei hungrige Schimpansen in zwei Käfigen nebeneinandergestellt, dem einen etwas Futter gegeben und abgewartet, ob er dem anderen etwas abgeben würde (Nissen und Crawford, zit. n. Rushton und Sorrentino, 1981: 7).

Andere Forscher haben herauszubekommen versucht, ob Altruismus bei Menschen erworben oder nicht mindestens zum Teil erblich und als Instinkt angelegt ist. Zu diesem Zweck haben sie:

– ein- und zweieiige Zwillingspaare ausfindig gemacht und sie einschlägige Fragebogen ausfüllen lassen, um zu sehen, ob es eine Beziehung zwischen Altruismus und genetischer Ähnlichkeit gibt (Rushton u. a., 1986);
– Mütter von Kleinkindern für ein Experiment gewonnen, bei dem sie so tun mußten, als hätten sie sich verletzt, um zu sehen, in welchem Alter und auf welcher Entwicklungsstufe Kinder anfangen, spontan jemanden zu trösten, dem etwas wehtut, und inwieweit diese ersten Ansätze eher für angeborenes oder eher für erworbenes Verhalten sprechen (Zahn-Waxler und Radke-Yarrow, 1982).

Andere Wissenschaftler konzentrierten sich auf die sozialen Bedingungen, unter denen Menschen anderen helfen oder nicht, wobei sie von der Annahme ausgingen, daß es soziale Umstände gibt, in denen die meisten von uns sich zur Hilfeleistung genötigt fühlen, während andere eher hemmend wirken. Sie haben zum Beispiel:

– in einem Nebenraum Scheinunfälle inszeniert – gewöhnlich das Geräusch eines Menschen, der von der Leiter fällt und vor Schmerz schreit und um Hilfe ruft –, um zu sehen, wann Leute eher zur Hilfeleistung bereit sind: allein oder im Beisein anderer, die selbst keine Anstalten dazu machen (Latané und Darley, 1970);

---

* Die Ergebnisse der folgenden Experimente werden in späteren Kapiteln behandelt.

- Assistenten (oder in das Experiment einbezogene Personen) in der U-Bahn hinfallen und sich vergeblich abmühen lassen, um wieder auf die Beine zu kommen, und dieses Szenario mehrfach variiert, um zu sehen, welche Umstände den Impuls zur Hilfsbereitschaft auslösen und welche nicht (Piliavin und Piliavin, 1972);
- eine junge weibliche Assistentin neben ein Auto mit Reifenpanne gestellt, einmal an einer stark befahrenen Schnellstraße, dann an einer ruhigen Landstraße, um zu sehen, unter welchen Umständen andere Autofahrer eher anhalten und ihre Hilfe anbieten. Und dann das gleiche Experiment noch einmal durchgeführt, diesmal aber mit einer zweiten Frau, die ebenfalls als »Opfer« einer Reifenpanne, aber bereits mit Helfern, vorher an derselben Straße postiert wurde, um herauszubekommen, ob das gute Beispiel mehr Leute zum Anhalten veranlassen würde (Harley und Allen, .1974; Krebs, 1970: 268 f.).

Wieder andere Wissenschaftler interessierten sich für Persönlichkeit und sozialen Status von Menschen, die helfen, im Vergleich zu anderen, die das nicht tun. In zwei derartigen Untersuchungen haben die Wissenschaftler:

- mitten in Seattle Brieftaschen ausgelegt, die jeweils ein wenig Bargeld, einen Personalausweis und persönliche Dinge wie Fotos enthielten, und sich Notizen zur Kleidung und den sonstigen Anzeichen der Schichtenzugehörigkeit derer gemacht, die sie aufhoben und sie später zurückgaben oder eben auch nicht (Diener u. a., 1973);
- in Istanbul und Ankara Viertel mit illegalen Zuwanderern und bessere Wohngegenden aufgesucht, Passanten um einen Gefallen gebeten – Geld zu wechseln bzw. einen kurzen Fragebogen auszufüllen – und später den obersten Karton von einer ungeschickt gestapelten Traglast herunterfallen lassen und erfolglos versucht, ihn aufzuheben, um zu sehen, in welcher Umgebung die Leute einem Fremden gegenüber hilfsbereiter sein würden (Charles Korte, in: Staub u. a., 1984: 327 ff.).

Einige andere Forscher interessierten sich dafür, inwieweit Großmut oder Hilfsbereitschaft von der Stimmung oder der psychischen Verfassung abhängen. Bei typischen Experimenten dieser Art (Underwood u. a., 1977; Salovey und Rosenhan, 1983) haben die Wissenschaftler:

- Leute, die aus einem traurigen Film kamen und Zuschauer eines neutralen Films um Spenden für eine bekannte karitative Vereinigung gebeten;
- die eine Hälfte einer Gruppe freiwilliger Versuchspersonen aufgefordert, sich vorzustellen, sie machten gerade Urlaub auf Hawaii, und die andere, sie setzten aus geometrischen Papierformen Figuren zusammen (eine emotional

neutrale Aufgabe), und sie dann jeweils gefragt, ob sie bereit wären, einem Psychologen zu helfen und einen langweiligen Fragebogen auszufüllen.

Einige Wissenschaftler schließlich haben versucht, soziale und Persönlichkeitsmerkmale sowie wichtige Lebenserfahrungen von Leuten zu erheben, die für ihr altruistisches Verhalten bekannt waren. In einem der ambitioniertesten Projekte dieser Art wurden Lebensgeschichten von Menschen aufgezeichnet, die Juden vor den Nazis gerettet hatten, sowie Lebensgeschichten anderer, nach Alter, Klasse, ökonomischem Status und Religion vergleichbarer Personen, die dies nicht getan hatten; die Daten wurden mit Hilfe eines Computers ausgewertet, um zu sehen, ob sich Erziehung und Lebenserfahrungen der beiden Gruppen vor der Nazizeit unterschieden und welche Faktoren eine Relation zu ihrem Altruismus bzw. Mangel an Altruismus aufwiesen (Oliner und Oliner, 1988).

Das Ergebnis all dieser unterschiedlichen Ansätze stellt eine überzeugende und befriedigende Erklärung für das befremdliche und wunderbare Phänomen Altruismus dar. Aber es ist eine komplizierte Erklärung, denn altruistische Akte sind, wie alle komplexen Verhaltensweisen, das Ergebnis ganz unterschiedlicher Kombinationen vielschichtig, miteinander verwobener Ursachen. Alles, vom genetischen Erbe und den Kindheitserlebnissen bis hin zu trivialen Augenblicksbegebenheiten und ihrer Wirkung auf die Stimmung, trägt dazu bei, ob sich jemand in irgendeiner Situation altruistisch verhält oder nicht. Wie Alexander Pope in seinen *Moral Essays* witzelte:

> »Wer freundlich handelt, ist noch lang nicht freundlich;
> vielleicht stimmt Wohlergehen seine Seele mild;
> vielleicht hat auch nur grad der Wind von Ost gedreht.«

Wenn wir jedoch diese Erklärungen eine nach der anderen betrachten, wird hoffentlich deutlich werden, daß sie sich dennoch zu einem zusammenhängenden, eng verwobenen Ganzen fügen.

Testen Sie Ihren Altruismus!

Dies alles läßt sich unmittelbarer und persönlicher nachvollziehen, sobald man einmal seine eigene Tendenz zu Altruismus oder Nicht-Altruismus in verschiedenen Situationen einem Test unterzieht. Der folgende Test ist die leicht veränderte Fassung eines entsprechenden Fragebogens, der vor einigen Jahren von den Psychologen Daniel Romer, Charles L. Gruder und Terri Lizzadro (1986)

an der University of Illinois entwickelt wurde. Er umfaßt ein Dutzend Alltagssituationen und stellt als Antwortalternativen vier häufig vorkommende Reak-
tionsweisen zur Wahl. Der ursprüngliche Fragebogen enthält 23 solcher Situationen; ich habe einige weggelassen, die sich in erster Linie auf College-Studen-
ten beziehen.

Romer und seine Kollegen validierten ihren Fragebogen – das heißt, sie stell-
ten sicher, daß wirklich Altruismus mit ihm gemessen wird –, indem sie die
Ergebnisse, die bei einer Gruppe von Studenten der University of Illinois in
Chicago erzielt wurden, mit den Ergebnissen verglichen, die bei derselben
Gruppe anhand mehrerer bewährter Persönlichkeits- und Altruismustests her-
auskamen, sowie mit ihrem Verhalten in Situationen realer Hilfsbedürftigkeit.
Meine verkürzte Version mag nicht ganz so aussagekräftig sein wie das Origi-
nal, aber ich denke, als Anreiz zur Selbsterkenntnis reicht sie aus.

*Versetzen Sie sich in die folgenden Situationen und kreuzen Sie die Hand-
lungsweise an, die Ihrem wirklichen Verhalten entspricht oder ihr am nächsten
kommt. Nur Sie selber müssen sich mit Ihren Antworten befassen – versuchen
Sie also möglichst nicht, sich besser zu machen, als Sie wirklich sind.*

*Hinweise zur Auswertung Ihrer Antworten und eine Tabelle zum Vergleich
mit Romers u. a. Stichprobe finden Sie am Ende des Tests.*

1. Sie haben eine Brieftasche mit einer großen Summe Geld sowie Name und
   Adresse des Besitzers gefunden. Sie

   ☐ A. geben die Brieftasche zurück, ohne daß der Besitzer erfährt, wer
           Sie sind;

   ☐ B. geben die Brieftasche zurück, weil Sie auf eine Belohnung hoffen;

   ☐ C. behalten die Brieftasche und das Geld;

   ☐ D. lassen die Brieftasche liegen.

2. Ein Kind, das auf seinem Dreirad an Ihrem Haus vorbeikommt, scheint
   sich verlaufen zu haben. Sie

   ☐ A. kümmern sich nicht darum, um eventuellen Unannehmlichkeiten
           und Mißverständnissen aus dem Wege zu gehen;

   ☐ B. sagen sich, daß das Kind auch alleine nach Hause finden wird;

   ☐ C. fragen das Kind, wo es wohnt, und bringen es nach Hause;

   ☐ D. holen das Kind herein und benachrichtigen die Polizei.

3. Ein Mann, der kein Englisch spricht, aber Orientierungshilfe zu brauchen scheint, spricht Sie in Chicagos Loop [einer verrufenen Gegend] an. Sie

☐ A. gehen weiter, damit Sie nicht zu spät kommen;

☐ B. tun so, als hätten Sie nichts gehört;

☐ C. richten Ihr Verhalten danach, wie er aussieht;

☐ D. helfen ihm, so gut Sie können.

4. Ihre Mitarbeit wird gewünscht, obwohl Sie eigentlich keine Lust dazu haben. Normalerweise werden Sie

☐ A. mitmachen, wenn es anderen hilft;

☐ B. mitmachen, wenn es Ihnen hilft;

☐ C. nicht mitmachen;

☐ D. Situationen vermeiden, in denen man Sie um Ihre Mitarbeit bitten könnte.

5. Ein Freund bittet Sie, ihm ein Kleidungsstück zu leihen. Sie

☐ A. sagen, daß Sie Kleidung nicht gerne verleihen;

☐ B. sagen nein;

☐ C. leihen ihm das Kleidungsstück, wenn Sie bei anderer Gelegenheit auch von ihm etwas geliehen haben möchten;

☐ D. leihen ihm das Kleidungsstück, wenn Sie wissen, daß er es wirklich braucht.

6. Ein Nachbar ruft an und bittet Sie, ihn zu einem Laden sechs Straßen weiter zu fahren. Sie

☐ A. sagen nein, weil Sie denken, daß Sie nie in die Verlegenheit kommen werden, ihn Ihrerseits um einen Gefallen zu bitten;

☐ B. erklären, daß Sie gerade zu tun haben;

☐ C. fahren ihn gleich hin und warten, während er einkauft;

☐ D. fahren ihn hin, wenn Sie gute Freunde sind.

7. Sie sind allein zu Hause und hören draußen eine Frau um Hilfe rufen. Sie

☐ A. kommen ihr zu Hilfe;

☐ B. rufen die Polizei an und gehen nach draußen, wenn sie da ist;

☐ C. haben Angst, direkt einzugreifen und tun gar nichts;

☐ D. denken, daß das bestimmt auch jemand anders gehört hat, und warten ab.

8. Eine ältere Dame steht an einer Straßenecke und scheint sich verlaufen zu haben. Sie

☐ A. gehen hin und helfen ihr;

☐ B. helfen ihr nur, wenn sie ordentlich angezogen ist;

☐ C. denken, daß ihr schon jemand anders helfen wird;

☐ D. lassen sie in Ruhe, weil sie denken könnte, Sie wollten ihr die Handtasche wegnehmen.

9. Ein Anhalter steht spät abends am Straßenrand. Es regnet, und es sind nur wenige Autos unterwegs. Sie

☐ A. nehmen ihn mit, wenn er so aussieht, als könnten Sie sich gut mit ihm unterhalten;

☐ B. fahren vorbei, weil Sie Angst haben;

☐ C. fahren vorbei und beachten ihn gar nicht;

☐ D. halten an und nehmen ihn mit.

10. Sie sitzen mit noch einer Person im Wartezimmer. Wenn Sie aus dem Zimmer nebenan einen Schrei hören, die andere Person aber nichts tut, würden Sie

☐ A. der schreienden Person helfen, egal ob die andere Person ihr hilft oder nicht;

☐ B. der schreienden Person nur helfen, wenn die andere Person ihr auch hilft;

☐ C. abwarten, ob Sie noch weitere Schreie hören;

☐ D. aus dem Raum gehen.

11. Eine ärmlich gekleidete Person spricht Sie in einer einsamen Straße an und will eine Mark von Ihnen. Sie

☐ A. beachten sie nicht;

☐ B. fragen, wofür das Geld sein soll;

☐ C. geben die Mark, ohne zu fragen;

☐ D. geben nichts, weil Ihnen das lästig ist.

12. Sie werden um Mitarbeit für einen guten Zweck gebeten und sollen auch etwas Geld dafür bekommen. Sie

☐ A. machen mit, nehmen aber kein Geld;

☐ B. machen mit und nehmen das Geld;

☐ C. machen nicht mit;

☐ D. machen mit, wenn Sie sicher sind, daß Sie Geld bekommen und die Arbeit nicht zu anstrengend ist.

So können Sie Ihre Antworten auswerten

Bei diesem Test werden drei Typen von Menschen unterschieden: (1) *altruistische*; (2) *hilfsbereite, aber nicht altruistische*; und (3) *nicht hilfsbereite* (Romer u. a. unterscheiden hier noch einmal zwei Arten – die, die Hilfe von anderen erwarten, und die, die anderen weder helfen noch Hilfe von ihnen erwarten –, aber für unsere Zwecke können wir diese beiden ruhig zusammenfassen).

Die folgende Tabelle gibt an, welche Antworten als altruistisch, hilfsbereit und nicht hilfsbereit gewertet werden; sie gibt auch jeweils den Prozentsatz der Antworten in der Test-Stichprobe an. (Wenn dabei einmal mehr als hundert Prozent zusammenkommen, liegt das daran, daß die Prozentsätze aufgerundet wurden.) <u>Wenn Sie Ihre Antworten mit denen der Stichprobe vergleichen, können Sie beurteilen, ob Sie in puncto Altruismus über-, unter- oder durchschnittlich abschneiden.</u>

	altruistisch	hilfsbereit, aber nicht altruistisch	nicht hilfsbereit
1.	A (38 %)	B (47 %)	C, D (15 %)
2.	C (79 %)	D (9 %)	A, B (13 %)
3.	D (59 %)	C (32 %)	A, B (9 %)
4.	A (61 %)	B (20 %)	C, D (19 %)
5.	D (69 %)	C (13 %)	A, B (18 %)
6.	C (33 %)	D (56 %)	A, B (11 %)
7.	A (44 %)	B (49 %)	C, D (7 %)
8.	A (76 %)	B (7 %)	C, D (17 %)
9.	D (10 %)	A (6 %)	B, C (84 %) ✗ *Armin-Land!*
10.	A (50 %)	B (10 %)	C, D (40 %)
11.	C (45 %)	B (16 %)	A, D (40 %)
12.	A (20 %)	B (62 %)	C, D (19 %)

Aber Vorsicht: Die Zahlen geben an, welches Verhalten sich die Personen in dieser Stichprobe *vorstellten*; empirische Untersuchungen haben jedoch gezeigt, daß solches gedachtes Verhalten leicht etwas besser ausfällt als das wirkliche Verhalten. Das kann natürlich auch für Sie gelten.

Einigermaßen deutlich wird dagegen, daß Altruismus kein durchgängiges Merkmal ist; in bestimmten Situationen ist es wahrscheinlicher, daß Menschen altruistisch handeln (oder glauben, sie würden so handeln). Aber selbst wenn das tatsächliche Verhalten nicht ganz mit dem gedachten übereinstimmt, dürfte der Test Ihnen einen gewissen Eindruck von Ihrer Neigung zum – oder Abneigung gegen – Altruismus in unterschiedlichen Situationen vermittelt haben.

Der Test beantwortet die eine Frage: »Wie altruistisch bin ich?« Vielleicht haben Sie nach der Lektüre dieses Buchs Lust, ihn sich noch einmal vorzunehmen, um zu sehen, ob Sie auf irgendeine Situation anders reagieren würden, nachdem Sie mehr darüber erfahren haben, wie Menschen altruistisch oder egoistisch werden.

Ich hoffe jedoch, daß sich aus den Forschungsprojekten und -ergebnissen, die hier vorgestellt werden sollen, Antworten auf eine Anzahl anderer, wichtigerer Fragen ergeben. Einige dieser Fragen sind:

- Wodurch wird die Entwicklung von Altruismus innerlich gehemmt? Wodurch gefördert?
- Welche Methoden der Kindererziehung fördern die Entwicklung von Freundlichkeit und Großzügigkeit bei Kindern?
- Kann Altruismus in der Schule gelehrt oder zumindest gefördert werden?
- Welches Verhalten unsererseits wird bei denen, mit denen wir umgehen, Freundlichkeit und Großzügigkeit fördern?
- Wie ist ein allgemein höheres Altruismusniveau in einer Gemeinschaft zu erreichen?
- Was können die staatlichen Institutionen und die Politiker tun, um zu einem höheren Altruismusniveau in unseren Gesellschaften beizutragen?
- Könnte unser gegenwärtiger Wissensstand über Altruismus genutzt werden, um Feindschaft und Spannung zwischen den Nationen abzubauen?

Ich kann nicht versprechen, daß das vorliegende Buch all diese großen Fragen abschließend beantworten wird. Aber ganz bestimmt werde ich zeigen können, daß wir bereits jetzt genug über Altruismus wissen, um uns Erziehungsmethoden in Familie und Schule sowie sozialpolitische Ansätze vorstellen zu können, die bereits einen großen Schritt dahin bedeuten würden, uns als Gattung menschlicher und unsere Welt zu einer menschlicheren Welt zu machen.

Zweites Kapitel
Im Einklang mit der Natur

Große Altruisten, kleine Altruisten

Der Pessimismus der Vertreter einer weniger freundlichen Menschensicht findet seit einiger Zeit in der Ethologie neuen Rückhalt. Verhaltensstudien an Tieren haben gezeigt, heißt es, daß der Altruismus nicht den Menschen vorbehalten ist, ja, daß diese im Vergleich zu vielen anderen Lebewesen sogar recht kläglich abschneiden. Hier die Belege:

– Schauplatz: eine weite Rasenfläche vor einer Villa im Kolonialstil, ein sonniger Frühlingsmorgen. Ein wohlgenährtes Rotkehlchen hüpft über den Rasen und sucht, den Kopf mal auf die eine, mal auf die andere Seite legend, nach Würmern; ein paar andere Rotkehlchen in der Nähe tun das gleiche. Plötzlich sieht das Rotkehlchen den unheilverkündenden Flügelschatten eines Habichts herangleiten, duckt sich und stößt einen durchdringenden Pfiff aus. Die anderen Rotkehlchen flattern zu den Bäumen auf, während der Habicht, vom Warnschrei angelockt, zum Sturzflug ansetzt. Sekunden später hängt das Rotkehlchen, den Schnabel im Todeskampf weit aufgesperrt, in den Fängen des Habichts, der mit schwerem Flügelschlag davonfliegt.

Rotkehlchen und auch manche andere Vögel wie Drosseln und Meisen stoßen bei Annäherung von Habichten oder sonstigen Greifvögeln einen ganz bestimmten Warnschrei aus. Dank dieser Warnung können die anderen Vögel fliehen oder sich verstecken, während der Warner durch seinen Schrei die Aufmerksamkeit des Raubvogels auf sich zieht und seine gute Tat oft mit dem Leben bezahlt (Gleitman, 1981: 446; Wilson, 1979: 157; Trivers, 1971: 43 ff.).

– Schauplatz: eine Grassteppe in Ostafrika, abends. Am Waldrand sind ein Dutzend kleiner Hundsaffen in aller Ruhe beim Lausen, Kauen, Spielen. Plötzlich hört einer von ihnen ein Geräusch, richtet sich auf, blickt in die Richtung, aus der das Geräusch kommt, sieht den gefürchteten Schatten eines im Gras kauernden Leoparden und stößt ganz aufgeregt eine Reihe kurzer, lauter Schreie aus. Die Affen stürzen zu den Bäumen, der Leopard aber setzt, den Warnschreien folgend, in großen Sprüngen durch das Gras und fängt den Warner, dessen Schreie abrupt zwischen den mächtigen Kiefern enden.

Diese kleinen Hundsaffen und auch andere in Gruppen oder Horden lebende Säugetiere warnen wie die Rotkehlchen ihre Artgenossen, wenn sich ein Raubtier nähert. Die Hundsaffen, die um einiges höher entwickelt sind als die Vögel, verfügen über vier unterschiedliche Warnschreie – einen für fliegende Feinde, einen für Tiere am Boden, einen für Tiere, die auf Bäume klettern können, und einen für Schlangen – und können damit den anderen Herdenmitgliedern mitteilen, aus welcher Richtung Gefahr droht und wo sie in Sicherheit sind. Aber der Affe, der seine Artgenossen warnt, verrät – wie der Vogel – durch den Schrei seinen Standort und setzt damit das eigene Leben erst recht auf's Spiel (Gould und Marler, 1987: 80; Robert Plutchik, in: Eisenberg und Strayer, 1987: 40).

– Manche Tiere sind sogar noch aufopfernder. Rotkehlchen und Hundsaffen haben zumindest gewisse Überlebenschancen, nicht aber die Krieger von Ameisenkolonien; anders als menschliche Soldaten ergreifen sie auch in aussichtsloser Lage nie die Flucht, sondern kämpfen notfalls bis zum Tod. Die Kampfmethoden der Krieger der afrikanischen Termite *Globitermes sulfureus* sind in jedem Fall selbstmörderisch; zum Wohle der Kolonie speit diese Termite eine gelbe Flüssigkeit aus, die an der Luft fest wird und den Gegner (meist eine andere Ameise), aber auch sie selbst umschließt und bewegungsunfähig macht. Auch die Bienen sterben bei der Verteidigung ihres Stocks gegen Menschen oder andere Plünderer: Ihr Stachel bleibt im Fleisch des Feindes stecken und reißt ihren eigenen Hinterleib ab, wenn sie abgeschüttelt wird (Wilson, 1979: 157ff.; Campbell, 1975).

– Und damit nicht genug: Selbst Einzeller können uns in puncto Altruismus übertreffen (jedenfalls wenn man ihn in dem weiteren Sinne nimmt, in dem ihn die Verhaltensforscher verstehen: als Selbstaufopferung für andere, auch ohne bewußte Motivation). Die Amöbe *Dictyostelium discoideum*, ein Schleimpilz, lebt einzeln in feuchten Böden, ernährt sich von Bakterien und vermehrt sich durch Spaltung. Aber wenn die Nahrung knapp und die Amöbenpopulation zu groß wird, schließen die Amöben sich zu Klumpen zusammen; einige bilden eine Art Kugel und produzieren Sporen, aus denen die neue Generation entsteht, während sich andere die Fortpflanzung »altruistisch« versagen und den dünnen Stiel bilden, der die Kugel trägt (Wilson, 1975: 126ff.).

Dies also ist ein Ausschnitt aus dem reichhaltigen biologischen Material, das als Beleg für die – in Wirklichkeit schon recht alte – Ansicht herhalten muß, daß altruistisches Verhalten letztlich nicht, wie bei vielen niederen Lebewesen, in unserer Natur liege, sondern ein uns gegen unsere natürlichen Neigungen aufgezwungenes Kulturprodukt sei. So schrieb schon Thomas Hobbes vor dreihundert Jahren grimmig in seinem *Leviathan*: »Denn jene Tugenden – Gerechtigkeit, Gleichheit, Bescheidenheit, Barmherzigkeit, kurz, alles was in dem Satz zusammengefaßt werden könnte: Handle deinem Mitmenschen gegenüber so, wie du wünschest, daß auch an dir gehandelt werde – laufen unseren natürlichen Trieben zuwider; denn diese führen uns, ohne den Zwang einer höheren Gewalt, zu Parteilichkeit, Stolz, Rachsucht und dergleichen.« (Hobbes, 1965: 133) Im großen und ganzen die gleiche Meinung hat in neuerer Zeit Freud in seinem *Unbehagen in der Kultur* vertreten, und ähnliches hören wir heute oft von ganz unterschiedlichen Seiten, unter anderem von Verhaltensforschern und Soziobiologen, die behaupten, wir seien bösartiger als jedes Tier.

Nun mögen wir zwar durchaus weniger aufopfernd sein als die sozial lebenden Insekten, Rotkehlchen und Hundsaffen, aber zwischen ihrem und unserem Altruismus besteht auch ein großer Unterschied. Wenn wir altruistisch sind, handeln wir absichtsvoll; wenn Tiere altruistisch sind, handeln sie – bis auf wenige Ausnahmen – instinktiv und ohne Absicht.

Das macht jedoch nach Meinung einiger durchaus nüchterner Naturforscher den Altruismus von Tieren nicht weniger altruistisch. Die Zoologen Mark Ridley und Richard Dawkins von der Oxford University zum Beispiel halten daran fest, daß es auf die Absicht gar nicht ankomme und daß Altruismus allein an den Ergebnissen zu messen sei:

»Als Zoologen befassen wir uns nicht mit Fragen der subjektiven Motivation. Wenn wir Begriffe wie Altruismus überhaupt gebrauchen, dann definieren wir sie von ihren Wirkungen her und spekulieren nicht über die Absichten eines Tieres. Daraus folgt, daß zweifelsfrei unbewußte Wesen wie Pflanzen oder Gene im Prinzip imstande sind, ›Altruismus‹ an den Tag zu legen.« (Ridley und Dawkins, in: Rushton und Sorrentino, 1981: 19f.)

Was Ridley und Dawkins meinen, ist jedoch kein wirklicher Altruismus, selbst wenn viele Verhaltensforscher ihn gern so nennen. Er hat nichts mit Mitleid, Güte oder dem Wunsch zu tun, einem anderen Lebewesen etwas Gutes zu tun; vielmehr ist er eine Instinktregung, die, da sie dem Tier optimale Chancen für die Erhaltung seiner eigenen Gene sicherte, bei der Zuchtwahl begünstigt wurde.

Das klingt absurd: Wie sollte Selbstaufopferung den Fortpflanzungserfolg eines Lebewesens erhöhen?

Die Antwort lautet: Bei den sozial lebenden Insekten zum Beispiel sind die Krieger steril und können sich überhaupt nicht fortpflanzen; durch ihre Selbstaufopferung jedoch bleiben die fruchtbaren Mitglieder ihrer Kolonie erhalten, deren Genom ganz ähnlich ist, deren Selbstaufopferungstendenzen aber hormonell blockiert sind (Wilson, 1975: 13, 33). Innerhalb eines solchen Systems hilft Altruismus, die Gene des Altruisten in Gestalt seiner fruchtbaren Geschwister zu erhalten. Das Kriegerinsekt weiß davon nichts und handelt auch nicht zweckgerichtet; es reagiert lediglich in vorprogrammierten Bahnen auf Geruch, Berührung oder sonstige Reize des Gegners und wirft sich genauso automatisch in die Schlacht wie eine wärmegeleitete »intelligente« Bombe.

Auch die Vögel, die auf einer sehr viel höheren Evolutionsstufe stehen als die Insekten, und die noch höher entwickelten Hundsaffen reagieren mit ihren Warnschreien blindlings und absichtslos auf einen Stimulus. Immer wird ein Rotkehlchen beim Anblick eines Habichts seinen Warnschrei ausstoßen, ganz gleich, ob andere Rotkehlchen in der Nähe sind oder nicht; dies tun selbst Rotkehlchen, die zu Forschungszwecken völlig isoliert aufgezogen wurden. Sie können gar nicht anders.

Junge Hundsaffen stoßen zunächst ihre Rufe jedesmal aus, wenn sie irgendetwas fliegen, lauern oder gleiten sehen; dieses Repertoire ist ihnen angeboren. Sie lernen dann zwar durch die Beobachtung erwachsener Affen, ihre Rufe gezielt einzusetzen und keinen fliegenden Feind anzuzeigen, wenn sie ein Blatt fallen sehen, aber im wesentlichen ist ihr Gehirn von Anfang an so programmiert, daß sie bei drohender Gefahr die entsprechenden Warnschreie ausstoßen – nicht weil sie ihre Artgenossen schützen wollen, sondern als rein instinktive und nur nebenbei auch der Arterhaltung zugute kommende Reaktion auf den Stimulus (Gould und Marler, 1987: 80).

Viele Naturforscher und Tierfreunde interpretieren dieses Verhalten jedoch so, als wäre es dem absichtsvollen und wohltätigen Altruismus des Menschen nahe verwandt. Gelegentlich unterstellen dies auch Tierpsychologen. Im vorigen Kapitel war bereits von einem Experiment die Rede, bei dem einer Ratte Gelegenheit gegeben wurde, eine andere Ratte per Tastendruck aus einer beängstigenden Lage zu befreien. Manchmal, wenn auch nicht immer, tat dies die Ratte auch, die die andere von ihrer Angst erlösen konnte; darin sahen die Wissenschaftler einen Beweis für ihre brüderliche Sorge um die andere Ratte. Später gab ein anderer Forscher einer Ratte eine noch bessere Chance, Altruismus zu beweisen: Er brachte ihr bei, sich mit einem Tastendruck Futter zu verschaffen, und änderte die Versuchsanordnung dann so ab, daß mit dem Druck auf die Taste einer anderen Ratte ein elektrischer Schlag versetzt wurde. Erstaunlicherweise hielt sich die erste Ratte nun zurück und schien sich eine Mahlzeit zu versagen, um ihre Artgenossin zu schonen (Lucke und Batson, 1980).

Daniel Batson jedoch – der gewesene Theologe und jetzige Psychologe und Altruismusforscher – fand das nicht überzeugend. Zusammen mit einem Doktoranden setzte er zwei Ratten, um sie zu sensibilisieren, einer Schlag-Lärm-Sequenz aus. Dann gab er wieder der einen Ratte Gelegenheit, per Tastendruck an Futter zu kommen, wobei sie manchmal der anderen Ratte zugleich einen elektrischen Schlag versetzte, manchmal nur Lärm auslöste. Tatsächlich vermied die Ratte das Futter, wenn die andere Ratte einen Schlag bekam – aber auch dann, wenn es nur Lärm gab; ganz offensichtlich war es ihre Abneigung gegen den Lärm – und also auch gegen den Lärm, den eine verängstigte andere Ratte macht –, die die Ratte bewog, sich vom Futter fernzuhalten. Der Forscher kam zu dem Schluß: »Es ist keineswegs altruistische Rücksichtnahme, wenn Laborratten verzweifelten anderen Ratten helfen; die Rücksichtnahme gilt vielmehr ihnen selbst.« (Ebd.: 216)

Gleiches gilt für die unterschiedlichsten Formen von Kooperation und wechselseitiger Hilfe bei höheren Tieren. Viele weidende Tiere schließen sich unter anderem zum wechselseitigen Schutz zu Herden zusammen; manche Raubtiere jagen in Rudeln und helfen einander beim Erlegen großer, gefährlicher Beutetiere; und viele Tiere säubern oder pflegen anderen das Fell, um es ihrerseits gepflegt zu bekommen. In all diesen Fällen ist das Verhalten eigennützig.

Nur bei einigen höheren Wirbeltieren gibt es Beispiele für einen möglicherweise echten Altruismus: für die bewußte, willentliche Bemühung, anderen auf eigene Kosten oder zumindest ohne Lohn etwas Gutes zu tun. Die Beispiele sind rar und fallen nicht sehr ins Gewicht, aber es gibt sie, und vielleicht sind sie die evolutionären Vorstufen des menschlichen Altruismus. Zum Beispiel:

- Wölfe, die über ein hoch entwickeltes Sozialverhalten verfügen, adoptieren manchmal andere Wolfsjunge, deren Eltern umgekommen sind.
- Elefantenjunge, die in Not geraten (zum Beispiel im Schlamm steckenbleiben), bekommen unter Umständen Hilfe nicht nur von ihrer Mutter, sondern auch von anderen erwachsenen Tieren (beides nach Zahn-Waxler u. a. 1986: 321).

Aber auch bei diesen Beispielen geht es um helfendes Verhalten unter den eng verwandten Tieren eines Rudels oder um hormongesteuerte Instinktreaktionen auf die Bedürfnisse von Jungtieren. Das einzige Tier, das manchmal ganz eindeutig versucht, einem nicht mit ihm verwandten Tier Gutes zu tun und sich dies etwas kosten läßt, das also nicht instinktiv, sondern aufgrund eines mentalen oder emotionalen Vorgangs handelt, ist unser nächster Verwandter, der Schimpanse. Der Beweis:

- Wenn ein Schimpanse ein kleines Tier getötet hat und ein Stück Fleisch in der Hand hält, kommt manchmal ein nicht mit ihm verwandter hungriger Artgenosse zu ihm und möchte etwas abhaben; wenn der Bittsteller den Fleischbesitzer flehend ansieht und die Hand ausstreckt, läßt der Besitzer ihn oft kleine Stücke abreißen ode reißt vielleicht sogar selber welche ab und gibt sie ihm (Wilson, 1979: 30).

– Schimpansen retten manchmal andere, nicht mit ihnen verwandte Artgenossen, die in Gefahr sind. Beobachtet worden ist dies, wie die Verhaltensforscherin Jane Goodall in ihrem Buch *Wilde Schimpansen* berichtet, bei nichtfreilebenden Schimpansen, die auf von künstlichen Wassergräben umgebenen Inseln gehalten werden. Frau Goodall schreibt:

»Washoe lebte einige Zeit in Norman, Oklahoma, auf einer Insel, um die ein elektrischer Zaun gezogen war. Eines Tages war Cindy, ein dreijähriges Weibchen, irgendwie über diesen Zaun gesprungen. Sie fiel in den Wassergraben, schlug wild um sich und versank. Als sie wieder auftauchte, sprang Washoe über den Zaun auf den schmalen Streifen Land am Rande des Wassers, hielt sich an einem Grasbüschel fest, stieg ins Wasser und packte Cindy am Arm, als sie gerade wieder auftauchte. Washoe war mit Cindy weder verwandt, noch kannte sie sie lange. Auch von Lion Country Safaris in Florida ist über eine Reihe [ähnlicher] Rettungen oder Rettungsversuche berichtet worden.« (Goodall, 1986: 378)

Diese Beispiele erlauben einige wichtige Schlußfolgerungen.

Erstens: Angeborener, automatischer Altruismus mit Selbstaufopferung kommt vor bei sozial lebenden Insekten, manchen Vögeln und einigen sozial lebenden Säugetieren wie den Hundsaffen.

Zweitens: Eine etwas andere Form von Altruismus – Kooperation und/oder Gefallen und Gegengefallen, weitgehend angeboren und nicht erworben – gibt es bei Raubtieren, die gemeinschaftlich jagen, und bei manchen in Herden lebenden Säugetieren.

Drittens: Beide Arten von Altruismus haben Ähnlichkeit mit dem menschlichen Altruismus, aber die Unterschiede von Tier- und Menschen-Altruismus sind (außer wohl bei Schimpansen) bei weitem größer als ihre Ähnlichkeiten. Menschlicher Altruismus ist oft oder sogar meistens bewußt und willentlich, selbst wenn er gegen das ureigenste Interesse des Altruisten verstößt; dies macht seine Besonderheit aus.

Damit ist jedoch nicht gesagt, daß Tier-Altruismus und Menschen-Altruismus nichts miteinander zu tun hätten. Die Frage lautet vielmehr: Hat nicht auch der menschliche Altruismus eine genetische Basis, die evolutionär erworben wurde, weil sie ein Überlebensfaktor ist? Ist dies die Lösung, oder ein Teil der Lösung für das Paradox Altruismus?

Zweifellos wäre es schmeichelhafter für uns, wenn wir unseren Altruismus ganz als Ergebnis emotionaler und mentaler Vorgänge ansehen könnten, die überhaupt nichts mit den automatischen Reaktionen auf bestimmte Reize zu tun haben. Aber allem Anschein nach beruht er doch auf biologisch verankerten Urtrieben, und es sind Instinktmechanismen, die uns in die Lage versetzen, auf die Not anderer Menschen mit Verhaltensweisen zu reagieren, die sich durch soziale Erfahrung zu richtiggehendem Altruismus auswachsen können.

Eine Analogie: Menschenkinder kommen ohne Sprache zur Welt und fangen zwar nach einigen Monaten zu lallen an, bringen aber nie von sich aus eine Sprache hervor; sie lernen sie erst von ihrer Umgebung, was an der offenkundigen Tatsache abzulesen ist, daß sie diejenige Sprache lernen, die zu ihnen gesprochen wird. Da es auch der besttrainierte Affe nicht einmal auf ein Prozent dieser Leistung bringt, muß es wohl so sein, wie der Sprachwissenschaftler Noam Chomsky behauptet, daß nämlich das menschliche Gehirn über angeborene neuronale Netze verfügt, die dazu da sind, aus Wörtern Sinn zu bilden, Satzstrukturen zu interpretieren und diese Interpretationen zur Grundlage seines Sprechens zu machen. Das Sprechen selbst aber ist erlerntes Verhalten. Die Hardware ist uns angeboren; die Software sind unsere Erfahrungen.

So ist es auch beim Altruismus. Er ist kein automatischer, nicht erlernter Response auf einen Stimulus, folgt keinen stereotypen Mustern und nimmt bei unterschiedlichen Personen oder in unterschiedlichen Gesellschaften unterschiedliche Formen an, und doch entwickelt er sich bei fast allen Menschen und in allen Gesellschaften. Somit stellt er offenbar das Produkt einer mit der sozialen Erfahrung interagierenden genetisch verankerten Anlage dar.

Dies also die Hypothese, zu der man aufgrund von Tierdaten kommt. Wir wollen sehen, ob sie sich durch Fakten erhärten läßt.

Gibt es ein Altruismus-Gen?

Diese Überschrift mag einem absurd vorkommen: Wie könnte bei der einen Million Gene, die jeder von uns besitzt, ein einziges Gen ein so komplexes und subtiles Verhalten wie den Altruismus hervorbringen?

Natürlich kann es das nicht, genausowenig wie ein einzelnes Gen politische Ambitionen, religiösen Fundamentalismus oder romantische Liebe hervorbringen kann. Nur ein paar ganz rudimentäre Verhaltensbruchstücke sind bei den Menschen genetisch programmiert – zum Beispiel das Zusammenzucken bei einem plötzlichen Geräusch oder der Saugreflex des Neugeborenen –, und selbst diese sind bereits das Ergebnis komplexer Interaktionen zwischen einer Vielzahl von Genen und den von ihnen chemisch gesteuerten Körpersystemen. Viele Wissenschaftler benutzen jedoch den Ausdruck »Altruismus-Gen« als eine Art Kürzel; sie meinen damit jene angeborenen Nerven- und Instinktreaktionen auf die Not anderer Menschen, die die Grundlage des altruistischen Verhaltens sind.

Welche Beweise gibt es für die Existenz des Altruismus-Gens? Das Kleinkind lernt vom ersten Lebenstag an von seiner Umgebung. Woher also sollen wir wissen, ob irgendein Teil des Verhaltens des Kindes oder des Erwachsenen auf angeborenen Anlagen beruht? In der Verhaltensforschung kann man eine Versuchsratte gleich nach der Geburt von ihren Artgenossen isolieren, um zu sehen, ob sie als ausgereiftes Tier automatisch weiß, wie sie zu kämpfen, sich zu paaren, ihre Jungen großzuziehen usw. hat, aber bei menschlichen Neugeborenen ist so etwas undenkbar.

Unabsichtlich allerdings sind derartige Experimente dennoch von manchen psychotischen Eltern und Stiefeltern durchgeführt worden. Vor ein paar Jahren wurde in Los Angeles Genie gefunden, ein 13jähriges Mädchen, das seit seiner Geburt von seinen Eltern eingesperrt worden war. Es war stumm, beherrschte seine Ausscheidungsfunktionen nicht, kroch auf allen Vieren und verstand nichts von dem, was man ihm sagte. Manche Leute vermuteten, daß Genie geistig behindert wäre, aber nach vier Jahren intensiver Betreuung hatte sie eine gewisse Sprachfähigkeit und viele soziale Fähigkeiten erworben und war auf dem geistigen Stand einer Achtjährigen (Curtiss u. a. 1975). Wenn ein Menschenkind von sich aus nicht imstande ist, eine einfache Sprache, die Kontrolle seiner Schließmuskeln oder den aufrechten Gang zu entwickeln, dann kann so ein komplexes Verhalten wie Altruismus erst recht nicht genetisch kodiert sein.

Was aber kodiert sein könnte, sind die Grundvoraussetzungen, auf denen die *Neigung* und die *Fähigkeit* zum Altruismus beruhen. Der wichtigste Beweis dafür ist der durch neuere Forschungen erhärtete Tatbestand, daß es kleine Kinder, lange bevor sie eine so hochentwickelte Idee wie Altruismus begreifen können, selber unglücklich macht, wenn sie bei anderen Menschen Unglück oder Schmerzen erleben, und daß sie ihnen sogar ansatzweise zu helfen versuchen.

Dies steht im Widerspruch zu der von den meisten Kinderpsychologen lange Zeit vertretenen Auffassung, daß es vor dem sechsten oder siebenten Lebensjahr kein altruistisches Verhalten gibt. Bis dahin, sagten sie, seien Kinder egoistisch und sähen die Dinge nur von ihrem eigenen Standpunkt aus; erst im Schulalter seien sie fähig, sich in andere Menschen hineinzuversetzen. Daher sprachen die meisten Psychologen kleinen Kindern ein Einfühlungsvermögen ab (also die Fähigkeit, sich vorzustellen oder nachzuempfinden, was in einer anderen Person vorgeht), und damit auch die Anlage zum Altruismus.

In Widerspruch zu dieser Ansicht steht eine Reihe von entwicklungspsychologischen Untersuchungen aus den letzten Jahren, in denen das Verhalten von

Kleinkindern zueinander in quasi natürlichen Situationen detailliert untersucht und analysiert wurde. Einige dieser Studien wurden von Carolyn Zahn-Waxler durchgeführt. Ich besuchte sie im Institute of Mental Health in Bethesda, Maryland, und sie erzählte mir von ihrer Arbeit:

„Bis zur Promotion lernte ich, was man eben so lernt. Dann kam ich 1967 hierher und arbeitete an einer Reihe von Untersuchungen mit, die mich zu einer anderen Auffassung brachten. Eine davon war ein Experiment, bei dem wir herausbekommen wollten, ob Kinder im Alter von drei bis sechs Jahren durch Training altruistisch werden können. Dazu mußten wir zunächst einmal die Ausgangslage bestimmen – das typische Verhalten von Dreijährigen –, um zu sehen, ob sie sich durch Training verändern würden. Aber dabei stellte sich zu unserer Verblüffung heraus, daß manche Kinder im Gegensatz zur herrschenden Meinung schon mit drei Jahren altruistisch waren. Wie konnte das sein? Es gab uns zu denken, und wir begannen zu ahnen, daß der Ursprung des Altruismus etwas sein mußte, das nicht erlernt war und schon viel früher in den Kindern existierte.

Also begannen wir 1973, als das Hauptexperiment abgeschlossen war, uns mit noch kleineren Kindern zu beschäftigen. Mütter brachten Kinder im Vorschulalter zum Spielen in unsere Versuchsstationen, und wir beobachteten sie, um herauszubekommen, ab welchem Alter und wie oft sie selber betrübt waren, wenn ein anderes Kind Kummer hatte, oder ob sie zu trösten oder in irgendeiner Form zu helfen versuchten. Manchmal mußte auch eine erwachsene Person irgendetwas fallen lassen oder unter einen Tisch kriechen, um etwas darunter hervorzuholen, und sich dabei den Kopf stoßen, um zu sehen, ob die Kinder versuchen würden, sie zu trösten.

Wir schulten auch Mütter, damit sie zu Hause die Reaktionen ihrer Klein- und Kleinstkinder auf Menschen beobachten konnten, denen irgendetwas zustieß. Wir trainierten sie, Schmerz zu simulieren, einen schlimmen Hustenanfall vorzutäuschen oder am Telefon zu streiten und zu weinen, um zu sehen, wie ihre Kinder reagierten. Um ihre Berichte zu überprüfen, gingen unsere Mitarbeiterinnen später zu ihnen nach Hause und spielten diese Situationen nach.

Dabei erlebten wir immer wieder Beispiele von Anteilnahme auch bei sehr kleinen Kindern. Sie versuchten, die Mutter oder die Besucherin zu trösten, sie fragten, was los wäre, oder brachten ihr ein Spielzeug oder einen anderen Gegenstand, um sie abzulenken. Selbst bei einjährigen Kindern konnte es vorkommen, daß sie bekümmert waren oder sogar eine tröstende Geste versuchten, wenn ihre Mütter weinten. Natürlich konnten wir nicht mit Sicherheit sagen, ob ein einjähriges Kind Trost *gab* oder Trost *suchte* oder beides. Aber schon bei Kindern, die nur wenige Monate älter waren, erlebten wir unmißverständliche Äußerungen der Anteilnahme. Mit der Sprachentwicklung ist auch dem Altruismus Tür und Tor geöffnet."

Dr. Zahn-Waxler – eine etwa 50jährige, eher mütterlich wirkende Frau – ging mit mir in einen kleinen Videoraum und spielte mir ein Band vor. In immer der gleichen Szene saßen junge Mütter auf dem Fußboden oder auf einem Stuhl, spielten mit ihrem Kind, faßten sich plötzlich ans Knie, schrien auf: »Au! Au!

Mein Knie!«, und taten vielleicht auch so, als weinten sie. Ein einjähriger Junge starrte seine weinende Mutter sichtlich verstört an, drehte sich um und stolperte davon. Ein etwa gleichaltriges Mädchen streichelte seine Mutter, brach dann aber in Tränen aus und versteckte sein Gesicht in einem Kissen. Ein etwa anderthalbjähriger Junge jedoch fragte seine weinende Mutter ganz erschrocken: »Warum? Warum?«, und streichelte ihr Knie. Ein anderer, gleichaltriger Junge hämmerte auf den Boden; als seine Mutter so tat, als hätte er ihre Hand getroffen, und aufschrie, küßte er ihre Finger und sagte immer wieder: »Wieder gut? Jetzt wieder gut?«

Dr. Zahn-Waxler stellte das Band ab und sagte:

»Das Einfühlungsvermögen tritt ganz eindeutig im Laufe des zweiten Lebensjahres auf, und mit ihm einfache altruistische Verhaltensweisen. Natürlich gibt es erhebliche Unterschiede zwischen den Kindern. Manche sind schon früher altruistisch, und in jeder Altersgruppe sind einige Kinder überhaupt altruistischer als andere. Ein Grund dafür ist natürlich, daß ihnen zu Hause etwas anderes vorgelebt wird – aber als Entwicklungspsychologin sehe ich, daß sich Altruismus nahezu universell entwickelt und in vorhersagbaren Formen auf relativ vorhersagbaren Entwicklungs- und Altersstufen auftritt. Für mich bedeutet das, daß die Tendenz zu einfühlenden Reaktionen und, darauf aufbauend, zur Entwicklung von altruistischem Verhalten im Organismus ›fest verdrahtet‹ ist, egal welche Rolle außerdem die Erfahrung spielt.«

Einen schlagenden Beweis für diese »Verdrahtung« liefern Neugeborene, deren Verhalten überhaupt nicht von Erfahrung bestimmt ist. Der Sozialpsychologe Martin L. Hoffman von der City University of New York ist einer der Wissenschaftler, von denen der Bericht über die ein und zwei Tage alten Säuglinge stammt, die weinten, wenn sie andere Säuglinge weinen hörten. Nicht der Lärm machte ihnen zu schaffen – sie weinten viel weniger, falls überhaupt, wenn die Wissenschaftler ihnen versuchsweise »weißes Rauschen« vorspielten. Und auch nicht irgendein Weinen: Das Weinen eines anderen Neugeborenen verstörte sie viel mehr als computererzeugtes Weinen oder eine Bandaufnahme ihres eigenen Weinens. Das hat nichts mit Altruismus oder Einfühlung zu tun, sagt Hoffman, sondern mit dem, was er »Einfühlungsaktivierung« nennt – eine Reflexreaktion auf Anzeichen von Kummer bei anderen Kindern und damit möglicherweise die angeborene Reaktion, aus der sich später das Einfühlungsvermögen entwickelt (Hoffman, 1981: 130).

Noch andere Anzeichen weisen auf die Existenz von Nerven- und Instinktmechanismen hin, die den Menschen für das Erlernen von Altruismus empfänglich machen. Unter anderem:

– Kinder und Erwachsene neigen unbewußt dazu, Gesichtsausdruck und Körperhaltung von Personen nachzuahmen, mit denen sie gerade zusammen sind. Sie lächeln genauso, runzeln die Stirn, sitzen gerade oder entspannt usw. Diese unbewußte Nachahmung, sagt Hoffman, wirkt auf die eigenen Gefühle wie ein Stichwort, das ähnliche Gefühle hervorruft. (Wenn man lächelt, weil jemand anders lächelt, den man ansieht, wird man selber unter Umständen vergnügt.)

— Untersuchungen zeigen, daß kleine Kinder mit unterschiedlichem familiärem Hintergrund in so ungleichartigen Ländern wie den Vereinigten Staaten, Frankreich, Israel und der Elfenbeinküste auf etwa den gleichen Altersstufen vergleichbare Formen von Trost und Fürsorge an den Tag legen. Angesichts der ganz unterschiedlichen sozialen Gegebenheiten spricht einiges dafür, daß die Entwicklung aufgrund angeborener Mechanismen in relativ ähnlichen Bahnen verläuft (Harriet L. Rheingold und Gena M. Emery, in: Olweus, Block und Radke-Yarrow, 1986: 94).

— Oft handeln Leute sekundenschnell, um anderen in extremen Notsituationen zu helfen oder sie zu retten – eine Reaktion, die scheinbar automatisch und ohne Nachdenken erfolgt und zumindest teilweise eher das Ergebnis einer biologisch verankerten Reaktion auf diese Notlage zu sein scheint als eine realistische Abwägung der damit verbundenen Risiken. Im August 1985 zum Beispiel fiel in Aberdeen, Washington, ein zwölfjähriger Junge namens Patrick Miller von einer Mauer in den Wishkah River; da er nicht schwimmen konnte, schrie er um Hilfe und versuchte strampelnd, sich über Wasser zu halten. Alfred LaMere, ein 64jähriger, nicht besonders gesunder Rentner, rannte aus seinem nahegelegenen Haus und sprang in den Fluß. Er rief Patrick zu, wie er sich über Wasser halten konnte, und begann, ihn zum Ufer zu schieben; unterwegs bekam der Junge Panik und zog ihn unter Wasser, aber LaMere kämpfte sich wieder hoch, schob Patrick ganz in Sicherheit und schaffte es auch selber noch an Land. Er mußte zwar wegen Unterkühlung und Erschöpfung ins Krankenhaus gebracht werden, überlebte jedoch (Carnegie Hero Fund Commission, 1986: 21). Die Carnegie Hero Fund Commission, von der er eine Auszeichnung bekam, vergibt jedes Jahr mehrere solcher »Tapferkeitsmedaillen«; fast immer geht es dabei um automatische, unverzügliche Versuche zur Rettung anderer Menschen, die in unmittelbarer Gefahr schweben. Auch die Tageszeitungen berichten oft über ähnliche Vorfälle, bei denen Retter in Sekundenschnelle auf die Schmerzen oder die Gefährdung anderer Menschen reagieren.

— Bei den bereits erwähnten Experimenten, die mit simulierten Unfällen arbeiten – der vorgetäuschte Unfall im Nebenzimmer, der Mann mit dem Stock, der in einem U-Bahn-Wagen hinfällt –, erfolgt die Reaktion, falls die Umstände dem nicht entgegenstehen, innerhalb von fünf bis zehn Sekunden. Dies entspricht überraschend genau der Reaktionszeit bei Notfallsituationen, die die Menschen genau kennen und bei denen sie darauf eingestellt sind, sofort zu reagieren. Bei einer Studie in Botswana, einem afrikanischen Land, wo Mütter es als Notfall ansehen, wenn ein Kind weint, und so schnell wie möglich handeln, wurde eine durchschnittliche Reaktionszeit von sechs Sekunden ermittelt. Demgegenüber sollte man bei experimentellen Notfällen eigentlich erwarten, daß die unbeteiligten Zuschauer Zeit brauchen, um die ungewohnte Situation zu erfassen, zu überlegen, ob sie helfen sollen oder nicht, und zu entscheiden, was zu tun ist. Aber bestimmte Notsignale scheinen alles über den Haufen zu werfen und direkt tiefere Schichten des Nervensystems anzusprechen (Hoffman, 1981: 126 f.).

Ein Experiment der Natur

Die eineiigen Zwillinge Jim Lewis und Jim Springer wurden vier Wochen nach ihrer Geburt getrennt und wuchsen 60 Kilometer voneinander entfernt in verschiedenen Familien auf, ohne voneinander zu wissen. 1979, als sie 39 Jahre alt waren, spürte Professor Thomas Bouchard, Direktor des Minnesota Center for Twin and Adoption Research an der Universität Minnesota, sie auf und brachte sie zusammen. Kein Science-fiction-Autor hätte sich ein bizarreres Szenario ausdenken können: Abgesehen davon, daß die beiden Männer außer an der Kleidung physisch nicht voneinander zu unterscheiden waren, hatten sie beide Frauen, die Betty hießen, fuhren Chevrolets, rauchten eine Salem nach der anderen, kauten an den Fingernägeln und hatten Hunde namens Tom (Powledge, 1983: 26).

Einiges davon konnte reiner Zufall sein, manches damit zu tun haben, daß sie im selben Landesteil lebten. Aber Bouchard und seine Forschungsgruppe suchten nach signifikanteren Ähnlichkeiten: Sie unterzogen die beiden Männer umfangreichen Persönlichkeitstests, mit denen Merkmale wie Flexibilität, Selbstkontrolle, Geselligkeit gemessen werden, und kamen bei beiden Zwillingen zu nahezu identischen Ergebnissen.

Da die beiden Männer als eineiige Zwillinge genau die gleiche Million Gene haben, könnte man aus der fast vollständigen Identität ihrer Merkmale darauf schließen, daß die Persönlichkeit sehr weitgehend genetisch festgelegt ist. Aber obwohl Bouchard gerade am Nachweis dieses genetischen Anteils an der Persönlichkeit interessiert ist, geht er so weit nicht, denn das gibt sein Material nicht her. In den letzten zehn Jahren hat er mit seinem Team Dutzende von teils getrennt, teils zusammen aufgewachsenen eineiigen Zwillingen ausfindig gemacht und untersucht und ist zu dem Ergebnis gekommen, daß viele Zwillingspaare zwar verblüffende Ähnlichkeiten aufweisen, aber sich doch weniger gleichen als die beiden Jims.

Zwillinge sind eine Art Naturexperiment, mit dessen Hilfe die Verhaltensforscher abschätzen können, inwieweit – im Durchschnitt, nicht im Einzelfall – die Persönlichkeit vom Erbgut bestimmt wird. Dabei stellen sie nicht mehr die allzu simple, überholte Frage: »Was ist Natur, was Kultur an Herrn Sowiesos Persönlichkeit?«, denn sie wissen inzwischen, daß Erbgut und Umwelt in jedem einzelnen Fall ein wenig anders miteinander interagieren. Die Frage jedoch, die sie stellen – und sogar beantworten – *können*, ist die nach dem jeweiligen Anteil von Vererbung bzw. Umwelt an der »Varianz« eines Merkmals, also an den Abweichungen einzelner Merkmale bei verschiedenen Leuten. Die Antwort ergibt den durchschnittlichen genetischen Anteil des jeweiligen Merkmals.

Die Zwillingsforschung kann solche Fragen beantworten, weil bei eineiigen Zwillingen der Vererbungseffekt feststeht: Da ihr Genvorrat genau der gleiche ist, können Unterschiede zwischen ihnen nur aufgrund von Unterschieden der Umwelt zustandekommen. Durch Vergleich der Unterschiede bei eineiigen Zwillingen mit denen bei zweieiigen, die nur etwa zur Hälfte die gleichen Gene haben – und sich folglich stärker unterscheiden –, können die Statistiker berechnen, welche Rolle die Erblichkeit allgemein für die Entwicklung eines gegebenen Merkmals spielt.

Bei der Körpergröße zum Beispiel, einem eindeutigen und leicht meßbaren Merkmal, haben die Forscher aus Minnesota aufgrund solcher Vergleiche berechnet, daß 90 Prozent der Unterschiede beim Menschen auf genetische Faktoren zurückgehen. Aber, warnt die Psychologin Nancy Segal, die zu Bouchards Team gehört: »Wir sagen nicht, daß 90 Prozent *Ihrer* Körpergröße auf genetische Faktoren zurückgehen und die restlichen zehn Prozent umweltbedingt sind. Wir sagen nur, daß sich 90 Prozent der Größenunterschiede in der Bevölkerung genetisch erklären lassen und zehn Prozent durch die Umwelt.« (Nancy Segal, zit. n. Rosen, 1987: 40)

Dieselben Methoden werden auch bei der Untersuchung der genetischen Bedingtheit von Persönlichkeitsmerkmalen angewendet. Vor kurzem erschien eine detaillierte Auswertung der Ergebnisse ganz unterschiedlicher Untersuchungen, aus der hervorgeht, daß etwa 40 Prozent der Varianz von Persönlichkeitsmerkmalen genetisch bedingt sind, 60 Prozent umweltbedingt (Plomin und Daniels, 1987: 5; Loehlin, 1986).

Allerdings waren dies Untersuchungen an Zwillingen, die gemeinsam aufwuchsen; das schwächt das Argument ein wenig, denn immerhin könnte es sein, daß weniger die Gene als vielmehr die Gleichartigkeit der Erfahrungen für die Ähnlichkeit gemeinsam aufwachsender Zwillinge verantwortlich sind.

Aus diesem Grunde sind eineiige, aber getrennt aufwachsende Zwillinge als natürliches Experiment viel besser geeignet, da bei ihnen eben nur die Gene gleich sind, nicht die Umgebung. Es gibt nicht allzu viele getrennt aufwachsende ein- oder auch nur zweieiige Zwillinge, und sie sind schwer zu finden, aber es lohnt sich, sie aufzuspüren.

Im Laufe von ein paar Jahren hat das Minnesota Center for Twin and Adoption Research 54 eineiige und 24 zweieiige getrennt aufgewachsene Zwillingspaare ausfindig gemacht. Auf der Basis von etwa 50 Untersuchungsstunden mit jedem Zwillingspaar ist das Center zu dem Schluß gekommen, daß etwa 50 Prozent der Varianz von Persönlichkeitsmerkmalen in der Bevölkerung allgemein erbbedingt sind. »Das Material«, stellte Bouchard abschließend fest, »ist inzwischen so erdrückend, daß man mit ziemlicher Sicherheit von einer signifikanten Beeinflussung von Merkmalen einschließlich des Sozialverhaltens durch genetische Faktoren … über die gesamte Lebensspanne hinweg ausgehen kann.« (Bouchard, 1986: 430)

Was heißt das nun für die genetische Basis des Altruismus? Leider gehören Einfühlungsvermögen und Altruismus nicht zu den 14 Merkmalen, die in den Zwillingsstudien des Minnesota Centers gemessen wurden. Aber da in ihrer wie auch in anderen Zwillingsstudien bei derart vielen anderen Persönlichkeitsmerkmalen nachgewiesen werden konnte, daß sie genetisch bedingt sind, dürfte dies mit einiger Sicherheit auch für den Altruismus gelten. Man hätte also allen Grund, beim Altruismus wie bei anderen Persönlichkeitsmerkmalen von einem Erbanteil von schätzungsweise 50 Prozent auszugehen. Und wir können sogar mehr als schätzen: J. Philippe Rushton von der University of Western Ontario, ein Außenseiter-Psychologe, der Psychogenetiker wurde, hat unlängst eine Zwillingsstudie durchgeführt, in der besonders die Erblichkeit von Altruismus untersucht wurde, und ist zu eben dieser Zahl gekommen.

1970, als Altruismus eben zum neuen Lieblingsthema der Psychologie aufrückte, stürzte sich Rushton, der gerade an der Universität London seinen Doktor in Sozialpsychologie gemacht hatte, mit einigermaßen utopischen Vorstellungen in die Altruismusforschung. »Damals glaubte ich, daß jeder Mensch als unbeschriebenes Blatt zur Welt käme und zum Altruisten sozialisiert werden könnte«, erzählte er mir. Wie in aller Welt er denn von dieser Position zur Psychogenetik gekommen sei, fragte ich. Er schmunzelte:

»Zehn Jahre lang habe ich mich mit der Theorie des sozialen Lernens beschäftigt und Projekte darüber gemacht, wie man Kinder durch Beispiel, Zureden und so weiter zum Altruismus erziehen kann. Ich habe ein gutes Dutzend Experimente mit Kindern durchgeführt und ein ganzes Buch darüber geschrieben. Und die ganze Zeit über machte ich einen großen Bogen um zwei Anomalien, die meinen Ansatz störten.

Die eine war, daß es offenbar auch bei Tieren Altruismus gab. Wenn ich mir das entsprechende Material ansah, kam mein ganzes ordentliches Weltbild durcheinander – es mußte wohl doch noch eine andere als die bloß lerntheoretische Erklärung geben.

Die andere war, daß der Mensch laut Lerntheorie über keine allgemeinen Persönlichkeitsmerkmale verfügt, sondern lediglich in einer bestimmten Situation auf eine bestimmte Weise handelt; wenn also jemand lernt, in einer bestimmten Situation mutig zu sein, heißt das noch lange nichts für andere Situationen. Das widerspricht aber jeder Lebenserfahrung, und also sah ich mir die einschlägige Literatur noch einmal an und kam zu dem Schluß, daß es doch allgemeine Persönlichkeitsmerkmale gibt und daß man doch sagen kann, eine Person ist ihrem Wesen nach ehrlich, mutig usw.

Dann überlegte ich mir: Wenn es bei den Tieren Gene für Altruismus und bei den Menschen Persönlichkeitsmerkmale gibt – wieso sollte es dann nicht auch Gene geben, die bei den Menschen das allgemeine Merkmal Altruismus erzeugen? Ich verzog mich in die Bibliothek und las mich in die Verhaltensgenetik ein, und es war, als hätte mir jemand die Scheuklappen abgenommen.

Der beste Weg, dachte ich, um die Erblichkeit von Altruismus zu messen, ist die Zwillingsforschung. Ich stand seit meinen Studienzeiten in losem Kontakt mit Hans Eyseneck (einem hochrangigen Psychologen) vom Psychiatrischen Institut der Universität London und wußte, daß er und seine Forschungsgruppe im Laufe der Jahre ein riesiges Zwillingsregister zusammengestellt hatten. Also schrieb ich ihm – ich lebte damals in dem anderen London, dem in Ontario –, und als ich dann 1982 ein Forschungsstipendium bekam, einigten wir uns, gemeinsam eine entsprechende Studie durchzuführen.

Ich arbeitete einen Altruismus-Fragebogen mit zwanzig Fragen aus, nach dem Motto: ›Ich habe einem Unbekannten geholfen, sein Auto im Schnee anzuschieben‹, oder: ›Ich war ehrenamtlich für einen Wohlfahrtsverein tätig‹, immer mit fünf möglichen Antworten, die von ›noch nie‹ bis ›sehr oft‹ gingen. Ich nahm Fragengruppen zur Messung von Einfühlungsvermögen und Beschützerverhalten auf, und meine englischen Kollegen fügten noch eine zur Aggression hinzu.

Sie verschickten das Ding an ihre ganze Liste von Zwillingen, und als die ausgefüllten Fragebogen zurückgekommen waren, fuhr ich hin, um sie mit ihnen zusammen auszuwerten. 573 Zwillingspaare hatten geantwortet, jeweils etwa zur Hälfte eineiige und zweieiige, männliche und weibliche. David Fulker und Michael Neal vom Psychiatrischen Institut machten die statistischen Auswertungen für mich. Wir verglichen den Grad der Ähnlichkeit der eineiigen Zwillinge mit dem der zweieiigen und berechneten mit Hilfe statistischer Verfahren die Erblichkeit von Altruismus.

Mit 30 Prozent hatte ich immerhin gerechnet, aber als die Computerergebnisse immer mehr nach 50 Prozent aussahen, war ich doch sprachlos. Der genetische Einfluß beim Altruismus war fast doppelt so hoch, wie ich erwartet hatte. Es war alarmierend!«

»Wieso alarmierend?«, fragte ich, »das war doch ein Triumph!«

Rushton lachte. »Mir war klar, daß weder Eltern noch Psychologen über meine Ergebnisse erfreut sein würden«, sagte er. »Altruismus ist ein Merkmal, das Eltern ihren Kindern gerne ansozialisieren würden. Manche Merkmale, etwa Introvertiertheit, nehmen sie gewöhnlich hin und sagen: ›Mein Kind ist eben so.‹ Aber wenn sie ein Kind haben, das sich immer mit anderen Kindern prügelt und gemein zu ihnen ist, sagen sie natürlich: ›Das muß es noch lernen.‹ Es gefällt ihnen gar nicht, was ich da herausbekommen habe.«

Was seine Co-Psychologen angehe, fügte Rushton hinzu, so seien auch sie von seinen Ergebnissen nicht gerade begeistert gewesen: »Die Lernpsychologen alter Schule ziehen es vor, sie nicht zur Kenntnis zu nehmen. ›Ja, ja‹, sagen sie, ›Zwillingsforschung. Ist sowieso alles Schwindel.‹ Auch die Verhaltensgenetiker haben sie mehr oder weniger ignoriert. ›Alter Hut‹, sagen sie, ›haben wir bei Kriminalität und Delinquenz alles schon mal gemacht.‹ Die einzigen, die die Ergebnisse zur Kenntnis nehmen und gut finden, sind die Soziobiologen, Leute wie Edward O. Wilson.«

Ich fragte, ob Rushton seine neue Auffassung nicht entmutigend fände, da er nun nicht mehr glauben könne, alle Kinder seien zum Altruismus erziehbar. »Vergessen Sie nicht«, antwortete er vergnügt, »daß es immer noch fünfzig zu fünfzig steht. In der Vergangenheit dachten manche Leute, daß menschliches Verhalten nur zu zehn Prozent mit der Genetik zu tun habe – und man also mit Kindern alles machen könne –, und manche andere, daß es zu 80 Prozent genetisch bedingt sei – und man also sehr wenig machen könne. Jetzt finden wir heraus, daß es fünfzig zu fünfzig steht, und das ist doch so schlecht nicht, oder?«

Das darwinistische Rätsel

Aber warum sollte das menschliche Altruismus-Gen bei der Evolution überhaupt begünstigt und nicht vielmehr eliminiert worden sein?

Jeder wahrhaft altruistische Akt mindert in gewissem Maße die Entwicklungs-, Überlebens- und Arterhaltungschancen der altruistischen Person. Ob Sie ein paar Mark für die Weihnachtssammlung geben, im Beruf einem Rivalen helfen, statt ihn auszustechen, oder eine Frau vor einem bewaffneten Vergewaltiger zu retten versuchen, immer verringern Sie Ihren Vorteil im Kampf ums Dasein, besonders wenn Ihre Kinder noch nicht aus dem Haus sind. Bei sonst gleichen Bedingungen kommt derjenige, der nichts gibt, sich schmutziger Tricks bedient und sich aus der Vergewaltigung heraushält, besser weg als Sie.

Dennis Krebs, Professor für Psychologie an der Simon Fraser University in British Columbia, der das Feld Altruismus schon lange beackert, drückt das so aus: »Wenn man Altruismus als ein Verhalten definiert, das die Netto-Konkurrenzfähigkeit eines anderen Menschen auf Kosten einer Netto-Verminderung der eigenen Konkurrenzfähigkeit erhöht, dann dürfte es nach Darwins Prinzip der natürlichen Zuchtwahl bei der Evolution nicht erhalten bleiben.« (Krebs, 1987: 83)

Auch für Darwin war der Altruismus der sozial lebenden Insekten »eine besondere Schwierigkeit, welche mir zunächst unüberwindlich schien und die ganze Theorie [der natürlichen Zuchtwahl] zu Fall zu bringen drohte« (zit. n. ebd.). Erst spätere Erkenntnisse der Genetik ergaben, wie wir gesehen haben, daß bei Ameisen und anderen sozial lebenden Tieren die Altruismus-Gene so allgemein verbreitet sind, daß zwar das altruistische Individuum stirbt, das Gen aber überlebt.

Menschen jedoch sind einander in ihrer genetischen Struktur nirgends auch nur annähernd so ähnlich wie Ameisen oder selbst Rotkehlchen, und also müßte aufgrund seiner Nachteile der Altruismus gattungsgeschichtlich längst eliminiert worden sein. Wie also kann es überhaupt irgendeine erbliche Anlage zum Altruismus in der menschlichen Rasse geben? Wissenschaftler verschiedener Disziplinen haben in den letzten Jahren drei mögliche Erklärungen für das darwinistische Rätsel angeboten. Sie lauten kurzgefaßt:

Reziproker Altruismus

Der Zackenbarsch, ein mittelgroßer Fisch, sperrt sein Maul weit auf, damit die Brasse, ein kleiner Fisch, hineinschwimmen kann; innen holt die Brasse bestimmte Parasiten aus Maul und Kiemen, und der Zackenbarsch, der die Brasse fressen könnte, läßt sie dort arbeiten und wieder hinausschwimmen. Das Ergebnis: Der Zackenbarsch ist seine Parasiten los, und die Brasse hat etwas zu fressen.

Solche und ähnliche Beispiele führte vor etlichen Jahren der Biologe Robert L. Trivers zum Beweis dafür an, daß wechselseitiger Altruismus dem Überleben dient und daher bei der natürlichen Zuchtwahl begünstigt wird. Ein Zakkenbarsch mit einer angeborenen Neigung zum Verschlingen der Brasse hätte geringere Aussichten auf Gesundheit, langes Leben und Nachkommenschaft als ein gutmütiger Zackenbarsch (Trivers, 1971: 40).

Gleiches gelte, behauptete Trivers kürzlich, auch für die Evolution des menschlichen Altruismus:

»Es spricht einiges dafür, daß im Laufe unserer jüngeren Evolutionsgeschichte (zumindest in den letzten fünf Millionen Jahren) bei unseren Vorfahren eine scharfe Selektion zugunsten der Entwicklung reziprok altruistischer Verhaltensweisen stattgefunden hat. In Notzeiten helfen Menschen einander gewöhnlich. ... Wir teilen dann gewöhnlich unsere Nahrung, helfen Kranken, Verletzten, kleinen Kindern...« (R. L. Trivers, in: Bridgeman, 1983: 44f.)

Viele Verhaltensforscher sind sich darin einig, daß es der Überlebenswert des reziproken Altruismus ist – denn vermutlich ging es Stämmen mit hochentwikkelter Kooperation besser als Stämmen mit schwacher Kooperation –, der die für ihn verantwortlichen Gene die Jahrmillionen der Stammesgeschichte hindurch bei der natürlichen Zuchtwahl überleben und schließlich zu einem Bestandteil des Erbguts des heutigen Menschen werden ließ.

Trivers selber weist jedoch darauf hin, daß reziproker Altruismus auf der Erwartung beruht, daß Hilfe oder Wohlwollen erwidert werden und daß »Falschspielern« (die dies nicht tun) nicht geholfen wird. Damit aber, sagen Kritiker seiner Theorie (so z. B. Krebs, 1987: 86), ist das, was er beschreibt, Kooperation – eine wertvolle, aber eigennützige Verhaltensweise, bei der eine Person einer anderen einen Dienst in der Erwartung erweist, daß dieser Dienst irgendwann einmal erwidert wird.

Reziproker Altruismus hat nichts mit Freundlichkeit, Uneigennützigkeit und Aufopferung zu tun. Er erklärt nicht, was all diejenigen bewegt, die andere Menschen trösten, ihnen helfen, sie retten, ohne an Lohn zu denken. Es erklärt in keiner Weise das Verhalten der Guten Samariter dieser Welt.

Lohn kann sogar, wie manche Experimente zeigen, den Impuls zum echten Altruismus blockieren. Bei einem entsprechenden Experiment baten Wissenschaftler Hausfrauen um ein Interview von fünf Minuten; von denen, die dazu bereit waren, bekam die eine Hälfte einen kleinen Geldbetrag, die andere nicht. Einige Zeit später wandten sich die Forscher noch einmal an diese Frauen und baten sie um ein Interview von 25 Minuten; diesmal war die Bereitschaft bei denjenigen, die beim erstenmal Geld bekommen hatten, geringer als bei den anderen. Dieses scheinbar paradoxe Verhalten deutet darauf hin, sagt Shalom H. Schwartz, Professor für Psychologie an der Hebräischen Universität Jerusalem, daß Belohnung die intrinsische Bereitschaft zu altruistischer Hilfe herabsetzt – also genau entgegengesetzt wirkt wie der reziproke Altruismus.

Gruppenselektion

Vor ein paar Jahren waren viele Biologen der Ansicht, daß die Evolution des Altruismus über »Gruppenselektion« verläuft (Krebs, 1987: 89f.). Bei bestimmten Gattungen – und auch beim Menschen – pflegen manche Individuen zum Wohl der Gruppe gegen ihre eigenen Interessen zu handeln, etwa indem sie sie als Krieger verteidigen oder auf eigene Nachkommenschaft verzichten. Wie der Schleimpilz vermehren sich manche Seevögel nicht, wenn eine immer größer werdende Population den Fischbestand zu sehr zu dezimieren droht (Robert A. Hinde, in: Olweus, Block und Radke-Yarrow, 1986: 15).

So schien das Problem dadurch gelöst, daß die Zuchtwahl vom Individuum auf die Gruppe verlagert wurde. Eine Gruppe mit Altruisten hatte bessere Überlebenschancen als eine Gruppe ohne Altruisten; ergo kommt Altruismus durch Zuchtwahl zustande. Beweis: Fälle wie die bereits beschriebenen, also die Krieger der sozial lebenden Insekten und die Vögel oder Affen, die Warnschreie ausstoßen.

Aber diese Theorie bietet keine Erklärung für den Altruismus bei Gattungen, deren einzelne Mitglieder eine größere genetische Varianz aufweisen. Bei diesen Gattungen – insbesondere natürlich beim Menschen – würde jede Gruppe sowohl Altruisten als auch Egoisten aufweisen, und ein Überleben der Egoisten auf Kosten der Altruisten würde nicht für die Erhaltung der Altruismus-Gene sorgen. Mit neueren mathematischen Verfahren und Computersimulationen, bei denen Jahrtausende zu Minuten komprimiert werden, läßt sich errechnen, daß Gruppen mit Altruisten nur kurzfristig einen Überlebensvorsprung vor Gruppen ohne Altruisten haben; noch bevor sie sie tatsächlich überleben könnten, hätten ihre egoistischen Gruppenmitglieder im internen Konkurrenzkampf bereits für ihr Aussterben gesorgt.

Solche Analysen haben dazu geführt, daß die Theorie von der Gruppenselektion in den letzten Jahren mehr oder weniger aufgegeben wurde (Krebs, 1987: 90; Mark Ridley und Richard Dawkins, in: Rushton und Sorrentino, Hrsg., 1981: 22).

Verwandtschaftsselektion

Vor vielen Jahren sagte der brillante englische Biologe J. S. Haldane, daß er bereit wäre, sein Leben für zwei seiner Brüder oder acht seiner Vettern hinzugeben (zit. n. Reiss, 1984: 119). Damit griff er der in den letzten Jahren von den Soziobiologen vertretenen Theorie vor, daß die Evolution des Altruismus über Verwandtschaftsselektion verlaufen sei (Wilson, 1975: 116–119).

Diese Theorie lautet folgendermaßen: Da bei den Menschen Geschwister (anders als eineiige Zwillinge) zur Hälfte gleiche Gene haben, Vettern zu einem Achtel und so weiter, folgt der Altruist, wenn er zum Nutzen seiner Blutsverwandten handelt, einer Tendenz zur Erhaltung seiner eigenen Gene – einschließlich seines eigenen Altruismus-Gens. Wenn er zwei Brüdern oder acht Vettern das Leben rettet und seines dabei verliert, spricht alles dafür, daß dabei genetisch gesehen nichts von ihm verlorengeht. »Gene können also durch natürliche Zuchtwahl begünstigt werden«, sagen die Zoologen Ridley und Dawkins (in: Rushton und Sorrentino, 1981: 25), »wenn ihre Träger aufgrund dieser Gene die Überlebenschancen ihrer anderen genetischen Verwandten erhöhen.«

Dabei gibt es allerdings ein Problem: Wie sollte ein Urmensch – oder auch die meisten heutigen Menschen – entscheiden können, ob ein bestimmter Akt der Selbstaufopferung, ganz zu schweigen von der ganz alltäglichen Hilfsbereitschaft, genetisch sinnvoll ist oder nicht? Ohne mit der Wimper zu zucken, schreibt Trivers (in: Bridgeman, 1983: 43): »Bei verwandtschaftsorientiertem Altruismus besteht das Hauptproblem für den Altruisten darin, sicherzustellen, daß Verwandtschaftsgrad mal Kosten-Nutzen-Faktor des altruistischen Akts größer als eins ist.« Man stelle sich Ichi oder Zug, oder wie immer er geheißen haben mag, vor, wie er innehält, ehe er sich mit Speer und Keule ins Getümmel stürzt, seinen Taschenrechner herausholt und durchrechnet … aber lassen wir das.

Edward O. Wilson, der Harvard-Soziobiologe, denkt an einen einfacheren Entscheidungsmechanismus: Unsere altruistischen Regungen könnten von Genen stammen, die Tausende von Generationen hindurch aufgrund der Neigung der Menschen, ihre Verwandten zu bevorzugen, evolutionär begünstigt wurden (Wilson, 1979: 160). J. Philippe Rushton geht inzwischen noch weiter: Er vertritt die Theorie, daß wir Gene, die unseren eigenen gleichen, irgendwie »riechen« können – selbst bei Leuten, die wir nicht als Verwandte erkennen – und uns ihren Trägern gegenüber altruistisch verhalten (Rushton, Russell u. a., 1984).

Das klingt ein bißchen mystisch. Aber es mag eine handfeste Erklärung dafür geben: Wenn wir tendenziell zu Menschen altruistisch sind, mit denen wir zusammenleben oder die uns nahestehen oder uns ähnlich sind, nicht aber zu anderen Menschen, wird unser Verhalten tendenziell auch unsere Gene erhalten. Auch wenn man nicht rechnet, könnten bei Trivers Formel letztlich die Bindungen herauskommen, in denen wir leben.

Und genau dies hat sich für kleine, geschlossene Gruppen nachweisen lassen. Der Anthropologe Napoleon Chagnon von der University of California in Santa Barbara hat viele Jahre hindurch die Yanomamö studiert, eine Gruppe wilder, kriegerischer Indianer tief in den Amazonaswäldern Brasiliens und Venezuelas. In den 70er Jahren hat er zusammen mit seinem Kollegen Bugos bei einer Stammesfehde die Verwandtschaftsgrade der Männer beider Seiten statistisch analysiert. Alle Krieger, die in diese Fehde verwickelt waren, waren mehr oder weniger miteinander verwandt. Aber die Berechnungen der beiden Wissenschaftler ergaben, daß der durchschnittliche Verwandtschaftsgrad *innerhalb* jeder Gruppe beträchtlich höher war als *zwischen* den Gruppen. Die primitiven Yanomamö brauchten keine Taschenrechner; sie *wußten* das einfach (zit. n. Mark Ridley und Richard Dawkins, in: Rushton und Sorrentino, 1981: 35).

Die Theorie der Verwandtschaftsselektion ist also durchaus vernünftig und liefert nach Ansicht vieler Wissenschaftler auch eine befriedigende Erklärung dafür, wie sich die Neigung zum Altruismus bei den Menschen evolutionär entwickelt hat.

Sie erklärt jedoch nur jene Formen von Altruismus, die sich vor der Entstehung von größeren Gesellschaften entwickelt haben. Des Rätsels Kern – zumindest der, von dem dieses Buch handelt – ist ja gerade, daß wir hilfreich und gut nicht nur zu unseren Brüdern und Vettern sind, sondern auch zu dem Nachbarn mit dem Herzanfall, dem Fremden mit der Autopanne und der nie gesehenen und nie gekannten Person, die eine Operation überleben wird, weil wir zur Rettung ihres Lebens unser Geld oder unser Blut gegeben haben.

Verwandtschaftsselektion sagt nichts über kulturelle Einflüsse aus – über all die Verhaltensweisen, die Kindern von der Gesellschaft, in der sie leben, mit Hilfe von »du sollst«, »du mußt«, »das ist gut«, »das ist richtig« vermittelt werden. Vielleicht sind sie alle noch zu frisch, um überhaupt für evolutionäre Prozesse infrage zu kommen. Wie der Paläontologe und universale Denker Stephen Jay Gould sagt: »Menschen können sich gute Lösungen ausdenken, ohne neue genetische Möglichkeiten abwarten zu müssen, und sie ihren Kindern und Nachbarn vermitteln.« (Gould, 1986: 49) Zu allen Einflüssen der biologischen Evolution kommen kulturelle Vorstellungen von gutem Verhalten hinzu oder überwiegen sie vielleicht sogar.

Deshalb kann Verwandschaftsselektion auch wieder nur eine besondere, begrenzte Form des Altruismus erklären – jene Form, bei der der Gute Samariter zwar einem Verwandten oder einem Mann aus seiner Heimatstadt geholfen hätte, an dem verletzten Mann aus Jerusalem jedoch vorbeigegangen wäre, ohne ihn auch nur eines bedauernden Blickes zu würdigen.

Auch Carolyn Zahn-Waxler, die ja die Auffassung vertritt, die Tendenz zu altruistischen Reaktionen sei »fest verdrahtet«, meint dennoch, daß sich diese Tendenz durch Kultur und Training sehr viel weiter und vielfältiger entwickelt habe, als sich durch Verwandtschaftsselektion allein erklären läßt. In einer kürzlich erschienenen Kritik dieser Theorie schreibt sie:

»Sie unterstellt, daß wir zu Verwandten altruistischer sind als zu Nicht-Verwandten, und zwar aus biologischen, nicht aus sozialen Gründen. Im wirklichen Leben jedoch gehen unsere biologische und unsere soziale Welt gewöhnlich vollkommen ineinander über. Außerdem hat bei den Menschen nicht nur der Altruismus, sondern sehr oft auch Mord und Gewalt die nächsten Anverwandten zum Ziel. ... [Und schließlich] bietet die Theorie keine brauchbare Erklärung für das Verhalten von Individuen, die ja durchaus imstande sind, adoptierte Kinder großzuziehen, vor allem Kinder anderer Kulturen und Rassen.« (Carolyn Zahn-Waxler, in: dies. u. a., 1986: 320)

Carolyn Zahn-Waxler weiß, wovon sie spricht: Ihre eigene halbwüchsige Tochter Rebecca ist ein koreanisches Adoptivkind.

Die Wurzeln des menschlichen Altruismus

Fazit:

Aus dieser Fülle interessanter, aber oft widersprüchlicher Materialien lassen sich immerhin einige Schlüsse ziehen:

– Durch Evolution hat die Gattung Mensch die Anlage zu bestimmten Formen von Altruismus erworben, die mit denen der Tiere verwandt sind: reziproker Altruismus und Verwandtschaftsselektion. Aber diese genetisch bedingten Anlagen erzeugen nicht die einzig menschliche und zivilisierte Form des Altruismus: die gute Tat – oft für unbekannte oder nie gesehene Personen –, die den Geber etwas kostet und für die er nichts zurückbekommt.

Ebenfalls durch Evolution hat die Gattung Mensch bestimmte Nerven- und Gefühlsreaktionen auf die Not anderer Menschen entwickelt – das Rohmaterial, aus dem durch Sozialisation und Erfahrung die große Vielfalt altruistischer Verhaltensweisen entsteht. Die wichtigste Anlage dieser Art dürfte das Einfühlungsvermögen sein.

– Zwar ist ein Teil unseres Altruismus dem der Tiere verwandt, der bei weitem größere Teil jedoch ist kultur- und erfahrungsbedingt. Das menschliche Gehirn ist ungeheuer aufnahmebereit für Verhaltensformen, die nicht durch die biologische, sondern durch die kulturelle Evolution bedingt sind: Sprache, Mathematik, Musik, Kunst; der Gebrauch von Werkzeugen und der Umgang mit Geld; Staatsformen; Lesen und Schreiben; Religion und Wissenschaft; Sexualverhalten, Liebe, Familienleben.

Und Altruismus.

Dank der Biologie können wir potentiell auf die Not anderer Menschen reagieren, aber die Stärke unserer Reaktionen, die Formen, die sie annehmen, und das Gefühl der moralischen Verpflichtung, das ihr Motor ist, sind ein Produkt unserer Erfahrungen, zu denen auch die Werte, Gefühle, Ideen und Verhaltensmuster gehören, die uns Familie, Schule und Umwelt vermitteln.

Drittes Kapitel

Anpassung

Wachstumsbedingungen

Ein Samenkorn kann – je nach Boden- und Witterungsverhältnissen – ruhen, aufgehen, aber kümmern, oder sich voll entfalten. Beim Neugeborenen ist die biologische Anlage zum Altruismus ein solches Samenkorn, und die Kultur, die Lebensformen der Gesellschaft, in der das Kind aufwächst, sind Boden und Witterung.

Andere Einflüsse auf die Entwicklung des Altruismus, etwa Eltern-Kind-Beziehung, Ausbildung und soziale Erfahrungen, entsprechen dann der Kunst des Gärtners. Unter günstigen Bedingungen wird selbst eine vernachlässigte Pflanze wachsen, wenn auch nicht zur vollen Entfaltung kommen; unter ungünstigen Bedingungen wird sie trotz sorgfältiger Pflege ums Überleben zu kämpfen haben; und bei günstiger Umgebung und sorgfältiger Pflege wird sie voll wachsen und gedeihen.

Wollen wir also verstehen, wie aus einem Kind so ziemlich alles werden kann, von Adolf Eichmann bis Albert Schweitzer, müssen wir zunächst einmal herausbekommen, inwieweit die Gesellschaft selber die Entwicklung von Altruismus fördert oder hindert. Dazu wollen wir zunächst zwei Extrembeispiele betrachten: eine Gesellschaft mit Menschen, die ungewöhnlich freundlich, großmütig und liebevoll sind, und eine Gesellschaft, in der das genaue Gegenteil der Fall ist.

Zeit: Anfang der 60er Jahre; Ort: die äußerste Nordwestecke von Botswana im südlichen Afrika. Hier liegt am Rande der Kalahari-Wüste, in der Nähe einer Wasserstelle, ein Dorf mit acht strohgedeckten Hütten; gut dreißig Menschen leben hier einen Teil des Jahres. Sie sind eine Gruppe !Kung (das ! steht für ein Klicken – einen Laut der !Kung-Sprache, der in unserer Schrift nicht wiederzugeben ist). Zu den übrigen Zeiten des Jahres müssen sie auf der Suche nach Wasser und Nahrung umherziehen und leben dann behelfsmäßig in Lagern ohne

Hütten; nachts drängen sie sich unter freiem Himmel frierend um ein Feuer zusammen.

Die !Kung, die <u>früher Buschmänner oder Hottentotten genannt</u> wurden, sind ein kleines, gelbhäutiges Volk mit hohen Backenknochen und scharf geschnittenen Gesichtszügen, ganz anders als die dunklen, negroiden und viel größeren Bantu, die um sie herum leben; das einzige körperliche Merkmal, das !Kung und Bantu gemeinsam haben, ist ihr festes, dicht gekraustes Haar. Die Männer tragen lederne Lendenschurze und bei kühlem Wetter Ledercapes, die Frauen Lederschürzen und -capes; beide Geschlechter gehen barfuß und haben, solange sie jung sind, einen geschmeidigen, anmutigen Gang.

Die !Kung sind ein Sammlervolk – <u>klassische Jäger und Sammler, die von dem leben, was die Natur ihnen bietet, und den überlieferten Wegen folgen, um je nach Jahreszeit Wild, Vögel, Reptilien, eßbare Wurzeln, Nüsse und vor allem Wasser zu suchen,</u> das knappste und kostbarste Gut in dieser Gegend (Thomas 1958; Lee, 1979, Shostak, 1983).*

Im !Kung-Dorf ist es laut: Überall rauhe Unterhaltungen, Gelächter, Neckereien, Schwatz und Klatsch, während die Frauen mit der Zubereitung des Essens beschäftigt sind, die Männer Giftpfeile für die Jagd vorbereiten. In der Nähe sitzen drei Männer vor einer Hütte und unterhalten sich; sie sind blind (Augenkrankheiten sind hier weit verbreitet), aber gut ernährt und normal gekleidet. Denn <u>anders als viele andere sogenannte primitive, auf dem Existenzminimum lebende Völker, die ihre Stammesgenossen, wenn sie nicht mehr jagen oder Nahrung sammeln können, aussetzen oder davonjagen, wird bei den !Kung für Blinde, Kranke und Krüppel gesorgt.</u>

Ein Stück weiter in seiner Hütte liegt Kasupe, ein etwa 50jähriger Mann, der eine schlimme Beinentzündung hat und nicht arbeiten kann; den ganzen Tag über kommen Kinder und Frauen aus allen anderen Haushalten vorbei und bringen ihm, seiner Frau und seinen vier Kindern zu essen. Andere Männer und Frauen schauen ab und zu herein, um Heilverfahren und -zeremonien für Kasupe zu praktizieren; <u>Krankenpflege geht jeden an.</u>

An einem normalen Tag verschwinden die gesunden Männer gewöhnlich einer nach dem anderen zur Jagd, während die Frauen in kleinen Gruppen zum Nahrungssammeln ausziehen. Die übrigen Männer und Frauen bleiben mit den Kindern im Lager, manche arbeiten, manche faulenzen; niemand bestimmt,

---

* Seit den 60er Jahren sind die !Kung durch die politischen Entwicklungen in Botswana und Namibia – deren gemeinsame Grenze den traditionellen Nomadenweg der !Kung zerschneidet – gezwungen, seßhaft zu werden und von Ackerbau und Viehzucht zu leben.

wer sammeln gehen oder arbeiten muß oder wieviel jeder zu tun hat. Abends kommen die Jäger zurück und haben Schlangen, eine Ratte, ein großes Perlhuhn gefangen, die Frauen bringen Nüsse, Früchte, ein paar Flaschenkürbisse, ein Straußenei. Die Nahrung wird feierlich aufgeteilt und an alle im Lager ausgegeben – auch an die, die zu Hause geblieben sind und nicht gearbeitet haben –, wobei es zwar viel Geschrei und Gerede, aber keinen Neid, keine scheelen Blicke und keinen Streit gibt.

Manchmal kommen ein paar !Kung von einer entfernteren Gruppe und holen sich die Erlaubnis, in der Nähe ein Lager errichten und Nahrung sammeln zu dürfen. Die bekommen sie auch immer, aber erst nach vielem Gefrotzel und sonstigem Hin und Her, währenddessen ihnen von allen Seiten zu essen angeboten wird. Dem Anthropologen Richard Borshay Lee, der eine Weile bei den !Kung lebte, erklärte ein Mann, es sei »alles in Ordnung, wenn sie gleich zu uns kommen. Ärger gibt es nur, wenn sie für sich essen und wir erst später zufällig dahinterkommen.« (Lee, 1979: 336) Aus der Erlaubnis erwächst jedoch auch eine Verpflichtung: Wer sie gibt, kann ein anderes Mal in einem Gebiet, das den Besuchern gehört, das gleiche verlangen. (»Gehören« bedeutet hier keinen gesetzlichen Eigentumstitel, sondern ein Gewohnheits- und Präsenzrecht.)

So karg das Leben der !Kung in bezug auf Nahrung und Handwerkserzeugnisse ist, so idyllisch ist es größtenteils in sozialer Hinsicht. Männer und Frauen unterhalten sich unentwegt und tanzen und singen viel; auch bei mühseligen Arbeiten, etwa wenn sie während der Trockenzeit Wurzeln ausgraben und sorgfältig Flüssigkeit zum Trinken aus ihnen herauspressen, sind sie vergnügt und freundlich. Kleine Kinder werden liebevoll, größere nachsichtig behandelt und kaum ausgeschimpft oder geschlagen. Heiler tun – unentgeltlich – ihr Bestes für die Kranken, und es ist ganz selbstverständlich, daß sich Erwachsene wie Kinder immer, wenn sie auf einen Schwatz zur Hütte des Nachbarn kommen, von den Nüssen nehmen können, die an der Tür aufgehäuft liegen.

Natürlich geht es nicht immer friedlich und freundlich zu: Gar nicht so selten machen Frauen, die ihren Mann bei einem Seitensprung ertappt haben, ihrer Wut öffentlich Luft, oder man zieht kräftig über einen Nachbarn oder einen Besucher aus einer anderen Gruppe her, der sich knauserig gezeigt hat (was für die !Kung eine Todsünde ist). Im großen und ganzen jedoch kommt es untereinander zu nichts Schlimmerem als Geschrei und Geschimpfe; sie sind, in den Worten der Anthropologin Elizabeth Marshall Thomas, »ein harmloses Volk«.

Die !Kung achten auffallend darauf, die Gefühle anderer nicht zu verletzen. Hat ein Jäger etwas weiter weg ein großes Tier erlegt – eine Antilope, für deren

Transport er Hilfe braucht –, kommt er gewöhnlich ins Lager zurück, setzt sich hin und sagt gar nichts. Fragt dann irgendjemand: »Was ist dir denn heute über den Weg gelaufen?«, antwortet er vielleicht: »Ach, ich tauge nicht zur Jagd, mir ist gar nichts über den Weg gelaufen … bloß etwas ganz Kleines.« Dann wissen alle, daß er ein großes Tier erlegt hat, aber nicht will, daß die anderen Jäger das Gefühl haben, er wäre besser als sie. Wenn am nächsten Tag andere Männer mit ihm ausziehen, um die Antilope zu zerlegen und das Fleisch nach Hause zu bringen, machen sie Witze darüber, wie klein und wertlos das erlegte Tier ist, und er stimmt mit ein. Der Heiler Tommazho erklärte Lee das so:

»Wenn ein junger Mann viel Fleisch jagt, hält er sich am Ende noch für einen Häuptling oder einen großen Mann und uns für seine Diener oder Untertanen. Das wollen wir natürlich nicht. Wer sich rühmt, wird zurechtgewiesen, damit er nicht eines Tages so eingebildet wird, daß er jemanden umbringt. Daher sagen wir immer, daß das Fleisch nichts taugt. Auf diese Weise dämpfen wir seinen Übermut, und er bleibt umgänglich.« (Lee, 1979: 246)

Die !Kung sind nicht die einzigen, die ihre Nahrung miteinander teilen; bei den meisten Sammler- und Jägergesellschaften wird die vorhandene Nahrung wie in einer großen Familie aufgeteilt, und in diesen Gesellschaften ist das Teilen und Schenken durch Sitte und Pflicht so gut wie durch Mitgefühl und Großzügigkeit motiviert. Trotzdem sind die !Kung ungewöhnlich. In weitaus größerem Maße als bei den meisten anderen Völkern der Welt besteht ihre Kultur aus freundlichen und großzügigen Gebräuchen, die sie alle in gewisser Weise zu Altruisten werden lassen.

Wie die !Kung-Kultur so werden konnte, ist ein ungelöstes Rätsel; sicher ist es nicht wirtschaftlicher Überfluß (das Leben der !Kung ist reine Subsistenzwirtschaft), gute Führer (sie haben überhaupt keine) oder sonst irgendeine leicht auszumachende soziale oder ökonomische Größe. Da sie keine geschriebene oder auch nur in mündlicher Form als Sage oder Epos überlieferte Geschichte haben, wissen wir nichts darüber. Der einzige Schluß, den wir an diesem Punkt ziehen wollen, ist der, daß Altruismus tatsächlich durch die Kultur einer Gesellschaft gefördert werden kann.

Zeit: 1965; Ort: ein Bergdorf mit sechs strohgedeckten Hütten im nordwestlichen Uganda, 2200 Kilometer nordöstlich vom !Kung-Gebiet. Hier lebt eine Gruppe Ik, ein Volk, das sich von den !Kung unterscheidet, als käme es von einem anderen Stern.

Anders als das !Kung-Dorf mit seinen offen angeordneten Hütten ist das Ik-Dorf von einem Palisadenzaun umgeben, der nur einen einzigen, winzigen Eingang hat. Das wäre noch nicht weiter merkwürdig, wäre da nicht die Innenaufteilung: Der umzäunte Bereich ist durch sechs kleinere Palisadenzäune, die jeder eine Hütte umschließen und ihre Besitzer von den übrigen Dorfbewohnern absondern, noch einmal unterteilt. Diese ungesellige und anti-soziale Aufteilung kommt daher, daß die Ik nicht nur Außenstehenden, sondern auch Verwandten und Nachbarn mit Angst und Mißtrauen begegnen. Dies ist nicht etwa die besondere Eigenheit dieser Gruppe – auch die sechs oder sieben anderen umliegenden Ik-Dörfer sind alle mehr oder weniger genauso aufgeteilt.

Die Ik haben vieles zu fürchten, nicht nur einander. Sie sind klein (durchschnittlich 1,50 Meter), dunkelhäutig und mit negroidem Gesichtsschnitt und leben ständig unter dem Existenzminimum. Die meisten Erwachsenen und Kinder haben nichts anzuziehen (sie gehen völlig nackt oder tragen allenfalls ein oder zwei Streifen Fell, die ihnen an einer Schnur von der Taille hängen), und alle sind knochendürr. Die wenigen Alten im Dorf sind völlig ausgemergelt. Den Ik geht es schlecht.

Früher waren sie erfolgreiche Jäger und Sammler, aber in den letzten Jahren wurden sie von der ugandischen Regierung gezwungen, ihre Jagd- und Sammelzüge durch die Berge Ugandas und des benachbarten Kenia einzustellen und zum Ackerbau überzugehen. Die Ik kennen jedoch nur ganz primitive Anbaumethoden, ihre Felder sind vor Tieren nicht sicher, und in diesem Jahr ist auch noch der Regen ausgeblieben. Es gibt fast nichts zu essen; von dem bißchen, was sie anbauen und in den steinigen Bergen und ausgedörrten Tälern sammeln, können sie kaum überleben. Ab und zu erlegen die Männer irgendein Wild, aber zu den meisten wildreichen Gebieten haben sie inzwischen keinen Zutritt mehr, und Raubzüge bei den Ziegenherden der Nachbarn führen leicht zu blutiger Vergeltung oder ins Gefängnis.

Normalerweise rücken in derart schlimmen Verhältnissen soziale Gruppen von der Familie bis zur Großgesellschaft erst recht zusammen; Lehren oder Gebräuche, die den wechselseitigen Beistand propagieren, werden durch die Krise gefestigt. Aber falls es bei den Ik jemals etwas Derartiges gegeben hat, kann es nicht sehr tief verwurzelt gewesen sein. Ihre Welt heute ist ein Zerrbild der menschlichen Gesellschaft, als Realität schlimmer als die trostlosen Phantasien von *1984* oder *Clockwork Orange*. Wer Nahrung findet, verteilt sie nicht etwa, sondern verschlingt sie heimlich und so schnell er kann, um nur ja nicht Ehepartnern, Kindern und Dorfgenossen etwas abgeben zu müssen.

Colin Turnbull, ein amerikanischer Anthropologe, der bei den Ik gelebt und seine dortigen Feldforschungen 1972 veröffentlicht hat, verdeutlicht das mit der folgenden Geschichte: Lomeja, ein Mann Mitte zwanzig, versteckt eines Nachts Pfeil und Bogen außerhalb der Siedlung, damit niemand merkt, daß er am nächsten Tag jagen gehen will. Seine Halbschwester Niangar sieht ihn aber morgens weggehen und sagt ihrem Mann Lotibok Bescheid, der Lomeja heimlich folgt. Als Lomeja eine Antilope erlegt, wartet Lotibok im Versteck, bis er sie ausgeweidet hat, kommt dann heraus, behauptet, er komme zufällig vorbei, und bietet seine Hilfe bei der Zubereitung an. Lomeja ärgert sich, aber er hat keine Wahl. Obwohl sie das Fleisch in ein kleines Waldtal bringen und das Feuer möglichst klein halten, sehen zwei Männer aus dem Dorf den Rauch und kommen angerannt. Sie finden Lomeja und Lotibok, die gerade dabei sind, sich so schnell wie möglich mit Fleisch vollzustopfen, damit möglichst alles verschlungen ist, ehe jemand kommen kann. Aber jetzt müssen sie doch den Neuankömmlingen etwas abgeben. Die vier Männer schaffen es, alles aufzuessen, ohne entdeckt zu werden und ohne Fleisch aufzuheben, das sie ihren Familien und den übrigen Dorfbewohnern mitbringen könnten.

Die Alten sind Sterbende; sie können sich keine Nahrung mehr verschaffen und bekommen auch meistens von niemand anderem etwas, nicht einmal von ihren Kindern. Für die Ik ist es Verschwendung, alten Leuten gutes Essen zu geben. Einmal bringt Turnbull, der damals schon viele Monate bei den Ik lebt, zwei alten Männern, von denen der eine besonders freundlich zu ihm war, etwas zu essen. Beim Anblick des Essens fangen die Alten zu zittern an und bitten Turnbull, das Tor zu ihrem Hof zu schließen, damit niemand hereinkommt und etwas abhaben will. Er tut es, wartet, bis sie aufgegessen haben, geht dann mit dem leeren Teller hinaus – und sieht sich einer mißbilligenden Menge gegenüber, die sich draußen versammelt hat und vernehmlich darüber murrt, daß er zwei Männern etwas zu essen gegeben hat, die sowieso bald sterben.

Später wird Lolim, einer der alten Männer, krank und schwach; Turnbull bringt ihm in einem kleinen Napf Essen, aber schon als er hinausgeht, schnappt sich Lomongin, ein jüngerer Mann, Stücke aus Lolims Napf, während Lolim weinend versucht, ihn daran zu hindern, und sich weiter selber den Mund vollstopft. Einige Zeit später wird Lomeja, der Jäger, von einer umherstreifenden Gruppe von Nicht-Ik angeschossen und liegt im Sterben; Turnbull bereitet eine Tasse süßen Tee für ihn, aber als er sich abwendet, um nach Lomejas Verband zu sehen, hört er hinter sich eine Frau lachen und sieht Lomejas Schwester mit der Tasse Tee davonlaufen, die sie ihrem sterbenden Bruder aus der Hand gerissen hat.

Gruppen von fröhlich schwatzenden Kindern machen sich morgens in die Berge und Täler auf. Aber sie gehen nicht zu ihrem Vergnügen, sondern um Nahrung zu suchen; das müssen sie auch, denn wenn sie nicht selber für sich sorgen, bekommen sie nichts zu essen. Ik-Eltern kümmern sich um ihre Kinder, bis sie etwa drei oder vier Jahre alt sind, und setzen sie dann gewissermaßen aus; von diesem Zeitpunkt an dürfen die Kinder nicht mehr im Haus schlafen, sondern nur noch draußen im Hof, und müssen sich ihr Essen selber suchen. Also schließen sie sich zur Selbsterhaltung mit anderen Kindern zusammen und gehen gemeinsam auf Nahrungssuche, bis sie alt genug sind, um wie Erwachsene zu leben.

Nicht alle aber schaffen das. Adupa, ein ausgemergeltes kleines Mädchen, das »ausgesetzt« wurde, weicht ihren Eltern nicht von den Fersen und bettelt um Essen, bis diese sie voller Wut im Hof einsperren; zu schwach um auszubrechen, stirbt sie ein paar Tage später. Zwei Brüder hocken an einem Feuer; Murai, der ältere, hat etwas zu essen gefunden und ißt, während der jüngere Liza, der am Verhungern ist, ihm zusieht, aber gar nicht erst um etwas bittet. Einige Zeit später, als Liza verhungert ist, wird Murai philosophisch: »Besser, einer bleibt am Leben, als daß beide sterben.«

Manchmal allerdings sind auch die Ik vergnügt. Zwar sind sie nicht gerade gesprächig, schwatzen und scherzen aber doch gelegentlich; nur ist ihr Humor recht makaber. Sie kreischen vor Lachen, als Turnbull auf einem steilen Weg stolpert; sie beobachten interessiert ein kleines Kind, das auf ein Feuer zukriecht, und lachen vergnügt, als es an die Kohlen kommt, sich verbrennt und vor Schmerzen schreit; und als Lo'ono, eine alte, blinde Witwe, auf einem steilen Bergpfad stürzt, in einen Graben rollt und, auf dem Rücken liegend, schwach mit Armen und Beinen rudert, stehen sie auf dem Abhang über ihr und ergötzen sich an dem Schauspiel.

Eigentlich schließen Anthropologen die Menschen, mit denen sie leben, am Ende fast immer ins Herz, aber nachdem Turnbull mit den Ik gelebt hatte, erklärte er sie für »so unfreundlich, unbarmherzig, ungastlich und ganz allgemein bösartig, wie ein Volk nur sein kann«. Immerhin fand er Entschuldigungen: Er hielt es für wahrscheinlich, daß auch die Ik einmal wie ein normales Volk gelebt haben, infolge der Not jedoch alle freundlicheren und großzügigeren Regungen aufgegeben haben – seiner Ansicht nach ohnehin »alles andere als menschliche Grundeigenschaften, sondern vielmehr ein oberflächlicher Luxus«, den sich die Menschen außer in Zeiten des Überflusses gar nicht leisten können (Turnbull, 1972: 32, 289).

Andere Anthropologen jedoch haben mit anderen Völkern gelebt, die nicht in Not und trotzdem genauso unbarmherzig und allgemein bösartig waren (siehe Margaret Mead und die Mundugumor von Neuguinea oder Napoleon Chagnon und die Yanomamö der Amazonas-Wälder); ihre Bösartigkeit war ein Ausdruck der Interaktion ihrer kulturellen Werte und ihres angeborenen Aggressionspotentials. Durch andere kulturelle Werte jedoch, etwa die der !Kung, kann auch das angeborene Altruismuspotential entwickelt und gefördert werden, und zwar auch – und manchmal gerade – in Notzeiten.

[Handschriftliche Randnotizen: "Turnbull-These: durch die Not bedingt"; "Gegen-These: die Haltung ist unwahrscheinlich ?"; "Altruismus-potential förderbar"; "empirischer Gegen-beleg. KZ-Studie (s.u.)"]

Mehr (und weniger) altruistische Kulturen

!Kung und Ik sind Extrembeispiele dafür, in welchem Maße eine Kultur die Entwicklung von Altruismus fördern bzw. blockieren kann.

Beide sind sie jedoch Kulturen ohne Schrift und Kleinstgemeinschaften, in denen es keine Unterschiede nach Klasse, Gemeindegröße oder anderen sozialen Faktoren gibt. Hochentwickelte Gesellschaften mit Groß- und Kleingemeinden, Klassenstrukturen und unterschiedlichen ethnischen Gruppen sind weitaus komplexer, und allgemeine Aussagen über das für sie typische Altruismusniveau sind sehr viel schwieriger.

Dennoch haben schon viele Reisende berichtet, daß ihnen die Menschen in manchen Ländern vergleichsweise hilfsbereit und freundlich vorkamen, in manchen anderen dagegen vergleichsweise unfreundlich und wenig hilfsbereit, zumindest Fremden und Ausländern gegenüber.

Daniel Bar-Tal, nicht bloß Reisender, sondern auch Sozialpsychologe und obendrein Altruismus-Experte, erzählte mir: »Als Kind habe ich in Polen gelebt, kam dann mit meiner Familie nach Israel und studierte später ein paar Jahre in den Vereinigten Staaten. Höchst verschieden, die drei, was den Altruismus angeht. Bei weitem am altruistischsten waren die Leute in Israel. Besonders im Kibbuz springt einem die Verantwortung, die man für andere trägt und die man anderen schuldig ist, geradezu ins Auge.«

Und von Ervin Staub bekam ich zu hören: »Als Student bin ich in Schweden und anderen westlichen Ländern getrampt, und in Schweden war das zu meiner Überraschung richtig schwierig. Von seinem sozialen System her ist Schweden ein fürsorgliches Land, aber staatlich geregelte Fürsorge ist eben etwas anderes als eigenverantwortliches Mitgefühl oder eigenständiger Altruismus. Aber auch die Engländer fand ich erstaunlich: Sie wirken unnahbar und kümmern sich scheinbar um nichts und niemanden, aber sobald man mit einem Stadtplan in der Hand auf der Straße herumsteht und sich ratlos umschaut, muß man sie praktisch davonscheuchen, so sehr sind sie darauf erpicht, einem zu helfen.«

Der Kern dieser Beobachtungen, daß es nämlich, wie Staub formuliert, »die Kultur mancher Gesellschaften dem einzelnen schwer oder unmöglich macht, altruistisches Verhalten zu entwickeln, während er in anderen Gesellschaften von der Kultur in diese Richtung geführt und geformt wird«, läßt sich durch eine Handvoll Experimente und Feldstudien erhärten. Einige Ergebnisse:

– Manche Untersuchungen von Bar-Tal und anderen (Bar-Tal, 1976; Bar-Tal, Raviv und Shavit, 1981) bestätigen seinen Kommentar zum Altruismus in Israel. Meistens wurden dabei Kindern Geschichten erzählt, in denen jemand in irgendeiner Form Hilfe braucht – manchmal mit geringen, manchmal aber auch mit sehr hohen Kosten für den Helfer –, und sie dann gefragt, was sie selber in der jeweiligen Situation tun würden. Weitaus am altruistischsten waren die Antworten der Kibbuz-Kinder, am wenigsten altruistisch die der amerikanischen Kinder, und die israelischen Stadtkinder lagen in der Mitte.

– Der chinesische Psychologe Hing-Keung Ma fragte Oberschüler und Erwachsene in Hongkong und London, was sie tun würden, wenn jemand – hier wurde im Fragebogen eine Skala von Personen angegeben, die vom nahen Verwandten bis zum gänzlich Unbekannten reichte – dringend Hilfe brauchte. Die Befragten in Hongkong waren insgesamt altruistischer als die in London, und auch einem größeren Spektrum von Personen gegenüber. Dies ist kein Widerspruch zu Staubs Eindruck von der Hilfsbereitschaft der Engländer: Einem Fremden den Weg zu zeigen und einem Menschen in einer schweren Krise zu helfen, sind zwei ganz verschiedene Maße für den Altruismus. Auf jeden Fall jedoch zeigt Mas Untersuchung, daß bei Menschen vergleichbaren Alters und vergleichbarer Herkunft, aber aus zwei verschiedenen Ländern, der Altruismus verschieden ausfällt (Ma, 1985a, 1985c).

– Wissenschaftler der University of Pennsylvania ließen in Philadelphia und in Madras (Indien) studentische Versuchspersonen verschiedene Versionen eines Glücksspiels spielen. Jeder Spieler konnte wählen, ob er spielen und einen eventuellen Gewinn behalten oder ein festes Teilnahmegeld bekommen, auf Sieg spielen und seinen Gewinn einer anderen Versuchsperson geben wollte, die er nicht kannte, von der er aber wußte, daß sie nichts bezahlt bekam. Dabei wählten und spielten die Amerikaner häufiger die Version zugunsten der unbekannten und unbezahlten anderen Versuchsperson, die Inder dagegen vor allem die Versionen, die ihnen selbst zugute kamen (L'Armand und Pepitone, 1975).

Solche Daten sind allerdings mit Vorsicht zu genießen. Sie sagen etwas über den Personenkreis aus, aus dem die Stichprobe in den betreffenden Ländern bestand, aber nicht unbedingt auch über andere Personenkreise in diesen Ländern. Es gibt keine allgemeine Aussage über den Altruismus großer, heterogener Gesellschaften mit unterschiedlichen Religionen, Subkulturen und Lebensformen, für die nicht auch zahlreiche Ausnahmen gelten. Das typische Altruismus-Niveau bei Parisern der Mittelklasse kann ganz anders sein als bei Arbeitern in Marseille oder Bauern in der Normandie; eine allgemeine Aussage über den Altruismus in einem besseren Bostoner Vorort gilt nicht unbedingt auch für eine Stadt mitten in Mississippi.

So stellte sich bei einer Studie heraus, daß die Unterschiede im Altruismusniveau von englischen Männern aus der Mittel- und der Arbeiterklasse größer waren als die zwischen Männern der jeweils gleichen Klasse in zwei verschiedenen Ländern (Durganand Sinha, in: Staub u. a., 1984: 447). Zu einem ähnlichen Ergebnis kam die bereits im ersten Kapitel geschilderte Studie, bei der die Wissenschaftler die Kleidung von Leuten in Seattle notierten, die ausgelegte Brieftaschen aufhoben: Zwei Drittel der gutangezogenen Leute, aber nur ein Fünftel der Leute in Arbeitskleidung gaben die Brieftaschen zurück (Diener u. a., 1973). Diese Ergebnisse widersprechen jedoch nicht der Hypothese vom unterschiedlichen Altruismus-Niveau unterschiedlicher Gesellschaften. Die *Kultur* einer Gesellschaft – alle allgemeinen Gebräuche, Überzeugungen, Gesetze und Kenntnisse – ist das Umfeld, das den Altruismus gedeihen oder verkümmern läßt, aber trotzdem können sich die Subkulturen verschiedener Klassen, Regionen oder Gemeinschaften innerhalb einer Gesellschaft durchaus auch untereinander unterscheiden.

Das unterschiedliche Altruismusniveau verschiedener Gemeinschaften innerhalb eines Landes wurde auch in der bereits erwähnten Untersuchung dokumentiert, mit der die Hilfsbereitschaft von Passanten in illegalen Zuwanderersiedlungen bzw. besseren Wohnvierteln in Ankara und Istanbul getestet werden sollte. Die jeweils getrennt arbeitenden türkischen Wissenschaftler, ein Mann und eine Frau, baten Passanten, ihnen Geld zu wechseln oder einen kurzen Fragebogen zu beantworten, oder ließen von einer kompliziert aufgetürmten Traglast etwas fallen, das sie dann erfolglos aufzuheben versuchten.

In all diesen Fällen waren die Bewohner der Zuwanderersiedlungen hilfsbereiter als die Leute in den besseren Vierteln (94 Prozent der Leute in den Zuwanderersiedlungen, aber nur 54 Prozent in den anderen Stadtbezirken halfen zum Beispiel beim Aufheben). Der Leiter der Studie, Charles Korte von der North Carolina State University, nimmt an, daß es in den Zuwanderersiedlungen das viel intensivere Leben auf der Straße und der niedrigere soziale Status der Bewohner natürlicher erscheinen läßt, einem Fremden auf der Straße zu helfen, als dies bei den eher förmlichen Bewohnern der besseren Gegenden der Fall ist (Charles Korte, in: Staub, Bar-Tal u. a., 1984).

Kulturelle Faktoren des Altruismus

Wie aber wirkt Kultur? Sie wirkt über *Werte* und *Normen*, über anerkannte Orientierungen und Verhaltensvorgaben, die den Kindern von klein auf bis ins Erwachsenenleben hinein von ihrer gesamten Umgebung vermittelt werden. [Werte] sind die allgemeinen, abstrakten Vorstellungen von Recht und Unrecht, gut und böse, schön und häßlich usw., die einer Gruppe von Menschen gemeinsam sind; Normen sind die spezifischen Verhaltensregeln – Sitten, religiöse Gebote, Gesetze –, die diese Werte ausdrücken oder ausführen.

Ehrlichkeit zum Beispiel ist einer der Werte unserer Gesellschaft; zu den vielen von ihr abgeleiteten Normen gehört die Erwartung, daß wir und andere bei Spiel und Geschäft nicht betrügen und daß die Menschen einander die Wahrheit sagen.

Beim Altruismus kommen Werte wie Freundlichkeit, Großzügigkeit, Hilfsbereitschaft und Mitgefühl ins Spiel. Wenn aber diese Werte in fast allen Gesellschaften und von fast jeder Religion hochgehalten werden – wie kommt es dann zu derart großen Unterschieden beim durchschnittlichen Altruismusniveau verschiedener Völker? Die Antwort ist eine doppelte:

Erstens ist das Verhältnis von Werten und Normen nicht eins zu eins. Zwei Völker mögen gleich großen Wert auf Freundlichkeit legen und sie doch in ihren spezifischen Verhaltensregeln ganz anders interpretieren. Bei den einen mag die Norm vielleicht Freundlichkeit gegen jedermann heißen; bei den anderen gilt sie vielleicht nur für Gleichgestellte, während ihnen eine andere Norm durchaus erlaubt, zu Untergebenen oder Sklaven brutal zu sein.

Zweitens kann es zum Konflikt mit anderen Werten und Normen kommen, die dann den Ausschlag geben. Die Halsabschneider-Moral des Geschäftslebens bewertet den Erfolg höher und läßt ihn das Verhalten stärker bestimmen als das Mitgefühl mit dem Konkurrenten.

Die Italiener beispielsweise, die so herzlich und hilfsbereit zu Ausländern sind, sind dies mitnichten, sagt Luigi Barzini, zu anderen, gleichgestellten Italienern und schon gar nicht zu niedriger gestellten. In *The Italians*, einem Werk der Amateur-Anthropologie, das sich mit de Tocquevilles *De la démocratie en Amérique* messen kann, sagt Barzini, daß sich der italienische Charakter in vielen Jahrhunderten der Unterdrückung herausgebildet habe und daß die Menschen ihm gerecht würden, indem sie lernten, äußerlich fröhlich und charmant zu sein (und dabei innerlich tieftraurig und verzweifelt) und *simpatico* und hilfsbereit zu Höherstehenden (aber herrisch und kalt zu Niedrigerstehenden). Davon merke der Reisende unter Umständen überhaupt nichts:

»Es ist nicht verwunderlich, daß diese Dinge nur von wenigen Ausländern bemerkt werden, sind sie doch selbst bei den Einheimischen nur einer Minderheit bewußt … Die italienische Sozialstruktur läßt sich mit einem Olivenbaum vergleichen, diesem italienischsten aller Bäume, der von oben vollkommen anders aussieht als von unten. Von oben sind die Blätter glänzend dunkelgrün, von unten staubgrau. Die Gesichter der Italiener sehen von oben schmeichlerisch, lächelnd und freundlich aus, von unten aber arrogant, unverschämt, mitleidslos. Ausländer werden automatisch zu Ehrenmitgliedern der herrschenden Klasse ernannt. Sie bekommen die bessere Position und sehen den Olivenbaum aus der Vogelperspektive.« (Barzini, 1965: 336 f.)

Es gibt noch viel extremere Fälle: Subkulturen, deren Religion Altruismus predigt, in denen aber andere Werte und Normen den sozialen Boden vergiften und die Entwicklung von Mitgefühl für Personen außerhalb des engsten Familienkreises im Keim ersticken.

Ein solches Milieu ist das typische griechische Bergdorf, dessen Kultur zwar die traditionellen christlich-jüdischen Werte verkörpert, aber eben auch andere, die in völligem Widerspruch dazu stehen. Eine der wichtigsten lokalen Normen, stellt Juliet du Boulay – eine Anthropologin aus Oxford, die einige Zeit in dem Dorf Ambéli in Euböa lebte – fest, ist die Gastfreundschaft: Jede Familie setzt ihre Ehre und ihren Stolz daran, jeden Besucher oder Fremden von außerhalb großartig willkommen zu heißen und mit viel Essen und Wein üppig zu bewirten. Das Motiv dieser Großzügigkeit scheint jedoch etwas zu sein, das mit Mitgefühl oder Güte wenig zu tun hat:

»Das Haus ... ist der sichere Hort gegenüber der feindlichen Natur und Gesellschaft ... An der Haltung der Dorfbewohner zur Gastfreundschaft wird die gelebte Wirklichkeit dieser Idee des Hauses besonders deutlich ... Sie ist der Maßstab für die Sicherheit des Hauses, und es ist für jeden Hauseigentümer eine Ehrensache, auch für den unerwarteten Gast gerüstet zu sein und Gastfreundschaft erweisen zu können, wo es gefordert ist.« (du Boulay, 1974: 74)

Den älteren Dorfbewohnern ist die Gastfreundschaft heilig und hat übernatürliche Weihe; sie nicht zu erweisen, könnte Unglück bringen:

»Bei der Ausübung der Gastfreundschaft spielte in früheren Zeiten ganz klar die Angst vor dem Unglück eine Rolle, das über ein Haus kommen würde, in dem ein Fremder abgewiesen worden war; und tatsächlich scheinen sich die älteren Leute in Ambéli der Notwendigkeit noch stark bewußt zu sein, die ambivalente Präsenz des Fremden auszugleichen oder zum Guten zu wenden.

... Aber welche negativen Motive man in der Gastfreundschaft der Griechen auf dem Land auch immer finden mag, ihr Effekt ist nicht nur die Minderung der Angst und der Vorsicht auf Seiten des Hauses, sondern auch positiv die Freisetzung von Großzügigkeit und Herzlichkeit ... [die es seinen Bewohnern ermöglicht,] ein positives Verhältnis zu der Gesellschaft herzustellen, von der es normalerweise durch Mißtrauen und Feindseligkeit getrennt wäre.« (Ebd.: 74f.)

Trotz dieser guten Behandlung des Fremden sind die Leute von Ambéli zu ihren eigenen Dorfgenossen oft alles andere als großzügig und freundlich. Sie sind zuverlässig bereit, einem breiten Spektrum anderer Menschen beizustehen, und doch ist die absolute Verpflichtung auf das Wohl der Familie als Norm so übermächtig, daß sie zu einem alles andere als altruistischen Verhalten gegenüber den Dorfgenossen führt. Geraten die Verpflichtungen gegenüber der Familie in Konflikt mit anderen Ansprüchen, ist ein Mann oft »moralisch verpflichtet, sich für sein Haus [mit den anderen Dorfbewohnern] anzulegen oder sie zu hintergehen«. Einen ähnlichen Effekt hat eine andere übermächtige und wahrscheinlich sehr alte Norm, der *egoismós*, die Selbstbehauptung:

»Einem anderen ›eins auszuwischen‹ ist eine wirkungsvolle Art, das eigene Ich zu stärken und das Ich des anderen zu schmälern … [Daher] wird unter Umständen die geringste unabsichtliche Kränkung als bewußte Beleidigung interpretiert und führt zum Streit … Es ist ein Ausdruck des *egoismós*, wenn die ganze Gemeinschaft sozial regulierten Formen des Stehlens nachgeht und etwa das Harz einer Kiefer abzapft, die jemand anderem gehört, oder Feuerholz auf dem Grundstück eines Nachbarn schlägt.« (Ebd.: 75)

Auch die anderen Familienmitglieder sind zu ihren Dorfgenossen nicht freundlicher als die Männer:

»Für ihr Haus scheut sich zum Beispiel auch die fromme Familienmutter nicht vor Streit, Beschimpfung und unerbittlichem Haß zurück; Kinder werden schon früh zur Täuschung erzogen, denn Täuschung ist nötig, um die Familie vor der Neugier und Böswilligkeit der Gemeinschaft zu schützen.« (Ebd.: 76)

So ist die Kultur des griechischen Bergdorfs ein steiniger Boden, auf dem das Samenkorn des Altruismus kaum existieren kann; und doch geht es bei den Bewohnern vieler Dörfer in anderen Ländern eher zu wie in einer großen Familie. Es ist nicht die Lage oder die Größe einer Gemeinschaft, sondern die lokale Kultur, die der Entwicklung des Altruismus förderlich oder hinderlich ist.

Ebensowenig lassen sich allgemeine Aussagen über große Städte machen: Der Altruismus ihrer Bewohner unterscheidet sich in Ausmaß und Form ganz erheblich. In den 60er Jahren führte Roy E. Feldman, ein Sozialwissenschaftler am Massachusetts Institute of Technology, in Boston, Paris und Athen fünf Experimente durch, von denen zwei direkt den Altruismus betreffen. Bei dem einen ließ Feldman seine Assistenten – von denen einige Einheimische waren, andere Ausländer – auf einer Haupteinkaufsstraße Leute ansprechen und nach dem Weg fragen; in dem anderen baten die Assistenten Leute auf U-Bahnstationen, für sie einen Brief an einen Freund aufzugeben, der darauf wartete.

In allen drei Städten waren viele der angesprochenen Menschen durchaus hilfsbereit, aber die Pariser und die Athener waren bei Landsleuten sehr viel eher zu Auskünften über den richtigen Weg bereit als bei Ausländern (Ausländer bekamen von 45 Prozent der Pariser überhaupt keine oder eine falsche Auskunft). Die Bostoner verhielten sich relativ ausgewogen; sechs von sieben gaben richtig Auskunft, egal ob der Fragende Amerikaner oder Ausländer war. In ihren Reaktionen auf die Bitte um das Einwerfen des Briefs, was schon anspruchsvoller ist, waren die Männer in Athen zu den griechischen Versuchspersonen erschreckend wenig hilfsbereit (93 Prozent weigerten sich), aber zu Ausländern relativ hilfsbereit (nur die Hälfte weigerte sich). In Boston wie in

Paris fanden beide Typen von Fragenden Hilfe bei einer großen Mehrheit, wobei die Pariser hier widersprüchlicherweise Ausländern gegenüber hilfsbereiter waren als bei den Auskünften zum richtigen Weg. In allen drei Städten waren Leute aus der Mittel- oder Oberklasse zu Ausländern hilfsbereiter als Leute aus der Unterklasse.

Feldman faßte die Ergebnisse seiner fünf Experimente folgendermaßen zusammen:

»Soweit überhaupt Unterschiede feststellbar waren, wurden von den Athenern die Ausländer besser behandelt als die Landsleute, von den Parisern und Bostonern die Landsleute besser als die Ausländer. Wir konnten jedoch auch Differenzierungen zwischen sozio-ökonomischen Vergleichsgruppen innerhalb der untersuchten Städte vornehmen. Das heißt, daß wir sehr viel mehr können, als nur ganz pauschal von Parisern, Athenern und Bostonern zu sprechen. Wir können inhaltliche Aussagen über Untergruppen dieser Populationen machen.« (Feldman, 1968)

Die Normen, die die Reaktionen auf die Bedürfnisse anderer Menschen bestimmen, sind also ganz offenkundig komplex und höchst variabel. Die eigenartige Feindseligkeit der griechischen Männer gegenüber ihren Landsleuten zum Beispiel, Feldmans auffälligster Befund, ist die Folge einer besonderen Norm, nach der griechische Männer leben: Kooperation und Beistand gelten nur für solche Landsleute, zu denen sie eine persönliche Beziehung haben; für Ausländer aber, die ja nun gar keine Griechen sind, gelten ganz andere Regeln: gute Manieren und Gastfreundschaft.

In Paris richten sich die Menschen offenbar nach vertrauteren Normen: Verbundenheit mit dem Landsmann, Gleichgültigkeit gegenüber dem Ausländer.

Die Bostoner wiederum scheinen ihr Handeln diesen Daten zufolge nicht besonders nach Klassengesichtspunkten auszurichten, sich gewiß nicht von Stammesloyalitäten leiten zu lassen und nicht sonderlich ausländerfeindlich zu sein. Es scheint ganz so, als wäre die sie umgebende Kultur ein recht günstiges Milieu für die Entwicklung von Altruismus.

So werden in jeder Kultur Form und Rahmen altruistischen Verhaltens durch eine Vielzahl von Normen festgeschrieben und damit auch die Grenzen für die Entwicklung des Altruismus beim durchschnittlichen Individuum bestimmt.

Manche Normen sind ganz spezifisch und legen im Detail fest, wer Hilfe bekommt und wieviel. Von Amerikanern wird erwartet, daß sie ohne Ansehen von Klasse oder Rasse Hilfe leisten; daß sie Menschen in akuter Gefahr (also Ertrinkende, in einem Autowrack Eingeklemmte usw.) retten (wenn möglich) oder Hilfe herbeirufen; nicht aber, daß sie ihr Leben für fremde oder selbst nahestehende Personen riskieren. Manche Normen sind ganz spezifisch und beschreiben nur, was Sitte ist; andere sind allgemeiner und formulieren gewissermaßen moralische Prinzipien. Die drei wichtigsten Altruismus-Normen gehören den Experten zufolge zur zweiten Art. Es sind:

– »Gegenseitigkeit«: Gib und dir wird gegeben, tu denen Gutes, die dir Gutes getan haben. Diese Norm steht natürlich für alle möglichen Arten von Kooperation und wechselseitiger Hilfeleistung, nicht aber für gute Taten oder Hilfeleistungen ohne den Gedanken an Gegenleistungen, und erstreckt sich auch nicht auf unbekannte oder nie gesehene Personen. Diese Art Altruismus beruht auf den beiden anderen Hauptnormen:

– »Hilfeleistung« oder »soziale Verantwortung«: Hilf denen, die von dir abhängig sind – Kindern, Ehepartnern, Freunden oder Kollegen, die deine Hilfe brauchen, Bekannten oder Fremden in deiner Gesellschaft oder auch außerhalb, die ohne deine Hilfe schweren Schaden erleiden oder zugrunde gehen würden.

– »Fairneß«: Darunter ist eigentlich eine ganze Reihe von Normen zusammengefaßt, die für Gleichheit, humanitäre Gesinnung und »Billigkeit« (Auf- oder Verteilen) eintreten. Wenn wir einem Zustand, den wir als Unrecht empfinden – den unwürdigen Wohnverhältnissen von Gastarbeitern zum Beispiel –, abzuhelfen versuchen, handeln wir nach dieser Norm (Krebs und Miller, in: Lindsey und Aronson, 1985; Dovidio, 1984: 377–382).

Verhaltensnormen aller Art – Eheschließung und Scheidung, kriminelles Verhalten, Berufsausbildung usw. – verkörpern sich in Gesetzen und werden von der Gesellschaft durchgesetzt. Bei den Normen des Altruismus ist dies nicht der Fall; sie existieren nur als gesellschaftliche Erwartungen an das Verhalten der Menschen.* Wenn nun aber das altruistische Verhalten nicht auf Belohnung ausgerichtet, oft mit Kosten verbunden und nicht gesetzlich geregelt ist, warum verhalten sich dann die meisten Menschen überhaupt zumindest gelegentlich so, wie diese Normen es verlangen? Warum sind diese Normen stärker als der Eigennutz?

Ein Grund dafür, sagt der Sozialpsychologe Janusz Reykowski von der Polnischen Akademie der Wissenschaften, ist der Anpassungsdruck. Wenn unser Handeln für die Leute um uns herum sichtbar ist, neigen wir dazu, ihren Erwartungen zu entsprechen und vermeiden es, etwas zu tun, was ihr Mißfallen erregen könnte, selbst wenn wir damit in Widerspruch zu unseren eigentlichen Neigungen geraten. Einen Spenden-Bittbrief in den Papierkorb zu wer-

---

* In einigen Ländern gibt es jedoch »Gute-Samariter-Gesetze«, durch die Unbeteiligte verpflichtet werden, in Not geratenen Personen zu helfen; davon handelt das 5. Kapitel.

fen, ist leicht, aber nicht mitzumachen, wenn im eigenen Büro Geld gesammelt wird und alle anderen schon ein Spenderabzeichen tragen, ist schwer. Ähnlich ist es auch bei Ärzten in Gemeinschaftspraxen, die sich oft über das gesetzliche Minimum hinaus um bedürftige Patienten kümmern, während dies in Einzelpraxen weniger zu erwarten ist.

Das Anpassungsmotiv ist auch experimentell nachgewiesen worden. In Sofia ließ ein bulgarischer Doktorand eine Gruppe von Oberschülern einander als prosozial bzw. egozentrisch bewerten und einen kurzen Fragebogen dazu beantworten, ob Hilfe für schwächere Mitschüler wünschenswert sei oder nicht. Der Versuchsleiter erzählte dann der einen Hälfte wahrheitsgemäß, daß 90 Prozent der Gruppe es für richtig hielten, Mitschülern zu helfen, der anderen Hälfte jedoch – fälschlicherweise –, daß die Mehrheit dies abgelehnt habe. Später wurden die Schüler von einem Kollegen, der sich als Mitarbeiter eines Forschungsinstituts ausgab, darum gebeten, ihm aus der Patsche zu helfen und einige Fragebogen für ihn auszuwerten. Daraufhin meldeten sich viele von denen, die dachten, daß ihre Gruppe das Helfen befürwortete, aber nur wenige von den anderen. Außerdem ließen sich prosoziale Studenten stärker als egoistische von der falschen Information beeindrucken. Was wie Hilfsbereitschaft aussah, war großenteils angepaßtes Verhalten; wenn Helfen »in« wäre, würden sie helfen, wenn nicht, dann nicht (Reykowski, 1980).

Aber in all den Fällen, in denen wir den Normen des Altruismus folgen, obwohl niemand anders etwas davon erfährt, ist Anpassung offensichtlich nicht unser Motiv. Warum tun wir es dann? Dies ist eine äußerst wichtige Frage; sie führt zum Kern des Rätsels, zu der guten Tat, die ohne Belohnung getan wird. Wir tun es, sagen die Psychologen, weil wir diese Normen »verinnerlicht« haben; sie sind Teil unseres eigenen Rechts- und Unrechtsempfindens geworden, so daß wir, wenn wir nach ihnen handeln, sie als das empfinden, was wir tun *sollten*, was unter den gegebenen Umständen das *Richtige, Einzige, Natürliche* ist.*

Dabei ist gar nichts natürlich. Die Normen des Altruismus sind genauso willkürlich und von Menschen geschaffen wie Sprache oder Kleidung. Aber wir *empfinden* sie nicht als Menschenwerk; wir empfinden sie als Teil unseres »wahren Ich«, weil wir sie vom Tage unserer Geburt an mit jedem Atemzug eingesogen haben. (Und das gilt natürlich auch für andere Menschen mit ganz anderen Normen.)

---

* Im 6. Kapitel werden wir darstellen, wie Normen verinnerlicht werden.

Kulturelle Faktoren des Egoismus und Sadismus

Wenn man davon ausgeht, daß wir die Normen unserer Gesellschaft (und die Werte, von denen sie sich herleiten) wie fast alle Menschen als Heranwachsende verinnerlichen, warum sind wir dann nicht *noch* altruistischer? Warum bleibt unser Verhalten so oft hinter den Idealen der Gesellschaft zurück?

Dies liegt zum Teil an individualbiologischen Unterschieden, von denen bereits die Rede war, sowie an psychologischen Unterschieden, auf die wir noch zu sprechen kommen werden.

Zum Teil hängt es jedoch auch damit zusammen, daß in unserer Kultur genau wie in Ambéli und andernorts die altruistischen Normen in Konflikt mit anderen Normen geraten können. Man lehrt uns: »Hilf Menschen in Not«, aber auch: »Steck deine Nase nicht in anderer Leute Angelegenheiten«. Wir lernen, daß alle Menschen ein Recht auf Gleichbehandlung haben, aber auch, daß die, die gewitzter sind und mehr arbeiten als andere, Anspruch auf ein größeres Stück vom gemeinsamen Kuchen haben. Man sagt uns, daß wir uns für andere Menschen verantwortlich fühlen sollen, aber auch, daß die Menschen auf eigenen Füßen stehen und selber zurechtkommen müssen.

Also müssen wir unter Umständen immer wieder zwischen widersprüchlichen Imperativen wählen. Welchem wir folgen, wird von einer Vielzahl von Faktoren bestimmt, vor allem auch davon, worauf unsere Aufmerksamkeit infolge äußerer Umstände gerade gerichtet ist. Wenn aus irgendwelchen Gründen gerade eine nicht-altruistische Norm in uns überwiegt, ziehen wir die altruistische womöglich gar nicht erst in Betracht, selbst wenn sie ein Teil dessen ist, was wir als unser wahres Ich bezeichnen würden.

Ein amüsantes – wenn auch erschreckendes – Experiment, das vor einigen Jahren an der Princeton University durchgeführt wurde, macht dies deutlich (Darley und Batson, 1973). Der Psychologe John Darley, ordentlicher Professor, schlug seinem damaligen Doktoranden Daniel Batson vor, einmal zu untersuchen, inwieweit der Impuls zur Hilfeleistung dadurch durchkreuzt werden kann, daß es jemand eilig hat. Als ehemaliger Theologiestudent und späterer Sozialpsychologe kam Batson auf die Idee, die Versuchspersonen in Princetons Theologischem Seminar anzuheuern, da bei den Seminaristen anzunehmen war, daß für sie die Norm der Hilfeleistung – sozusagen die Gute-Samariter-Norm – hoch oben rangierte.

Zusammen mit Darley entwarf er dann folgende Versuchsanordnung: Die Versuchspersonen sollten in Eile sein, um einen bestimmten Auftrag auszuführen, und dabei unverhofft auf jemanden stoßen, der sichtlich krank war und Hilfe brauchte. Gemeinerweise gaben Batson und Darley der Sache noch eine besondere Wendung: Die Theologiestudenten sollten auf die kranke Person

treffen, wenn sie gerade leicht verspätet zu einer von ihnen vorbereiteten kleinen Rede unterwegs waren – die einen über das Gleichnis vom Guten Samariter, die anderen über attraktive Jobs. Konnte sich denn ein Theologiestudent,
der gleich über den Guten Samariter sprechen sollte, nicht samariterhaft verhalten, selbst wenn er dadurch zu spät käme? Oder würden etwa, wenn er eilig
im Namen der Wissenschaft unterwegs war und schon erwartet wurde, die
Normen von Gehorsam und Pünktlichkeit stärker sein als der Impuls zur Hilfeleistung?

In einem Raum in Green Hall, Princetons pseudo-gotischem Psychologie-
gebäude, bekam jede Versuchsperson von Batsons Assistenten eine gedruckte
Anleitung überreicht, die ihn aufforderte, in den nächsten Minuten eine drei-
bis fünfminütige Rede vorzubereiten, die dann auf Band aufgenommen werden sollte. Jedem wurde gesagt, wann er losgehen mußte, um seine Rede zu
halten, und daß er als Abkürzung einen bestimmten Weg von Green Hall in ein
anderes Gebäude nehmen sollte, wo ihn dann ein anderer Assistent in Emp-
fang nehmen und seine Rede aufzeichnen würde. (Später klärte Batson die Versuchsperson über den wahren Zweck des Experiments auf.)

Einigen Versuchspersonen (die einzeln mit ihren Vorträgen hereinkamen
und nicht wußten, was den anderen gesagt worden war) wurde erklärt: »Es
dauert noch ein paar Minuten, bis Sie dran sind, aber gehen Sie ruhig schon
los.« Andere bekamen mit einem Blick auf die Armbanduhr gesagt: »Oh, Sie
sind spät dran. Sie hätten schon vor ein paar Minuten da sein sollen. Der Assistent wartet sicher noch, Sie sollten sich eilen.« Sie wurden dann losgeschickt,
immer in Abständen von fünfzehn Minuten, während der Assistent über
Sprechfunk einen weiteren Assistenten alarmierte. Dieser nun, ebenfalls ein
College-Student, wartete in einer Tür am Weg – es war Dezember und für län-
gere Aufenthalte im Freien zu kalt –, ließ sich auf das Signal hin vor der Tür fallen, blieb mit geschlossenen Augen liegen und hustete und stöhnte, wenn der
Seminarist näherkam.

Insgesamt 40 Versuchspersonen kamen auf dem Weg zu ihrer Rede an dem
hustenden und stöhnenden Studenten vorbei. Manche gingen einfach weiter,
manche zögerten erst und gingen dann weiter, und einige blieben stehen und
sagten: »Fehlt Ihnen etwas?«, oder: »Kann ich Ihnen helfen?« Denen, die ihn
ansprachen, erzählte der Assistent, er hätte gerade ein Asthmamittel genommen und brauche nur noch ein paar Minuten Ruhe, um wieder fit zu sein; er
brauche keine Hilfe. Mehrere Seminaristen bestanden dennoch darauf, ihn ins
Warme zu bringen, was er zuließ, um sie rechtzeitig loszuwerden, ehe über
Sprechfunk der nächste Kandidat angekündigt wurde.

Die Ergebnisse, erinnert sich Batson in einem unserer Gespräche halb reue-
voll, halb belustigt, waren erschreckend:

»Nur 16 von den 40 Seminaristen boten überhaupt ihre Hilfe an. Das war überraschend genug, aber noch viel überraschender war, daß diejenigen, die gerade zu ihrer Rede über das Gleichnis vom Guten Samariter unterwegs waren, keineswegs eher stehenblieben und halfen als die, die über Jobs reden sollten. Die Eile-Variable war äußerst stark – so stark, daß die unterschiedlichen Themen, an die die Studenten in diesem Augenblick vermutlich dachten, keine Rolle mehr spielten. Tatsächlich erfuhren wir bei der anschließenden Besprechung, daß viele von denen, die es eilig gehabt hatten, nicht einmal *bemerkt* hatten, daß da jemand in Not war, obwohl sie praktisch über ihn gestolpert waren.«

In einem im *Journal of Personality and Social Psychology* veröffentlichten Bericht über ihre Studie kamen Darley und Batson zu folgendem Schluß:

»Aufgrund der Aussagen einiger Versuchspersonen wäre es falsch zu meinen, die Notlage der anderen Personen sei ihnen bewußt gewesen, und sie hätten sich dann bewußt nicht um sie gekümmert; vielmehr nahmen sie die Szene am Weg unter dem Zeitdruck gar nicht als eine wahr, die sie vor eine ethische Entscheidung stellte.

Bei anderen Versuchspersonen jedoch kann man durchaus davon ausgehen, daß sie aufgrund einer Entscheidung nicht stehenblieben. Sie schienen nach der Begegnung auf dem Weg erregt und beunruhigt. Welche Faktoren trugen zu dieser Entscheidung bei? Warum hatten sie es überhaupt eilig? Weil der Versuchsleiter … sich darauf verließ, daß [sie] irgendwo rechtzeitig ankamen. … Wer es nicht eilig hat, bleibt unter Umständen stehen und versucht, einer anderen Person zu helfen. Wer es eilig hat, wird eher weitereilen, selbst wenn er sich eilt, um über das Gleichnis vom Guten Samariter zu sprechen.« (Darley und Batson, 1973)

Ein anderes Hemmnis für den altruistischen Impuls besteht in bestimmten sozialen Zusammenhängen, die ihre eigenen Normen von Egoismus oder Grausamkeit haben. In einem solchen Milieu kann eine normal anständige Person zum verkniffenen Egoisten oder gar Sadisten werden.

Das Schockierendste an den Watergate- und Iran-Contra-Skandalen war, daß so viele ehrbare und anscheinend hochmoralische Bürger kriminell gehandelt hatten; wir vergessen allzu leicht, wie schnell Macht korrumpiert. Das Entsetzlichste an dem Massaker an nahezu 500 Bewohnern des vietnamesischen Dorfs My Lai war, daß es von normalen jungen Amerikanern verübt wurde; wir vergessen allzu leicht, daß Krieg und Soldatenmoral normale Menschen in Ungeheuer verwandeln können.

Die Welt der politischen Macht und die Welt des Krieges sind nur zwei von vielen sozialen Sphären, die den Menschen Rollen und Verhaltensformen im Widerspruch zu den Normen ihrer Kultur aufzwingen; ohne es zu wollen und fast auch ohne es zu wissen, spielen sie dann diese Rollen. Professor Philip G. Zimbardo, Sozialpsychologe an der Stanford University, hat dies anhand einer Untersuchung zur Gefängnispsychologie drastisch

[handschriftliche Notiz am Rand: „interessantes Gefängnis-Experiment"]

demonstriert. Zusammen mit drei Assistenten heuerte er eine Gruppe Männer aus einem College an, die in einer simulierten Gefängnissituation Gefangene bzw. Aufseher sein sollten. Die »Gefangenen« wurden an einem stillen Sonntagmorgen bei einem Polizeieinsatz »festgenommen«, in Handschellen gelegt, zur Wache und dann in das »Gefängnis« (einen im Untergeschoß der Stanford-Universität extra eingerichteten Zellentrakt) gebracht, wo sie ausgezogen, durchsucht, entlaust und in Gefängniskleidung gesteckt wurden.

[handschriftliche Notiz am Rand: „alles ganz realistisch"]

Zimbardo und sein Team hatten die zehn Gefangenen und elf Aufseher aus einer größeren Gruppe von Freiwilligen ausgesucht, die zuvor alle interviewt und einem Persönlichkeitstest unterzogen worden waren. Genommen wurden überhaupt nur Personen, die als emotional stabil, reif und gesetzestreu bewertet wurden. Alle diese durchschnittlichen weißen College-Angehörigen aus der Mittelklasse hatten sich im voraus damit einverstanden erklärt, während des 14-tägigen Experiments Gefangener oder Aufseher zu sein; im einzelnen wurde dies dann durch Los entschieden.

Der Gefängnisdirektor (einer von Zimbardos Kollegen) und die Aufseher stellten eine Liste von 16 Regeln zusammen, die die Gefängnisinsassen zu befolgen hatten: Sie durften während der Mahlzeiten, in den Ruhezeiten und nach dem abendlichen Lichtabschalten nicht reden; sie mußten zu den Essenszeiten und nur zu den Essenszeiten essen; sie durften einander nur mit ihrer Registriernummer und alle Aufseher nur mit »Herr Aufseher« anreden und so weiter. Regelverstöße konnten bestraft werden.

Die Aufseher ihrerseits hatten Schlagstöcke, Trillerpfeifen, Handschellen und die Zellenschlüssel; sie waren angewiesen, im Gefängnis für »Ruhe und Ordnung« zu sorgen; Strategien und Taktiken der Gefangenenüberwachung blieben ihnen weitgehend selbst überlassen.

Ziemlich bald entsprach die Interaktion zwischen Aufsehern und Gefangenen dem bekannten Muster: Die Aufseher begannen, die Gefangenen als minderwertig und gefährlich zu betrachten, die Gefangenen sahen in den Aufsehern nur noch Schikanierer und Sadisten. Die typische Erfahrung eines Aufsehers:

»Ich war über mich selbst überrascht. ... Ich ließ sie einander beschimpfen und mit den bloßen Händen Latrinen putzen. Ich behandelte die Gefangenen praktisch wie Vieh und dachte immer, ich müßte sie ständig im Auge haben, damit sich nichts zusammenbraut.«

[handschriftliche Notiz: „aus freiem Entschluß?"]

Nach kurzer Zeit inszenierten die Gefangenen einen Aufstand, rissen sich ihre Nummern ab und verbarrikadierten sich in ihren Zellen, indem sie die Türen mit Betten verrammelten. Die Wärter vertrieben die Gefangenen mit Feuerlöschern von den Türen, nahmen ihnen die Betten weg, schikanierten und bedrohten sie.

Von da an erließen die Wärter zusätzliche Regeln für die Gefangenen, ließen sie öde, sinnlose Arbeit verrichten, bestraften sie für »Verstöße« und ließen sie wiederholt nachts zum Durchzählen antreten. Die Gefangenen fühlten sich durch die unfaire Behandlung immer mehr gedemütigt und verfolgt, waren aber gleichzeitig so demoralisiert und verachteten einander derart, daß auch nach Tagen des Zusammenlebens viele immer noch nichts über ihre Mitgefangenen wußten. Bei einigen traten Verhaltensstörungen auf, die bei einem Mann so schwer wurden, daß die Versuchsleiter erwogen, ihn vorzeitig freizulassen. Zimbardo und seine Assistenten schrieben später:

»Das Überraschendste an dieser Gefängnissimulation war die Tatsache, wie einfach sich ganz normale junge Männer zu sadistischem Verhalten bringen ließen und wie anstekkend diese Gefühlspathologie bei Menschen wirkte, die immerhin wegen ihrer emotionalen Stabilität ausgewählt worden waren.«

Als Beleg für die Entwicklung des sadistischen Verhaltens zitierten die Wissenschaftler Auszüge aus dem Tagebuch von Wärter A, der vor dem Experiment über sich selbst geschrieben hatte:

»Als Pazifist und nicht-aggressiver Mensch kann ich mir nicht vorstellen, daß ich jemals andere Lebewesen gefangenhalten und/oder mißhandeln könnte.«

Aber schon am fünften Tag schrieb er:

»Ich habe mir ihn (einen Gefangenen) zur Sonderbehandlung herausgegriffen, weil er geradezu danach verlangt, und außerdem kann ich ihn einfach nicht leiden. ... Der neue Gefangene (416) will seine Wurst nicht essen. ... Ich beschloß, ihn zum Essen zu zwingen, aber er aß immer noch nicht. Ich schüttete ihm das Essen ins Gesicht. Ich konnte nicht glauben, daß ich es war, der das tat. Ich haßte mich selber, weil ich ihn zum Essen zwang, aber noch mehr haßte ich ihn, weil er nicht essen wollte.«

Am sechsten Tag brachen Zimbardo und sein Team das Experiment mit Rücksicht auf alle Beteiligten ab. Aber auch so, schrieben sie später, habe es insofern einen Wert, als es »zeige, wie radikal sich ganz normale, gesunde, gebildete junge Männer unter den institutionellen Zwängen einer ›Gefängnisumgebung‹ verändern«. Eigentlich jedoch, sagten sie, sei das abnorme Verhalten der Versuchspersonen nur die »angemessene« Reaktion auf die Gefängnissituation gewesen (alle Zitate aus Zimbardo u. a., 1974).

Was die Wissenschaftler in Stanford erlebt hatten, ist auch oft aus echten Gefängnissen oder Lagern berichtet worden. Die abstoßendsten und schlimmsten uns bekannten Beispiele finden sich in Berichten über das Verhalten von Aufsehern und Offizieren in den Konzentrations- und Vernichtungslagern der Nazis. Weniger bekannt ist, daß die von den Nazis geschaffenen sozialen Verhältnisse auch viele ihrer Gefangenen korrumpierten und auch sie zu Tieren werden ließen. Der italienische Schriftsteller Primo Levi hat in *Ist das ein Mensch? Erinnerungen an Auschwitz* das System der Vernichtungslager beschrieben, durch das einige Gefangene mit besonderen Privilegien sowie mit Macht über andere Gefangene ausgestattet wurden und als Folge davon »unsoziale, gefühllose Ungeheuer« wurden, die ihren Haß gegen die Unterdrücker an denjenigen ausließen, die ihnen zumindest teilweise unterstellt waren. Auch fast alle anderen Gefangenen wurden entmenschlicht; wo Überlebenskampf hieß, sich ein paar zusätzliche Gramm Brot zu erschleichen oder sich vor einem Arbeitseinsatz zu drücken, schwand jeder Impuls, einem Mitgefangenen beizustehen, und wer nicht mehr konnte oder schwach wurde, fand keinen, der ihm helfend die Hand gereicht hätte.

Dennoch zog Levi aus dieser Erfahrung nicht den Schluß, die Menschen seien grundsätzlich brutal und egoistisch, sondern meinte vielmehr, sie seien oft erst durch die Lagerwelt so geworden. Und er wies darauf hin, daß die entmenschlichten Gefangenen fast sofort wieder zu menschlicheren Verhaltensweisen zurückfanden, als diese unnatürliche Welt zerfiel. Seine Tagebucheintragung vom 19. Januar 1945 – einen Tag nach der Flucht der Deutschen aus dem Lager und vor der Ankunft der Retter – hält das folgende winzige, aber denkwürdige Ereignis fest:

> »Als das zerbrochene Fenster instandgesetzt war und der Ofen schon Wärme abgab, schien es, als löste sich etwas in jedem von uns, und da geschah es, daß Towarowski (ein Französischpole, dreiundzwanzig Jahre alt, typhuskrank) den anderen Kranken vorschlug, sie sollten uns dreien, die wir arbeiteten, jeder eine Scheibe Brot abgeben; und es wurde akzeptiert.
>
> Nur einen einzigen Tag vorher wäre ein solches Ereignis undenkbar gewesen. Das Gesetz des Lagers sagte: ›Iß dein Brot selbst, und wenn du kannst, auch das deines Nächsten.‹ … Es war die erste menschliche Geste, die unter uns geschah. Ich glaube, daß man auf diesen Augenblick den Beginn des Vorgangs festsetzen könnte, der uns, die wir nicht starben, von Häftlingen nach und nach zu Menschen verwandelte.« (Levi, 1988: 230)

Zum Abschluß eine optimistische Feststellung: So wie einige soziale Sphären normale Menschen zu Egoisten oder gar Sadisten machen, so bringen andere sie dazu, in ihrer Freundlichkeit und Hilfsbereitschaft über sich selbst hinauszuwachsen. Das Bemerkenswerteste an heldenhaften Rettungstaten ist ja, daß die Retter ganz oft durchaus durchschnittliche Menschen sind, die sich aber der ihnen übergestülpten Rolle gewachsen zeigten; das Eindrucksvollste an Menschen, die sich nach Überschwemmungen und Erdbeben unermüdlich um die Opfer kümmern und sie zu trösten versuchen, ist, daß sie im allgemeinen ganz normale Leute sind, die an der Situation wachsen.

Und ein Letztes noch: Wenn eine Gruppe von Menschen nur noch über eine begrenzte Menge eines lebenswichtigen Guts verfügt, etwa Wasser bei Wasserknappheit, dann muß sie ein großes Dilemma lösen. Tut jeder, was für ihn selbst am besten ist, haben alle darunter zu leiden – aber aus Altruismus weniger zu nehmen, als man nehmen kann, ist selbstzerstörerisch, wenn dies nicht auch alle anderen tun. In solchen Situationen, die von den Sozialwissenschaftlern sowohl real als auch experimentell untersucht worden sind (Edney und Bell, 1983, 1984, 1987; Kramer, McClintock und Messick, 1986; Axelrod, 1984), kommt es oft zu egoistischem und sozial schädlichem Verhalten: Als 1987 die Einwohner von San Francisco wegen Wasserknappheit gebeten wurden, ihren Wasserverbrauch freiwillig um 10 Prozent zu reduzieren, stieg er um 6 Prozent.

Wird aber offensichtlich, daß die individuelle Selbstkontrolle nicht funktioniert und das Problem sich zuspitzt, lösen soziale Gruppen dieses Dilemma oft, indem sie durch Abstimmung oder Übereinkunft eine Autorität einsetzen, die dann die Rationierung überwacht. Auf lange Sicht liegt eine solche Lösung im wohlverstandenen Interesse aller; sie verwandelt Egoismus in wechselseitigen Pflicht-Altruismus.

Dazu kommt es am häufigsten in kleinen Gruppen, wo jeder jeden kennt; in großen, unpersönlichen Gruppen kann die Bevölkerung für die benötigte Kontrolle auf die bestehenden Autoritäten zurückgreifen. So geschah es auch in San Francisco, wo die Public Utilities Commission im Mai 1988 ein Zwangsrationierungsprogramm erließ, das für jeden Wasserverbraucher auf Grundlage seiner Wasserrechnung vom Vorjahr eine reduzierte Zuteilung vorsah und diejenigen mit Strafe belegte, die mehr als ihr Teil verbrauchten.

Wir und *sie*

Das auffälligste Merkmal des Altruismus ist, daß die Menschen dazu neigen, ihn gegenüber den Angehörigen ihrer eigenen Gruppe zu praktizieren, gegenüber Außenstehenden aber nicht: Diesen bringen sie Gefühle entgegen, die von Gleichgültigkeit bis Haß reichen können. Bei manchen Menschen mag die eigene Gruppe sehr groß sein und ihre ganze Gesellschaft oder gar ein Großteil der Menschheit umfassen, bei anderen ganz klein und nur aus dem engsten Familienkreis bestehen. Wo immer die Grenze gezogen wird: Innen sind immer *wir* (die »ingroup«, wie die Sozialwissenschaftler sagen), also Mitmenschen, die in der Not Hilfe beanspruchen können; außen sind *sie* (die »outgroup«), die anderen, für die das nicht gilt.

Für diese Verallgemeinerung hält die Geschichte reichlich Belege bereit: Völker, die Krieg mit anderen Völkern angefangen haben oder selber mit Krieg überzogen worden sind, sowie Völker, die andere Völker verfolgt, versklavt oder auszurotten versucht haben, haben in ihren Feinden oder Opfern immer die Bösen oder die Untermenschen gesehen, die nur verdient haben, was ihnen angetan wird, ihre Landsleute dagegen als Brüder und Schwestern, die Anspruch auf Loyalität und Unterstützung haben. Aber das ist abstrakt; ein ganz kleiner Vorfall, ein Beispiel aus dem Leben, das sich bei dem Soziologen Ronald Cohen findet, soll es verständlicher machen:

»Vor ein paar Jahren wohnte ich mit einem Deutschen zusammen, der während des Zweiten Weltkriegs zum Dienst in ein Konzentrationslager abkommandiert worden war – etwas, an dessen Existenz er nicht recht geglaubt hatte, bis er es mit eigenen Augen sah. Eines Abends erzählte er von einem denkwürdigen Vorfall im Lager, der ihn fast um den Verstand gebracht hätte. Ein anderer Aufseher, älter und erfahrener, ließ jeden zehnten Lagerinsassen zur Exekution vortreten. Als er zu einem bestimmten Zehnten kam, zog der Aufseher jedoch fast unmerklich die Augenbrauen hoch und ließ nicht ihn, sondern den elften Mann vortreten. Der zehnte, erklärte er später, sei ein Landsmann aus derselben Stadt gewesen, den er aus der Zeit vor Hitler kannte.« (Cohen, 1972: 39)

Der Aufseher hatte *sie* ohne weiteres in den Tod geschickt, es aber bei einem von *ihnen* nicht gekonnt, der in seinen Augen auch einer von *uns* war.

Die Tendenz der Menschen, solche Unterschiede zu machen und *uns* menschlich, *sie* dagegen barbarisch zu behandeln, ist nicht nur stark, sondern auch nahezu universal; daran haben zweitausend Jahre Predigten über den Guten Samariter wenig oder gar nichts geändert. Nicht nur Goten, Hunnen und andere Barbaren haben ihre Feinde mit Genuß abgeschlachtet; das taten auch zivilisierte Völker, deren Religion voll von Altruismus und Menschenliebe ist.

So zum Beispiel die Kreuzfahrer. Als im Juni 1099 das erste Kreuzzugsheer Jerusalem belagerte, bot der Kalif Frieden an und verbürgte sich für die Sicherheit der christlichen Pilger und Gläubigen. Bohemund und Godfrey aber, die Führer der Kreuzzügler, drangen auf bedingungslose Unterwerfung, und nach 40 Tagen gaben die Verteidiger auf. Die Kreuzfahrer drangen in die heilige Stadt ein; hier der freudige Augenzeugenbericht des Raymond d'Agiles, eines Christen – und Priesters:

»Ein herrlicher Anblick! Viele Sarazenen wurden geköpft …, andere mit Pfeilen getötet oder gezwungen, von den Türmen zu springen; andere wurden tagelang gefoltert und dann den Flammen übergeben. In den Straßen sah man haufenweise Köpfe, Hände, Füße. Man ritt überall durch Menschen- und Pferdeleichen.« (Zit. n. Taylor, 1927, Bd. I: 551)

Das war im halbzivilisierten Mittelalter. Aber es war in unserer heutigen Zeit, als sich einige amerikanische Falken dafür aussprachen, eine Atombombe auf Moskau zu werfen, ehe die Russen ihre eigene Bombe entwickelt hatten, und es ist erst ein paar Jahre her, daß hohe Beamte des Pentagon für die Machbarkeit des Atomkriegs plädierten, vor allem, wenn der Erstschlag groß genug wäre und von Amerika ausginge.

Ist das *Wir*-Denken unausrottbar? Ist es so tief in uns verwurzelt, daß es durch nichts verändert werden kann? Wenn ja, ist die Altruismusforschung eine leere akademische Übung – wenn nein, kann die wissenschaftliche Ergründung seiner Ursachen uns Wege finden helfen, diese *Wir-sie*-Haltung zu bekämpfen.

Es läßt sich nicht leugnen, daß ein großer Teil der wissenschaftlichen Erkenntnisse wenig ermutigend sind. Zum Beispiel:

- Die Soziobiologen behaupten, das *Wir-sie*-Denken sei evolutionär verankert. Edward O. Wilson schreibt: »Unser Hirn scheint tatsächlich insoweit programmiert zu sein: Wir neigen dazu, andere Menschen in Freund und Feind zu unterteilen. … Wir haben eine tiefsitzende Angst vor allem, was Fremde tun, und eine Tendenz, Konflikte durch Aggression zu lösen.« (Wilson, 1979: 122 f.) Er meint, daß diejenigen Menschen der Frühzeit, die so dachten, gegenüber den anderen im Vorteil waren und daß dieses Merkmal daher im Laufe der Evolution begünstigt und zum inhärenten Bestandteil der Natur des Menschen wurde.
- Für die Psychologen ist das *Wir-sie*-Denken Teil eines Schlüsselprozesses des menschlichen Denkens überhaupt, nämlich der Kategorienbildung – der Zusammenfassung von Dingen nach Unterschieden und Ähnlichkeiten. Die Kategorienbildung ist ein wesentlicher Bestandteil des Denkens, kann aber auch zur Basis von Vorurteilen werden; wir neigen dazu, aus der Kategorie derer, die Zuwendung und Mitgefühl wert sind, solche Menschen auszuschließen, die auch nur eine andere Sprache, Kleidung und/oder Religion haben als wir.
- Sozialpsychologen und Soziologen weisen darauf hin, daß die *Wir-sie*-Tendenz sozial nützlich sein kann: *Sie*-Haß eint und stärkt das *Wir*-Gefühl und damit die »ingroup« (Staub, 1985: 66–71). Auch persönlich kann dies nützlich sein: Das durch einen gemeinsamen Feind hervorgerufene *Wir*-Gefühl beruhigt, begeistert und vermittelt ein *Hochgefühl* (Hornstein, 1976: 16 ff.). Also ist die Bekämpfung des *Wir-sie*-Denkens aus gesellschaftlichen und aus persönlichen Gründen schwer.
- Sozialpsychologen und Soziologen haben außerdem viel Material zusammengetragen, aus dem hervorgeht, daß die Menschen, auch wenn sie an die Gleichheit glauben, sich eher zu Menschen hingezogen fühlen, die ihnen

geistig und körperlich ähnlich sind (u. a. Krebs, 1987: 100 f.; Harris und Bays 1973; Hardin, 1977). Die meisten Leute suchen sich Freunde und Ehepartner, die ihnen nach Intelligenz und sozialem Hintergrund ähnlich sind; in weiterem Sinne fühlen sie sich Menschen, die ihnen nach Hautfarbe, Nasenform, Haaren, Kleidung, Akzent und Sprachmustern gleichen, stärker verbunden als solchen, die deutlich anders sind.

Werden solche Gefühle durch Angst oder Konkurrenzdruck hochgepeitscht, können sie auch bei ganz normalen, zivilisierten Menschen und in einer eigentlich angenehmen und friedlichen Umgebung große Brutalität hervorrufen. 1985 randalierten bei einem Spiel in Brüssel englische Fußballfans und griffen italienische Fans an: 39 wurden getötet, 450 verletzt. Wenn schon bei einer Sportveranstaltung Nationalismus und Haß gegenüber anderen Völkern für einige Zuschauer offenbar ausreichen, um ein derartiges Verhalten auszulösen, dann nimmt es nicht wunder, daß sich mit eben diesen Gefühlen auch so mancher Krieg um Land oder für die Nation hat rationalisieren lassen.

Fast immer tritt der Sie-Haß in fremdem Gewand auf, etwa als Kampf um Land, politische Macht, Moral oder Freiheit. Ob im Libanon in den endlosen Kämpfen zwischen Christen und Moslems, in Jugoslawien beim jüngsten Aufflammen der alten Antagonismen zwischen Serben und Kroaten oder in der ehemaligen Sowjetrepublik Aserbaidschan bei dem Ausbruch blutiger Feindseligkeiten mit den Armeniern der Region Berg-Karabach – jedesmal haben sich beide Seiten lautstark auf genau diese Motive berufen.

Gelegentlich jedoch reißt jemand die Maske herunter und enthüllt das wahre Gesicht – die häßlichen Züge des Sie-Hasses. Während der schweren Zusammenstöße zwischen Moslems und Hindus nach dem Ende der britischen Herrschaft in Indien, die zur Abspaltung von Pakistan als selbständigem Staat führten, reagierte Mohammed Ali Jinnah, der Führer der Moslem-Liga, mit Empörung, als er gefragt wurde, ob Hindus und Moslems sich nicht versöhnen und die beiden Staaten geeint werden könnten:

»Wie können Sie auch nur im Traum an eine Einheit von Hindus und Moslems denken! Alles trennt uns. Wir heiraten nicht untereinander. Wir haben nicht denselben Kalender. Die Moslems glauben an einen einzigen Gott, die Hindus sind Götzenanbeter. Die Moslems glauben wie die Christen an die Gleichheit, während die Hindus ihr ungeheuerliches Kastensystem haben.« (Zit. n. Stoessinger, 1982: 121)

Vor kurzem beklagte Meron Benvenisti, israelischer Historiker und früherer stellvertretender Bürgermeister von Jerusalem, daß er, übermächtiger, sinnloser, Chauvinismus die Bemühungen von Liberalen wie ihm zunichte mache, Jerusalems Juden und Araber zu einer Gemeinschaft zusammenzuschließen:

»Jerusalem wird nur durch Gewalt zusammengehalten; nehmen Sie Israels Übermacht weg, und die Stadt bricht an der ethnischen Sollbruchstelle auseinander … Es ist ein Teufelskreis der Gewalt. Im Sumpf atavistischer Triebe wuchern exotische Gewächse, Chauvinismus, Fundamentalismus … So tief geht die Spaltung, daß eine entscheidende Komponente der Ich-Identität von Juden und Arabern nicht ist, wer sie *sind*, sondern wer sie *nicht* sind.« (Benvenisti, 1988)

Benvenisti selbst wohnte einige Jahre in der Ein-Rogel-Straße, wo Juden und Araber Tür an Tür etwas zu leben versuchten, was gutnachbarliche Beziehungen werden sollten, aber nicht wurden:

»Wir hatten uns ein komplexes, hochsensibles System sozialer Interaktionen ausgedacht, das die jeweiligen Empfindlichkeiten berücksichtigen sollte. Wir ahnten, daß es uns bestimmt war, in einer Art Zwischenwelt zu leben, die für glücklichere Völker so unfaßbar ist, aber für uns, die wir gewaltsame Konflikte und gutnachbarliche Beziehungen als Teil ein und derselben Menschenwelt kennen, so real. Und wir hofften, daß uns jeder Tag einer friedlichen Lösung näherbringen, daß die persönliche Koexistenz die allgemeine Zwietracht mildern würde. … Aber in der ganzen Zeit, die [meine Kinder] in der Ein-Rogel-Straße lebten, haben sie nicht einen arabischen Freund gewonnen und mit ihren arabischen Altersgenossen wenig mehr als ein paar Sätze gewechselt, und auch die nicht immer freundlich.

Zwischen meinen Kindern und den Kindern meiner Nachbarn ist eine Wand aus Glas. Sie können hindurchschauen und drüben die vertrauten menschlichen Gestalten erkennen, aber es gibt keine Verbindung zueinander; die Formen sind dreidimensional, aber unverständlich. Als Menschen leben sie psychologisch nicht in derselben Welt.« (Ebd.)

Und deshalb tickt für Benvenisti mitten in der Stadt, bei fast jedem größeren Streitfall, etwa dem israelisch-arabischen Konflikt um den Tempelberg, »eine Zeitbombe mit geradezu apokalyptischer Zerstörungskraft«.

Nun sind die Unterschiede zwischen Hindus und Moslems, Moslems und Christen, Juden und Arabern tatsächlich groß, aber auch von ganz trivialen Unterschieden können Gefühle ihren Ausgang nehmen, die stark genug sind, um für *uns* Bevorzugung, für *sie* Benachteiligung zu rechtfertigen. Wie erstaunlich wenig nötig ist, um ein solches Verhalten auszulösen, haben der englische Psychologe Henri Tajfel und seine Kollegen demonstriert (Tajfel und Billig, 1974). Sie setzten englische Schuljungen zu viert vor einen Bildschirm und ließen sie die darauf aufblitzenden Punkte beobachten; dabei sollte jeder aufschreiben, wie hoch er die Zahl der Punkte bei jedem Aufblitzen schätzte. Danach bekamen die einen gesagt, sie gehörten zu einer Gruppe, die bei solchen Schätzungen eher zu hoch greife, die anderen dagegen, sie gehörten zu der Gruppe, die eher zu niedrig schätze – Gruppen, die es in Wirklichkeit gar nicht gab. Jeder Junge wurde dann gefragt, wie ein bestimmter Geldbetrag auf zwei Jungen aufgeteilt werden sollte, von denen er nur wußte, daß der eine zu der angeblich zu hoch schätzenden, der andere zu der zu niedrig schätzenden Gruppe gehörte. Sowenig Anhalt dies auch bot, er genügte: Über 80 Prozent der Jungen teilten jeweils demjenigen, der der gleichen imaginären Gruppe angehörte wie sie selbst, mehr Geld zu als dem anderen.

Auch bei Erwachsenen gibt es, wie aus einer Reihe unterschiedlicher Experimente hervorgeht, in allen möglichen Alltagssituationen solche Tendenzen: bei »verlorenen« Brieftaschen, deren Besitzer nach rassischer oder ethnischer Herkunft identifizierbar waren; bei richtig frankierten, aber scheinbar verlorenen Briefen mit Absender- und Empfängernamen, die eine ethnische Zuordnung erlaubten, und immer wieder bei den versehentlich fallengelassenen Dingen, die wieder aufgesammelt werden müssen (ein Karton Lochkarten, eine Schachtel Bleistifte, eine Packung Büroklammern). Jedesmal galt es herauszufinden, ob Passanten oder Zuschauer Menschen mit der eigenen Rassen- oder Volkszugehörigkeit eher halfen als anderen. Und größtenteils war es so (Staub, 1978a: 322, 324; Hornstein, 1976: 26–30; Gaertner und Dovidio, 1977).

Hier wird im Kleinen etwas sichtbar – Sympathie für Menschen, die wie wir sind, Gleichgültigkeit oder Antipathie für diejenigen, deren Aussehen, Benehmen oder Glauben anders ist –, was auch einige der ungeheuerlichsten Verhaltensweisen von Menschen zu Menschen in der realen Welt erklärt. Hierzu gehört zum Beispiel die Folterung von politisch Andersdenkenden. Die amerikanische Psychologin Janice Gibson und der griechische Psychologe Mika Haritos-Fantouros haben sich mit den Männern befaßt, die während des Obristenregimes in Griechenland (1967–1974) Folterer bei der Militärpolizei waren. Sie kamen zu dem Schluß, daß diese Folterer keineswegs abnorme Außenseiter waren, sondern mehr oder weniger normale Leute, die durch Training und Indoktrinierung brutal dazu gebracht worden waren, sich selbst als fest verschworene Elite, ihre Gefangenen jedoch als »Außenseiter« zu sehen, als »Ungeziefer«, das »zermalmt« werden mußte, und natürlich als Kommunisten und damit gewissermaßen nicht-menschliche Spezies (Gibson und Haritos-Fantouros, 1986).

Hans Frank, Nazi-Gouverneur von Polen und treibende Kraft bei der Vernichtung der polnischen Juden, schrieb in sein Tagebuch, für ihn seien Juden eine niedrigere Form von Leben, eine Art Ungeziefer, das das deutsche Volk durch seine Berührung mit tödlichen Krankheiten infiziere; als die Juden alle umgebracht wurden, notierte er: »Ein krankes Europa [wird] wieder gesund werden«. (Zit. n. Lifton, 1988: 22)

Die Buren des 18. Jahrhunderts, die in Südafrika die friedlichen !Kung abschlachteten; die amerikanischen Siedler und Soldaten, die nicht auf Eroberung, sondern auf die Ermordung der Indianer aus waren; die brasilianischen

Entwicklungsplaner von heute, die versucht haben, große Teile der Amazonas-wälder »indianerfrei« zu machen – für sie alle und für soundsoviele ihresgleichen waren die Opfer gefährliche, verseuchte Tiere, denen gegenüber sich menschliche Gefühle erübrigten.

Aber nicht nur Mörder töten; auch Gleichgültigkeit tötet, wie Elie Wiesel gesagt hat – jene Gleichgültigkeit gegenüber dem Leid anderer Menschen, die so viele Polen wegsehen ließ, als ihre jüdischen Mitbürger verhaftet und in Vernichtungslager abtransportiert wurden. Für die meisten Polen waren die Juden in ihrem Land die *anderen*, die Fremden, die eine häßliche Sprache sprachen, Christus verleugneten und sich zwingen ließen, abgesondert in ihren eigenen Vierteln und Dörfern zu leben. Fazit: Nur 10 Prozent von 3,5 Millionen polnischer Juden kamen mit dem Leben davon (Tec, 1986: 11).

Demgegenüber hatten die Dänen mit ihrer demokratischen Tradition und ihrer relativ toleranten Religion schon lange die Integration der Juden in den dänischen Alltag zugelassen, sodaß diese mitten unter ihnen lebten, sich wie sie kleideten und verhielten und dieselbe Sprache sprachen. Dementsprechend waren die Juden für die Dänen in erster Linie Mit-Dänen, wenn auch nicht Mit-Christen; ihr Schicksal während der Nazi-Besetzung konnte ihnen nicht gleichgültig sein. Als die Deutschen begannen, die dänischen Juden zur Deportation in die Vernichtungslager zusammenzutreiben, entstand über Nacht eine Hilfsbewegung: Zahlreiche Dänen versteckten Juden und brachten sie in kleinen Booten nach Schweden in Sicherheit. Fazit: 95 Prozent der 7800 dänischen Juden wurden gerettet (Goldberger, 1987: 5, 49ff.).

Können wir Menschen dazu bringen, ihre *Wir*-Grenzen zu erweitern?

Die Kategorien, in denen wir als Erwachsene denken, werden zumindest teilweise in der Familie geprägt und erworben. Eltern sind die Rollenmodelle ihrer Kinder. Wenn wir unseren Kindern in Worten und Taten ein weitherziges, tolerantes Menschenbild vermitteln, werden sie es wahrscheinlich übernehmen. Wenn wir ihnen aber in Worten und Taten zu verstehen geben, daß *wir* eine kleine, auserwählte Elite und *sie* eine große, unerquickliche, unerwünschte Masse sind, dürften unsere Kinder eher zu engstirnigen Fanatikern heranwachsen.

Und was können wir außerhalb der Familie tun, in den Schulen, den Städten und überhaupt in der Welt, damit Menschen denen, die anders sind als sie, als Mitmenschen begegnen, als Nachbarn, und sie lieben wie sich selbst?

Viele gutgemeinte Versuche – von rassenübergreifenden Blockparteien bis zur internationalen Bewegung für die Eine Welt – sind entweder gleich gescheitert oder waren nur vorübergehend und begrenzt erfolgreich. Die meisten davon gingen von der »Kontakthypothese« aus – von der Überzeugung also, es genüge, Menschen unterschiedlicher Herkunft oder Rasse nebeneinander arbeiten, lernen oder spielen zu lassen, um ihre wechselseitigen Antipathien aufzubrechen. Aber diese Hypothese hat sich nicht bewahrheitet. Die Aufhebung der Rassentrennung in den Schulen, der bekannteste Versuch dieser Art, hat nicht die erwünschte Wirkung gehabt; zahlreiche Untersuchungen belegen, daß in Schulen mit aufgehobener Rassentrennung die Angehörigen der verschiedenen Rassen gewöhnlich eigene Gruppen bilden und sich abkapseln, während die alten Antagonismen unverändert fortbestehen.

Eine kleine Anzahl anspruchsvollerer Experimente auf der Basis sozialwissenschaftlicher Erkenntnisse war jedoch erfolgreich. Aus ökonomischen Gründen wurden sie bisher nur mit kleinen Gruppen durchgeführt, aber in ihren Grundzügen dürften sie auch auf größere Gruppen übertragbar sein.

Eine klassische Studie mit Jungen in einem Ferienlager, durchgeführt von dem Psychologen Muzafer Sherif (Sherif u. a., 1961), ergab als erstes, daß es erschreckend einfach war, wir-Loyalität und sie-Feindseligkeit zu erzeugen. Die Jungen wurden auf zwei getrennte Gebäude verteilt und durften ihren Gruppen Namen geben; das genügte, um sie in kürzester Zeit parteiisch reagieren zu lassen, und wenn sie im Sport gegeneinander antraten, kam es zu offenen Feindseligkeiten, die so weit gingen, daß sie einander die Fahnen stahlen und verbrannten, sich wild beschimpften und sich später beim Schlangestehen im Speisesaal fast prügelten.

In der nächsten Phase des Experiments versuchte Sherif, die Feindseligkeit abzubauen, indem er beide Gruppen zu Aktivitäten zusammenbrachte, die keinen Wettkampfcharakter hatten und nur Spaß machen sollten, etwa Schwimmen am Morgen. Das bloße Zusammensein nützte jedoch nicht nur nichts, sondern verschärfte die Feindseligkeiten sogar noch.

Daraufhin schickte Sherif die Jungen auf einen Tagesausflug, bei dem das einzige Auto, mit dem die Verpflegung geholt werden konnte, wegen einer angeblich leeren Batterie liegenblieb. Den Jungen blieb als Ausweg nur, den Wagen gemeinsam an eine Stelle zu ziehen und zu schieben, von der aus er bergab rollen und dann angelassen werden konnte. Nach dieser und noch einigen anderen Erfahrungen, bei denen die Jungen sich ebenfalls zum Wohle aller zusammentun mußten, betrachteten sie sich allmählich nicht mehr als zwei Gruppen, sondern als eine. Die Schimpfereien und Rempeleien beim Anstehen hörten allmählich auf, Freundschaften bildeten sich zwischen Angehörigen der beiden Gruppen, und als ein Bus, der die Jungen von einem Lagerfeuer nach Hause brachte, an einer Imbißbude hielt, luden die Jungen der einen Gruppe, die noch fünf Dollar hatten, ihre früheren Feinde zum Eis ein.

– Viele Experimente und Programme mit gemischtrassischen Schulsport-
mannschaften führten zu ähnlichen Ergebnissen. Das gemeinsame Ziel, der
Sieg der eigenen Mannschaft, ließ aus *ihnen* – den Mannschaftsangehörigen
mit anderer Hautfarbe – *wir* werden (Samuel L. Gaertner und John F. Dovidio, in: Dovidio und Gaertner, 1986: 325).

Ganz etwas anderes geschieht in Gremien, in denen die Sitze nach einem
bestimmten Schlüssel nach Rasse oder Volkszugehörigkeit verteilt werden.
Wenn einzelne eine Teilgruppe »vertreten«, wird ihre Identifikation mit der
Teilgruppe nicht schwächer, sondern stärker, und die Animositäten zwischen den Gruppen werden nicht gemildert, sondern verschärft (Miller, Brewer und Edwards, 1985: 66ff.).

– Der Sozialpsychologe David W. Johnson von der Universität Minnesota hat
mit einer Reihe von Kollegen Experimente zum kooperativen Lernen durchgeführt, bei denen die Studenten gemischtrassische Gruppen bilden und
ihren Lehrstoff gemeinsam bearbeiten. Studenten, die miteinander pauken,
sich abhören und sich korrigieren, lernen nicht nur ihren Stoff, sondern
auch noch etwas anderes: Sie haben einen weiteren Freundeskreis und entwickeln positivere Einstellungen zu Angehörigen anderer Rassen als vergleichbare Studenten, die nicht in solchen Gruppen arbeiten (ebd.: 64).

– Sogar Sitzordnungen oder andere räumliche Zuordnungen können die *wir*-
Gruppen-Parteilichkeit stärken oder schwächen. Samuel L. Gaertner und John
F. Dovidio ließen mehrere Viergruppen aus Studenten (zwei Männer, zwei
Frauen) getrennt darüber beraten – und sich einigen –, welche Schritte sie für
die wichtigsten hielten, wenn sie in einem Flugzeug säßen, das im Norden von
Minnesota im Winter abstürzte. Als jede Gruppe zu einem Konsens gekommen war, wurden je zwei Gruppen zu neuen Achtergruppen zusammengesetzt
und erneut aufgefordert, sich über die Schritte des Überlebensplans zu einigen
und sich einen Führer für ihre imaginäre Winterkrise zu wählen.

Dabei wurden einige Achtergruppen so um einen runden Tisch gesetzt, daß
die Mitglieder der ursprünglichen Viergruppen nebeneinander und der anderen Viergruppe gegenübersaßen. In den anderen Achtergruppen saßen die
Angehörigen beider Gruppen immer abwechselnd um den Tisch. Die Wirkung
dieser kleinen Manipulation war erstaunlich: 62 Prozent der Studenten mit der
getrennten Sitzordnung, aber nur 48 Prozent der gemischt sitzenden wählten
als Führer ein Mitglied der eigenen Gruppe. Darüber hinaus hatten die Gruppen mit gemischter Sitzordnung von ihrer Achtergruppe viel stärker das
Gefühl, sie habe als Einheit gehandelt (und nicht als zwei Einheiten). Und
schließlich mochten diejenigen, die ihre zusammengelegte Gruppe als zwei
Einheiten sahen, die Angehörigen ihrer früheren Untergruppe immer noch lieber als die Angehörigen der anderen Untergruppe, während bei denjenigen,

die ihre zusammengelegte Gruppe als zwei Einheiten sahen, die Angehörigen ihrer früheren Untergruppe immer noch lieber als die Angehörigen der
anderen Untergruppe, während bei denjenigen, die ihre zusammengesetzte
Gruppe als Einheit sahen, diese Voreingenommenheit nicht mehr zu beobachten war (Samuel L. Gaertner und John F. Dovidio, in: Dovidio und
Gaertner, 1986: 326–329).

Dies ist nur eine kleine Auswahl von Experimenten, die zeigen, daß die
Erkenntnisse der Verhaltensforschung durchaus nutzbar gemacht werden kön-
nen, um die Grenzen des Wir-Gefühls zu erweitern. Vielleicht bringt uns eines
Tages die angewandte Forschung dem Ideal einer brüderlichen Menschheit
näher als alle moralischen Appelle. Dies jedenfalls glauben und hoffen viele der
Altruismusforscher, mit denen ich gesprochen habe.

Viertes Kapitel

Das Zeug zum Altruisten

Wie sie altruistisch wurden

Altruistische Menschen wissen selber sehr wenig darüber, warum sie altruistisch sind. Die meisten erklären es sich durch ein paar einschneidende und ihrer Meinung nach ausschlaggebende Erfahrungen. Aber gleiche Erfahrungen können bei verschiedenen Menschen ganz ungleiche Wirkungen haben, da ja, wie wir gesehen haben, sowohl die Biologie als auch das kulturelle Umfeld für unsere Entwicklung eine große Rolle spielen.

Außerdem sind die Entwicklungspsychologen längst der Ansicht, daß die Persönlichkeit eines Erwachsenen nicht einfach auf ein paar kritische Erfahrungen zurückzuführen ist, sondern vielmehr auf eine ständige, mit der Geburt einsetzende Interaktion neuer Erfahrungen mit dem jeweils erreichten Stand der Persönlichkeitsentwicklung; die Wirkung jeder Erfahrung hängt von all dem ab, was dem Kleinkind angeboren ist und was ihm später widerfährt.

Dies entspricht aber nicht unserer Empfindung und unserer Wahrnehmung dieser Entwicklung. Aus Gründen der Psycho-Ökonomie konstruieren wir unbewußt einfache, rationale Erklärungen dafür, warum und auf welche Weise wir so und nicht anders geworden sind; und vieles von dem, was in der Vergangenheit für uns wichtig war, vereinfachen, vergessen oder verdrängen wir. Psychologische Längsschnittstudien an Einzelpersonen haben gezeigt, daß wir im Laufe der Jahre fortwährend unbewußt unsere Autobiographie umschreiben und sie unserer jeweiligen Stimmung und Gesamtsituation anpassen.

Und daher bekommen wir eben gewöhnlich von Altruisten, die gefragt werden, wie sie Altruisten wurden, nur irgendetwas Biographisch-Familiengeschichtliches zu hören. Zum Beispiel sagte Reginald Andrews, der junge Schwarze, der unter den U-Bahn-Zug sprang, um einen blinden Mann zu retten, später nur: »Ich wußte, was ich zu tun hatte«. Als er nach weiteren Gründen gefragt wurde, dachte er eine Weile nach und meinte dann, er habe eine blinde Schwester, und »wenn das meine Schwester gewesen wäre, hätte ich auch nicht gewollt, daß da jemand einfach nur rumsteht«. Trotzdem geschieht bei vielen Notfällen genau dies: Immer gibt es Umstehende, die eigentlich auch wissen, was sie zu tun haben, und deren Verwandte auch eines Tages in die gleiche Lage kommen könnten, und die trotzdem nur zuschauen oder weglaufen. Also muß hinter Reginald Andrews Tat mehr stecken, als er gesagt hat oder sagen konnte (*Time*, 3. 01. 1983).

Ob sorgfältige biographische Nachforschungen hier mehr Aufschluß bringen würden? Manchmal ja, wenn auch die Biographieforschung, die ja ohne kontrollierte Experimente arbeitet, nur Hypothesen liefern kann, die nicht überprüfbar sind. Immerhin können solche Hypothesen recht überzeugend sein, besonders wenn das Leben der betreffenden Person so gut dokumentiert ist wie bei Florence Nightingale, einer der großen altruistischen Gestalten der Geschichte. Denn nicht nur waren die Details ihres Lebens ein Gegenstand des öffentlichen Interesses, sondern sie hinterließ auch eine riesige, sehr aufschlußreiche Korrespondenz sowie private Tagebücher. Damit haben wir eine breite Basis für eine ganze Reihe von Hypothesen, die zusammengenommen eine einigermaßen überzeugende interaktionelle Erklärung ihres Verhaltens ergeben.

Florence Nightingale war die auffallend gutaussehende Tochter reicher Eltern aus der englischen Oberschicht; ihr Vater war Landbesitzer und wohlhabender Privatier. Sie wurde 1820 geboren und für das Leben einer verwöhnten Dame von Welt erzogen, aber schon als junges Mädchen fand sie die Aussicht auf ein solches Leben abstoßend. Obwohl sie gelegentlich in den einen oder anderen höchst standesgemäßen Heiratskandidaten halb und halb verliebt war, verweigerte sie sich früher oder später allen und entschied sich stattdessen für das äußerst harte, einsame Leben einer Krankenhaus- und Krankenpflegereformerin, die oft in Schmutz und Gestank arbeitete und einen viele Jahre andauernden und scheinbar aussichtslosen Kampf gegen den Konservatismus der Bürokraten führte (Woodham-Smith, 1950). Warum tat sie das? Die biographischen Daten lassen eine Reihe möglicher Hypothesen zu, von denen allerdings keine allein eine hinreichende Erklärung bietet:

– Obwohl sie mit allen Annehmlichkeiten umgeben, von einer ihr ganz zugetanen Kinderfrau aufgezogen und von ihrem Vater über alles geliebt wurde (mit ihrer Mutter verstand sie sich nicht besonders gut), war Florence Nightingale, wie ihr Biograph, Cecil Woodham-Smith, sagt, ein »eigenwilliges, leidenschaftliches, querköpfiges, widerspenstiges, unglückliches« Kind. Sie selbst schrieb in einer privaten autobiographischen Notiz, sie sei als ganz kleines Kind überzeugt gewesen, anders zu sein als andere Menschen, und habe in Gesellschaft immer Angst gehabt, ihr auffallendes Verhalten könnte sie verraten.

Könnte es nicht sein, daß sie wegen ihrer natürlichen Launenhaftigkeit und Eigenwilligkeit wie eine Außenseiterin behandelt wurde und daß aus *H1* diesen Erfahrungen eine besondere Sensibilität für Menschen entstand, denen es nicht gut geht und die nicht auf der Sonnenseite des Lebens stehen?

– Ihr Großvater mütterlicherseits war ein reicher Kaufmann und als Verfechter einer humanitären Gesinnung bekannt. Während der 46 Jahre, die er dem Unterhaus angehörte, trat er stets für die Unterdrückten ein, zunächst für die Abschaffung der Sklavenarbeit, später für die Rechte der »Dissenters«, also der Gegner der anglikanischen Kirche, und von Juden. Ihr Vater setzte sich nachdrücklich für die Wahlrechtsreform von 1832 ein, die vielen das Wahlrecht zuerkannte, die vorher nicht wählen durften, und war ein Denker und Leser, der sich lebenslang für Fragen der Ethik interessierte; da er seine Tochter selbst unterrichtete, dürfte er ihr seine Werte vermittelt haben.

Könnte es sein, daß ihr Leben ein Versuch war, dem Beispiel von Großvater und Vater zu folgen? *H2*

– Schon lange ehe sie daran dachte, Krankenschwester zu werden, zeigte Florence Nightingale eine große Neigung, kranke Haustiere zu pflegen und sich um Babies zu kümmern. Als junge Frau erbot sie sich freiwillig, ihre kränkelnde Großmutter und deren sterbende Pflegerin zu pflegen, was sich schließlich über viele Wochen hinzog.

Könnte sie so viel Befriedigung aus der guten Tat gezogen haben, daß sie diese immer wieder und in viel größerem Maßstab suchen mußte? *H3*

– Mit siebzehn, als sich ihre Familie auf eine ausgedehnte Europareise und eine Reihe großer gesellschaftlicher Ereignisse vorbereitete, schrieb sie: »Am 7. Februar 1837 hat Gott zu mir gesprochen und mich in Seinen Dienst gerufen.« Welche Art Dienst, sagte die Stimme nicht. Erst nach Jahren quälender Suche entschied Florence Nightingale, daß es ihr bestimmt war, in irgendeiner Form den Armen und Elenden zu helfen, und wiederum Jahre später erkannte sie in der Krankenhaus- und Krankenpflegereform ihre eigentliche Aufgabe.

Könnte das die Stimme des Unbewußten gewesen sein, die ihr einen gangbaren Weg jenseits von Ehe und privilegiertem Leben wies? *H4*

– Bevor sie (gegen den heftigen Einspruch ihrer Familie) die Krankenpflege aufnahm, gab es bei ihr lange Jahre, in denen sie zeitweise intensiv am gesellschaftlichen Leben teilnahm und die Aufmerksamkeiten der jungen Männer genoß, und dann wiederum Abscheu vor diesem Leben empfand und sich völlig zurückzog. Häufig litt sie an Schwermut, Fast-Zusammenbrüchen und Zwangsvorstellungen; als sie ihre Berufung gefunden hatte, verschwanden diese geheimnisvollen Übel großenteils.

Könnten Schuldgefühle wegen ihrer Ablehnung der Ehe und der Lebensweise ihrer Mutter sie dazu getrieben haben, sich eine Buße in Form von har- *H5*

ter, abstoßender Arbeit für eine gute Sache aufzuerlegen? Oder kamen die
Schuldgefühle von ihren intensiven, wenn auch (soweit bekannt) physisch
nie vollzogenen Beziehungen zu Frauen? (Über eine Cousine schreibt sie:
»Ich habe nur einmal eine Person leidenschaftlich geliebt, und das war sie.«)
– Nach langen Jahren, in denen sie Krankenhausverwaltung und Krankenpflege lernte und Erfahrungen in einem deutschen Waisenhaus und einem
Pariser Hospital sammelte, wurde sie Leiterin eines Londoner Heims für
verarmte Hauslehrerinnen. Im Jahr darauf schickte die Regierung sie während des Krieges auf die Krim, um dort die Pflege der kranken und verwun-
deten britischen Soldaten zu überwachen. Inmitten von Bildern des Grauens
und in ekelerregendem Gestank arbeitete sie dort als Pflegerin und Leiterin,
führte Arbeiten aus, die über die Nervenkraft jeder anderen Frau ihrer
Kreise hinausgegangen wären, und schlug sich mit der Gleichgültigkeit des
Kriegsministeriums und allen möglichen Formalitäten herum, bis sie eine
Verbesserung der Bedingungen erreicht hatte.

Während der nächsten vierzig Jahre kämpfte sie für die Reform des Laza-
rettwesens (und wurde oberste Leiterin der Abteilung für weibliche Kran-
kenpflegekräfte in den Militärlazaretten); sie schrieb Berichte, Traktate, ein
Lehrbuch der Krankenpflege; sie gründete eine Modell-Krankenpflege-
schule, die rasch überall Nachahmung fand; und verwandelte die Krankenpflege aus einer ungelernten und größtenteils von Prostituierten ausgeübten
Nebenbeschäftigung in einen regelrechten Ausbildungsberuf. Sie wurde –
von ihren Anhängern geliebt, von ihren Gegnern (und manchmal auch von
ihren Freunden und Kollegen) gefürchtet – zur Nationalheldin ernannt und
am Ende ihres Lebens von König Edward VII. als erste Frau überhaupt mit
dem Verdienstorden ausgezeichnet.

War die entscheidende, sie immer weiter treibende Erfahrung der Anblick
der entsetzlichen Leiden und das Wissen um die Linderung, die sie bringen
konnte?

Oder war der entscheidende Antrieb womöglich der Macht- und Status-
zuwachs, den sie zuerst als Heimleiterin in London und dann in wesentlich
größerem Maßstab auf der Krim erfuhr?

Dies also sind acht spekulative Erklärungen für Florence Nightingales außergewöhnlichen Altruismus. Was fangen wir damit an? Welche Hypothese ist die
plausibelste? Oder ergeben sie vielleicht erst alle zusammen eine plausible
Erklärung? Da ist zunächst ein Kind mit angeborener Launenhaftigkeit, Sensibilität und Rückzugstendenzen; dann kommen die frühen Erfahrungen des
Andersseins und der Zurückweisung durch die Mutter, die dieses Kind aufgrund seiner Neigungen macht; schließlich all die anderen Erfahrungen, die in

diesem sozialen Umfeld auf seine nun bereits ausgeprägten Persönlichkeitsmerkmale und Wertvorstellungen treffen: Und es entsteht so etwas wie eine
interaktionelle Erklärung für Florence Nightingales Altruismus.

Aber all das ist natürlich rein hypothetisch und nicht zwingend, Hypothesen-
bildung *post hoc* und damit nicht verifizierbar. Wenden wir uns also auf unserer
Suche nach solideren Beweisen einer anderen Art Daten zu: den Daten der Entwicklungspsychologie, gewonnen aus der sorgfältigen experimentellen wie
nicht-experimentellen Beobachtung von Säuglingen, Kleinkindern, Schulkin-
dern und jungen Erwachsenen. Diese Daten lassen erkennen, daß der Altruismus genau wie die geistigen Fähigkeiten bei allen normal entwickelten Menschen mehr oder weniger stark ausgebildet ist. Weder ist er selten, noch beruht
er auf besonderer Empfindlichkeit, wie man aufgrund von Florence Nightingales Biographie annehmen könnte. Er ist vielmehr typisch für uns Menschen.
Wenn Verbrechen, Krieg und Völkermord beweisen, daß wir Bestien sind,
dann liefert die entwicklungspsychologische Untersuchung des Altruismus
Beweise dafür, daß wir so etwas Paradoxes wie mitleidige Bestien sind.

Die Naturgeschichte des Altruismus

Der Schweizer Kinderpsychologe Jean Piaget war der erste, der die geistige
Entwicklung als einen Prozeß zwangsläufiger und ständig komplexer werden-
der Interaktionen zwischen Organismus und Erfahrung auffaßte. Piaget sah
den Verstand des Neugeborenen als eine in seinem wachsenden Gehirn verkörperte Struktur, die mit einfachen Erfahrungen interagiert; diese Erfahrungen
verändern und erweitern die Struktur, machen sie komplexer und ermöglichen
damit weitere, kompliziertere Interaktionen mit der Welt, die wiederum eine
erneute Veränderung und Erweiterung bewirken, und so weiter.

Piaget, ein kleiner, zierlicher, freundlicher Mann, krabbelte jahrzehntelang
mit Kleinkindern auf dem Boden herum, spielte mit größeren Kindern und
hielt noch größere mit Denk- und Geschicklichkeitsaufgaben in Atem, alles in
dem Bestreben, die Beschaffenheit der Denkvorgänge auf jeder Altersstufe zu
beobachten. Obwohl er dabei nicht die Entwicklung des Altruismus untersuchte, ist sein Werk doch auch in dieser Hinsicht aufschlußreich, und wir sollten uns ein wenig Zeit für seine Ergebnisse nehmen.

Piaget fand heraus, daß die Entwicklung der menschlichen Intelligenz
durchweg in vier Stufen erfolgt (Piaget, 1960; Piaget und Inhelder, 1969; Flavell, 1963). Während der ersten Stufe, von der Geburt bis zu etwa einem oder

anderthalb Jahren, nehmen die Kinder Gegenstände außerhalb ihrer selbst zwar wahr, haben aber keine mentalen Symbole oder Bilder für sie. Zeigt man einem Säugling ein Spielzeug und versteckt es dann oder läßt es außerhalb seines Gesichtskreises fallen, sucht er nicht danach, sondern ist sich seiner so wenig bewußt, als existierte es gar nicht mehr.

Am Ende dieses Zeitabschnitts ist das Kind jedoch dank wiederholter Erfahrungen mit externen Objekten und dank der fortschreitenden Entwicklung des Gehirns und seiner Fähigkeit, Erinnerungen zu speichern und abzurufen, in der Lage, Wahrnehmungen durch mentale Bilder zu ersetzen. Versteckt man ein Spielzeug unter einem Kissen, wird das Kind, das dieses Spielzeug vor seinem geistigen Auge sieht, es dort suchen. Das Kind kann sich jetzt an abwesende Objekte und Menschen erinnern, über sie reden und in einfacher Form über sie nachdenken.

Allerdings noch nicht in Form organisierender Begriffe. Wie immer man einem dreijährigen Kind mitzuteilen versucht, daß seine Eltern verreist sind und in einer Woche wiederkommen, es kann dies nicht begreifen; in seinem Kopf besteht Zeit nur aus »jetzt«, »vorher« und »noch nicht«. Mit etwa sieben Jahren jedoch sind seine mentalen Strukturen so weit entwickelt, daß es in Zeit-, Kausal- und Mengenbegriffen über die physische Welt nachdenken kann.

Irgendwann zwischen elf und fünfzehn Jahren schließlich ist sein Intellekt soweit, daß es mit abstrakten Begriffen wie Häufigkeit, Wahrscheinlichkeit, Gerechtigkeit, Tugend umgehen und hypothetisch, klassifizierend und logisch denken kann.

Obwohl Piaget nicht die Entstehung des Altruismus untersucht hat, deuten einige seiner Ergebnisse darauf hin, daß auch dessen Entwicklung in Stufen verläuft, die mit denen der geistigen Entwicklung zusammenhängen. Erst in der dritten Stufe zum Beispiel, mit sieben Jahren oder später, kann sich ein Kind vorstellen, wie eine Person, die an einer anderen Stelle im selben Zimmer ist, die Gegenstände in diesem Zimmer sieht (das heißt, welche Gegenstände sich vor welchen anderen befinden). Dies legt die Vermutung nahe, daß das Kind mit dem Erwerb dieser Fähigkeit imstande sein müßte, die Dinge auch emotional vom Standpunkt der anderen Person aus zu betrachten und damit auch eine Sensibilität für eine Notlage dieser Person zu entwickeln.

Die Erklärung der geistigen Entwicklung, die Piagets Theorie bot, war so viel besser als alles, was es bis dahin in der Psychologie gab, daß sie bald alles beherrschte und in kürzester Zeit zu einer wahren Flut von Piaget-Studien führte. Die meisten befaßten sich mit den geistigen Fähigkeiten, manche aber auch mit anderen, dem Altruismus näherstehenden Bereichen.

Besondere Aufmerksamkeit erregte das Werk des Harvarder Psychologen Lawrence Kohlberg, der die Entwicklung der Moralvorstellungen zwischen später Kindheit und Erwachsenenalter untersuchte. Von 1958 an ließ er 25 Jahre hindurch eine große Zahl von Heranwachsenden und Erwachsenen moralische Probleme oder Dilemmata lösen, die er konstruiert hatte. Zum Beispiel: Eine Frau mit einer seltenen Form von Krebs ist dem Tode nahe; nur ein Medikament könnte sie retten, aber dieses Medikament ist nur von der Person zu bekommen, die es entdeckt hat und nun das Zehnfache der Herstellungskosten dafür verlangt. Der Mann der kranken Frau bekommt nur etwa die Hälfte dieses Betrages zusammen, aber der Hersteller lehnt es ab, mit dem Preis herunterzugehen oder sich den Rest später zahlen zu lassen. Der Mann überlegt, ob er einbrechen und das Medikament stehlen soll. Soll er? Und warum, oder warum nicht?

Aus den Antworten von Leuten verschiedener Altersgruppen schloß Kohlberg, daß sich das Moralempfinden wie das Denken in einer Abfolge vorhersagbarer Stufen entwickelt (Kohlberg, 1984: 640). Kinder auf Stufe eins treffen ihre moralischen Entscheidungen nach dem Prinzip der Strafvermeidung und des Gehorsams gegenüber Autoritätspersonen; auf Stufe zwei versuchen sie, auch ihre eigenen Bedürfnisse zu berücksichtigen und zu fairen Lösungen zu kommen; auf Stufe drei wollen sie vor sich und der Welt als gute Menschen dastehen; und so weiter, bis zum Schluß, auf Stufe sechs, die universalen ethischen Grundsätze kommen.

Da Altruismus zum Teil durch moralische Werte motiviert ist, könnte man annehmen, daß seine Entwicklung den gleichen Stufen folgt. Aber in dieser Hinsicht gibt Kohlbergs Material nicht viel her: Bei den meisten Dilemmata geht es nicht um Altruismus, und wo es um ihn geht, steht nicht der im normalen Leben typische Konflikt von Altruismus und Eigennutz zur Debatte. In Dilemma V zum Beispiel sucht der Hauptmann einer Kompanie Marineinfantristen in Korea einen Freiwilligen, der hinter ihnen eine Brücke sprengen soll, damit sie sich vor ihren Verfolgern in Sicherheit bringen können. Da der Freiwillige vermutlich nicht mit dem Leben davonkommen wird, meldet sich niemand. Der Hauptmann muß sich also entscheiden, ob er die Brücke selber sprengen oder, da er der einzige ist, der den Rückzug anführen kann, jemand anderen abkommandieren soll. Aber bei diesem Dilemma geht es, wie die Entwicklungspsychologin Nancy Eisenberg anmerkt, um die Entscheidung zwischen zwei gleichermaßen moralischen Zielen, einem altruistischen und einem nicht-altruistischen, während wir im normalen Leben weitaus häufiger zwischen einem altruistischen und einem amoralischen, egoistischen Ziel zu wählen haben (Eisenberg, 1986: 640).

In jüngerer Zeit jedoch hat es eine ganze Reihe entwicklungspsychologischer Forschungsprojekte gegeben, die sich direkt mit der Entwicklung des Altruismus befassen. Mehrere Psychologen haben Konzepte und Methoden von Piaget und Kohlberg übernommen und sie abgewandelt, um die Entwicklung des Altruismus im Rahmen der Persönlichkeitsentwicklung zu untersuchen. Ihre Methoden sind ganz verschieden, aber alle erfordern ungeheure Geduld.

Manche Altruismusforscher hängen stundenlang an Gucklöchern, beobachten Kinder und Kleinkinder in Spielgruppen und Klassen, messen Zeitpunkt und Häufigkeit einfühlender Reaktionen und altruistischer Handlungen – oft allerdings auch nicht-einfühlender Reaktionen und feindseliger Handlungen. (Gewöhnlich bleiben die Beobachter unsichtbar, um die Kinder nicht durch ihre Anwesenheit zu beeinflussen.)

Bei anderen Experimenten werden Kinder durch Erzählen, Vorführen von Videoaufnahmen oder von Bandaufnahmen, die wie Weinen klingen, usw. auf die Notlage oder Verzweiflung einer anderen Person aufmerksam gemacht. Es wird festgehalten, ob die Kinder egoistisch oder altruistisch reagieren, und dann werden sie gefragt, warum sie sich so verhalten haben.

Bei wieder anderen Experimenten werden Kindern kleine Dilemma-Geschichten erzählt, bei denen es, anders als bei Kohlberg, um die Wahl zwischen Eigennutz und Altruismus geht; die Kinder müssen sagen, was die Person in dem Dilemma tun sollte, und warum.

Die Daten aus solchen Untersuchungen zeigen, daß altruistische Gefühle und Verhaltensweisen sich tatsächlich in einer Stufenfolge entwickeln, die mit der geistigen oder moralischen Entwicklung zusammenhängt, aber nicht mit ihr identisch ist. Manche Kinder durchlaufen sie schneller, andere langsamer; manche reagieren auf allen Stufen mehr, andere weniger sensibel und zugewandt. Diese Unterschiede sind möglicherweise erblich: Manche Kinder sind einfach sensibler und aufmerksamer als andere; außerdem hat das angeborene Temperament des Kindes viel damit zu tun, wie die Menschen auf es reagieren und welche Erfahrungen es also macht (E. Mark Cummings u. a., in: Zahn-Waxler, Cummings und Iannotti, 1986: 177).

Früher oder später aber durchlaufen alle Kinder mehr oder weniger ausgiebig die gleichen Entwicklungsphasen: In dem Maße, wie ihre Erfahrungen mit ihrem geistigen und persönlichen Reifungsprozeß interagieren, wächst auch ihre Fähigkeit zu einfühlendem Verhalten, sind sie besser über die Folgen egoistischen bzw. altruistischen Verhaltens informiert und haben ein klareres Bewußtsein davon, was in unserer Gesellschaft von ihnen erwartet wird (Dovidio, 1984: 367–382). Ein paar eindrucksvolle Beispiele:

– Neugeborene weinen, wie bereits dargestellt, wenn sie andere Säuglinge weinen hören; sie haben keine Ahnung, wer Kummer hat und warum, sondern reagieren einfach auf ihr eigenes Unbehagen.

– Mit zehn bis vierzehn Monaten reagieren Kleinkinder, wie ebenfalls dargestellt, schon sehr viel stärker außengesteuert auf die Notlage einer anderen
Person: Sie starren sie an, wimmern, brechen in Tränen aus oder laufen weg.
Selten versuchen sie, direkt etwas für die leidende Person zu tun, obwohl
einige ihre Mütter ansehen oder anfassen, als wollten sie ihr Hilfe leisten.

– Ab vierzehn Monaten, sagen Carolyn Zahn-Waxler und ihre Kollegen vom
National Institute of Mental Health, reagieren Kinder immer seltener mit
Tränen und Verzweiflung und immer häufiger mit kleinen Versuchen, für das
andere Kind oder den Erwachsenen etwas zu tun, sie zu tätscheln oder zu
streicheln oder, wenn auch seltener, zu umarmen und zu küssen.

– Ab achtzehn Monaten sind die Hilfeversuche der Kinder nach Aussagen dieser Wissenschafter bereits gezielter und komplexer: Sie holen einen Erwachsenen zu Hilfe, umarmen das Kind oder den Erwachsenen, dem es schlecht
geht, oder bringen ihnen Dinge, mit denen sie selbst schon getröstet worden
sind – ein Spielzeug, einen Keks, eine Flasche, eine Decke.

– Mit zwei bis zweieinhalb Jahren verfügen die meisten Kinder nach Ansicht
mehrerer Forschungsgruppen bereits über ein Repertoire einfacher mitfüh-
lender Reaktionen: Körperkontakt, Untersuchung der schmerzenden Stelle,
ein Geschenk, Schutz- oder Verteidigungsgesten (zum Beispiel gegen ein
anderes Kind), besorgte Nachfragen, Ratschläge, Beruhigung und so weiter.
Mit vier sind die meisten Kinder wirklich um das Wohlergehen anderer Kinder besorgt, und bei manchen kommt es bereits zu recht entwickelten altruistischen Handlungen.

– Zwischen Kindergarten und zweiter Klasse kommt es bei den Kindern, wie
Experimente von Ervin Staub zeigen, zu einem regelrechten Sprung im altruistischen Verhalten. Bei einem seiner Experimente forderte eine Assistentin ein Kind auf, ein Bild zu malen, und sagte dann sichtlich erstaunt, es
wären keine Buntstifte da und sie müsse welche holen gehen. Beim Hinausgehen meinte sie dann ganz nebenbei, hoffentlich würde das kleine Mädchen, das sich angeblich im Nebenzimmer aufhielt, nicht wieder auf den
Stuhl klettern; während sie draußen war, krachte es nebenan, und ein Kind
begann zu weinen. (Die Geräusche kamen, wie bei solchen Experimenten
üblich, vom Band.) Die meisten Kindergartenkinder kümmerten sich nicht
um die Geräusche oder hielten sich die Ohren zu; nur eines von fünf lief in
das andere Zimmer, um zu helfen, oder ging einen Erwachsenen holen. In
der zweiten Klasse jedoch versuchte die Hälfte der Kinder, die allein waren,
wenn sie die Geräusche hörten, zu helfen, und jedes zehnte Kind versuchte
es auch dann, wenn noch ein anderes Kind dabei war.

Als Staub die Kinder später befragte, gaben die Kindergartenkinder an, sie
hätten nicht geholfen, weil sie nicht das Gefühl hatten, daß sie das sollten; sie

waren noch nicht alt genug oder trauten es sich noch nicht zu. Die Zweit-
kläßler jedoch mit ihren zwei Jahren Schulsozialisation trauten sich nicht
nur das Helfen zu, sondern fühlten sich auch verantwortlich für das andere
Kind (Staub, 1969, 1970).

– Vom Kindergarten bis zur zehnten Klasse werden Kinder immer altruistischer, sagt Daniel Bar-Tal. Bei einer Versuchsreihe mit israelischen Kindern
spielte jeweils ein Kind mit einem Assistenten ein Spiel, bei dem es immer
etwas Geld gewann. Im Zimmer gab es eine Sammelbüchse und ein Plakat,
auf dem um Spenden für bedürftige Kinder gebeten wurde; in manchen Fällen wurde kein weiterer Stimulus gegeben, in anderen machte der Assistent
irgendeine Bemerkung über das Plakat, und in wieder anderen forderte er
die Kinder zum Spenden auf. Die Ergebnisse: Je älter die Kinder waren,
desto größer war die Wahrscheinlichkeit, daß sie ohne Anspielungen oder
Aufforderungen spendeten, und auch großzügiger, selbst wenn der Assistent aus dem Zimmer gegangen war und es so aussah, als würde niemand
merken, ob sie gespendet hatten oder nicht (Bar-Tal, Raviv und Leiser, 1980).

– Zwischen zweiter und zwölfter Klasse kommt es zu einer signifikanten
Motivationsverschiebung. Nancy Eisenberg und ihre Kollegen dachten sich
kleine Geschichten mit einem Kind als Hauptfigur aus, das jeweils entscheiden muß, ob es jemandem, der Hilfe braucht, helfen oder lieber seine eigenen Interessen verfolgen soll; die Geschichten wurden erzählt oder gelesen,
und danach wurden die Kinder gefragt, was die Hauptfigur nun tun sollte.

Die wichtigsten Ergebnisse (Eisenberg, 1986: 135–145): Vorschulkinder
und jüngere Kinder treffen ihre Entscheidungen, welche Alternative sie auch
wählen, auf Basis dessen, was für sie selbst am besten ist. Mit zunehmender
Reife jedoch nimmt auch ihre Fähigkeit zur »Rollenannahme« zu (also dazu,
sich in die Lage einer anderen Person zu versetzen), und nun gehen in ihre
Entscheidungen auch Art und Dringlichkeit der Bedürfnisse dieser anderen
Person ein. Kleinere Kinder denken außerdem (außer an die Bedürfnisse der
anderen) zum Teil auch in stereotypen Vorstellungen von dem, was »gute«
oder »böse« Menschen tun würden, während ältere Kinder von ihren eigenen Werten und von dem ausgehen, was ihrem eigenen Gefühl nach richtig
oder falsch ist.

Im Laufe der Schulzeit, sagen Eisenberg und ihre Mitarbeiter, entwickeln
sich die Entscheidungen der Kinder in bezug auf ihr Verhalten zu Menschen
in Notlagen in fünf Stufen. Bei 1) gehen sie von ihren eigenen Bedürfnissen
aus, bei 2) vom direkten Erkennen der Bedürfnisse anderer Menschen ohne
Rollenannahme oder Schuldgefühl, bei 3) von der sozialen Akzeptanz sowie
rein konventionellen Vorstellungen über gute und schlechte Menschen und
Verhaltensweisen, bei 4) vom Hineinversetzen in die Lage der anderen Per-

son und entsprechenden ein- und mitfühlenden Reaktionen, und bei 5) von moralischem und sozialem Verantwortungsgefühl und verinnerlichten moralischen Werten.

So also sehen die Belege dafür aus, daß der Altruismus das Endprodukt einer Interaktion unserer normalen biologischen Anlagen mit der ganzen Fülle der für diesen Altersabschnitt typischen Erfahrungen ist. Welche Erfahrungen sind das genauer?

Der Aufbau von Altruismus

Die Eltern-Kind-Beziehung

Die ersten Erfahrungen des Kindes betreffen die Reaktionen seiner Eltern auf seine Bedürfnisse und Handlungen. Eltern, die Liebe und Wärme frei ausdrükken und allgemein große Geborgenheit vermitteln können, geben dem Säugling ein Gefühl der Sicherheit, dem Klein- und Vorschulkind ein Gefühl des eigenen Werts; dies sind wesentliche Voraussetzungen für eine normale emotionale Entwicklung (Kagan, Kearsley und Zelazo, 1978: Kap. 3). Insbesondere das von den Eltern vermittelte Gefühl der Wärme und Geborgenheit ist eine Voraussetzung für die Entwicklung von Einfühlungsvermögen: Ohne dieses durch enge und herzliche Beziehungen zu den Eltern entwickelte Gefühl des Einsseins mit anderen Menschen, sagt Staub, »wird die Gleichartigkeit der Not anderer Menschen mit der eigenen Not eventuell gar nicht erkannt oder wahrgenommen« (Ervin Staub, in: Zahn-Waxler, Cummings und Iannotti, 1984: 142).

Und tatsächlich konnten die Wissenschaftler bei Kindern eine Korrelation von Elternwärme und Altruismus nachweisen. Eine Studie mit vierjährigen Jungen ergab, daß diejenigen, die in der Experimentalsituation am großzügigsten waren, besonders warmherzige und liebevolle Väter hatten (Ruth Sharabany, in: Staub, Bar-Tal u. a., 1984: 206). Eine andere Studie kam zu einem ähnlichen Ergebnis: Altruistische Zehnjährige hatten liebevolle Mütter. Der Psychologe David Rosenhan fand in seiner berühmten Studie über aktive Bürgerrechtler heraus, daß sich diejenigen am meisten engagierten, deren Beziehungen zu ihren Eltern ungewöhnlich herzlich waren (David Rosenhan, in: Macaulay und Berkowitz, 1970: 251–268).

Das gilt auch umgekehrt. Bei einer neueren Untersuchung stellte sich heraus, daß Schulkinder, die zu Hause beschimpft oder geschlagen wurden, auf

Mitschüler, die weinten oder unglücklich waren, nicht mit Betroffenheit oder Mitgefühl reagierten, sondern mit Schlagen oder Beißen oder dem Versuch, ihnen ihr Spielzeug wegzunehmen. Eine andere Untersuchung ergab, daß Kinder, die zu Hause mißhandelt wurden, andere Kinder häufiger schlugen oder bedrohten als Kinder aus normalen Elternhäusern (Howes und Eldredge, 1985). Viele Untersuchungen über straffällig gewordene, chronisch kriminelle und bösartig antisoziale Erwachsene haben gezeigt, daß viele von ihnen Mütter hatten, die ihnen, vor allem in den ersten fünf Lebensjahren, keinerlei Liebe gezeigt hatten (Hott, 1979). Eine andere Untersuchung ergab, daß SS-Leute, die als Massenmörder in Konzentrationslagern und ähnlichen Einrichtungen fungierten, äußerst autoritäre, strafende Väter hatten (Dicks, 1972).

Die Vorbildfunktion

Die Erfahrung von Elternliebe fördert die Entwicklung von Altruismus auch noch auf andere Weise: Eltern sind die ersten und wichtigsten Rollenmodelle ihrer Kinder, und an den Reaktionen der Eltern auf ihre Bedürfnisse sehen die Kinder, wie sie auf anderer Menschen Bedürfnisse reagieren sollten. Von Eltern, die zu ihren Kindern kalt oder aggressiv sind, lernen die Kinder letztlich auch, kalt oder aggressiv zu anderen Menschen zu sein; sind die Eltern liebevoll und großzügig, lernen das auch ihre Kinder.

Kinder ahmen auch das Verhalten der Eltern zu Menschen außerhalb des engeren Familienkreises nach. Kinder, deren Eltern sich nicht auf anderer Leute Probleme einlassen, werden selber wahrscheinlich auch nicht anders reagieren; Kinder, deren Eltern sich um andere Menschen kümmern und hilfsbereit sind, dürften sich auch selber ähnlich verhalten.

Andere Personen in der Welt der Kinder – ältere Geschwister, bewunderte Lehrer und so weiter – können ebenfalls zu Vorbildern werden. Viele Kinder, die erleben, wie andere Personen – vor allem Geschwister oder Erwachsene, die sie lieben und achten – altruistisch handeln, tun es ihnen nach (Marian Radke-Yarrow und Carolyn Zahn-Waxler, in: Olweus, Block und Radke-Yarrow, 1986: 214). In einer Reihe von Experimenten, die sich ebenfalls Bar-Tals Verfahren zunutze machten, spielte ein Erwachsener mit den Kindern Spiele, bei denen es Murmeln, Pfennige oder Pfänder zu gewinnen gab, die gegen Preise eingetauscht werden konnten; manchmal taten die erwachsenen Spieler einen Teil ihres Gewinns in eine Schale, die unter einem Plakat mit einem Spendenaufruf für arme Kinder stand; in anderen Fällen wurden die Kinder von einem anderen Erwachsenen aufgefordert, einen Teil ihrer Gewinne für arme Kinder zu spenden, und es wurde ihnen gesagt, daß sich diese Kinder darüber sehr freuen würden. Bei beiden Vorgehensweisen erhöhte sich die Spendenbereitschaft der Kinder, aber die »Vorbildfunktion« wirkte, vor allem bei den kleineren Kindern, stärker als die Ermahnung (Peterson, 1982).

Vorbilder oder gute Beispiele haben auch über Kindheit und Adoleszenz hinaus eine Wirkung. Wenn die Leute gerade gesehen haben, wie jemand der Heilsarmee, dem blinden Bettler oder sonstwem Geld gibt, geben sie häufiger auch selber etwas, als wenn sie nichts dergleichen gesehen haben. Experimente, bei denen mit Nachrichten oder Radiosendungen über altruistische Handlungen gearbeitet wurde, haben ebenfalls gezeigt, daß die gute Tat gewissermaßen ansteckend ist: Personen, die gerade von einer altruistischen Handlung gehört haben, sind eher geneigt, auf Hilfsbedürftigkeit zu reagieren als andere (Holloway, Tucker und Hornstein, 1977). Wir kennen das von uns selbst: Wir lesen von den Spenden, die andere Leute für die Opfer von Überschwemmungen, Hungersnöten oder Erdbeben gegeben haben, und zücken unser Scheckbuch.

Aber natürlich wirkt die Vorbildfunktion auch in die andere Richtung. Nicht nur kalte, egoistische oder strenge Eltern, sondern auch viele andere Personen können Vorbilder für feindseliges, unmenschliches Verhalten werden. Wenn Menschen, die aus irgendeinem Grund von Kindern bewundert werden, aggressiv, grausam oder allgemein unsozial sind, ist zu erwarten, daß die Kinder von ihnen lernen – und in den meisten amerikanischen Familien sind Kinder solchen Beispielen ständig in Gestalt gewalttätiger Fernsehfilme ausgesetzt. Natürlich wird diese Gewalt zum Teil von den »Bösen« verübt, zum Teil aber auch von »guten« Helden oder sympathischen Abenteurern; auf jeden Fall wird Gewalt als Norm dargestellt, nicht als etwas Abartiges. Das durch eine Fülle von Material belegbare Ergebnis ist, daß Kinder, die viele gewalthaltige Fernsehsendungen sehen, häufiger unprovoziert aggressiv zu ihren Spielgefährten sind als Kinder, die weniger solche Sendungen sehen. Auch ist die Wirkung weder vorübergehend noch auf die Spielkameraden beschränkt (Pearl, 1984). Beim Cultural Indicators Project, einer Langzeitstudie der Annenberg School of Communication an der Universität Pennsylvania, wurden jahrelang die Inhalte von Fernsehfilmen sowie die Vorstellungen der Zuschauer von der sozialen Realität ausgewertet; das Hauptergebnis war, daß Leute, die viele Fernsehsendungen – und damit viel Gewalt – sehen, eher als andere dazu neigen, die Welt als einen üblen, beängstigenden Ort zu sehen und anderen Menschen mit Mißtrauen und Angst zu begegnen. Daß sie Altruisten sind, ist eher unwahrscheinlich (ebd.).

c) Erziehung

Erziehungsmaßnahmen und Training

Fast alle Kinder werden in irgendeiner Form angehalten, weniger egoistisch und aggressiv zu sein und bereitwilliger abzugeben oder etwas für andere zu tun. Aber manche Erziehungsmaßnahmen sind produktiv, andere kontraproduktiv.

Viele Eltern machen es wie beim Abrichten von Tieren und benutzen einfache Konditionierungsmethoden – Belohnungen für erwünschtes, Strafen für nicht erwünschtes Verhalten. Oft behaupten sie, daß sie ein Kind mit »Zuckerbrot und Peitsche« dazu bringen können, andere Kinder nicht mehr zu schlagen und »nett« zu ihnen zu sein.

Vieles spricht jedoch dafür, daß Kinder, die in erster Linie nach dieser Methode erzogen werden, sich zwar vorübergehend so verhalten, wie ihre Eltern das möchten, aber dadurch nicht wirklich altruistisch werden. Martin Hoffman und sein Kollege Herbert Saltzstein führten mit vielen Eltern und Kindern Interviews über die elterlichen Erziehungspraktiken durch und klassifizierten sie nach *Machtausübung* (Schlagen, Anschreien und andere Formen von Zwang), *Liebesentzug* und *Überzeugung* (dem Kind erklären, wie sein Handeln von der anderen Person empfunden wird). Dann maßen sie die Moralentwicklung der Kinder, indem sie sie aufforderten, halbfertige Geschichten über Mogeleien und sonstige Missetaten zu Ende zu erzählen (Hoffman und Saltzstein, 1967; Hoffman, 1983: 249 f.).

Das Ergebnis war schlagend: Machtausübung und Liebesentzug führten zwar oft zum erwünschten Verhalten, nicht aber zu charakterlichen Veränderungen. Die Kinder fügten sich mit Widerwillen, Wut, Angst oder Schuldgefühlen, ohne die elterlichen (und damit gesellschaftlichen) Normen zu verinnerlichen. Überzeugung dagegen, vor allem durch warmherzige, liebevolle Eltern, führte nicht nur zum erwünschten Verhalten, sondern weckte auch das Bewußtsein für die Gefühle und Bedürfnisse anderer Menschen und setzte die Verinnerlichung der Standards von Eltern und Gesellschaft in Gang.

Überzeugen durch Begründen ist nur eine Art, Kindern ein Verhalten rational zu erklären; jede Art Gespräch über den Wert uneigennützigen und hilfsbereiten Verhaltens fördert die Entwicklung von Altruismus. Es wirkt selbst dann, wenn die Kinder noch zu klein sind, um die Erklärung richtig zu verstehen; die Psychologen haben festgestellt, daß Kinder auf den Vorgang des Begründens reagieren, unabhängig von seinem Inhalt (Ervin Staub, in: Rushton und Sorrentino, 1981). Wirkungsvoller ist es natürlich, wenn das Kind die Gründe auch nachvollziehen kann.

Im Gegensatz dazu versuchen manche Eltern, Pfarrer oder Lehrer, die Kinder durch Moralpredigten oder direkte Anordnungen zu Freundlichkeit und

Selbstlosigkeit anzuhalten. Mit Hilfe jenes Experiments jedoch, bei dem die Kinder beim Spiel etwas gewinnen und dann Gelegenheit haben, ihren Gewinn mit bedürftigen Kindern zu teilen, wurden die verschiedenen Arten der Beeinflussung getestet, und das Ergebnis war, daß <u>Moralpredigten</u> relativ wenig <u>fruchten</u>.

*auch Moral-
predigten
langen wenig!*

Etikettierung

d) Etikett

Wenn ein Kind spontan freundlich oder hilfsbereit ist, sagen die meisten Eltern: »Das war aber nett von dir«, oder: »Du bist ja richtig hilfsbereit!« <u>Ein solches Etikett, wie die Psychologen und Soziologen das nennen, hat großen Einfluß auf das Verhalten.</u> Die Menschen versuchen, ihrer Etikettierung – zum Besseren wie zum Schlechteren – im Leben zu entsprechen; wenn Kinder merken, daß sie zum Beispiel als ängstlich oder tapfer, wohlerzogen oder wild abgestempelt werden, bekommen sie von sich selbst ein Bild, das ihr zukünftiges Verhalten bestimmt. Kinder, deren Eltern vor allem ihre egoistischen Handlungen vermerken und ihnen das Etikett egoistisch anheften, werden sich sicher auch weiter so verhalten; Kinder, deren Eltern ihre helfenden Handlungen hervorheben und sie als hilfsbereit etikettieren, werden in Zukunft sicher noch hilfsbereiter werden.

*wird ten-
denziell
verhalten.
Konstituierend*

  Auch dies ist <u>experimentell überprüft</u> worden. In einer Studie von Joan Grusec und ihren Kollegen wurden Kinder, die Preise gewonnen hatten, von einem Assistenten überredet, einen Teil ihres Gewinns für bedürftige Kinder zu spenden, wobei ihnen entweder gesagt wurde: »Du hast eine Menge gegeben – das habe ich auch nicht anders vor dir erwartet«, oder: »Du hast eine Menge gegeben – <u>du bist ein Kind, das gerne anderen hilft.</u>« Zwei Wochen danach hatten die Kinder noch einmal Gelegenheit, etwas zu spenden: Diejenigen, denen man gesagt hatte, sie wären hilfsbereit, gaben mehr und bereitwilliger als diejenigen, denen gesagt worden war, sie hätten getan, was man von ihnen erwartete (Joan Grusec, in: Rushton und Sorrentino, 1981: 81 f.).

*sign. Unter-
schied:
- Außen-
Erwartg
↑
- Etikett*

Lernen durch Tun

*e) Erfolg od.
Mißerfolg
des Handelns*

Großen Einfluß auf die Entwicklung von Kindern hat der <u>Erfolg oder Mißerfolg</u> ihres Verhaltens, des guten wie des schlechten (Ervin Staub, in: Zahn-Waxler, Cummings und Iannotti, 1986: 154 f.). Kindergartenkinder, die aggressiv zu anderen Kindern sind, werden oft insofern »belohnt«, als das andere Kind ihnen ein Spielzeug überläßt, aus dem Sandkasten verschwindet und so weiter.

Solange die Aggression keine überlegene Gegenaggression hervorruft bzw. ihr von den Erwachsenen nicht entgegengesteuert wird, hat sie verstärkende Wirkung: Das Kind wird immer aggressiver. »Die wohl unbefriedigendste Antwort der Entwicklungspsychologie auf die Frage: ›Warum gibt es Aggression?‹«, schreibt der Psychologe Robert C. Cairns (in: ebd.: 73) von der Universität North Carolina, »ist die, daß – jedenfalls bei Menschen – Aggression ›funktioniert‹.« Glücklicherweise jedoch nur bis zu einem gewissen Punkt: Eltern, Lehrer und die Gesellschaft ganz allgemein blockieren diese Entwicklungstendenz durch Methoden, die von der Moralpredigt bis zur nackten Gewalt reichen können. (Wo das nicht der Fall ist, etwa im sozial chaotischen Umfeld drogenverseuchter Slums oder in einer Gesellschaft, die Gewalt gegenüber einer verachteten Minderheit nicht ahndet oder sie sogar belohnt, lernen die Aggressoren durch ihren Erfolg und werden zu wahren Ungeheuern.)

Zum Glück gilt dasselbe Prinzip auch für altruistisches Verhalten: Prosoziale Handlungen von Kindern zahlen sich meist in irgendeiner Form aus, und die Kinder lernen an ihrem eigenen Verhalten und werden durch es beeinflußt. Wenn Eltern oder andere Erwachsene Kinder dazu bringen, sich an altruistischen Unternehmungen zu beteiligen, dann beeinflussen diese Unternehmungen die Kinder mehr, als wenn die Eltern nur davon reden. Ervin Staub, der dies für eine sehr wichtige Form des Lernens hält, sagte mir: »Veränderung ist ein Ergebnis des Experiments selbst. Kinder lernen und entwickeln sich durch solche Experimente, vor allem wenn ihre Handlungen positive Ergebnisse haben.« Er verweist auf eine seiner eigenen Untersuchungen, bei der kleinere Kinder von größeren Kindern lernen sollten; reagierten die kleineren Kinder positiv, nahm danach die Hilfsbereitschaft der größeren Kinder tendenziell zu; reagierten sie nicht positiv, nahm sie tendenziell ab. Bei einer anderen Untersuchung stellte er fest, daß Kinder, die zu anderen Kindern hilfsbereit waren, von diesen ein positives Echo in Form von Helfen und Teilen bekamen, und daß dies wiederum Rückwirkungen auf die Persönlichkeit des ersten Kindes hatte (Staub, 1979).

Ähnliches kam bei Experimenten heraus, bei denen Kinder veranlaßt wurden, einen Teil ihres Spielgewinns an arme Kinder abzugeben, Briefe an Kinder in Krankenhäusern zu schreiben oder einem Lehrer beim Aufsammeln von Karteikarten oder Büroklammern zu helfen: Danach waren solche Kinder hilfsbereiter und großzügiger als vergleichbare Kinder ohne solche Erfahrungen. Sie hatten nicht nur sich selbst als freundliche Menschen erlebt, sondern auch die Erleichterung oder Freude der anderen Person, und dabei gelernt, daß ihr eigenes altruistisches Handeln für andere wichtig sein kann.

Soziale Interaktion

f) Soz. ale Interaktion

Außerhalb der Familie machen Kinder beim Spielen und in der Schule viele andere Erfahrungen, die den zu Hause erworbenen Altruismus weiter festigen. Der Umgang mit andersartigen Kindern und Erwachsenen schärft ihr Gespür für andere als die eigenen Gefühle und Bedürfnisse; in Verbindung mit ihrer zunehmenden emotionalen und geistigen Reife erhöht sich dadurch ihre Fähigkeit zur Rollenannahme und damit ihr Altruismusniveau (Eisenberg, 1986: 103; James Youniss, in: Zahn-Waxler, Cummings und Iannotti, 1986: 95).

· Umgang
· Bedürfnisse anderer

In den frühen Jahren ist ihr altruistisches Verhalten immer noch weitgehend eigennützig. Kleine Kinder bringen einander spontan die Norm der Gegenseitigkeit bei (»Ich bin dein bester Freund, wenn du auch mein bester Freund bist«) und kommen schnell dahinter, daß man Gefallen gegen Gefallen tauschen kann. Mit sechs oder sieben definieren die meisten Kinder Freundschaft als Tauschverhältnis (»Er läßt mich auf seinem Rad fahren; dann laß ich ihn auch auf meinem fahren.« (James Youniss, in: ebd.: 97)

- Norm der Gegenseitigkeit wird erlernt

Zur gleichen Zeit bekommen sie von vielen Seiten – Eltern, Lehrern, anderen Erwachsenen, Medien – eine Ahnung von einem höheren kulturellen Wert: daß es nämlich gut und richtig ist, Menschen zu helfen, die Hilfe brauchen. Explizit durch Anleitung wie implizit durch Handeln und Beispiel erwerben sie ein Repertoire von »Hintergrund-Erwartungen« – die sozialen Normen ihrer Gesellschaft, in denen festgelegt ist, wie, wann und für wen altruistisches Handeln angezeigt ist (Backman, 1985: 15).

- Hilfsbereitschaft als Wert angeeignet (internalisiert)

Mit Erreichen der Adoleszenz bewirken diese Einflüsse in Interaktion mit dem entwickelteren Intellekt den Übergang zu höheren Stufen des altruistischen Denkens und eine gründlichere Verinnerlichung der sozialen Normen. (Manches davon geschieht, wie wir gesehen haben, bereits in der frühen Kindheit, das meiste aber erst in der Adoleszenz). Wenn die Normen Teil der geistigen und emotionalen Struktur einer Person werden, kommt der Anstoß zum Altruismus von innen heraus. Heranwachsende (und Erwachsene) handeln altruistisch, weil sie den Wunsch und das Bedürfnis danach haben; sie fühlen sich gut, wenn sie so handeln, oder haben Schuldgefühle, wenn sie es nicht tun, selbst wenn niemand sonst weiß, wie sie reagiert haben (Eisenberg, 1982: 140; Kurtines und Gerwitz, 1984: 120–123).

↓ intellektuelle Verfeinerung des Internalisierungsvorgangs

Geschlechterrollen, Geschlechtsunterschiede

g) Geschlechtsspezifisches

Es ist viel darüber geredet worden, ob altruistische Verhaltensmuster von Mädchen früher oder intensiver erworben werden als von Jungen und ob dies, falls es so ist, biologisch bedingt oder auf die frühe Einsicht zurückzuführen ist, daß die Gesellschaft dies von ihnen erwartet.

Vor zwanzig Jahren, auf dem ersten Höhepunkt des neuen Feminismus, fanden manche Wissenschaftler, daß sich die altruistischen Neigungen beider Geschlechter kaum voneinander unterscheiden (Krebs, 1970: 286; Maccoby und Jacklin, 1974: 354). Die traditionelle Ansicht, Frauen seien von Natur aus umsichtiger als Männer, galt als männlich-chauvinistische Ausrede dafür, die Frauen auf die Hausfrauenrolle und die schlechtbezahlten Helferberufe festzulegen. In jüngerer Zeit jedoch haben die meisten Wissenschaftler, die sich mit dieser Frage beschäftigt haben, deutliche Unterschiede bereits in den ersten Lebensjahren festgestellt. Ob diese biologisch bedingt oder eine Folge der sozialen Geschlechterrollen sind, in die die Kinder bereits ganz früh hineinwachsen, ist weiterhin strittig; unstrittig aber ist, daß es sie gibt. Ein paar Daten:

- Wenn Kindergartenkindern Dias gezeigt oder Geschichten erzählt werden, die bestimmte Gefühle hervorrufen sollen – Glück, Trauer, Zorn, Angst –, reagieren Mädchen einfühlsamer als Jungen (Feshbach, 1978; Hoffman und Levine, 1976).
- Bei vielen Untersuchungen mit Kindern von drei bis neun Jahren erwiesen sich Jungen als aggressiver und weniger zum Teilen und Abgeben bereit als Mädchen (E. Mark Cummings, Barbara Hollenback u. a., in Zahn-Waxler, Cummings und Iannotti, 1986: 167f.; Eisenberg, Bartlett und Haake, 1983).
- Bei Experimenten mit Fünft- und Sechstkläßlern schrieben Mädchen sehr viel mehr Briefe an Kinder, die im Krankenhaus lagen, bastelten mehr Spielzeug für sie und stifteten mehr Geschenkgutscheine als Jungen in den gleichen Klassen (Staub, 1978a: 254). (Allerdings scheint Briefeschreiben den Mädchen sowieso mehr zu liegen als den Jungen; Jungen sind eher zum Zupacken und Helfen bereit, wenn dabei etwas zu tun ist, was sie für »männlich« halten.)

Nun werden allerdings, wie oft betont wird, Jungen und Mädchen von klein auf ein wenig anders behandelt – nicht mehr so sehr wie noch vor einer Generation, aber immer noch genug, um sie auch frühzeitig unterschiedliche Erwartungen an sich selbst entwickeln zu lassen. Dadurch ist schwer festzustellen, was an diesen geschlechtsspezifischen Unterschieden des altruistischen Verhaltens biologisch, was sozialisationsbedingt ist.

Auf jeden Fall hat sich das altruistische Repertoire der Geschlechter mit Erreichen des Erwachsenenalters durchaus spezialisiert: Männer helfen eher in riskanten oder physisch anspruchsvolleren Situationen (Eingreifen bei Prügeleien, Reifenwechsel), Frauen eher in Situationen, bei denen traditionell eher weibliche Fähigkeiten gefragt scheinen (sich um ein Kind kümmern, das sich wehgetan hat, einen kranken oder seelisch aus dem Gleichgewicht geratenen Erwachsenen trösten) (Piliavin u. a., 1981: 199–202; Melson und Fogel, 1988; Maccoby und Jacklin, 1974: 354). Klar ist jedenfalls, daß sich Männer und Frauen nach ihren Fähigkeiten zum Altruismus relativ wenig unterscheiden, aber doch nach der Art des altruistischen Verhaltens und nach den Situationen, in denen sie ihre Hilfe anbieten (Piliavin u. a.; 1981: 199–202).

Spätere Entwicklungen

Nicht nur in Kindheit und Adoleszenz wird Altruismus in uns geweckt; auch als Erwachsene können uns Überzeugungen oder Charakterstrukturen jederzeit zu Handlungen veranlassen, die einen hohen emotionalen Gewinn bringen und unsere Persönlichkeit immer weiter zum Altruismus hin verändern – ein Phänomen, das Ervin Staub »Selbstsozialisation« nennt (Staub, 1979: 127–136, 151 ff.).

Ein bemerkenswertes Beispiel für eine solche Selbstsozialisation ist der Fall von Bertha Pappenheim, einer von Freud oft (unter dem Pseudonym »Anna O.«) erwähnten, aber nicht selbst behandelten Patientin. Diese in sich gekehrte, verwöhnte Tochter jüdischer Eltern aus der gehobenen Mittelschicht Wiens kam zu Freuds frühem Kollegen Joseph Breuer in Behandlung, als sie eine schwere Hysterie zu entwickeln begann, bei der sie unter partiellen Lähmungen litt, die Fähigkeit verlor, ihre deutsche Muttersprache zu sprechen und von schrecklichen Halluzinationen heimgesucht wurde. Von ihr (die zu einer bestimmten Zeit ihrer Erkrankung nur Englisch sprach und verstand) stammt der Name »talking cure« für diese Seelenerforschungssitzungen mit Breuer – eine Vorform der psychoanalytischen Behandlung –, die kathartisch wirkten und ihr Erleichterung verschafften.

Die Erleichterung war jedoch nur vorübergehend: Als Breuer die Behandlung aus persönlichen Gründen abbrach, verschlechterte sich ihr Zustand so sehr, daß sie mehrere Jahre in einer Klinik zubringen mußte. Schließlich ging es ihr besser, und sie versuchte sich eine Zeitlang als Schriftstellerin. 1895 aber, mit 36 Jahren, nahm sie nach langer, rastloser Suche nach einer sinnvollen Betätigung eine Stellung als Hausmutter in einem jüdischen Waisenhaus in Frankfurt am Main an. Und damit veränderte sich ihr Leben: Durch den Umgang mit den Kindern, um die sie sich hingebungsvoll kümmerte, wurde sie mit den Jahren immer liebevoller und selbstloser.

Nach zwölf Jahren verließ sie das Waisenhaus und wandte sich einem noch schwierigeren altruistischen Ziel zu: der Gründung und Leitung eines Heims für ledige Mütter und junge Prostituierte. Zwanzig Jahre lang widmete sie sich ganz der Arbeit für ihre Mädchen und Frauen und führte eine großangelegte öffentliche Kampagne für die Gründung von Heimen für »gefährdete Mädchen« durch. Neben dieser Mission nahm sie wenig am gesellschaftlichen Leben teil, versagte sich alle Vergnügungen und schien sie auch nicht zu vermissen.

Ein ganz anderes Beispiel für das gleiche Phänomen ist die späte Verwandlung eines furchtlosen Entdeckers und Wissenschaftlers in einen großen Vorkämpfer der Humanität. Sein Name, heute nur noch wenigen bekannt, ist Fridtjof Nansen. Nansen, 1861 in Norwegen geboren, groß, blond und ein hervorragender Wintersportler, unternahm als junger Mann eine Reihe von Entdeckungsfahrten zum Nordpol, die ihn zum Nationalhelden machten. Zusammen mit einem zweiten Mann mußte er einmal wegen extremer Witterungsverhältnisse mehr als ein Jahr allein im hohen Norden verbringen, wo sie nur von Bären- und Walroßfleisch lebten; einmal, als ihre beiden Kajaks abgetrieben wurden, sprang Nansen in das eisige Wasser und holte sie schwimmend zurück – ein Wagemut, der wohl jeden anderen das Leben gekostet hätte. Mitte Vierzig wurde er Ozeanograph und gleichzeitig, als norwegischer Gesandter in London, Politiker.

1920, im Alter von 59 Jahren, hatte er sich in drei Berufen ausgezeichnet, von denen keiner etwas mit Altruismus zu tun hatte. In jenem Jahr jedoch bat ihn der Völkerbund, wo er norwegischer Delegierter war, die Rückführung von beinahe einer halben Million Kriegsgefangener der früheren deutschen und österreichisch-ungarischen Armeen aus den sowjetischen Kriegsgefangenenlagern zu überwachen. Nansen lehnte erst ab, aber als er erfuhr, unter welchen Bedingungen die Männer dort lebten, siegte der Wunsch, sie aus diesem Elend zu befreien, und er nahm den Posten des Hochkommissars des Rückführungsprojekts an.

Groß und hager, mit schlohweißem Haar und einem riesigen, wallenden Bart eignete er sich hervorragend für die Rolle des Retters. Die europäischen Mächte und die junge Sowjetregierung weigerten sich, in Verhandlungen einzutreten, aber kraft seines Namens, seines Ruhms und seiner sachlichen Argumentation gelang es Nansen, direkt mit den Sowjets zu verhandeln, bei zahlreichen privaten Quellen Geld locker zu machen und den Widerstand und die Feindseligkeit der europäischen Regierungen zu überwinden. Bald waren tonnenweise Nahrungsmittel zu den Gefangenen unterwegs; unablässig planend, reisend, bittend und verhandelnd organisierte er sodann auf alle möglichen Weisen den Rücktransport der Gefangenen in ihre Heimatländer. Nach zwei Jahren teilte er dem Völkerbundsekretariat mit, daß seine Aufgabe beendet sei:

427 886 Kriegsgefangene waren nach Hause zurückgekehrt. Philip Noel-Baker, britisches Parlamentsmitglied und Mitglied des Völkerbundsekretariats, sagte: »Auf dem ganzen europäischen Kontinent gibt es kein Land, in dem nicht Frauen und Mütter Tränen der Dankbarkeit für das vergossen haben, was Nansen getan hat.«

Es hatte ihn verändert. 1921, noch ehe seine Aufgabe beendet war, waren Millionen Sowjetbürger wegen Mißernten in der Ukraine vom Hungertod bedroht, und das Internationale Rote Kreuz bat ihn, die Hilfsoperationen zu leiten; er wollte absagen und sich wieder seiner wissenschaftlichen Tätigkeit zuwenden, aber eine innere Stimme ließ ihm keine Ruhe. Ein Freund sagte zu ihm: »Wie ich Sie kenne, werden Sie nie wieder eine ruhige Minute haben, wenn Sie das ablehnen«, und wirklich sagte Nansen zu. Da der Völkerbund mit der Sache nichts zu tun haben wollte, verhandelte er wiederum mit den Sowjets, schlug in Moskau sein Hauptquartier auf, trieb durch Appelle an private Spender und an die Öffentlichkeit der westlichen Länder Geld auf und rettete womöglich Millionen das Leben.

Und noch ein drittes Mal wurde in der Not nach ihm gerufen: Die griechische Invasion Kleinasiens hatte mit einer Katastrophe geendet, und Massen von Griechen und Türken mußten umgesiedelt werden. Noch einmal folgte Nansen dem Ruf; beim Austausch von mehr als 1,5 Millionen Griechen und Türken 1922/23 spielte er eine wichtige Rolle. 1922 wurde ihm der mit 122 000 Kronen dotierte Friedensnobelpreis verliehen; er gab das ganze Geld für die russische Hungerhilfe und die griechisch-türkische Umsiedlungsaktion aus.

Eine weitere, wirklich bemerkenswerte Selbstsozialisation betrifft die Verwandlung eines egoistischen und hedonistischen Nazi in einen äußerst aufopfernden Retter von Juden während des Holocaust.

Oskar Schindler, ein deutschstämmiger Tscheche, Parteimitglied seit 1938, besaß im polnischen Krakau eine Emailwarenfabrik, die er während des Zweiten Weltkriegs in eine Munitionsfabrik für die deutsche Wehrmacht umwandelte. Schindler, ein abgefallener Katholik, war Mitte Dreißig, Bonvivant, Schürzenjäger und enger Freund und Trinkgenosse von Amos Göth, dem sadistischen Nazi-Kommandanten des Zwangsarbeitslagers, aus dem Schindlers jüdische Arbeiter kamen. Alles in allem schien Schindler nicht gerade das Zeug zum großen Altruisten zu haben.

Aber er merkte, daß seine jüdischen Zwangsarbeiter, denen er unter den Nazis keinen Lohn zahlen durfte, von ihren mageren Rationen nicht leben konnten, und sie taten ihm leid. Trotz seiner Parteimitgliedschaft war er kein Antisemit; er hatte in der Vergangenheit gute Geschäftsbeziehungen zu Juden gehabt und unterhielt sich gelegentlich gern und lange mit einem jüdischen

Intellektuellen unter seinen Arbeitskräften, der ihn interessierte. Als er von diesem erfuhr, daß einige seiner Arbeiter unter akutem Nahrungs- und Medikamentenmangel litten, kaufte Schindler auf dem schwarzen Markt für sie ein. Eigentlich hatte er ihnen nur dieses eine Mal einen Gefallen tun wollen, aber bald tat er es immer wieder und für eine immer größere Anzahl seiner Leute. Nach und nach ergriff der Wunsch, seiner ganzen mehr als tausendköpfigen Arbeiterschaft das Leben zu retten, völlig Besitz von ihm, obwohl er damit gegen zahlreiche Gesetze und Vorschriften der Nazis verstieß.

Mit Hilfe großzügiger Bestechung von SS-Aufsehern und -Offizieren aus seiner eigenen Tasche, mit Machenschaften und Intrigen brachte er ungeachtet aller Gefahr für sein eigenes Leben seine Juden durch, bis die russische Armee praktisch schon vor den Toren stand. Übergeordnete SS-Stellen ordneten daraufhin den Abtransport sämtlicher jüdischer Arbeiter in ein Todeslager an. Schindler entfaltete hektische Betriebsamkeit: Bei den offiziellen Stellen bestand er darauf, daß seine Fabrik – die er aus Sicherheitsgründen in die Tschechoslowakei verlegt hatte – mit gerade diesen geschulten Arbeitern für das Wohl des Vaterlands absolut notwendig wäre, er bat, er beschwor, er zahlte riesige Bestechungsgelder und schaffte es schließlich, alle 1 200 Juden in die Tschechoslowakei zu bringen, wo sie überlebten. Schindler selbst, der darüber bankrott ging, verlor nach dem Krieg seine Fabrik und kam als Geschäftsmann nie wieder auf die Beine, schien aber offenbar nichts zu bereuen.

Bertha Pappenheim, Fridtjof Nansen und Oskar Schindler veränderten sich als Erwachsene, und zwar nicht durch Einflüsse von außen, sondern durch ihr eigenes Handeln, durch die Befriedigung, die es ihnen brachte, und durch ihr verändertes Selbstverständnis. Aber so ungewöhnlich ihre Geschichten auch sind, sie haben nichts mit Überempfindlichkeit zu tun. Selbstsozialisation kann, wie die folgenden Forschungsergebnisse zeigen, bei vielen Menschen, wenn auch in weitaus geringerem Umfang, zu einer Verstärkung altruistischer Tendenzen auch im Erwachsenenalter führen.

Fuß-in-der-Tür-Experimente

Vertreter und Spendensammler wissen es schon lange: Wer einmal einer Bitte um einen Auftrag oder eine Spende nachgekommen ist, und sei sie auch noch so klein, wird beim nächsten Mal wahrscheinlich auch zu mehr bereit sein. Sie nennen das die »Fuß-in-der-Tür-Methode«.

Experimentell wurde dieses Phänomen von Sozialwissenschaftlern zum ersten Mal 1966 untersucht, als zwei Psychologen, die sich als ehrenamtliche

Helfer ausgaben, mit einer absurden Bitte an eine Reihe kalifornischer Hausbesitzer herantraten: Sie zeigten ihnen ein Foto von einem schönen Haus, das zum größten Teil hinter einer riesigen, schlecht geschriebenen Reklamewand verschwand, auf der stand: *Sicher ist besser!*, und baten sie um die Genehmigung für die Aufstellung einer ebensolchen Tafel in ihrem eigenen Vorgarten. Natürlich lehnten die meisten Hausbesitzer das ab, aber eine kleine Minderheit ließ sich darauf ein – und zwar fast alles Leute, die zwei Wochen zuvor mit der »Fuß-in-der-Tür-Methode« bearbeitet worden waren. Damals waren sie von jemand anderem gebeten worden, ein nur zehn Zentimeter hohes Schild mit *Sei fair im Verkehr!* aufzustellen, und sie hatten dieser harmlosen Bitte entsprochen. Nachdem sie das einmal getan hatten, waren sie nun auffallend schnell bereit, beim zweiten Mal auf eine viel weitergehende und gar nicht so harmlose Bitte ähnlicher Art einzugehen (Freedman und Fraser, 1966).

Dieses Prinzip, das experimentell für die unterschiedlichsten Situationen nachgewiesen wurde, gilt auch für altruistische Handlungen: Wer ein bißchen gibt oder ein bißchen hilft, wird höchstwahrscheinlich beim nächsten Mal wieder und mehr geben oder helfen.

Zuschauerforschung

In sehr vielen Experimenten wurden die Bedingungen erforscht, unter denen Menschen einem Fremden, der in Not ist, ihre Hilfe anbieten oder eben nicht anbieten. (Die Untersuchung mit den Seminaristen, die zu ihrer Rede über den Guten Samariter eilten, ist ein einschlägiges Beispiel.) Wir werden uns im nächsten Kapitel mit dieser Forschung näher befassen. Hier sei nur festgehalten, daß ein Nebeneffekt der Teilnahme an derartigen Experimenten die Selbstsozialisation sein kann: Schon die kurze, geringfügige Erfahrung des Helfens im Experiment macht die Teilnehmer hilfsbereiter, wenn sie Monate später wieder auf einen Fremden in Not treffen. Dies ist umso erstaunlicher, als die Teilnehmer ja nach dem Experiment darüber aufgeklärt werden, daß man sie irregeführt und die Notlage nur inszeniert hat, um ihre Reaktionen zu testen. Der Sozialpsychologe Shalom Schwartz, der damals solche Experimente an der Universität Wisconsin durchführte, machte sich denn auch Sorgen, die Versuchspersonen könnten durch diese desillusionierende Erfahrung zynisch und herzlos werden. Schwartz, der mit ethischen Fragen großgeworden ist – sein Vater war Rabbiner –, war selbst zunächst in eine Rabbinerschule eingetreten, dann aber zu dem Schluß gekommen, daß er besser zur Sozialpsychologie überwechseln sollte, wenn er dahinterkommen wollte, warum Menschen ethisch handeln – oder eben nicht –, und wie man sie in dieser Hinsicht beein-

flussen kann. Also wechselte er das Fach, aber bei seinen eigenen Forschungs-
arbeiten war ihm stets der Gedanke unbehaglich, daß seine Versuchspersonen
dank der von ihm durchgeführten Experimente in Zukunft womöglich weniger altruistisch sein könnten. Um dies zu überprüfen, erzählte er mir, machte
er mit einigen von ihnen ein besonderes Experiment:

»Nach ungefähr elf Monaten nahmen wir erneut Kontakt mit ihnen auf und luden sie zu
etwas ein, was für sie wie eine allgemeine Diskussion über ihre Collegeerfahrungen aussehen mußte. Sie kamen zu einem Interview und füllten einen Fragebogen aus. Dabei
wurden manche von ihnen auch nach ihren Erfahrungen mit der Verhaltensforschung
gefragt – damit sollten etwaige negative Gefühle reaktiviert werden, die sie vielleicht
aufgrund der früheren Experimente hatten –, andere jedoch nicht. Dann wurden sie
bezahlt und konnten gehen, mußten dabei aber alle über eine Hintertreppe, wo sie auf
einen Studenten mit einem Stützapparat stießen, der auf dem Boden lag, scheinbar
gefallen war und nun aufzustehen versuchte.

Diejenigen, die daran erinnert worden waren, daß man sie schon einmal getäuscht
hatte, waren mißtrauisch, und nur wenige von ihnen versuchten, dem Gestürzten aufzuhelfen. Aber diejenigen, denen keine Frage gestellt worden war, die ihr Mißtrauen
wiederbelebt hatte, boten sich zur Hilfe an –, und zwar waren das überraschenderweise
mehr als bei dem ein Jahr zurückliegenden Experiment, und die Hilfe ging auch viel
weiter! Die frühere Erfahrung des Helfens hatte ihre Einstellung zum Helfen positiv
verändert.«

Das war nicht das Ergebnis, mit dem Schwartz gerechnet hatte, aber eines, das
ihm sehr gefiel (Schwartz und Gottlieb, 1980c).

Folgestudien mit ehemaligen Peace-Corps-Arbeitern

Die Erfahrung als Entwicklungshelfer für Menschen in armen und unterentwik-
kelten Ländern hat viele Peace-Corps-Arbeiter nachhaltig geprägt. Natürlich
kann niemand wissen, was ohne diesen freiwilligen Einsatz im Entwicklungs-
dienst aus ihnen geworden wäre, aber viele von ihnen glauben, daß ihre Peace-
Corps-Erfahrungen bestimmte Tendenzen bei ihnen verstärkt und sie in Berufe
im Dienste der Allgemeinheit und in die ehrenamtliche Sozialarbeit geführt
haben. Hier die Geschichte eines solchen früheren Peace-Corps-Mannes:

»Fast zehn Jahre dauerte es, bis der ehemalige Peace-Corps-Arbeiter Timothy Carroll
seine Idee für die augenärztliche Versorgung armer Leute auf Haiti voll realisiert hatte.
1984 betreuten die haitischen Ärzte und Augenärzte der Eye Care Inc. mit ihrem (ganz
aus privaten Quellen finanzierten) 800000-Dollar-Budget 50000 Patienten. Carrolls
Arbeit war langwierig und unspektakulär und kein Thema für die Medien. Trotzdem
war er zufrieden: ›Wenn man sich einmal mit aller Kraft für die Armen eingesetzt hat,
dann läßt einen das nicht mehr los.‹« (Rice, 1986: 49)

Einem Bericht aus dem Jahre 1986 über das Peace Corps und seine zurückgekehrten Freiwilligen ist zu entnehmen, daß drei Viertel der Angestellten der International Volunteer Services sowie ein großer Anteil der Angestellten von CARE, Catholic Relief Services und Volunteers in Technical Assistance ehemalige Peace-Corps-Mitarbeiter sind (ebd.: 46 ff.).

Blutspenderstudien

Jane Piliavin ist eine Psychologin, die regelmäßig Blut spendet und sich irgendwann einmal gefragt hat, warum in aller Welt sie oder überhaupt irgendjemand das eigentlich tut. Seither hat sie diverse Untersuchungen durchgeführt, die diese Fragen beantworten sollten. (Wie Daniel Batson, Shalom Schwartz u. a. hat auch sie ihre wichtigsten Altruismusstudien in Bereichen durchgeführt, die für sie mit persönlichen Erfahrungen oder Bedürfnissen verknüpft waren.)

Piliavin und ihr Team schickten einen ausführlichen Fragebogen an Blutspender, die einmal, zweimal, dreimal gespendet hatten oder regelmäßig spendeten. Aus den Antworten ging hervor, daß viele Leute nach dem ersten Mal Blutspenden durchaus noch Gründe angeben konnten, warum sie nicht noch einmal spenden wollten, und dies auch nicht taten, daß aber diejenigen, die ein weiteres Mal gespendet hatten, sich mit dieser Erfahrung zu ändern begannen:

»[Sie] entwickeln ein Gefühl moralischer Verpflichtung gegenüber der Gemeinschaft, und das Blutspenden wird Teil ihres Selbstverständnisses. … Nach dem zweiten Mal scheinen sich die wiedergekommenen Spender auch zur weiteren Fortsetzung entschlossen zu haben. Sie glauben allmählich, daß Menschen, die ihnen wichtig sind, enttäuscht wären, wenn sie aufhörten, oder daß sie selber enttäuscht wären und vor sich selbst nicht bestehen könnten, und sind sehr stark motiviert. Das Gefühl der moralischen Verpflichtung, das dabei entsteht, wird ganz deutlich, wenn sie das Blutspenden schließlich zur ›Bürgerpflicht‹ erklären – so etwas kommt von fast drei Vierteln der dreimaligen Blutspender. Nach dem dritten Mal bezeichnet sich schließlich die Mehrheit (76 %) als ›regelmäßige Spender‹.« (Piliavin u. a., 1984: 481)

Zu diesem Zeitpunkt stellt für sie die Tatsache, daß sie Angst und Abneigung überwunden haben, ihren eigenen Normen gerecht werden und eine soziale Verpflichtung erfüllen, eine so große Befriedigung dar, daß Piliavin u. a. schon von einer Art »Suchtverhalten« sprechen.

Die altruistische Persönlichkeit

Was für eine Sorte Mensch kommt nun bei all diesen Einflüssen heraus? Hängt mitfühlendes Verhalten mit einer bestimmten Persönlichkeit, einer erkennbaren Merkmalsstruktur zusammen?

Angesichts der völlig unterschiedlichen Altruisten-Persönlichkeiten, deren Bekanntschaft wir bisher gemacht haben, möchte man diese Frage eher verneinen. Die altruistischen Handlungen der einen sind nicht die altruistischen Handlungen der anderen: Wer in ein brennendes Haus stürzt, um ein Kind zu retten, wird vielleicht nicht den alten Mann mit dem Schlaganfall füttern wollen, und wer Knochenmark für einen todgeweihten Fremden spendet, fährt vielleicht an dem Autofahrer vorbei, der eine Panne hat und gestikulierend neben seinem Auto steht. Und doch sagen uns psychologische Daten wie Alltagserfahrung, daß bestimmte Persönlichkeitstypen mit bestimmten Verhaltensweisen zusammenhängen: Impulsivität mit Glücksspiel, Paranoia mit Feindseligkeit und so weiter. Warum also sollte es nicht auch eine Merkmalsstruktur geben, die man als die »altruistische Persönlichkeit« bezeichnen könnte?

In den Anfangsjahren der Altruismusforschung stellten sich viele Forscher diese Frage gar nicht erst. Zu jener Zeit überwog in der Psychologie immer noch der »Situationalismus« – also die behavioristische Auffassung, derzufolge das Handeln der Menschen aus der Situation heraus zu erklären ist, in der sie sich befinden – über den »Dispositionalismus«, die psychodynamische Auffassung, für die das Verhalten weitgehend von inneren Kräften bestimmt wird (J. Philippe Rushton, in: Rushton und Sorrentino, 1981: 251; Eisenberg, 1982: 7). Ein paar Freudianer und Neofreudianer unter den Psychotherapeuten führten natürlich den Altruismus auf innerpsychische Vorgänge wie unbewußte Abwehr des eigenen Geizes zurück, aber ihre Auffassung gründete auf der Beobachtung von Psychotherapiepatienten, deren Altruismus nicht unbedingt mit dem von Nichtpatienten identisch sein muß (Eisenberg, 1986: 15f.; McWilliams, 1984: 194; Shalom Schwartz, in: Staub, Bar-Tal u. a.: 1984: 245). Die wenigen Altruismusforscher, die dennoch den Versuch einer Bestimmung der mit dem Altruismus zusammenhängenden Persönlichkeitsmerkmale unternahmen, kamen nicht weit. Das lag aber an ihrer allzu engen Betrachtungsweise. Sie testeten bestimmte Persönlichkeitsmerkmale bei ihren Versuchspersonen und brachten sie dann in Situationen, in denen eine bestimmte Form von Hilfe gebraucht wurde. Dabei kam nur heraus, daß bestimmte Merkmale in bestimmten Situationen zu altruistischem Verhalten zu führen scheinen, in anderen jedoch nicht, womit eigentlich nicht viel gesagt war.

Ende der 70er Jahre jedoch gewann bei den Sozialpsychologen der Dispositionalismus wieder an Boden, und viele Altruismusforscher interessierten sich nun für die Zusammenhänge von Persönlichkeit und Altruismus. Außerdem wurden auch die Untersuchungsmethoden verbessert: Man suchte nicht mehr nach Korrelationen zwischen einzelnen Persönlichkeitsmerkmalen und dem Verhalten in einer bestimmten Situation, sondern nach Bündeln von Merkmalen und dem Verhalten in unterschiedlichen Situationen. Teilweise wandten sich die Wissenschaftler auch »naturalistischen« Verfahren zu und beobachteten etwa Kinder in der Schule oder zu Hause oder simulierten Situationen in der Öffentlichkeit, um zu sehen, wie normale Menschen im wirklichen Leben reagieren.

Aus dem Material, das mit diesen verbesserten Verfahren gewonnen wurde, kristallisierte sich allmählich ein Bild der altruistischen Persönlichkeit in Kindheit und Erwachsenenalter heraus. Zu den Hauptergebnissen gehören:

– Allgemeine Stimmungslage: Fröhliche Vorschulkinder weisen einen höheren Grad an Einfühlung auf als traurige. (Auch bei Erwachsenen hängen Stimmung und Altruismus zusammen: Wie wir im 6. Kapitel zeigen werden, sind auch Erwachsene mit guter Laune gewöhnlich hilfsbereiter als mit schlechter Laune, was auch impliziert, daß glückliche Menschen altruistischer sind als unglückliche.) (Strayer, 1980)
– Einfühlungsvermögen (Empathie): Unabhängig von ihrer Stimmung sind Kinder und Erwachsene, die ein gutes Gespür für die Gefühle anderer Menschen haben und sich leicht in sie hineinversetzen können, eher altruistisch als Kinder und Erwachsene, die dieses Gespür nicht haben (Staub, 1978a: 54; Martin Hoffman, in: Eisenberg, 1982: 218–231; Nancy Eisenberg und Paul Miller, in: Eisenberg und Strayer, 1987: 292–316).
– Emotionale Ausdrucksfähigkeit: Vorschulkinder, die Probleme haben und dies Lehrern oder Mitschülern mitteilen können, sind anderen Leuten gegenüber hilfsbereiter als Kinder, die das nicht können (Hampson, 1981: 104).
– Beliebtheit: Beliebte Kinder und Erwachsene sind im allgemeinen recht hilfsbereit; Beliebtheit und Hilfsbereitschaft sind Ausdruck eines starken Bedürfnisses nach Zugehörigkeit oder Verbindung zu anderen Menschen. »Einzelgänger« sind vermutlich weniger hilfsbereit (Hampson, 1981, 1984).
– Selbstwertgefühl: Personen mit hohem Selbstwertgefühl sind altruistischer als Personen mit niedrigem Selbstwertgefühl.*

---

* Jedenfalls im Durchschnitt. Die Psychotherapeutin Bernice Hunt – meine Frau – stellt hierzu jedoch fest, daß es unter ihren Patienten Menschen mit niedrigem Selbstwertgefühl gibt, die gern die Helferrolle übernehmen (und sich z.B. um kranke Tiere oder soziale Außenseiter kümmern), weil sie sich dann überlegen fühlen und ihr Selbstwertgefühl steigern können.

Der Hauptgrund: Ein positives Selbstbild bewirkt eine positive Verbindung zu anderen Menschen, ein abwertendes oder negatives Selbstbild führt zum Gegenteil. Außerdem trägt ein hohes Selbstwertgefühl zum Wohlbefinden bei, während ein niedriges Selbstwertgefühl das Gegenteil bewirkt und auch die Reaktionen auf fremde Bedürfnisse entsprechend beeinträchtigt; Ervin Staub hat gezeigt, daß wir unsere eigene Lage mit der anderer Personen vergleichen und dazu neigen, Menschen, denen es schlechter geht als uns, zu helfen, nicht aber Menschen, von denen wir meinen, daß es ihnen besser geht (Ervin Staub, in: Zahn-Waxler, Cummings und Iannotti: 1986: 144–147).

– Einstellung zu anderen Menschen: Erwachsene mit einer allgemein positiven Menschensicht sind eher bereit zu helfen als Menschen mit einer negativen Menschensicht. Dies gehört zu dem, was Ervin Staub die »prosoziale Orientierung« nennt – eine Kombination aus positiver Einstellung zu anderen Menschen, Sorge um ihr Wohlergehen und Verantwortungsgefühl. Zusammen mit zwei Doktoranden führte Staub eine Reihe von Experimenten durch, bei denen die Versuchspersonen Testbatterien zur Messung prosozialen Verhaltens bearbeiten mußten und danach auf einen anderen Assistenten trafen, der heftige Magenkrämpfe simulierte und Hilfe zu brauchen schien. Die Ergebnisse waren eindeutig: Leute mit hoher Punktzahl bei der prosozialen Orientierung waren hilfsbereiter und großzügiger in ihrer Hilfe als Leute mit niedriger Punktzahl (ebd.: 138).

– Eigene moralische Standards: Frühe Studien zum Altruismus konnten – entgegen dem gesunden Menschenverstand – keinerlei Beziehung zwischen den Moralvorstellungen der Menschen und ihrem Verhalten in der Experimentalsituation feststellen; diese konnten sich durchaus zum Altruismus bekennen und dennoch nicht altruistisch handeln. Studien aus jüngerer Zeit jedoch, die von realen Situationen ausgehen, haben ergeben, daß die inneren moralischen Normen gewöhnlich ein integraler Bestandteil von prosozialer Orientierung und altruistischer Persönlichkeit sind. Drei Beispiele:

1. Shalom Schwartz fragte Leute, ob sie freiwillig Knochenmark spenden würden (ohne ihnen zu sagen, daß es nicht wirklich dazu kommen würde). Diejenigen, die dazu bereit waren, zeichneten sich nicht nur durch mehr eigene humanitäre Normen als diejenigen aus, die dazu nicht bereit waren, sondern auch durch ein höheres Verantwortungsgefühl gegenüber anderen Menschen (Schwartz, 1973, 1975, 1977).

2. In mehreren Projekten wurden die Moralvorstellungen von ehrenamtlichen Helfern in Krankenhäusern, Telefonseelsorge und ähnlichen Einrichtungen mit denen anderer Leute verglichen; dabei kam heraus, daß

die ehrenamtlichen Helfer ein ausgeprägteres ethisches Bewußtsein hatten, sich mehr Gedanken über »richtiges« oder »falsches« Verhalten machten und sich in höherem Maße für andere Menschen verantwortlich fühlten (J. Philippe Rushton, in: Staub, Bar-Tal u. a., 1984: 280).

3. Die Soziologin Nechama Tec interviewte polnische Christen, die Juden in der Zeit der »Endlösung« vor den Nazis gerettet hatten (als jüdisches Mädchen hatte sie selber drei Jahre lang unter falschem Namen in einer polnischen Familie gelebt, aber ihre Retter hatten sie wegen des Geldes aufgenommen, nicht aus Mitleid). Sie fand heraus, daß bei denjenigen, die Juden aus altruistischen Gründen gerettet hatten, das Gefühl moralischer Verpflichtung deutlich stärker war als bei denjenigen, die es für Geld getan hatten (Tec, 1986c: 191).

Aus diesen und anderen Forschungsergebnissen können wir schließen, daß Menschen mit altruistischen Moralstandards gewöhnlich (wenn auch nicht immer) auch in ihrem Verhalten altruistisch sind. Der gesunde Menschenverstand hat also doch recht (Kurtines und Gerwitz, 1984: 265, 280).

J. Philippe Rushton faßt die Ergebnisse folgendermaßen zusammen:

»Also sieht es doch so aus, als gäbe es ein ›Altruismusmerkmal‹.* Manche Menschen sind durchgängig großzügiger, hilfsbereiter und freundlicher als andere. Außerdem werden solche Menschen auch durchaus als altruistischer *wahrgenommen*, wie jene Studien zeigen, die eine positive Relation zwischen dem altruistischen Verhalten einer Person und der Einschätzung ihres Altruismus durch Altersgenossen und Lehrer nachgewiesen haben.« (J. Philippe Rushton, in: Staub, Bar-Tal u. a., 1984: 275)

Menschen mit einer besonders altruistischen Persönlichkeitsstruktur sind natürlich nicht immer und unbedingt altruistisch, sondern nur häufiger und in höherem Maße hilfsbereit als die meisten anderen Menschen. Denn die Persönlichkeit ist nicht die einzige Determinante unseres Verhaltens. Nach der heute unter Altruismusforschern vorherrschenden Ansicht spielen sowohl interne Mechanismen als auch Situationsmerkmale eine Rolle. Auch ein Altruist springt vermutlich nicht in den Fluß, um ein ertrinkendes Kind zu retten, wenn er gebrechlich oder herzkrank ist und andere, kräftigere Leute in der Nähe sind. Auch eine nicht sonderlich altruistische Frau wird vermutlich ein Kind, das sie auf einem Parkplatz ausgesetzt findet, zur Polizei oder ins Krankenhaus bringen.

---

* Rushton mit seinem derzeitigen starken Interesse an Genetik spricht von »Altruismusmerkmal«, wo die meisten anderen Sozialpsychologen »altruistische Persönlichkeit« sagen würden.

Wie und warum wecken oder unterdrücken unterschiedliche Situationen den Hilfeimpuls bei altruistischen Persönlichkeiten? Und wie wirken sie sich auf nicht besonders altruistische Persönlichkeiten aus? Sehen wir uns diese Situationen näher an.

Fünftes Kapitel
»Ein Spielball der Verhältnisse«

Eine Stadt, zwei Geschichten

Erste Geschichte

Schauplatz: Eine frostige Märznacht, drei Uhr morgens, eine verlassene Straße in einer Mittelschichtgegend, zweistöckige Häuser mit Schnörkelfassaden, unten Geschäfte, oben Wohnungen. Es ist still, die Fenster im ersten Stock sind dunkel, niemand ist zu sehen. Eine junge Frau kommt, ängstlich hinter sich blickend, eilig die Straße entlang; als sie ihr Auto in der Nähe geparkt hat, hat da ein Mann im Schatten herumgelungert, und sie hat Angst …

… o Gott, tatsächlich! Der Mann aus dem Dunkeln rennt ihr nach, holt sie unter einer Laterne ein, packt sie und sticht einmal mit einem Messer auf sie ein. Sie schreit: »O Gott, er bringt mich um, Hilfe, Hilfe, helfen Sie mir doch!« Oben gehen Lichter an, Fenster auf, irgendjemand ruft: »Laß die Frau in Ruhe!« Der Mann verschwindet. Die junge Frau liegt auf dem Gehsteig, aber niemand kommt ihr zu Hilfe; die Fenster gehen eines nach dem anderen wieder zu, die Lichter aus. Nach einer Weile kommt sie irgendwie auf die Beine, taumelt die Straße entlang und um die Ecke zu ihrem Haus …

… und wieder taucht er aus dem Dunkeln auf, holt sie ein, sticht noch einmal zu. »Er bringt mich um!« schreit sie. »Er bringt mich um!« Wieder gehen die Fenster auf, die Lichter an, der Mann dreht sich um und geht weg, steigt in ein Auto und fährt davon. Die junge Frau ist zusammengebrochen; immer noch kommt ihr niemand zu Hilfe. Zeit vergeht, kriechend versucht sie, ihr Haus zu erreichen, als endlich jemand kommt …

… aber es ist noch einmal er. Er geht erst in den einen Hauseingang, dann in den nächsten, sieht sie am Fuß der Treppe, sticht ein drittes Mal zu und verschwindet. Jetzt erst, mehr als eine halbe Stunde nach dem ersten Messerstich, ruft endlich jemand die Polizei. Die ist zwei Minuten später da; die Frau ist tot.

In den Tagen danach befragen Kriminalbeamte die ganze Nachbarschaft und können es kaum fassen – sie, die so leicht durch nichts mehr zu erschüttern sind –, daß insgesamt 38 Personen den Überfall sahen und hörten, aber nichts taten, nicht einmal die Polizei riefen, bis es zu spät war. Alle Erklärungen, die die Leute für die unterlassene Hilfeleistung gaben, sind bestürzend oder wenig überzeugend:

Frau: »Wir dachten, es ist ein Liebespaar, das Krach hat.«

Mann und Frau: »Ehrlich gesagt, wir hatten Angst.«

Frau: »Ich wollte nicht, daß mein Mann da reingezogen wird.«

Mann: »Ich war müde. Ich bin wieder ins Bett gegangen.«

Was sind das für Menschen? Was für eine Stadt ist das, was für Zeiten, wo nicht einer von all denen, die sahen, was passierte, der Frau zu Hilfe kommen mochte, als sie verfolgt und überfallen wurde, oder ihr doch wenigstens half, als sie blutend auf dem Gehsteig lag, oder allerwenigstens zum Telefon griff, um die Polizei zu rufen? Ist das Science fiction, die Menschheitsvision eines Pessimisten?

Nein, es ist die wahre und in allen Einzelheiten bekannte Geschichte der Ermordung von Catherine (»Kitty«) Genovese in Kew Gardens, Queens (New York), am 13. März 1964, durch Winston Moseley, einen 29jährigen Techniker, der sie nicht kannte, aber der Polizei erzählte, daß er zwei andere Frauen auf die gleiche Weise ermordet hatte, und der für dieses Verbrechen hinter Schloß und Riegel kam; eine Geschichte, über die sich Bürger, Polizei, Leitartikler und Sozialwissenschaftler entsetzten und die für viele ein Spiegel war, der der modernen, städtebewohnenden Menschheit ihr ungeheuerliches Bild vorhält (*The New York Times*, 27. 3. und 3. 4. 1964).

Zweite Geschichte

Schauplatz: Eine kühle Märznacht des Jahres 1987, ein Uhr nachts, in einer winzigen Wohnung im fünften Stock eines schmuddeligen, sechsstöckigen Wohnhauses in der 79. Straße in Manhattan sitzt Timothy Mosher, ein großer, schlanker Mann von 35 Jahren, an der Schreibmaschine; Mosher, der an der Filmakademie der Universität New York studiert hat und gerne Drehbuchautor wäre, hat damit bisher nicht viel Glück gehabt; er lebt vom Taxifahren und schreibt in seiner Freizeit.*

Mosher hört, wie es in der Wohnung über ihm kracht. Gleich darauf schreit eine Frau. Er ist kein sportlich-kräftiger Typ und geht Schlägereien eher aus

---

* Inzwischen ist er Produktionsassistent bei einer Firma, die Werbespots für das Fernsehen dreht.

dem Weg, aber jetzt rennt er ohne zu zögern aus seiner Wohnung, die Treppe hinauf und dorthin, wo die Schreie herkamen, zur Wohnung einer Frau, die er nur vom Sehen kennt. (Sie heißt Mana Mashoon, ist 41 Jahre alt und arbeitet als Diätassistentin.)

Warum diese blitzschnelle Reaktion ohne einen Gedanken an die Gefahr, in die er sich möglicherweise selber brachte? Rückblickend sagt Mosher, ein eher zurückhaltender Mann mit einer leisen Stimme: »Naja, zum Teil wollte ich ihr helfen und zum Teil war es so, daß ich mit mir selber nicht mehr klar gekommen wäre, wenn da etwas wirklich Übles passiert wäre und ich nichts getan hätte. Aber ich weiß nicht, ob mir das damals wirklich durch den Kopf ging oder ob ich es erst später für mich so formuliert habe.« Er hatte auch nicht überlegt, ob nicht auch andere Leute die Schreie gehört und bereits etwas unternommen haben konnten. »Daran habe ich überhaupt nicht gedacht. In diesem Aufgang wohnten sonst fast nur noch alte Leute oder alleinstehende Frauen. Die Frage war nicht, ob es sonst noch jemanden gab, sondern daß etwas geschehen mußte.«

Die Tür von Mana Mashoons Wohnung stand einen Spalt breit offen; Mosher stieß sie weiter auf und kam in einen engen Flur. Er erinnert sich:

»Als ich reinging, kam Mana mit dem Hausmeister aus dem Schlafzimmer. Er hielt sie mit dem linken Arm um die Taille. Es war ganz still, niemand sagte etwas, aber sie hatte überall Blut an Gesicht und Hals und Händen. Ich sagte scharf: ›Was zum Teufel ist hier los?‹, und er sagte: ›Hier war jemand mit 'nem Messer‹, aber er hielt sie immer noch fest, und es war ganz klar, daß irgendwas nicht stimmte. Ich sagte: ›Lassen Sie sie los!‹, und das tat er auch, aber als sie aus der Tür rannte, geriet ich mit ihm in dem engen Flur in ein Handgemenge.

Ich wußte, daß er ein Messer hatte und daß ich es ihm wegnehmen mußte, aber er war klein und stämmig, sehr muskulös und viel schwerer als ich, und irgendwann kriegte er doch das Messer hoch und stach es mir in die Brust unter das linke Schlüsselbein. Ich spürte das, aber im ersten Moment tat es gar nicht weh. Das Messer steckte in meiner Brust, und ich zog es raus und es fiel hin, aber ich konnte es mit dem Fuß ins Wohnzimmer stoßen, und er rannte sofort aus der Wohnung. Ich war etwas benommen, aber riß mich dann zusammen und ging ins Treppenhaus und nahm Mana beim Arm – sie hatte an den anderen Türen gehämmert, aber niemand wollte aufmachen – und brachte sie in meine Wohnung und schloß ab und rief die Polizei.«

Kurz danach kam ein Krankenwagen und brachte beide ins Krankenhaus. Mosher mußte eine Woche dort bleiben, Mana Mashoon nicht ganz so lange; der Schnitt in ihrem Hals ging von einem Ohr zum anderen, war aber nicht tief, außerdem hatte sie Schnitte im Gesicht und an den Händen. (Der Hausmeister wollte sie vergewaltigen, nicht umbringen; er bekannte sich in allen Punkten schuldig und bekam eine hohe Gefängnisstrafe.)

Wie ging es Mosher, als er im Krankenhaus lag und darüber nachdachte, was er getan hatte? »Ich war eigentlich ganz zufrieden mit mir. Und ganz schön froh, daß ich noch am Leben war, ich hatte verdammtes Glück gehabt.« Würde er, wenn er an die Gefahr, die Stichwunde, die Schmerzen und den Einkommensverlust dachte – da er mit seinem Teilzeitjob als Taxifahrer unter der Armutsgrenze lag, wurde der Krankenhausaufenthalt vom Sozialamt bezahlt, aber er hatte zwei Wochen Verdienstausfall –, dasselbe noch einmal tun? »Schwer zu sagen«, meinte er nachdenklich. »Als Helden sehe ich mich eigentlich nicht. Als es passierte, habe ich nicht lange überlegt; es kam aus der Situation heraus, es mußte einfach so sein. … Kann schon sein, daß ich das in derselben Situation wieder tun würde.«

Wie erklärt sich das unterschiedliche Verhalten der Zuschauer bzw. -hörer in diesen beiden Geschichten?

Hätte es bei beiden Verbrechen jeweils nur einen Zeugen gegeben, könnte man sagen, der eine sei eben gefühllos und egoistisch gewesen, der andere mitfühlend und altruistisch. Aber daß alle 38 Zeugen des Überfalls in Kew Gardens gefühllos und egoistisch sein sollten, ist äußerst unwahrscheinlich.

Timothy Mosher wiederum ist nur eine von den über 7 200 Personen, die seit 1904 von der Carnegie Hero Fund Commission dafür ausgezeichnet wurden, daß sie ihr Leben riskierten, um anderen Menschen das Leben zu retten, oder es zumindest versuchten. Zu diesen Helden gehören Männer und Frauen, Kinder und Erwachsene, Polizeibeamte und Wissenschaftler, Fallschirmspringer und Krankenschwestern, Sportler und Schwerbehinderte – eine Mischung, die wohl kaum ein einziges dominantes Persönlichkeitsmuster aufweisen dürfte. Wie bewundernswürdig Moshers Charakter auch sein mag, daraus allein läßt sich sein Handeln nicht erklären.

Persönlichkeit allein reicht als Erklärung nicht aus, wenn jemand auf die Notlage eines anderen Menschen reagiert oder nicht reagiert; *Persönlichkeit in einer bestimmten Situation* wäre schon umfassender und besser. Es kann durchaus sein, daß die meisten der 38 Zeugen in Kew Gardens und viele oder die meisten der 7 200 Helden der Carnegie-Stiftung normale altruistische Strebungen hatten, daß ihr Verhalten aber teilweise oder überwiegend durch die besonderen Merkmale der Situation bestimmt wurde. Unter anderen Umständen hätten sich vielleicht die meisten der 38 in Kew Gardens besser verhalten und Mosher und andere Carnegie-Helden nicht ganz so gut.

Und in der Tat haben sich viele hundert Projekte – das Gros der Altruismusforschung bis vor ein paar Jahren – mit der Frage nach den Umständen befaßt, unter denen die meisten Leute anderen Menschen, vor allem Unbekannten, helfen oder nicht helfen. Der Anstoß für sie alle war der Mord an Kitty Genovese.

Der Zuschauereffekt

Der Fall der 38 passiven Zeugen der Ermordung von Kitty Genovese wurde von Rundfunkkommentatoren, Soziologen und anderen Experten weithin als charakteristisch für die Entmenschlichung der modernen Städtebewohner und insbesondere der New Yorker interpretiert. Mit einem Unterton von: »Ich bin da ganz anders« wurden diese der Apathie, Entfremdung, Gefühlsrohheit, Unmenschlichkeit und der Befriedigung unbewußter sadistischer Impulse bezichtigt; einige Kritiker sprachen sogar von der »kalten Gesellschaft« (Rosenthal, 1964; Latané und Darley, 1970: 2f.).

Aber zwei ebenfalls in dieser Stadt lebende junge Sozialpsychologen – beide keine gebürtigen New Yorker – fanden dieses eilfertige Charakterurteil über die New Yorker problematisch und wenig überzeugend. Bibb Latané, Dozent an der Columbia University, war ein schlaksiger, knochiger, strohblonder Mann mit dem Witz des Burschen vom Lande. John Darley, Assistenzprofessor an der New York University, war dunkelhaarig und weltmännisch und sah entschieden nach Eliteuniversität aus. Die beiden lernten sich auf einer Party kurz nach dem Genovese-Mord kennen und fanden, daß sie bei aller äußerlichen Verschiedenheit doch auch etwas gemeinsam hatten: ihr professionelles Unbehagen an den öffentlichen Verlautbarungen zum Genovese-Mord und ihr Gefühl, daß es eine andere, bessere Erklärung für die Passivität der Zeugen geben müsse. Sie gingen zu Latané nach Hause und redeten die halbe Nacht über die Herausforderung, die dies für sie bedeutete. Latané ließ mir gegenüber diese Nacht noch einmal aufleben:

»Wir klagten uns gegenseitig unser Leid, wie schrecklich es war, daß wir auf Cocktailparties immer als Sozialpsychologen erkannt und sofort gefragt wurden: ›Was war das in Kew Gardens? Wie erklären Sie das?‹ Wir wußten es ja auch nicht und dachten eigentlich, daß die Sozialpsychologie dafür nicht zuständig wäre. Wir dachten aber auch, daß die New Yorker doch allzu schlecht dabei wegkämen; wir hatten nicht den Eindruck, daß unsere New Yorker Freunde und Bekannten dermaßen gefühllos und unsensibel waren.

Dann fragten wir uns: ›Was ist eigentlich so aufsehenerregend an dieser Sache?‹ Das war leicht zu beantworten: Zeitungen, Fernsehen und alle Welt ritten ja ständig darauf herum, daß 38 Leute das Verbrechen gesehen und keiner etwas getan hatte, als ob das viel schwerer zu verstehen wäre, als wenn einer oder zwei es gesehen und nichts getan hätten.

Und plötzlich ging uns ein Licht auf: Vielleicht kam die Passivität gerade daher, *daß es 38 waren.* Das ist ein alter Trick in der Sozialpsychologie: Man dreht die Sache um und fragt sich, ob nicht die vermeintliche Wirkung in Wirklichkeit die Ursache ist. Vielleicht wußte jeder der 38, daß viele andere Leute auch zusahen – und unternahm *deshalb* nichts.

Wir überlegten stundenlang, wie man diese Situation experimentell nachstellen und unsere Hypothese testen könnte. Nicht das Ereignis selbst natürlich, keinen Mord, aber das Hauptmerkmal der Sache – einen Notfall mit Zeugen, die entweder allein sind oder verschieden großen Gruppen angehören –, um so herauszubekommen, ob das bloße Wissen, daß es bei einem Notfall auch noch andere Zeugen gibt, die Hilfsbereitschaft jedes einzelnen herabsetzt.«

Als sie für diese Nacht Schluß machten, hatten Latané und Darley ihr Experiment fertig. Sie wollten Studenten der New York University einladen, angeblich zu einer Diskussion über die persönlichen Probleme von Studenten in der Großstadt. Latané, Darley oder ein Assistent sollte den Teilnehmern erzählen, daß sie in Gruppen von zwei, drei oder sechs Personen diskutieren würden, daß aber jeder, um möglichst wenig Verlegenheit aufkommen zu lassen, wenn sie über persönliche Dinge sprachen, in einer eigenen Kabine sitzen und über eine Sprechanlage mit den anderen kommunizieren würde. Dadurch hatten Latané und Darley volle Kontrolle über die Situation; außerdem war es so leichter, den Notfall zu inszenieren – den vorgetäuschten, auf Band aufgenommenen epileptischen Anfall eines anderen Teilnehmers, der über die Sprechanlage zu hören sein sollte. Manche Teilnehmer würden sich für den einzigen Gesprächspartner und damit auch einzigen Zeugen der Person halten, die den Anfall hatte; andere würden annehmen, daß noch ein bis vier weitere Teilnehmer und Zeugen den Anfall über die Sprechanlage miterlebten.

In der darauffolgenden Woche luden Latané und Darley einige Studenten zu Latané nach Hause ein, um die Szene aufzunehmen. Sie spielten die Rollen der Teilnehmer an der fiktiven Diskussion, und nach ein paar Bier versuchten sich auch alle an der Rolle des Epileptikers; die mit Abstand beste Nachahmung des Anfalls lieferte ein Doktorand namens Dick Nesbitt (heute Professor für Sozialpsychologie an der Universität Michigan).

Bei dem Experiment dann hörte die Versuchsperson, die sich allein oder im Gespräch mit ein bis fünf anderen Teilnehmern glaubte, zunächst Nesbitt, der über seine Schwierigkeiten sprach, sich in New York und an der Universität einzuleben, und dann zögernd hinzufügte, er litte bei Streß außerdem unter epileptischen Anfällen. Als er das nächste Mal an der Reihe war, fing er an, immer wirrer und unzusammenhängender zu sprechen: »Ich – äh – vielleicht kann mich jemand rausbringen, – äh – das wäre – äh – g-g-ganz – äh – ganz gut … ich – äh – hm – ich krieg' nämlich, glaub' ich, so einen – äh – so einen Anfall – äh –.« Der Anfall wurde schlimmer, er bekam keine Luft mehr, bat noch einmal um Hilfe und keuchte schließlich: »Ich sterbe – ich – ich – ich sterbe – äh – äh – Hilfe – äh – äh – Anfall – äh –.« Dann noch ein paarmal Erstickungsgeräusche und nichts mehr.

Die Ergebnisse waren elektrisierend: Von den Teilnehmern, die dachten, sie wären bei der Diskussion mit dem Epileptiker allein, meldeten 85 Prozent den Anfall, noch bevor Nesbitt verstummte, während es bei denen, die von vier weiteren Zuhörern ausgingen, nur 35 Prozent waren. Diejenigen Zuhörer, die sich allein glaubten, handelten auch viel schneller als die anderen. Als die Studenten hinterher gefragt wurden, ob sie sich durch die Anwesenheit der anderen hätten beeinflussen lassen, verneinten sie dies; sie waren sich dieser Wirkung tatsächlich nicht bewußt (Darley und Latané, 1968; Latané und Darley, 1970: 93–97).

Auf diese Weise hatten Latané und Darley einen handfesten Nachweis für das, was sie die »soziale Blockierung der Zuschauerintervention bei Notfällen« oder kurz den »Zuschauereffekt« nannten. Aber ein Nachweis unter Laborbedingungen ist noch keine Erklärung, und also setzten sie sich wieder zusammen und formulierten drei Hypothesen für die möglicherweise bei diesem Effekt ablaufenden Prozesse: erstens die Scheu, vor anderer Leute Augen etwas zu unternehmen, ehe klar ist, was das Richtige wäre; zweitens das Gefühl, daß sich vielleicht die anderen, die passiv bleiben, richtig verhalten; und drittens das Abschieben von Verantwortung« – also das Gefühl, daß die eigene Pflicht zum Handeln geringer ist, wenn auch andere Leute den Notfall bemerkt haben (Bibb Latané, in: Grunberg u. a., 1987: 75). In einer Reihe von Folgeexperimenten zeigten Latané und Darley wie auch andere Forschungsgruppen, daß in der Tat einer dieser Prozesse abläuft, wenn Zuschauer andere Zuschauer sehen, von ihnen gesehen werden oder auch bloß wissen, daß andere Zuschauer da sind.

Hochbefriedigt kamen Latané und Darley zu folgendem Schluß: »Die Ergebnisse unserer Experimente zeigen, daß Situationsvariablen wie die Zahl weiterer Anwesender für eine Intervention bzw. Nichtintervention stärker bestimmend sind als Apathie oder Entfremdung.« (Latané und Darley, 1970: 127)

Diese erste Untersuchung des Zuschauereffekts regte die Phantasie vieler Sozialpsychologen an und zog eine Vielzahl anderer Projekte zu Teilaspekten dieses Phänomens nach sich. An Dutzenden von Universitäten inszenierten gewitzte junge Doktoren und Doktoranden der Psychologie sorgfältig geplante, aber doch oft höchst dramatische Scheinunfälle aller Art, um die Stärke des Zuschauereffekts zu testen: das Geräusch umfallender Leitern, Stühle, Bücherregale, gefolgt von Schmerzensschreien, ein über Sprechfunk zu hörender oder auf dem Videoschirm zu sehender Ohnmachtsanfall; das Geräusch einer nahen Explosion; der vorgetäuschte Diebstahl von Büchern oder Geld einer anderen Person; das Geräusch eines Asthmaanfalls; das

Geräusch oder der Anblick, über Sprechfunk oder Videokamera, einer Person, die einen elektrischen Schlag bekommt und zusammenbricht; und so weiter.

Die Versuchspersonen bei diesen Experimenten waren immer »naiv« – sie wußten nicht, was wirklich gespielt wurde, und wurden gezielt irregeführt. Sie wurden etwa zur Teilnahme an einem Experiment über Wahrnehmungsprozesse, Entscheidungsfindung in Gruppen oder ähnlich plausible Dinge eingeladen und erst hinterher über den wahren Grund des Experiments aufgeklärt: herauszubekommen, wie sie reagierten, wenn sie eine ihnen unbekannte Person in Not oder in Gefahr sahen oder hörten, und wie ihre Reaktionen von der Zahl und dem Verhalten anderer Zeugen beeinflußt wurde.

Bis 1981 waren über fünftausend nichtsahnende Teilnehmer in rund dreißig Versuchsstationen bei 56 Untersuchungen unter Bedingungen, in denen sie sich allein oder mit anderen Personen zusammen glaubten – von einer einzigen bis zu Dutzenden – mit vorgetäuschten Notsituationen konfrontiert worden. In 48 dieser 56 Untersuchungen ließ sich der Zuschauereffekt eindeutig nachweisen. Da die Wahrscheinlichkeit, daß dieses Gesamtergebnis ein Zufallsprodukt war, bei eins zu 51 Millionen lag, gilt der Zuschauereffekt als einer der am gründlichsten überprüften Hypothesen der Altruismustheorie.

Noch eine weitere Frage stellte sich beim Fall Genovese: Kommt es in großen Städten eher zum Zuschauereffekt als in kleinen? Diese Frage ließ sich nicht mit Laborexperimenten beantworten; daher begannen eine Reihe von Wissenschaftlern in Stadt und Land mit Untersuchungen vor Ort.

Überall im Land ließ man Fußgänger auf dem Gehsteig auf einen an einer Mauer zusammengebrochenen, stöhnenden Menschen treffen; ließ eine Person, vielleicht mit Verband, vor den Augen von Reisenden auf Busbahnhöfen und Flughäfen ausrutschen und hinfallen, oder ließ Autofahrer an einem liegengebliebenen Auto und seinem Fahrer vorbeikommen. Da es jedoch ethische Bedenken dagegen gibt, die Bürger mit simulierten Notsituationen zu konfrontieren, wurden meistens Szenen arrangiert, die keine Notsituationen waren, aber doch an die Hilfsbereitschaft appellierten: Jemandem fiel im belebten Supermarkt eine Tüte mit Lebensmitteln aus der Hand und platzte auf; ein Mitfahrer im Fahrstuhl ließ ein Päckchen Bleistifte oder Münzen fallen; auf Gehsteigen, Parkplätzen oder Rasenflächen fanden sich Postkarten mit einer wichtigen Mitteilung, die jemand verloren hatte und die, da sie bereits frankiert waren, vom Finder nur noch eingeworfen werden mußten; zu Hause klingelte das Telefon, und man war plötzlich mit einem verzweifelten Unbekannten verbunden, der sich offenbar verwählt hatte, keine weiteren Münzen besaß und darum bat, einen Anruf für ihn zu erledigen.

Aus der Masse dieser Schwindeleien im Dienste der Wissenschaft wurde eine Reihe von Erkenntnissen gewonnen. Die wichtigsten waren:

- Leute in großen Städten sind zu Fremden tatsächlich weniger hilfsbereit als Leute in kleinen Städten, aber Mangel an menschlichem Empfinden ist dafür nicht unbedingt die beste Erklärung. Die Erklärung durch den Zuschauereffekt ist einfacher und auch wahrscheinlicher, da es bei den meisten Notfällen in der Großstadt ganz normal ist, daß mehrere Menschen sie miterleben. Großstädter sind also nicht unbedingt weniger altruistisch als Kleinstädter, befinden sich aber häufiger in Situationen, die das Helfen blockieren (Charles Korte, in: Rushton und Sorrentino, 1981: 326).
- Großstädter lernen, mit vielen Risiken und Unsicherheiten des Stadtlebens umzugehen, indem sie sie vermeiden oder unterstellen, daß sich die Polizei oder andere Stellen darum kümmern; Landbewohner haben weniger Grund, beim Eingreifen Zurückhaltung zu üben, und weniger Instanzen, auf die sie die Hilfeleistung abschieben können. Dennoch sind Stadtbewohner nicht hartherzig: Wenn sie sehen, wie andere Leute Hilfe leisten – wodurch sich die Situation für sie klärt –, helfen auch sie. Ein Experiment zeigte sogar, daß sie leichter durch solche Vorbilder zu beeinflussen sind als Landbewohner (Hansson, Slade und Slade, 1978).
- Auch in sehr großen Städten sind Leute, die in einer stabilen Umgebung leben, relativ hilfsbereit; auch in kleinen Städten sind Leute in instabilen Umgebungen eher weniger hilfsbereit. Nicht nur die Größe der Stadt, sondern auch der Charakter des öffentlichen Lebens bestimmen die Stärke des Zuschauereffekts (Hackler, Ho und Urquhart-Ross, 1974).
- In einer fest gefügten Gesellschaft lassen sich Menschen in größeren Städten durch die Anwesenheit anderer Leute nicht unbedingt vom Eingreifen abhalten: Eine Studie in den Niederlanden konnte keinen Unterschied in der Hilfsbereitschaft von Stadt- und Landbewohnern feststellen (Charles Korte, in: Rushton und Sorrentino, 1981: 326).

Somit lassen sich die niederschmetternden Interpretationen des Kew Gardens-Vorfalles durch die Untersuchungen über den Einfluß des Zuschauereffekts und der Stadtgröße widerlegen. New Yorker und andere Großstädter sind keine entmenschten Ungeheuer; sie sind durchaus noch zu mitfühlendem und helfendem Verhalten bereit und imstande. Zugegebenermaßen gibt es in der Stadt oft Umstände, die den altruistischen Impuls blockieren, aber in manchen Städten und manchen Situationen können Städter genauso altruistisch sein wie irgendjemand sonst.
Wie man am Fall von Timothy Mosher sieht.

Helfen oder nicht helfen: Das ist hier die Frage

Vor zwanzig Jahren herrschte in der Altruismusforschung noch die Meinung vor, altruistisches oder nicht-altruistisches Verhalten habe mehr mit den äußeren Umständen als mit der Persönlichkeit oder den Moralvorstellungen der handelnden Person zu tun, und ohnehin seien diese äußeren Umstände die einzig erforschbaren Einflußgrößen. Latané und Darley formulierten das damals so:

»Bei vielen Diskussionen über Altruismus gehen unserer Ansicht nach zwei grundlegende Fragen durcheinander ... [Die erste ist:] ›Welche Kräfte stecken hinter den altruistischen Strebungen der Menschen?‹, oder: ›Wodurch ist Helfen motiviert?‹ Die zweite Frage ist spezifischer: ›Welche Determinanten bestimmen, ob in einer gegebenen Situation ein Mensch einem anderen hilft?‹ Die erste Frage ist allgemein und eher philosophisch, hat aber enorme soziale und politische Bedeutung. Man wird sie wohl kaum aufgrund von Daten beantworten können. Die zweite Frage ist spezifischer, profaner und schon eher wissenschaftlich faßbar.

Es gibt keinerlei Grund für die Annahme, daß Grundsätze, die bei der Beantwortung der ersten Frage eine Rolle spielen, dies auch bei der zweiten tun müssen oder überhaupt in irgendeiner Beziehung zu ihr stehen. Zum Beispiel ist es gut möglich, daß die allgemeine Disposition zur Hilfeleistung durch bestimmte Normen gewährleistet wird, daß jedoch die Tatsache, ob jemand in einer bestimmten Situation hilft, von ganz anderen Faktoren abhängig ist.« (Latané und Darley, 1970: 6)

Heute haben die meisten Altruismusforscher eine sehr viel breitere Sicht der Altruismusforschung, denn inzwischen verfügen sie über Methoden zur Erforschung der innerpsychischen Vorgänge, die an der Entscheidung für oder gegen altruistisches Handeln beteiligt sind. Immerhin werden normale Leute bei ihren Entscheidungen in sehr viel höherem Maße durch äußere Umstände beeinflußt, als die meisten von uns gern zugeben würden; es ist kein erhebender Gedanke, daß auch wir oft – wie die Vogelmutter, für die der Anblick der aufgesperrten Schnäbel ihrer Brut der Stimulus ist, Futter hineinzuschieben – ohne nachzudenken auf äußere Signale reagieren. Hier jedoch ein paar solcher zur Bescheidenheit mahnender Erkenntnisse:

Eindeutigkeit, Uneindeutigkeit

Ende 1988 waren die Zeitungen voll von Berichten über den Prozeß gegen Joel Steinberg, einen Anwalt, der beschuldigt wurde, seine sechsjährige Adoptivtochter zu Tode geprügelt zu haben. Zeugenaussagen vor Gericht und gegenüber Journalisten machten deutlich, daß Nachbarn oft etwas gehört hatten,

was auf Kindesmißhandlung hindeuten konnte (aber eben auch auf eine mehr
oder weniger normale Bestrafung), und Lehrer hatten Blutergüsse und Schwel-
lungen an dem Kind bemerkt, die von Schlägen kommen konnten (aber eben
auch, wie das Kind sagte, von Stürzen und anderen Unfällen).

Niemand hatte etwas getan, um dem Kind zu helfen. Fernsehkommentato-
ren und Leserbriefschreiber prangerten die Abgestumpftheit derer an, die sich
nicht hatten einmischen wollen. Die Ergebnisse der Altruismusforschung
jedoch legen eine weniger unerquickliche Erklärung nahe: Sie wußten einfach
nicht genau, was los war.

Viele sonst unverständliche Geschichten von Menschen, denen in einer Notlage nicht geholfen wurde, sind erst zu verstehen, wenn man sie unter dem
Gesichtspunkt betrachtet, daß die meisten Menschen sich nicht zum Handeln
motiviert fühlen, wenn sie vor einer uneindeutigen Situation stehen und sich
das, was sie hören oder sehen, auch auf harmlose Weise erklären läßt. Gibt es
etwas Abgebrühteres, als bei einer Vergewaltigung zuzuschauen, ohne einzugreifen, vor allem wenn es nur einen Vergewaltiger, aber 25 Zuschauer gibt?
Aber nicht einmal das muß, wie diese von Associated Press vor einigen Jahren
verbreitete Nachricht zeigt, ein Zeichen für Gefühlskälte sein:

»Eine zwanzigjährige Polizistin aus Trenton, New Jersey, wurde gestern vor den Augen
von etwa 25 Angestellten einer benachbarten Baufirma vergewaltigt, die zuschauten,
aber nicht auf ihre Hilferufe reagierten. …

[Einer von ihnen erklärte:] Letztes Jahr haben das zwei Leute da oben auch gemacht,
aber die waren sich einig. Wir dachten, wenn wir da jetzt raufgehen, ist es nachher wieder ihr Freund oder sowas.« (Zit. n. Shotland, 1985)

Die Zuschauer fanden die Situation uneindeutig; daß sie von zwei möglichen
Interpretationen die weniger schlimme vorzogen, ist nur natürlich. Ein Zyniker
könnte sagen, daß diese Erklärung nur eine Ausrede für ihre Herzlosigkeit oder
Ängstlichkeit war, aber die Untersuchungen haben gezeigt, daß Uneindeutigkeit
das helfende Verhalten stark hemmt. Wenn Leute nicht sicher sind, daß wirklich
Hilfe gebraucht wird, werden ihre altruistischen Impulse durch die Angst blok-
kiert, sie könnten etwas Dummes, Unpassendes oder Verletzendes tun.

Um diese Hypothese zu testen, dachten sich Russell Clark und Larry Word
ein Experiment aus, in dem eine nichtsahnende Versuchsperson eine Aufgabe
bearbeitet, während sich eine andere Person in einer nicht einsehbaren Ecke
des Raums an einem elektrischen Gerät zu schaffen macht; aus dieser Ecke
kommt dann ein Blitz, ein Brummton und etwas, das nach Kurzschluß klingt.
Schrie das unsichtbare »Opfer« auf, kamen ihm 75 Prozent der Versuchspersonen zu Hilfe; wenn nicht, waren es nur 13 Prozent; durch den Schrei wurde
eine uneindeutige Lage eindeutig (Piliavin u. a., 1981: 64 f.).

Noch deutlicher wurde dies bei einem von dem Psychologen R. Lance Shotland in *Psychology Today* zitierten Experiment, bei dem die Versuchspersonen im Nebenzimmer etwas hörten, das wie eine Vergewaltigung klang bzw. bei dem sie Teile eines entsprechenden Handgemenges über die Videokamera sahen. Diejenigen, die nur etwas hörten, zögerten sehr viel länger mit dem Eingreifen als die, die das Handgemenge sahen (Shotland, 1985).

Dies waren Experimente mit Einzelpersonen. Bei Gruppen von Zuschauern – und vor allem dann, wenn sie einander nicht kennen – wirkt die Uneindeutigkeit noch lähmender. So schreibt Robert Cialdini in *Influence: Science and Practice*:

»Weil wir in der Öffentlichkeit gerne einen ausgeglichenen und erfahrenen Eindruck machen und weil wir die Reaktionen von Unbekannten nicht einschätzen können, geben wir inmitten fremder Leute ungern Besorgnis zu erkennen und können auch Notsignale nicht richtig deuten. Eine eventuelle Notlage wird dann, sehr zum Schaden des Opfers, als Nicht-Notlage interpretiert.« (Cialdini, 1985: 115)

Vielleicht ist es interessant, einmal die eigenen Reaktionen auf uneindeutige und in Anwesenheit unbekannter Personen erlebte Notfälle mit Hilfe eines »Gedankenexperiments« zu prüfen, wie Einstein eine Methode nannte, der er einige seiner tiefsten Einsichten in die Gesetze der Physik verdankt. Zum Beispiel stellte er sich eine Person vor, die sich in einem Kasten befindet und im freien Fall einen sehr langen, senkrechten Schacht hinunterfällt, und fragte sich, was passieren würde, wenn diese Person Münzen und Schlüssel aus ihrer Tasche nähme und sie fallen ließe. (Das war lange bevor Überschallflugzeuge und Raumschiffe Experimente mit der Schwerelosigkeit möglich machten.) Einstein schloß richtig, daß die Gegenstände nicht auf den Boden des Kastens fallen, sondern neben dem im Kasten Fallenden in der Luft schweben bleiben – eine Erkenntnis, die einen bedeutenden Schritt in Richtung seiner später entwickelten Relativitätstheorie bedeutete.

Auf etwa die gleiche Weise kann man die Wirkung unterschiedlicher Umstände auf die eigenen altruistischen Impulse testen, indem man sich jede der unten aufgeführten Situationen möglichst lebhaft vor Augen führt und nicht mit einer »korrekten« oder sozial erwünschten Antwort auf sie reagiert, sondern mit der ehrlichen Wahrnehmung dessen, wie man spontan reagieren und sich tatsächlich verhalten würde.

Stellen Sie sich also vor, Sie sind bei Tage auf einer vielbefahrenen Schnellstraße unterwegs und sehen die folgenden Situationen:

1. ein am Straßenrand stehendes Auto mit einer jungen Frau am Steuer,
2. ein am Straßenrand in einem Winkel von 45 Grad zur Straße stehendes Auto mit einer über dem Steuer zusammengesunkenen jungen Frau,

3. ein am Straßenrand stehendes Auto mit einer Reifenpanne und einer jungen Frau daneben, die einen Wagenheber und einen Ersatzreifen in der Hand hält,

4. ein am Straßenrand in einem Winkel von 45 Grad zur Straße stehendes Auto mit offener Fahrertür, einer über dem Steuer zusammengesunkenen jungen Frau und angeschalteter Warnblinkanlage.

Machen Sie nun das Gedankenexperiment noch einmal mit den gleichen Situationen, aber auf einer ruhigen Nebenstraße.

Wenn Sie auf der vielbefahrenen Schnellstraße in allen vier Fällen angehalten und Ihre Hilfe angeboten hätten, sind Sie entweder extrem altruistisch oder stecken Ihre Nase gern in anderer Leute Angelegenheiten. Wenn Sie in keinem Fall angehalten hätten, haben Sie entweder ein Herz aus Stein oder sind extrem ängstlich. Wenn Sie aber in den beiden ersten Fällen nicht, im dritten vielleicht und im vierten sehr wahrscheinlich angehalten hätten, wären Sie in unklaren Fällen ganz durchschnittlich hilfsbereit. Auf der ruhigen Nebenstraße hätte Ihre Neigung, in allen Fällen außer dem ersten anzuhalten, etwas größer sein müssen.

Dies ist keine bloße Spekulation. Vor einiger Zeit haben zwei Wissenschaftler, David Mason und Bem P. Allen, genau solche Experimente auf einer vielbefahrenen Schnellstraße und auf einer ruhigen Nebenstraße im Westen von Illinois durchgeführt. In den beiden Notfallsituationen (2 und 4) und den beiden eindeutigen Situationen (3 und 4) hielten mehr Fahrer an als in der Nicht-Notfallsituation und der uneindeutigen Situation, und zur höchsten Hilfsbereitschaft kam es in der eindeutigen Notfallsituation (4). Aber selbst in diesem Fall hielten auf der Schnellstraße sehr viel weniger Fahrer an als auf der Nebenstraße: Wenn viele andere Autos unterwegs waren, schienen die vorbeifahrenden Fahrer entweder aus dem Nichthelfen der anderen zu schließen, daß keine Hilfe nötig war, oder anzunehmen, daß schon irgendjemand anders anhalten und sich kümmern würde (Mason und Allen, 1972).

Solche Ergebnisse haben, sagt Cialdini, praktische Bedeutung für jeden, der einmal selbst in eine Notfallsituation gerät:

»Laute Hilferufe sind nicht unbedingt Ihre wirkungsvollste Taktik. Sie mögen zwar den Zuschauern den Zweifel nehmen, ob hier wirklich ein Notfall vorliegt, andere folgenschwere Unklarheiten jedoch nicht ausräumen: Welche Art Hilfe wird hier gebraucht? Bin ich für diese Hilfeleistung geeignet oder eher jemand anders, der qualifizierter ist? Ist schon jemand anders professionelle Hilfe holen gegangen, oder ist das meine Sache? …

Wenn Sie in einem Notfall Hilfe brauchen, ist die beste Strategie die, Unklarheiten über Ihren Zustand und über das, was die Umstehenden tun sollten, so weit wie möglich zu verringern. Beschreiben Sie so genau wie möglich die Art Hilfe, die Sie brauchen. Lassen Sie die Umstehenden nicht ihre eigenen Schlüsse ziehen, vor allem nicht in einer Menschenmenge, denn die [allgemeine Untätigkeit] könnte sie durchaus dazu verleiten, Ihre Situation als Nicht-Notfall einzuschätzen.

Und bitten Sie eine bestimmte Person um Hilfe. ... Suchen Sie sich eine Person aus und weisen Sie dieser Person eine Aufgabe zu. Sonst nimmt jeder in der Menge allzu leicht an, daß jemand anders helfen sollte, helfen wird oder schon geholfen hat.« (Cialdini, 1985: 117f.)

Cialdini hatte selber Gelegenheit, seine Ratschläge auszuprobieren. Er war in einen ziemlich schweren Unfall mit einem anderen Wagen verwickelt, und er und der andere Fahrer waren offenkundig verletzt; der andere Fahrer hing bewußtlos über dem Lenkrad, und Cialdini taumelte aus seinem Wagen und brach daneben in die Knie. Der Unfall war auf einer Kreuzung vor den Augen mehrerer anderer Autofahrer geschehen, die an der Ampel warteten; als sie Grün hatten, fuhren sie langsam vorbei, reckten die Hälse, hielten aber nicht an. Cialdini dachte: »O nein, es ist genau wie in meinen Untersuchungen. Alle fahren vorbei!« Dann riß er sich zusammen:

»Ich dachte an die Empfehlungen, die ich aufgrund meiner Untersuchungsergebnisse formuliert hatte, und wußte genau, was ich tun mußte. Ich zog mich hoch, sodaß man mich gut sehen konnte, und zeigte auf den Fahrer eines Autos: ›Rufen Sie die Polizei.‹ Ich zeigte auf einen zweiten und dritten Fahrer und sagte: ›Kommen Sie her, wir brauchen Hilfe.‹ Die Leute reagierten sofort. Sie holten auf der Stelle Polizei und Krankenwagen, tupften mit Taschentüchern das Blut von meinem Gesicht, schoben mir eine Jacke unter den Kopf, boten sich als Zeugen an; einer bot mir sogar an, ins Krankenhaus mitzukommen. ... Die Hilfe war nicht nur schnell und umsichtig, sie war ansteckend. Als Fahrer, die aus anderen Richtungen auf die Kreuzung fuhren, die haltenden Autos sahen, hielten auch sie an und kümmerten sich um den anderen Verletzten.« (Cialdini, 1985: 118)

Angst vor Lächerlichkeit – Angst vor dem schlechten Eindruck

Die Anwesenheit anderer Leute in Situationen, in denen jemand Hilfe zu brauchen scheint, beeinflußt uns auch noch auf andere Weise: Je nach den Umständen kann der altruistische Impuls durch den Wunsch, bei den anderen einen guten Eindruck zu hinterlassen, der ja eine Haupttriebkraft des sozialen Lebens ist, verstärkt oder unterlaufen werden.

Auf die Negativseite gehört es, daß das helfende Verhalten durch die Angst blockiert wird, man könnte sich lächerlich machen, wenn man hilfsbereit hinzustürzt und sich dann herausstellt, daß Hilfe nicht nötig oder nicht erwünscht ist. Dieses Gefühl wird am ehesten eintreten, wenn andere Zuschauer gleichgültig bleiben und keinerlei Anstalten machen, einzugreifen. Latané und zwei seiner Kollegen beschrieben diesen Effekt folgendermaßen:

»Um eine Situation einordnen zu können, erforschen wir den Gesichtsausdruck anderer Leute, beobachten ihre Reaktionen und ihr Verhalten und stellen unser Verhalten entsprechend ein. Gesichtsausdruck und Verhalten anderer Menschen klären uns meist schneller darüber auf, wie sie eine Situation interpretieren, als wenn wir mit ihnen reden, vor allem in der Öffentlichkeit und mit Unbekannten. Wenn ein Zuschauer mitten in einer sich zuspitzenden Situation vor sich hin pfeift oder sich auf andere Weise passiv-nonchalant gibt, schließt man daraus leicht, daß kein Anlaß zum Eingreifen besteht oder daß passive Nonchalance das sozial richtige Verhalten ist.« (Bibb Latané u. a., in: Rushton und Sorrentino, 1981: 298)

Eric Scott, Fossiliengräber und -konservator am George-C.-Page-Museum, machte vor nicht allzu langer Zeit in Los Angeles eine alptraumhafte Erfahrung mit dieser Reaktion. Er wußte, daß in den Teergruben von La Brea Jahrmillionen hindurch immer wieder Tiere steckengeblieben, versunken und versteinert waren. Aber als er letzten Sommer sah, daß jemand ein Verkehrsschild über die Absperrung in die Grube geworfen hatte, kletterte er hinüber, um es herauszuholen. »Der Asphalt sah ganz fest aus«, erzählte er später einem Reporter, »aber ehe ich wußte, wie mir geschah, saß ich schon fest. Der Teer reichte mir schnell bis an die Knöchel, und ich schrie um Hilfe.« Besucher des Hancock-Parks sahen ihm von jenseits der Absperrung zu, ohne einen Finger zu rühren; offensichtlich ging hier einer vom Verhalten des anderen aus, und jeder nahm an, daß, da niemand etwas unternahm, der Mann im Teer in einer lächerlichen, aber nicht gefährlichen Lage war, und daß ein heroischer Rettungsversuch den Retter ebenso lächerlich machen würde. (Schließlich half ihm doch jemand, und nur dieser Hilfe hatte Scott es zu verdanken, daß er nicht selber zum Fossil wurde.)

Es kann aber auch sein, daß ein Zuschauer, der angesichts einer Notsituation denkt, die anderen Zuschauer wüßten, daß er die Notlage begriffen hat, sich dadurch zum Helfen gedrängt fühlt, oft sogar gegen seine eigenen Wünsche oder Neigungen, weil er fürchtet, sich durch Passivität vor den anderen zu blamieren. Wird er jedoch nicht gesehen, oder können die anderen nicht wissen, ob er bereits zu helfen versucht hat oder nicht, wird er vielleicht nicht unbedingt helfen. Dies gilt nicht nur für Notfälle, sondern für alle möglichen Situationen, in denen es um das Gemeinwohl geht: Die Wahrscheinlichkeit, daß wir etwas für unsere Mitmenschen tun, wenn sie davon erfahren, ist sehr viel größer, als wenn sie nicht davon erfahren. Anstecker, Abzeichen usw., die vom Einsatz für eine gute Sache zeugen, wirken dadurch, daß man ohne Abzeichen ganz klar als jemand dasteht, der nicht geholfen hat.

Die Anwesenheit von Zuschauern kann das Helfen also hemmen, aber auch fördern. Dies ist besonders dann der Fall, wenn die Zeugen eines Notfalls

Freunde sind. Latané und Judith Rodin (1969) fanden experimentell heraus, daß von zwei einander Unbekannten, die Zeugen eines Notfalls wurden, nur in 40 Prozent der Fälle einer oder beide halfen; waren es zwei Freunde, halfen sie in 70 Prozent der Fälle. Mögliche Gründe: Unter Freunden ist die Gefahr eines Mißverständnisses nicht so groß wie unter Fremden; Freunde werden eher über die Situation reden und eher darauf bedacht sein, nicht durch Passivität in der Wertschätzung des anderen zu sinken; und sie werden sich eher als Einheit erleben und sich gemeinsam verantwortlich fühlen, während miteinander nicht bekannte Zuschauer die Verantwortung eher aufeinander abschieben. Auch Arbeitskollegen, die Zeugen eines Notfalls werden, sind eher zur Hilfeleistung bereit; offenbar empfinden Mitglieder festgefügter Arbeitszusammenhänge eher eine gemeinsame Verantwortung und verhalten sich eher wie einzelne Zuschauer als wie eine Gruppe von Fremden.

»WIR« und »SIE«

Wir haben bereits gesehen, daß Menschen in erster Linie zu Angehörigen ihrer eigenen Gruppe »hilfreich und gut« sind, weniger jedoch zu Außenstehenden. Natürlich wäre es schön, wenn wir uns für weniger engherzig halten könnten. Aber wie weit gehen wir damit? Wissenschaftler haben herausgefunden, daß schon winzige Anhaltspunkte für die Identität einer anderen Person die Hilfsbereitschaft eines Zuschauers entscheidend beeinflussen können. Vor nicht allzu langer Zeit fuhr ich über einen Parkplatz in meiner Heimatstadt und sah an einem anderen Wagen das Licht brennen. Ich hielt an – was, wie ich annehme, die meisten Leute getan hätten – und sah nach, ob die Türen offen waren und ich das Licht vielleicht abstellen konnte, um dem unbekannten Autofahrer den Ärger mit der leeren Batterie zu ersparen. Hätte ich aber ebenso gehandelt, wenn an dem Auto ein Aufkleber mit einer mir nicht genehmen politischen Parole gewesen wäre? Die Wissenschaft verneint dies eher. Ein auf Universitätsgelände durchgeführtes Experiment ergab, daß bei einem Auto mit einem Aufkleber, den die meisten Studenten mißbilligten – nämlich: »America – Love It Or Leave It«, also etwa: Wem's hier nicht paßt, der kann ja gehen –, sehr viel weniger Studenten versuchten, das Licht auszuschalten, als bei einem Auto ohne Aufkleber (Ehlert u. a., zit. n. Piliavin u. a., 1981: 149).

In sehr vielen Situationen, in denen Hilfe nötig wäre oder zumindest gerne angenommen würde, sind die meisten Leute zu Fremden, an denen sie irgendetwas Verwandtes entdecken können, hilfsbereiter als zu Fremden, bei denen dies nicht der Fall ist. Wenn sie einen verlorenen Brief finden, der frankiert ist und nur noch eingeworfen werden muß, werden sie dies eher tun, wenn darauf

Namen stehen, die auf Menschen ihrer eigenen Volkszugehörigkeit hindeuten; lassen die Namen aber auf eine Bevölkerungsgruppe schließen, zu der ihr Verhältnis gespannt ist, ist dies weniger wahrscheinlich. Wähler, die aus einem Wahllokal kommen und einen Arbeiter sehen, dem gerade ein Stapel Wahlkampfmaterial aus der Hand fällt, werden ihm eher beim Aufsammeln helfen, wenn er für ihre eigene Partei arbeitet, als wenn er zur Opposition gehört.

Schon ganz äußerliche Dinge wie die Kleidung können genügen, um den Impuls zur Hilfeleistung zu schwächen, selbst wenn sie nur ein paar Sekunden in Anspruch nehmen und nichts kosten würde. Bei einem entsprechenden Experiment waren die Angesprochenen eher bereit, einer Person, die ähnlich gekleidet war wie sie selbst, ein Geldstück zu wechseln, als einer anders gekleideten (Piliavin u. a., 1981: 144–150; Dovidio, 1984: 404–409).

Von daher ist durchaus denkbar, daß die Wahrnehmung derartiger Unterschiede den Impuls zur Hilfeleistung auch in ernsteren Situationen beeinträchtigt. Manch einer, der eine ruhige Nebenstraße entlanggeht und einen ordentlich gekleideten Mann mit schmerzverzerrtem Gesicht auf den Stufen eines Hauses sitzen sieht, würde stehenbleiben und fragen, ob er Hilfe brauchte. Aber täte er das auch, wenn der Mann einen Fez und ein arabisches Gewand trüge oder die Lederkluft des Hell's Angels? Eher nicht, wenn man den Forschungsergebnissen glauben darf.

Denn mit Ausnahme der wirklich ungewöhnlich altruistischen Menschen sind die Leute nun einmal hilfsbereiter zu Menschen, die die gleichen Überzeugungen, die gleiche Ausdrucksweise, die gleiche Art Kleidung haben wie sie oder ihnen sonst irgendwie ähnlich sind, als zu Menschen, die erkennbar anders sind.

Daher wäre es auch nicht weiter verwunderlich, wenn dies erst recht für Unterschiede der Rasse gälte, die ja nicht nur deutlich sichtbar sind, sondern auch oft mit kulturellen Unterschieden und tiefsitzenden Antipathien einhergehen. Wirklich haben auch Studien ergeben, daß Weiße anderen Weißen, Schwarze anderen Schwarzen bereitwilliger und häufiger helfen als Personen der jeweils anderen Rasse (Dovidio, 1984: 405, 408 f.; Piliavin u. a, 1981: 150 f.; Gaertner und Dovidio, 1977).

Aber seltsamer- und ermutigenderweise konnte dieser Unterschied bei anderen Untersuchungen nicht nachgewiesen werden, und bei mindestens sechs von ihnen waren Weiße zu Schwarzen hilfsbereiter als zu anderen Weißen. Dies gilt besonders für sehr gravierende Situationen: Vieles spricht dafür, daß die verzerrende Wir-sie-Wahrnehmung oft durchbrochen wird, wenn die andere Person sich in einer eindeutig schlimmen Lage befindet und es keine gute Ausrede wie etwa die Anwesenheit anderer Personen gibt, um die Hilfeleistung zu unterlassen. Ein Fußgänger, der sieht, wie einer Person mit einer anderen

Hautfarbe die Einkaufstüte platzt und ihren Inhalt über den ganzen Bürgersteig verstreut, bleibt nicht unbedingt stehen, um beim Aufheben zu helfen. Derselbe Fußgänger aber, der in seinem Auto durch eine Nebenstraße fährt und sieht, wie jemand vor ihm von einem Amokfahrer angefahren wird, wird genauso häufig anhalten und helfen, wenn das Opfer einer anderen Rasse angehört, wie wenn es seiner eigenen Rasse angehört.

Andere fördernde bzw. hemmende Faktoren

Es gibt noch viele andere Situationsvariablen, die die altruistischen Reaktionen verstärken bzw. durchkreuzen können. Ein schlagendes Beispiel:

In einem faszinierenden, aber wenig bekannten kriminologischen Experiment, das vor einigen Jahren in New York durchgeführt wurde, wurde einer Anzahl Strafgefangener mit stark entstellenden Gesichtsverletzungen durch plastische Chirurgie geholfen, anderen mit vergleichbaren Verunstaltungen jedoch nicht. Ein Jahr nach ihrer Entlassung aus dem Gefängnis waren bei denen, die operiert worden waren, weitaus weniger Rückfälle zu verzeichnen als bei den anderen. Vielleicht hatte sich durch die Operation ihre Selbstwahrnehmung geändert, aber viel wichtiger war sicher, daß die Außenwelt nach ihrer Entlassung anders auf sie reagierte (Kurtsburg u. a., 1968).

Die Bedeutung visueller Variablen für die Entstehung oder das Ausbleiben von Mitleid ist wissenschaftlich ausgiebig untersucht worden. Zum Beispiel wurden bei der im 1. Kapitel erwähnten Versuchsreihe, bei der ein junger Mann in einem U-Bahn-Wagen stürzt und nicht wieder auf die Beine kommt, mehrere solcher Faktoren eingesetzt. Bei der einen Variante war der junge Mann sauber gekleidet und hatte einen weißen Stock; bei einer anderen hatte er ein großes Muttermal im Gesicht, einen »Blutschwamm«; bei einer dritten hatte er kein Muttermal, aber als er am Boden lag, lief ihm ein wenig Blut aus dem Mund; und bei einer vierten hatte er keinen Stock, roch aber nach Whisky und hatte in einer Einkaufstüte eine Flasche bei sich (Piliavin u. a., 1969; 1972).

Diese inzwischen über zwanzig Jahre alten Experimente gehören, was den potentiellen Streß angeht, dem der Zuschauer ausgesetzt wird, zum Gewagtesten, was in der Altruismusforschung je gemacht wurde. Heute würde sich wegen der strengeren gesetzlichen Auflagen für Humanexperimente und wegen der zunehmenden Prozessierlust der Leute wohl so leicht kein Forscher mehr an sie heranwagen. Jane Piliavin, eine große, schlanke, ansteckend energische und begeisterungsfähige Frau um die fünfzig, deren Redefluß nur von wiederholtem Gelächter unterbrochen wird, erzählte mir unlängst noch einmal von ihren Experimenten:

»Die U-Bahn-Studien fingen an, als ich an der Universität Pennsylvania lehrte und mein Mann Irvin an der Columbia-Universität unter Bibb Latané und Philip Zimbardo ein Forschungsstipendium hatte. Irvin fand Latanés und Darleys Untersuchungen zum Zuschauerverhalten interessant, aber lebensfern. Als er eines Tages U-Bahn fuhr, fiel in seinem Wagen ein Betrunkener um, hockte schwankend am Boden und kam nicht wieder auf die Beine. Der Wagen war voll, aber niemand tat etwas. Schließlich stand mein Mann auf und half ihm auf einen Sitzplatz.

Das gab ihm zu denken, und wenig später hatten er, Judith Rodin und ich unser erstes U-Bahn-Experiment fertig. Wir wollten herausbekommen, ob die Leute dem Mann deswegen nicht geholfen hatten, weil er betrunken war. Und weil wir schon einmal dabei waren, dachten wir, wir könnten ebensogut gleich testen, ob auch die Hautfarbe eine Rolle spielte. Also mußte der Mann einmal nüchtern sein und am Stock gehen – um das Hinfallen plausibel zu machen –, einmal mußte er betrunken sein, und außerdem sollte es einmal ein Weißer und einmal ein Schwarzer sein.

Unsere erste Untersuchung fand in New York auf der Linie A statt. Wir stellten einen Antrag bei der Verkehrsgesellschaft, der nicht genehmigt wurde, aber wir waren längst soweit, daß wir es trotzdem machten. An der Columbia-Universität heuerten wir Testpersonen an – wir brauchten für jeden Durchgang ein Opfer, einen Helfer (um dem Opfer zu helfen, wenn es kein Fahrgast tat), und zwei Beobachter, die aufschreiben mußten, was passierte.

Durch Bibbs Arbeiten zum Zuschauereffekt waren wir auf wenig Hilfsbereitschaft eingestellt. Aber es war kaum zu glauben! Wenn der Mann nüchtern war und am Stock ging, halfen ihm die Leute bei 62 von 65 Versuchen, und zwar sehr schnell – nach durchschnittlich fünf bis zehn Sekunden. Ob der Wagen mehr oder weniger voll war, spielte gar keine Rolle; wir konnten in dieserSituation einfach kein ›Abschieben von Verantwortung‹ feststellen. Offenbar ist uns Menschen die Hilfsbereitschaft ebenso angeboren wie der Eigennutz, und als die Leute den Mann fallen sahen, löste das ganz unmittelbar einen Impuls zur Hilfeleistung aus, der andere Impulse überrollte – es sei denn, er war betrunken.

Er war natürlich nicht wirklich betrunken, sondern tat nur so, und wir hatten ihm etwas Schnaps auf die Kleidung gegossen, damit er wie ein Betrunkener roch. Die Mitfahrer ließen sich viel Zeit mit dem Helfen, im Durchschnitt eine Minute und mehr, und außerdem wurde nur in der Hälfte der Fälle überhaupt geholfen.

Wenn der Mann am Stock ging, war es egal, ob er weiß oder schwarz war; die Leute halfen ihm. Aber wenn er betrunken war, spielte die Rasse eine große Rolle – fast immer waren es dann nur Leute mit der gleichen Hautfarbe, die ihm halfen.«

Ich hatte von der Variante gehört, bei der der gestürzte Mann aus dem Mund blutete; ich fragte, wie und wann sie das ausprobiert hatten, und warum. Dieses Experiment war unter Altruismusforschern berühmt und berüchtigt. Jane Piliavin antwortete:

»Nach der ersten Versuchsreihe wandte sich mein Mann wieder anderen Themen zu, aber Judy Rodin und ich waren noch nicht zufrieden. Wir wollten gerne mehr über andere Aversionsfaktoren erfahren. Gab es noch andere Dinge, die auf die Leute abstoßend wirkten und ihre Hilfsbereitschaft dämpften? Also versuchten wir die Sache mit dem großen Muttermal im Gesicht und fanden heraus, daß es die Hilfeleistung um ein Drittel verminderte und auch stark verlangsamte.

Und wir beschlossen, die Sache mit dem Blut zu testen, weil Blut die meisten Leute wirklich sehr abstößt. Wir experimentierten in der Küche mit allen möglichen Säften herum, bis wir die richtige Mischung hatten. Durchgeführt wurde der Versuch in Philadelphia auf der Broad-Street-Linie. Die Versuchsperson, die hier immer am Stock ging, nahm kurz vor dem Einsteigen eine Pipette von dieser Mixtur in den Mund und ließ sich ein kleines bißchen aus dem Mund laufen, wenn sie gefallen war, nur ein ganz kleines bißchen, aber die Leute reagierten wie angestochen. Es reduzierte die Hilfeleistung um ein Drittel, und die Geschwindigkeit ging überhaupt in den Keller. Wir hörten schon nach vierzig Durchgängen auf, denn die Zuschauer reagierten dermaßen panisch auf das Blut, daß wir Angst hatten, irgendjemand würde die Notbremse ziehen.

Aber da wußten wir auch schon, was wir wissen wollten: Bei einer gegebenen Situation erhöht jeder Aversionsfaktor – Blut, Muttermal, Betrunkener – die ›Kosten‹ der Hilfeleistung und geht in die Kosten-Nutzen-Rechnung und den Entscheidungsprozeß des Zuschauers ein.«

Doch war es jeweils eine etwas andere Art von Kosten. Bei dem Betrunkenen bestanden sie darin, daß man ihm physisch näherkommen mußte und psychisch die moralische Verurteilung oder die Angst vor seinen Reaktionen zu überwinden hatte. Beim Blut bestanden sie darin, daß es auf die Kleidung kommen konnte und daß eine Ekelschwelle zu überwinden war. Beim Muttermal ging es ebenfalls um die Nähe und das Überwinden des Ekels; ganz allgemein gilt nun einmal, daß den meisten Menschen eine Hilfeleistung bei anziehenden und makellosen Personen leichter fällt als bei weniger anziehenden und irgendwie entstellten.

Dies jedenfalls ist das bedauerliche Ergebnis vieler Untersuchungen mit mehr oder minder anziehenden Versuchspersonen: Einer attraktiven Frau, die in einer schwierigen oder bedrohlichen Lage ist, wird von Männern sehr viel eher geholfen als einer unattraktiven. Die Geschichten über die Ritterlichkeit, die den Grundstock unserer Geschlechterbeziehungen bilden, demonstrieren immer, wie der edle Ritter das wunderschöne Mädchen rettet, nicht aber eine zahnlose Alte; diese Tradition ist auch neueren Forschungsergebnissen zufolge ungebrochen (Pomazol und Clore, 1973; Cialdini, 1985: 144f.).

Ein besseres Bild ergibt dagegen die Menge des experimentellen und sonstigen Materials, aus dem hervorgeht, daß sich viele oder sogar die meisten Menschen dann nicht durch Unattraktivität oder andere schwächere Aversionsfaktoren von der Hilfeleistung für Fremde abhalten lassen, wenn diese dringend Hilfe brauchen oder in großer Gefahr sind (Staub, 1979: 8ff.). Allerdings hat auch dies Grenzen; in manchen Fällen können die physischen Umstände so grauenvoll sein, daß sie uns vollkommen lähmen. Auf vielen Fotografien und

Fernsehbildern aus Beirut waren Zuschauer zu sehen, die fassungslos und vor Entsetzen starr vor Bombenopfern standen, denen die Explosion die Beine abgerissen oder die Bauchdecke zerfetzt hatte, sodaß die Eingeweide herausquollen. Auch Zuschauer sind letztlich nur Menschen.

Meines Bruders Hüter

Alles, was beim Zuschauer das Verantwortungsgefühl für die andere Person anspricht, hilft bei der Überwindung von Abscheu oder anderen Unterlassungsgründen. Das Gefühl der Verantwortung für anderer Leute Wohlergehen kann ganz begrenzt sein und sich auf nur ein oder zwei Personen erstrecken, aber auch nahezu schrankenlos fast alle Menschen einbeziehen.

Die meisten Menschen bewegen sich irgendwo zwischen diesen Extremen. Wir fühlen uns verantwortlich für Menschen, die uns nahestehen; bei Fremden ist unser Verantwortungsgefühl schon eher selektiv – es reagiert vor allem auf kleine Kinder und relativ hilflose Personen – und wird auf andere Fremde in Notlagen hauptsächlich dann ausgedehnt, wenn irgendetwas unser Verantwortungsgefühl anspricht. Als Robert Cialdini mit dem Finger auf bestimmte Autofahrer zeigte und ihnen sagte, sie sollten ihm helfen, war das eine Form, ihnen Verantwortung zuzuweisen und sie zur Hilfeleistung zu bewegen.

Ervin Staub fand bei seinem bereits erwähnten Experiment heraus, daß die meisten der von Staubs Assistentin alleingelassenen Kindergartenkinder und Erstkläßler nicht zu helfen versuchten, als sie im Nebenzimmer das kleine Mädchen vom Stuhl fallen und weinen hörten. Aber schon eine kleine Abwandlung dieses Experiments, bei der Staub die Assistentin beim Hinausgehen zu den Kindern sagen ließ: »Du paßt auf, ja? Wenn irgendetwas ist, kümmerst du dich drum«, genügte bei einigen der Kindergartenkinder und bei den meisten Erstkläßlern als Ansporn, um einen Erwachsenen zu holen, wenn sie den Unfall hörten, oder auch direkt helfen zu gehen (Staub, 1969).

Nicht nur Kinder, auch Erwachsene kann man leicht dazu bringen, sich für einen Fremden verantwortlich zu fühlen und etwas für ihn zu tun. Vor ein paar Jahren kam eine junge Frau in eine New Yorker Cafeteria, stellte ihren Koffer neben einen Tisch, an dem jemand saß und aß, und ging sich etwas zu essen holen. Während sie weg war, kam ein junger Mann, nahm ihren Koffer und ging damit fort; der am Tisch sitzende Kunde machte keinen Versuch, ihn aufzuhalten. Ein aufmerksamer Beobachter, der das gesehen und eine halbe Stunde später immer noch dagewesen wäre, hätte sich sicher sehr gewundert, als dieselbe junge Frau mit demselben Koffer wieder hereinkam, ihn wieder neben einen Tisch stellte, an dem jemand saß, jetzt aber diese Person bat, auf ihren Koffer aufzupassen, während sie sich etwas zu essen holen ging. Noch mehr hätte er gestaunt, wenn er gesehen hätte, wie auch derselbe junge Mann wieder hereinkam und nach dem Koffer griff, nur daß er diesmal von der am Tisch sitzenden Person daran gehindert wurde.

Sie merken schon, es war ein Experiment. Der Psychologe Thomas Moriarty spielte dieses Szenario in einer Cafeteria und an einem Strand durch, wo die junge Frau eine Decke ausbreitete, ein Radio daraufstellte, fortging und dabei das eine Mal zu niemandem etwas sagte, das andere Mal aber jemanden bat, auf ihre Sachen aufzupassen. An beiden Orten versuchten fast alle Zuschauer, die darum gebeten worden waren, auf ihre Sachen aufzupassen und den »Diebstahl« zu verhindern; von denen jedoch, die nicht gebeten worden waren, versuchten die in der Cafeteria nur einer von acht und am Strand einer von fünf (Moriarty, 1975).

Unser Verantwortungsgefühl als Zuschauer ist auch dann stark angesprochen, wenn wir glauben, daß von allen Leuten, die die Situation bemerkt haben, nur wir in der Lage sind, etwas zu tun. Wenn nur wir helfen können und die anderen Zuschauer nicht, bewirkt ihre Anwesenheit kein Abschieben der Verantwortung. Um dies zu demonstrieren, wurden Experimente ausgeheckt, bei denen die anderen Zuschauer zu weit entfernt waren, um helfen zu können, oder Kinder waren, oder Leute mit dunklen Brillen und weißen Stöcken und dergleichen; in all diesen Fällen war die Wahrscheinlichkeit hoch, daß sich der Zuschauer allein verantwortlich fühlte und entsprechend handelte.

Auch wenn Zuschauer eine besondere Kompetenz für die Hilfeleistung in einer bestimmten Situation haben, fühlen sie sich eher verantwortlich. Das klassische Beispiel hierfür – zumindest bevor es zu monströsen Kurpfuscherei-prozessen kam – war der Arzt, der sich mit den Worten »Ich bin Arzt – lassen Sie mich durch!« einen Weg durch die Zuschauer bahnt, wenn jemand in der Öffentlichkeit einen Herzanfall hat. Und wenn ein Überfall oder sonst ein Gewaltverbrechen geschieht, dann ist es bestimmt der Polizist außer Dienst, der es am deutlichsten als seine Pflicht empfindet, dem Opfer zu Hilfe zu kommen. Hat jedoch ein Zuschauer umgekehrt Grund zu der Annahme, daß eine andere Person in Reichweite ist, die für die Hilfeleistung besser geeignet ist, fühlt er sich unter Umständen von Verantwortung frei. Auch jemand, der sich in einer bestimmten Situation nicht zur Hilfeleistung imstande glaubt, wird sich wenig zu ihr verpflichtet fühlen. Nichtschwimmer springen selten in tiefes Wasser, um einen Ertrinkenden zu retten (Krebs und Miller, 1985: 47; Ervin Staub, in: Zahn-Waxler u. a., 1986:144).

Wenn darauf Verlaß wäre, daß die situationsbedingten Signale bei den Zuschauern altruistisches Verhalten hervorrufen, wäre unsere Welt sehr viel sicherer und freundlicher. Aber Eigeninteresse und andere Faktoren machen viele Leute für diese Signale blind. Wir haben bereits gesehen, daß viele Leute, wenn sie in Eile sind oder eine bestimmte Rolle haben, etwa die des Gefängnisaufsehers, die Notsignale anderer Menschen, die normalerweise altruistische Reaktionen auslösen würden, nicht mehr als solche erkennen oder nicht mehr auf sie reagieren.

Was aber wäre, wenn die Gesellschaft sagte, daß Zuschauer reagieren und Hilfe leisten *müssen*, zumindest in Notfällen? Könnte man nicht ein Gesetz erlassen, daß die Zuschauer in Notsituationen zu genauerem Hinsehen und höherem Verantwortungsbewußtsein anhält und in aller Form zur Hilfeleistung auch für Fremde verpflichtet, die in großer Gefahr sind?

So vernünftig und selbstverständlich dies auch klingt, bis 1971 gab es in Amerika kein solches Gesetz. Noch 1978 brachte Professor John Kaplan von der Stanford University die Dinge in einer schockierenden Phantasie auf den Begriff:

»Sie sitzen an einer Mole, essen ein Brot und schauen sich den Sonnenuntergang an, und direkt neben Ihnen beugt sich ein Fischer zu weit aus seinem Boot und fällt ins Wasser. ›Hilfe!‹ schreit er ihnen zu, »ich kann nicht schwimmen. Werfen Sie den Rettungsring!‹ Sie machen keine Anstalten aufzustehen und den Rettungsring zu holen, der nur anderthalb Meter von Ihnen entfernt hängt, obwohl das für Sie mit keinerlei Gefahren und auch nur mit minimalem Aufwand verbunden wäre. Stattdessen bleiben Sie sitzen, kauen weiter Ihr Brot und können nun außer dem Sonnenuntergang auch noch dem Fischer beim Ertrinken zusehen.

Im gesamten Bereich der angloamerikanischen Rechtsprechung machen Sie sich damit keines Vergehens schuldig, können von der Familie des Fischers, den Sie haben ertrinken lassen, zivilrechtlich nicht belangt werden und sind überhaupt im juristischen Sinne für den Tod des Fischers nicht verantwortlich. ... Weder unser Zivil- noch unser Strafrecht befassen sich mit der guten Tat, die man nicht tut, sondern nur mit der bösen Tat, die man nicht tun darf.« (John Kaplan, in: Wispé, 1978: 291 f.)

Das ist, mit wenigen Ausnahmen, in den Vereinigten Staaten auch heute noch so. Andere Staaten dagegen kennen den Straftatbestand der unterlassenen Hilfeleistung – allen voran ausgerechnet die Mongolei, wo ein solches Gesetz bereits 1781 erlassen wurde. 1845 folgte das russische Zarenreich, und ähnliche Bestimmungen fanden 1853 in der damals noch selbständigen Toskana, 1881 in den Niederlanden, 1889 in Italien, 1941 in Frankreich und 1982 in Portugal Eingang in das Strafrecht.

Unklar ist allerdings, wie wirkungsvoll diese Gesetze eigentlich sind. Sie werden nicht oft angewendet – in Frankreich werden von jährlich 100 000

Gefängnisstrafen nur 62 für unterlassene Hilfeleistung verhängt –, aber warum dies nicht häufiger geschieht und ob sich das Verhalten der Bürger dadurch geändert hat, ist nicht bekannt und zumindest unter amerikanischen Sachverständigen umstritten.

»Ich habe nicht weiter darüber nachgedacht«

Denken Sie über die folgende Situation gar nicht erst nach, sondern geben Sie die erstbeste Antwort, die Ihnen durch den Kopf schießt:

Sie gehen auf dem Bürgersteig an einem Wohnhaus entlang, hören einen Schrei, reißen den Kopf hoch und sehen ein kleines Kind aus einem Fenster mehrere Stockwerke über Ihnen fallen. Was tun Sie?

Fast sicher werden Sie sagen, daß Sie versuchen würden, das Kind aufzufangen (und dafür gibt es ja auch Beispiele). Und Sie würden es sofort und ohne nachzudenken tun.

Diese unmittelbare, automatische Reaktion auf eine Notsituation ist eine besondere Form von Altruismus, die viele Wissenschaftler »impulsives Helfen« nennen. Das Besondere daran ist, daß der Altruist handelt, ohne vorher die Situation genau abgeschätzt oder das Für und Wider der Hilfeleistung erwogen zu haben, und auch unbeeinflußt vom Vorhandensein oder Nichtvorhandensein anderer Zuschauer, dem Beängstigenden oder Abstoßenden der Situation oder anderen Hemmfaktoren.

Um die diesen Situationen gemeinsamen Merkmale herauszufinden, haben Jane Piliavin und drei Kollegen vor einiger Zeit 49 bereits existierende Untersuchungen über das Helfen in (experimentellen) Notsituationen danach aufgeteilt, ob es bei ihnen um impulsive Hilfeleistungen ging – solche also, bei denen mindestens 85 Prozent der Zuschauer zu helfen versuchten, und zwar innerhalb von fünfzehn Sekunden oder weniger – oder um nicht-impulsive Hilfeleistungen. Als sie sich die Unterschiede zwischen den beiden Gruppen ansahen, stellte sich heraus, daß der am engsten mit dem impulsiven Helfen verknüpfte Faktor die Eindeutigkeit der Situation war: Die Zuschauer hatten keinerlei Zweifel daran, daß Hilfe nötig war (Piliavin, Dovidio u. a., 1984: 163–173).

Dies allein reicht aber noch nicht aus, um impulsives Helfen auszulösen; in manchen vollkommen eindeutigen Situationen lassen sich die meisten Zuschauer eben doch nicht zur Hilfeleistung hinreißen. Aufgrund weiterer Forschungsergebnisse schlossen Piliavin und ihre Kollegen, daß impulsives Helfen am ehesten dann auftritt, wenn nicht nur die Situation eindeutig, sondern außerdem die Gefahr, in der die andere Person schwebt, so massiv und die

Dringlichkeit des Eingreifens so groß ist, daß der Zuschauer gar nicht erst innehalten und über die möglichen Kosten und Risiken der Hilfeleistung nachdenken kann.

Versuchspersonen, die bei Experimenten in scheinbar riskanten Situationen – bei scheinbar noch unter Strom stehenden Hochspannungsleitungen zum Beispiel – halfen oder zu helfen versuchten und gefragt wurden, ob sie sich eigentlich über die Gefährlichkeit ihres Handelns im klaren waren, sagten oft: »Ja, schon, aber ich habe nicht weiter darüber nachgedacht.« Piliavin und ihre Kollegen schließen daraus, daß bestimmte Notsituationen die Aufmerksamkeit des Zuschauers so absorbieren, daß er nur noch das Opfer sieht und nicht mehr normal denkt (ebd.: 174).

Aber auch in klaren und relativ schweren und dringlichen Fällen versuchen nicht alle Zuschauer sofort zu helfen. Immerhin tun es einige, und um dies zu erklären, muß man nun doch über die rein situationelle Erklärung hinausgehen, die Piliavin und ihre Kollegen anbieten. Ervin Staub behauptet – und verweist auf Experimentaldaten –, daß bei denjenigen, die sofort helfen, obwohl viele andere es nicht tun, die prosozialen Werte so stark und so dominant seien, daß bei ihnen der übliche Entscheidungsprozeß in einem Kurzschluß endet. Staub nennt ihr Verhalten lieber »spontan« als impulsiv, weil eine derart unmittelbare Reaktion, anders als impulsives Helfen, nicht nur aus der Situation heraus zu erklären ist, sondern auf tieferliegende Motivationen zurückgeht (Staub, 1978a: 114 ff., 239 f.).

Hier eine prototypische Geschichte von spontaner Hilfeleistung, die vor vielen Jahren von dem japanophilen Journalisten Lafcadio Hearn erzählt wurde. Ein armer japanischer Bauer sah von seiner auf einem Berg gelegenen Hütte, wie das Meer rasch zurückwich, und wußte, daß dies der Vorbote einer Flutwelle war. Seine Nachbarn arbeiteten in tiefergelegenen Feldern und waren zu weit entfernt, um ihn rufen zu hören. Ohne sich auch nur einen Augenblick zu besinnen, steckte er seinen Reisvorrat in Brand und läutete heftig die Tempelglocke. In der Ferne hoben die Nachbarn die Köpfe, sahen den Rauch, rannten auf den Berg, um ihm zu helfen, und entgingen so dem Tod um Haaresbreite.

In Situationen, die nicht nur für den Betroffenen, sondern auch für jeden potentiellen Helfer extrem gefährlich sind, kommt nur von sehr wenigen Zuschauern impulsiv oder spontan Hilfe. Wenn jemand in einem brennenden Auto eingeklemmt ist oder auf der Straße überfallen wird, sind jene Anhaltspunkte gegeben, die bei den meisten Zuschauern eine impulsive und bei einigen von ihnen eine spontane Hilfeleistung auslösen müßten, und dennoch helfen nur wenige wirklich. Was ist bei diesen wenigen anders? Warum ist ein Held ein Held?

Diese Frage hat die Altruismusforscher lange beschäftigt. Die meisten altruistischen Menschen sind keine Helden und setzen sich nicht umstandslos großer Gefahr aus, um anderen zu helfen. Auch ist nicht jedes Heldentum altruistisch (Astronautenflüge sind es nicht) oder unmittelbar oder spontan (gefährliche Kampfeinsätze werden nach sorgfältiger Planung durchgeführt).

Und doch ist für fast alle von uns die sofortige, spontane Rettung eines Menschen, der in großer Gefahr ist, der Inbegriff sowohl des Altruismus als auch
des Heldentums. Alle Heldentaten, die von der Carnegie Hero Fund Commission ausgezeichnet wurden, gehören zu diesem Typ. Timothy Moshers Rettung von Mana Mashoon ist eine von ihnen – hier, in der ziemlich steifen Prosa
der Kommissionsberichte, noch drei Geschichten aus jüngerer Zeit:

– *Mark S. Wood rettete John J. Gehringer vor zwei Kampfhunden, Redford,*
  Michigan, 18. März 1987. Gehringer, 55, wurde auf der Straße von zwei 45
  Pfund schweren Kampfhunden angefallen, die ihn umwarfen und mehrfach
  bissen. Wood, 38, Mechaniker, kam zufällig im Auto vorbei; er hielt an,
  besorgte sich in einem nahegelegenen Geschäft einen Knüppel und ging
  brüllend auf die Hunde zu. Beide Hunde warfen sich auf Wood, wodurch
  Gehringer wieder auf die Beine kam und sich in einen Laden retten konnte.
  Wood wehrte die Hunde mit dem Knüppel ab, stürzte dann aber und verlor
  seine »Waffe«. Einer der Hunde biß ihn ins Bein. Nachdem ein Autofahrer
  den anderen Hund angefahren hatte, sprang Wood auf die Kühlerhaube und
  ließ sich in Sicherheit fahren. Die Hunde wurden später eingefangen und
  getötet. Gehringer mußte operiert werden und lag drei Wochen im Krankenhaus. Wood mußte seine Wunde ebenfalls im Krankenhaus behandeln lassen.
– *Rubin A. Vigil half Luis G., Teresa G., Cesar G. und Susanna Lopez vor dem*
  Verbrennen zu retten, Westminster, California, 25. Mai 1987. Ein Lieferwa-
  gen fuhr auf das Auto der Familie Lopez auf, das daraufhin sofort in Flammen stand. Vigil, 28, Angestellter in einem Lebensmittelladen, der gerade im
  Auto vorbeifuhr, hielt an und rannte zur Unfallstelle, wo ein anderer Mann
  schon versuchte, Luis G. Lopez, 31, vom Fahrersitz des brennenden Wagens
  zu ziehen. Vigil beugte sich in den Wagen und befreite Lopez' Fuß; dann
  zogen er und der andere Mann Lopez aus dem Wagen und brachten ihn in
  Sicherheit. Sie liefen zum Auto zurück und befreiten Mrs. Lopez, 31.
  Obwohl das Feuer auch auf die Außenseite des Wagens übergriff und innen
  der Rauch immer dichter wurde, kroch Vigil hinein, um zusammen mit dem
  anderen Mann Cesar, 5, vom Rücksitz zu holen. Danach fanden Vigil und
  der andere Mann auch noch Susanna, 6, und als sie auch sie vom Rücksitz
  holten, wurden sie von den hochschießenden Flammen zu Boden geworfen.

Vigil mußte wegen Verbrennungen ersten und zweiten Grades an den Unterarmen stationär behandelt werden, ebenso die Familie Lopez.

– *Lucille Babcock rettete eine überfallene Frau, Little Rock, Arkansas, 29. Juli 1987.* Eine 22jährige Frau wurde vor ihrem Haus von einem Mann überfallen, der sie vergewaltigen wollte, und schrie um Hilfe. Miss Babcock, 65, Schriftstellerin, beobachtete den Überfall von ihrer Wohnung aus. Obwohl sie behindert ist und Bein- und Rückenstützen trägt, ging sie auf den Angreifer los und schlug mit ihrem Stock auf ihn ein. [»Ich hab' ihm eins über den Schädel gegeben«, sagte sie zu einem Reporter.] Der Angreifer wandte sich Miss Babcock zu, wodurch die jüngere Frau entkommen konnte. Er schlug sie nieder und rannte weg. Männer aus der Nachbarschaft hielten ihn auf und übergaben ihn der Polizei. Die jüngere Frau mußte wegen etlicher Verletzungen stationär behandelt werden. Miss Babcock erlitt einen Schwächeanfall.

Diese Situationen sind gekennzeichnet durch alle Merkmale, die impulsives oder spontanes Helfen auslösen müßten, aber auch durch solche, die den Handlungswillen der meisten Menschen lähmen. Dementsprechend ist Heldentum dieser Art selten, und die Helden werden hoch geehrt. Der Soziologe William J. Goode meint jedoch:

»Der praktische Effekt der Heldentat ist zu gering, um das Aufsehen, das sie erregt, zu erklären. … Daher stellt sich die Frage nach ihrer symbolischen Bedeutung: Sie steht für ein hohes Maß an Übereinstimmung mit dem Ideal, das Gruppeninteresse über Eigeninteresse stellt, und beweist auf dramatische Weise, daß dieses Ideal nicht bloß Rhetorik ist, sondern im Rahmen des Menschenmöglichen liegt.« (Goode, 1977: 344f.)

Heldentum – das ist, kurz gesagt, die Quintessenz des Altruismus.
    Aber es ist bis jetzt schlicht und einfach unbekannt, was impulsive Helden dazu bringt, ihr Leben für fremde Menschen zu riskieren; die Forschung gibt dazu so gut wie nichts her. Bislang haben sich, wie die Altruismusforscherin Lauren Wispé betont, keine Daten erheben lassen, aus denen hervorginge, ob Helden ganz allgemein heldenhaft sind oder nur auf bestimmten Gebieten. Man weiß zum Beispiel nicht, ob derselbe Mensch, der in ein brennendes Haus stürzt, um jemanden zu retten, auch in eiskaltes Wasser springen würde (Wispé, 1978: 306).
    Es gibt jedoch neuerdings Daten über eine besondere Art des Helden – denjenigen, der bei einem Gewaltverbrechen eingreift. Gilbert Geis und der Soziologe Ted L. Huston gingen, wie andere vor ihnen, von der Hypothese aus, daß Menschen, die herbeieilen, um einem Opfer zu helfen, dem Gewalt angetan wird, impulsiv, furchtlos, selbstzerstörerisch, an Gewalt gewöhnt und ihr gewachsen sind, und daß sie mehr aus Wut über den Täter als aus Mitleid mit dem Opfer handeln. Geis und Huston interviewten 31 Männer und eine Frau,

die vom Staat Kalifornien eine Entschädigung zugesprochen bekommen hatten – eine Entschädigung für die bei ihrem Einsatz zur Verhinderung eines Gewaltverbrechens erlittenen Schäden und Verletzungen. Außerdem interviewten sie eine Kontrollgruppe von 32 Kaliforniern, die nach Alter, Geschlecht, Bildung und ethnischer Herkunft vergleichbar waren, aber nie irgendwo eingegriffen hatten.

Geis und Huston waren über die Ergebnisse verblüfft. Zwar unterschieden sich die »Eingreifer« ein wenig von den anderen, aber nicht da, wo sie es erwartet hatten: Sie hatten häufiger eine Ausbildung in Erster Hilfe, häufiger bereits mit Kriminalität zu tun gehabt und häufiger eine Polizeiausbildung; außerdem waren sie im Durchschnitt ein wenig größer und kräftiger und schätzten ihre Fähigkeiten allgemein etwas besser ein. Aber das war auch alles. In dem Bericht über ihre Untersuchung schlossen Geis, Huston und ihre beiden Mitarbeiter:

»Entgegen unseren Erwartungen zeigten die Daten, daß die ›Eingreifer‹ und die Vergleichsgruppe ihren Persönlichkeitsmerkmalen nach praktisch nicht voneinander zu unterscheiden waren. Weder die acht Skalierungen [zur Messung von Persönlichkeitsmerkmalen] noch drei von Fischers (1973) Subskalierungen für Einstellungsmessungen zu humanitärem Verhalten ergaben irgendeine Differenzierung.« (Geis und Huston, 1980)

Von den Persönlichkeitsmerkmalen, die sich die Forscher näher ansahen, schien bei den »Eingreifern« nur das – möglicherweise auf besonderem Training und bestimmten physischen Merkmalen beruhende – ausgeprägtere Bewußtsein ihrer Kompetenz signifikant zu sein.

Geis und Huston fügen jedoch hinzu, daß die »Eingreifer« unabhängig von diesen leichten Vorteilen möglicherweise über ein anderes, entscheidendes, aber nicht meßbares Merkmal verfügen. So schrieb Geis:

»Man kann unsere Untersuchung auch als eine Huldigung an jene außergewöhnlichen Menschen verstehen, die – aus welchen Gründen auch immer – in einer Gesellschaft, in der dies nicht unbedingt üblich ist, einen mutigen Schritt getan haben. … Abschließend soll jedoch ein Punkt von existentieller Bedeutung hervorgehoben werden: daß nämlich alle von ihnen, und sei es auch nur dieses eine Mal, etwas durch und durch Anständiges getan haben. … Das haben uns auf ihre Weise alle unsere Samariter zu verstehen gegeben. Man kann das, wenn man will, als wehmütigen Kommentar zur Qualität des heutigen Lebens lesen, aber auch als ermutigende und anregende Aussage über die im menschlichen Wesen schlummernden Möglichkeiten.« (Geis, 1981)

Oder beides.

Sechstes Kapitel
Anatomie des Altruismus

Das Innere der ›Black Box‹

Eine der wichtigsten Fragen ist immer noch nicht beantwortet: Wie kommt es, daß der eine Mensch an dem Fremden in Not vorbeigeht, ein anderer aber stehenbleibt und ihm hilft?

Auch bei kontrollierten Experimenten mit Versuchspersonen, deren kultureller Hintergrund, Erziehung und Persönlichkeitsprofile annähernd gleich sind, gibt es immer einige, die der scheinbar verletzten Person im Nebenraum zu Hilfe eilen, und andere, die das nicht tun. Die bisher betrachteten Experimente sagen nur etwas darüber aus, welche Reaktion bei Angehörigen einer homogenen Gruppe die *wahrscheinlichste* ist, nicht aber, ob ein bestimmtes Gruppenmitglied auch so reagieren wird.

Denn wenn auch angeborene Neigungen, Erziehung und Persönlichkeit in uns interagieren, so sind wir doch zugleich Wesen, die Entscheidungen fällen und es bis zu einem gewissen Grad in der Hand haben, wie wir diese Daten in unseren Entscheidungsprozessen verarbeiten. Bei jeder Situation wägen wir ab, wie sie sich zu unseren Gefühlen verhält, zu unserer Einschätzung der Bedeutung unserer Hilfe für den anderen und ihrer Folgen für uns selbst, zu unserem Empfinden für Falsch und Richtig und noch vielem mehr, und erst danach *entscheiden* wir, ob wir helfen oder weitergehen. Wie diese persönliche Entscheidung ausfällt, kann die Verhaltensforschung nicht mit Sicherheit vorhersagen.

Nur ein Teil dieser komplexen Prozesse ist uns bewußt; zum allergrößten Teil laufen sie unbewußt ab. Wir haben bereits gesehen, wie verkürzt und unvollständig die typischen Erklärungen sind, die Altruisten für ihr eigenes Verhalten geben, und zwar auch solche, die es durchaus gewöhnt sind, über sich nachzudenken.

Marion van Binsbergen zum Beispiel (heute Marion van B. Pritchard, Psychoanalytikerin in Vermont) war Studentin, als die deutsche Wehrmacht 1940 in ihr Heimatland, die Niederlande, einfiel. Die Deutschen erließen eine Verordnung nach der anderen, um die Bewegungsfreiheit der Juden einzuschränken und ihre Bürgerrechte zu beschneiden. Als sie 1942 schließlich damit begannen, die Juden in Konzentrationslager zu deportieren, gründeten Marion und ein paar ihrer Freunde eine eigene Hilfsorganisation: Sie suchten Verstecke für Juden, halfen ihnen bei der Übersiedlung und versorgten sie mit Nahrung, Kleidung und Lebensmittelkarten – Taten, für die sie, hätte man sie erwischt, selbst ins Konzentrationslager gekommen oder gleich standrechtlich erschossen worden wären.

Zusätzlich zu all diesen Risiken zog Marion van Binsbergen auch noch in ein großes Haus auf dem Lande, das einem älteren Freund ihrer Eltern gehörte, um dort auf Wunsch ihrer Untergrundorganisation einen jüdischen Mann und seine drei kleinen Kinder zu verstecken. Zwei Jahre lang, bis der Krieg zu Ende war, lebte sie dort mit dieser Familie, versorgte sie mit Nahrung und Kleidung und saß, als die Deutschen das Haus durchsuchten, ruhig über der Stelle, wo sich die Familie in einem eigens ausgehobenen Unterschlupf versteckt hielt. Hätten die Deutschen dort nachgesehen, wäre sie womöglich auf der Stelle erschossen worden.

Als Psychoanalytikerin verfügt Marion van B. Pritchard heute sicherlich über mehr Selbsterkenntnis und Einsicht in ihr Handeln als die meisten Leute. Trotzdem ist ihre Erinnerung daran, warum sie sich entschloß, fremde Juden unter Einsatz ihres eigenen Lebens zu retten, zwar bewegend und bewundernswürdig, gibt aber allenfalls die Oberflächenbewegung wieder, nicht die tieferen Strömungen. Den Herausgebern von *The Courage to Care* (Mut zum Helfen), einem Dokumentarfilm und -buch über Menschen, die während des Holocaust Juden gerettet hatten, erzählte sie:

»Eines Morgens kam ich auf dem Schulweg an einem jüdischen Kinderheim vorbei. Die Deutschen verluden Säuglinge und auch ältere Kinder bis zu acht Jahren auf Lastwagen. Die Kinder schrien und waren völlig verstört. Wenn sie nicht schnell genug waren, packten die Nazis sie an Armen, Beinen und Haaren und warfen sie auf die Ladefläche. Daß erwachsene Männer so mit kleinen Kindern umgingen – ich konnte es überhaupt nicht fassen. Ich fing selber vor Wut zu weinen an. Zwei Frauen, die die Straße entlang kamen, versuchten sich dazwischenzuwerfen. Die Deutschen warfen sie gleich mit auf den Lastwagen. Und ich hockte da auf meinem Fahrrad. In dem Moment beschloß ich: Wenn es irgendetwas gab, was ich tun konnte, um solche Greueltaten zu verhindern, dann würde ich es tun. ... Ich konnte nicht anders. Ich denke, soviel Anstand ist man sich einfach schuldig.« (Rittner und Myers, 1986: 28)

Selbst erfahrene Forscher, die herauszufinden versuchen, was in Menschen vorgegangen ist, die in großem Stil altruistisch gehandelt haben, haben am Ende nur grob vereinfachende Erklärungen für das zu bieten, was hochkomplexe Entscheidungsprozesse gewesen sein müssen.

Vor über zehn Jahren führten Carl H. Fellner von der Medizinischen Fakultät der University of Washington und John R. Marshall von der Medical School der Universität Wisconsin Tiefeninterviews mit Nierenspendern durch. Vor der Entwicklung der immunsuppressiven Methoden, mit denen auch nichtblutsverwandten Empfängern die Organe von Verstorbenen eingepflanzt werden können, kamen die meisten Spendernieren von lebenden Verwandten der Empfänger. Organspenden waren besonders bemerkenswerte altruistische Akte: Für die Patienten bedeuteten sie das Geschenk des Lebens, für die Spender jedoch ein großes Opfer, denn nicht nur mußten sie sich einer schweren Operation mit allen Folgeerscheinungen wie Schmerzen, Traumen und Narben unterziehen, sondern hatten auch, falls die verbleibende Niere einmal nicht mehr funktionsfähig sein sollte, die gleichen bitteren und kurzen Zukunftsaussichten wie zuvor die Empfänger. Aber so sehr Fellner und Marshall auch nachforschten, sie konnten keine derartigen Überlegungen zutage fördern; stattdessen kamen Antworten wie diese:

»Eine 60jährige Frau: ›Alle Leute loben mich für meinen Mut, aber ich kann nur sagen, mit Mut hatte das gar nichts zu tun. Ich fand es einfach selbstverständlich.‹ Ein 22jähriger Mann: ›Ich hatte noch nie so etwas gemacht. Hab' mich einfach treiben lassen. Zum erstenmal habe ich etwas Richtiges gemacht. Es mußte einfach sein.‹ ... Ein 31jähriger Mann: ›Ich mußte das tun. Ich konnte gar nicht mehr anders, aber nicht, weil ich mich in der Falle gefühlt hätte, denn die Ärzte haben mich ja extra nochmal gefragt, ob ich nicht doch zurücktreten will. Ich mußte es einfach tun.‹ Ein 27jähriger Mann: ›Mit meiner Schwester (der Empfängerin) hatte ich nie viel im Sinn, aber das war es auch gar nicht, ich mußte einfach.‹ [Und ein von den Autoren nicht namentlich genannter Spender:] ›Das liegt einem doch ewig auf der Seele, wenn man nichts getan hat, und der arme Kerl stirbt.‹« (Carl H. Fellner und John R. Marshall, in: Rushton und Sorrentino, 1981: 357)

Nach allem, was wir gesehen haben, ist klar, daß solche Erklärungen zwar nicht falsch sind, aber doch das meiste von dem weglassen, was sich in den Köpfen der Betroffenen abgespielt haben muß. Nicht daß sie besonders zurückhaltend oder diskret gewesen wären; es war ihnen wahrscheinlich gar nicht bewußt.

Dies ist nicht nur für die geistig-seelischen Prozesse charakteristisch, die zu altruistischem Verhalten führen, sondern für alle kognitiven Prozesse, teils weil vieles davon unbewußt abläuft, teils weil selbst der bewußte Teil das Ergebnis vorbewußter Prozesse ist, von denen wir nur selten etwas wissen.

Oder ist Ihnen zum Beispiel bewußt, wie der letzte Satz zustandegekommen ist, den Sie gesprochen haben? Wie Sie den Gedanken formuliert, auf Ihr Verhältnis zu der anderen Person abgestimmt, die dazu benötigten Wörter aus Ihrem Gedächtnis hervorgeholt und sie in die Form eines grammatisch korrekten Satzes gebracht haben? Wohl kaum – nicht bewußter, als Ihnen auch alles andere ist, was sich in Ihrem Kopf abspielt, wenn Sie etwa Ihr Hemd zuknöpfen, einen Ball fangen, eine Unterschrift leisten oder Ihr Auto vor der Ampel zum Stehen bringen. Die Verbannung des meisten »überlernten« Materials in das Unbewußte, sagen die kognitiven Psychologen, ist für das richtige Funktionieren unabdingbar. Müßten wir jedes Wort und jede Bewegung mit bewußtem Denken und voller Aufmerksamkeit begleiten, würden wir allenfalls stokkend sprechen und unser Hemd erst nach Stunden zubekommen.

Und so ist es auch mit den Gedanken und Gefühlen, die zu altruistischen Handlungen führen: Ihre Bestandteile sind uns so gründlich eingedrillt, daß sie auch ohne bewußtes Nachdenken wirken, aus den Tiefen des Unbewußten heraus.

In den Anfangsjahren der Altruismusforschung interessierte die meisten Wissenschaftler all das überhaupt nicht; sie befaßten sich mit den äußeren Umständen, die das Verhalten beeinflussen, und hielten geistig-seelische Vorgänge, bewußte wie unbewußte, für nicht wichtig oder nicht erfaßbar oder beides. Das war die behavioristische Auffassung, die immer noch, wie schon seit Beginn des Jahrhunderts, die psychologische Theorie und Forschung beherrschte, und für die es ausgemacht war, daß jeder Versuch, geistig-seelische Vorgänge zu verstehen, geradeso unwissenschaftlich war, wie wenn man auf gut Glück erraten wollte, was für eine Maschine sich im Inneren einer versiegelten schwarzen Schachtel befindet, der berühmten »black box«, und was passiert, wenn man die Knöpfe drückt.

Ohnehin, hieß es, sei es ganz überflüssig, über psychische Vorgänge zu spekulieren: Da man experimentell feststellen könne, welche Stimuli unter welchen Bedingungen welche Response hervorrufen, wisse man alles, was zu wissen lohne; und wissen zu wollen, was dazwischen passiere, im schwarzen Kasten, sei sinn- und nutzlos.

Anfang der 60er Jahre jedoch begannen die Psychologen einzusehen, daß der Behaviorismus zwar weitgehend erklären konnte, wie Tiere und Menschen einfache Formen von Verhalten lernen, nicht aber so komplexe kognitive Phänomene wie Sprache, Liebe, Problemlösung, Kreativität, Philosophie – und Altruismus.

Außerdem kamen sie allmählich darauf, daß sich die Vorgänge im Inneren des schwarzen Kastens zwar nicht direkt beobachten, aber doch indirekt durch Deduktion erschließen lassen, etwa in der Art, wie die Physiker von den Spuren, die unsichtbare radioaktive Teilchen in einer Nebelkammer oder auf einem Film hinterlassen, auf die Eigenschaften dieser Teilchen schließen können.

Gibt man Versuchspersonen zum Beispiel eine ganz leichte Gedächtnisaufgabe – das Merken einer Gruppe von drei Konsonanten – und läßt sie, kaum daß sie sie gesehen haben, nach einem Metronom in Dreierschritten rückwärts zählen, haben sie, ob sie wollen oder nicht, diese Konsonanten innerhalb von Sekunden vergessen (Peterson, 1966). Warum? Der Zählvorgang nimmt ihre ganze Aufmerksamkeit in Anspruch und verhindert das »Üben« (das wiederholte Sich-Vorsagen, wie bei einer unbekannten Telefonnummer). Daraus kann man schließen, daß zum Üben Aufmerksamkeit und zum Speichern von Daten im Kurz- oder Langzeitgedächtnis Üben nötig ist. Und auf diese Weise war es eben doch möglich, mit der ›black box‹ so zu experimentieren, daß die Beschaffenheit der unsichtbaren Maschine sichtbar wurde.

Mit der Ablösung des Behaviorismus durch diesen kognitiven Ansatz kam es auch zur Vertiefung und Erweiterung der Altruismusforschung. Die Wissenschaftler versuchten nun, die unsichtbaren mentalen und emotionalen Vorgänge, die in den altruistischen Akt eingehen, durch Deduktion zu erschließen – und an diesem Puzzlespiel sitzen sie noch heute. In den letzten Jahren haben ambitionierte Altruismusforscher die vielen Einzelergebnisse zu kompletten »Modellen« der geistig-seelischen Vorgänge zwischen der ersten Wahrnehmung der Hilfsbedürftigkeit einer anderen Person und dem Entschluß für oder gegen eine Hilfeleistung zusammengesetzt (Eisenberg, 1986: 190–193; Piliavin u. a., 1981: 240–244; Ervin Staub, in: Staub, Bar-Tal u. a., 1984: 29–49; Shalom Schwartz und Judith Howard, in: Rushton und Sorrentino, 1981: 189–211). Diese Modelle sind zwar nicht identisch, stimmen aber in ihren wichtigsten Schritten überein. Woher wissen wir, wie diese Schrittfolge aussieht? Durch Deduktion aus empirischen Daten, mehr oder weniger wie bei der Gedächtnisstudie mit den drei Konsonanten.

Ein Beispiel: Wir haben gesehen, daß viele Versuchspersonen, die bei Experimenten zum Hilfeverhalten bewußt in uneindeutige Situationen gebracht werden, die Hilfsbedürftigkeit des Opfers nicht erkennen und also nichts tun. Daraus läßt sich schließen, daß der Anfangsteil einer Sequenz, die zur Entscheidung zwischen Helfen und Nichthelfen führt, etwa so aussehen muß:

bewußte Wahrnehmung der Situation > *Interpretation* > *Erkennen, was der andere braucht,*

daß aber ein Ausbleiben des ersten Schritts oder ein Fehler beim zweiten (eine Fehlinterpretation der Lage) eher zu Nicht-Handeln führt als zu dem dritten und den weiteren Schritten.

Hier nun sollen die wichtigsten Schritte der Vorgänge in der ›black box‹ dargestellt werden, über die bei den verschiedenen Modellen im großen und ganzen Übereinstimmung herrscht.

Was ist überhaupt los?

Zunächst möchte ich exemplarisch einen ganz kleinen altruistischen Akt darstellen und ihn dann in seine einzelnen Schritte zerlegen, um die Abfolge der an ihm beteiligten geistig-seelischen Prozesse zu zeigen. Ich nehme gerade diesen Akt, weil dabei ich der Altruist war und mir also erlauben kann, darüber zu spekulieren, was in meinem Kopf vorging. Denn da die meisten an ihm beteiligten mentalen Prozesse unbewußt abliefen, ist, um ehrlich zu sein, ein guter Teil der Abläufe, die ich hier darstelle, rein spekulativ. Ans Licht gebracht habe ich sie mit Hilfe von freier Assoziation und Gedankenverkettung; immerhin spielte sich das ja in *meinem* Kopf ab, von dem ich natürlich gern annehme, daß ich ihn einigermaßen gut kenne.

An einem sonnigen Herbsttag bin ich in Central Park West unterwegs, einer reinen Wohnstraße in Manhattan. Ich überlege, wie ich das nächste Kapitel des Buchs beginnen soll, an dem ich gerade schreibe, und bin ganz in Gedanken. Halb bewußt sehe ich eine ganz gut aussehende, hübsch angezogene junge Frau, die mir entgegenkommt. Als sie näherkommt, bemerke ich mit Schrecken, daß sie weint.

Sie merkt, wie ich sie ansehe; sie kommt zu mir herüber und sagt stockend: »Entschuldigen Sie bitte, könnten Sie mir vielleicht helfen? Sie sehen so aus, als ob Sie –«, bricht ab und schlägt schluchzend die Hände vors Gesicht. Ich frage, was für Hilfe sie denn braucht. Sie sagt, daß sie am Morgen wegen eines Vorstellungsgesprächs in die Stadt gekommen ist und daß ihr die Handtasche gestohlen wurde; sie ist ganz panisch, weil sie zu Hause sein muß, ehe ihre beiden kleinen Kinder aus der Schule kommen. Ganz außer sich und entsetzlich verlegen fragt sie mich, ob ich ihr nicht das Fahrgeld für Taxi und Bahn borgen könnte – 15 Dollar –, die sie am nächsten Tag per Post zurückschicken will.

Ich zögere einen Moment und sage dann: »Ja, das kann ich machen.« Ich gebe ihr das Geld; sie schreibt sich Namen und Adresse auf, bedankt sich überschwenglich (ich winke ab) und eilt davon.

Im allgemeinen waren sich die Altruismusforscher nicht einig, ob die geistig-seelischen Prozesse, die zum altruistischen Verhalten führen, primär kognitiv (Denkvorgänge) oder affektiv (Gefühlsvorgänge) sind. In der letzten Zeit sind sie mehr oder weniger zu dem Schluß gekommen, daß bei den geistig-seelischen Vorgängen, die dem helfenden Handeln vorausgehen, beides gründlich miteinander verwoben ist. Der entscheidende erste Schritt jedoch, die bewußte Wahrnehmung der Situation, ist rein kognitiv. Bleibt er aus, geschieht auch sonst nichts.

Hier ist dieser Schritt, wie er sich in den ersten Sekunden meiner exemplarischen Episode darstellt:

An einem sonnigen Herbsttag bin ich in Central Park West unterwegs, einer reinen Wohnstraße in Manhattan. Ich überlege, wie ich das nächste Kapitel des Buchs beginnen soll, das ich gerade schreibe, und bin ganz in Gedanken. Halb bewußt sehe ich eine ganz gut aussehende, hübsch angezogene junge Frau, die mir entgegenkommt. (*Hmm ... hübsch, mit ihren langen Beinen und dem blonden Haar, so gepflegt und locker. ... Wo war ich? Ach ja – wie zum Kuckuck krieg' ich dieses Kapitel in Gang? Ich könnte diese Anekdote vom –*) Als sie näherkommt, bemerke ich mit Schrecken, daß sie weint. (*Nanu? Was denn? Eine hübsche junge Frau, die auf offener Straße weint, mitten am Tag, vor allen Leuten? Was sie wohl hat? Job verloren? Schluß mit dem Freund? Vergewaltigt? Ein Todesfall?*) Sie merkt, wie ich sie ansehe; sie kommt zu mir herüber und sagt stockend –

Halten wir kurz inne und sehen uns den Ablauf näher an.

Wie Darleys und Batsons eilige Seminaristen nehmen wir, wenn unsere Aufmerksamkeit von etwas anderem in Anspruch genommen ist, den Zustand einer anderen Person womöglich gar nicht wahr, so daß es unter Umständen zu jener ersten Stufe der Entscheidung für oder gegen das Helfen gar nicht kommt.

Es sind nicht unbedingt wichtige Dinge, die uns daran hindern, die Hilfsbedürftigkeit eines anderen Menschen wahrzunehmen; es kann alles mögliche sein, wie trivial auch immer, wenn es nur unsere Aufmerksamkeit mit Beschlag belegt. In einem Experiment wurden einmal die Versuchspersonen bei einer Büroarbeit, die reine Routine war, aber trotzdem hohe Konzentration verlangte, unterschiedlich starkem Lärm ausgesetzt; mittendrin ließ eine am Experiment beteiligte Assistentin ihre Bücher und Papiere fallen. Je größer der Lärm, desto kleiner der Altruismus: Bei 48 Dezibel halfen noch 72 Prozent der Versuchspersonen beim Aufheben, bei 85 Dezibel waren es jedoch nur noch 37 Prozent (Mathews und Canon, 1975).

Dabei muß der ablenkende Einfluß – in diesem Falle das Hintergrundgeräusch – durchaus nicht etwas sein, auf das man *achtet*. Wenn zu viele visuelle oder akustische Eindrücke auf die Sinne einstürmen, kommt es zu einer »Reizüberflutung« (Sherrod und Downs, 1974) oder einem »Eingabestau« – also einer Art Stockung, der uns unfähig macht, fremde Not zu sehen oder zu hören.

Der Psychologe Stanley Milgram meinte vor ein paar Jahren, daß es auch die Reizüberflutung sein könne und nicht nur die Gegenwart von Zuschauern, die die Hilfsbereitschaft in großen Städten herabsetzt. Eine Forschungsgruppe in den Niederlanden testete Milgrams Hypothese an zwanzig verschiedenen Schauplätzen auf Straßen mit jeweils unterschiedlichem Verkehrsaufkommen, Straßenlärm, Fußgängerbetrieb und Zahl der öffentlichen Einrichtungen. An jedem Schauplatz signalisierten Mitarbeiter Hilfsbedürftigkeit, indem sie etwa ihren Fahrradschlüssel verloren und scheinbar nichts davon merkten. Das Ergebnis: Je größer der Ansturm der Stadtreize war, desto weniger Hilfe kam von den Passanten. Dies war zum Teil auf Latanés/Darleys Zuschauereffekt zurückzuführen, für den Rest jedoch waren Lärm, Verkehr und die Zahl der öffentlichen Einrichtungen verantwortlich (Milgram, 1970; Charles Korte, in: Rushton und Sorrentino, 1981: 319–324).

Auch ein anderes rätselhaftes Phänomen läßt sich durch diese Rolle der Aufmerksamkeit erklären, nämlich die Stimmungsabhängigkeit der Hilfsbereitschaft. In vielen Experimenten – eines davon habe ich im 1. Kapitel erwähnt – wurde ein Teil der Versuchspersonen in gute Laune versetzt, indem man sie an irgendetwas Schönes erinnerte, ihnen unverhofft einen kleinen Geldbetrag gab oder sie Tests machen ließ und ihnen dann – ganz aus der Luft gegriffen – sagte, sie hätten hervorragend abgeschnitten. Wenn die Versuchspersonen danach einer hilfsbedürftigen Person begegneten oder um Spenden für eine gute Sache gebeten wurden, waren sie viel freigiebiger als Versuchspersonen in neutraler Stimmung. Für diesen Zusammenhang von Wohlgefühl und guter Tat gaben die Wissenschaftler eine ganze Reihe von Erklärungen: Er beruhe auf einem »Wohlwollensschub«, auf verstärkter Hinwendung zu anderen Menschen, auf dem Bewußtsein der eigenen Tüchtigkeit, auf einem verminderten Bedürfnis nach Wahrung des Eigeninteresses usw.

Natürlich erwarteten die Wissenschaftler nun bei schlechter Laune den gegenteiligen Effekt, und tatsächlich waren Versuchspersonen, die traurig waren, sich schämten oder verlegen wurden, weil sie sich vorstellen sollten, ein Freund sterbe an Krebs, oder weil man ihnen gesagt hatte, sie hätten aus Versehen ein Experiment verdorben, im Vergleich zu Personen in neutraler Stimmung weniger großzügig und hilfsbereit. Zumindest war es so bei *manchen* Experimenten. Bei anderen *verstärkte* sich überraschenderweise der Altruismus mit der negativen Stimmung. Daß negative Stimmungslagen zu Pessimismus, allgemeinem Weltverdruß oder Hilfslosigkeit führen können, die dann die freundlichen Impulse zum Versiegen bringen, war leicht vorstellbar. Wie aber konnten sie in manchen Fällen genau das Gegenteil bewirken? Am plausibelsten schien die These, daß die Versuchspersonen versuchten, ihre Stimmung zu heben oder ihre Selbsteinschätzung zu verbessern, indem sie etwas Anerkennenswertes taten (Robert Cialdini, Douglas Kenrick und Donald Baumann, in: Eisenberg, 1982: 352–355).

Vor ein paar Jahren werteten dann zwei Forschungsgruppen unabhängig voneinander die Daten mehrerer Studien zur Stimmungsabhängigkeit aus und kamen zum gleichen Ergebnis: Die Zu- oder Abnahme des Altruismus ist weniger auf die Stimmung selbst zurückzuführen, als darauf, worauf sie unsere Aufmerksamkeit lenkt. Sind wir guter Laune, werden wir mitteilsam, gehen aus uns heraus und sind damit auch imstande, anderer Leute Bedürfnisse wahrzunehmen (Shaffer, 1985/86). Sind wir gedrückt, weil uns der Gedanke an

andere Menschen deprimiert, sind wir sensibel für ihre Bedürfnisse; sind wir
gedrückt, weil uns der Gedanke an uns selbst deprimiert, sind wir ganz nach
innen gekehrt und halb blind für das, was anderen Menschen zustößt (Krebs
und Miller, 1985: 59 f.).

Was für ein Jammer!

… Sie merkt, wie ich sie ansehe; sie kommt zu mir herüber und sagt stockend: »Entschuldigen Sie bitte, könnten Sie mir vielleicht helfen? Sie sehen so aus, als ob Sie –«,
bricht ab und schlägt schluchzend die Hände vors Gesicht. (*Mir ist unbehaglich, und es
ist mir peinlich, daß ich Zeuge bin, wie sie in der Öffentlichkeit so aus der Fassung gerät.
Aber sie tut mir auch sehr leid. Was immer ihre Sorgen sind, ich würde sie gern trösten.
Kommt das daher, frage ich mich, weil ich sie attraktiv finde? Oder weil ich spüre, daß sie
sich wirklich quält?*) Ich frage, was für Hilfe sie denn braucht. Sie sagt, daß sie am Morgen wegen eines Vorstellungsgesprächs in die Stadt gekommen ist und daß ihr die Handtasche gestohlen wurde; sie ist ganz panisch, weil sie zu Hause sein muß, ehe ihre beiden
kleinen Kinder aus der Schule kommen. (*Schrecklich, ohne Geld in der Stadt festzusit-
zen, mit zwei kleinen Kindern, die in ein paar Stunden zu Hause vor verschlossener Tür
stehen und nicht wissen, wo ihre Mutter ist. Kein Wunder, daß sie so durcheinander ist …,
und ich bin selber ganz bestürzt.*)

Haben wir erst einmal bemerkt, daß jemand Hilfe braucht, reagieren wir mit
Betroffenheit – mit einem Gefühl, das von schwachem Unbehagen oder leich-
ter Besorgnis bis zu tiefem Schmerz oder großer Beunruhigung gehen kann.
Die Art der Betroffenheit und die Intensität, mit der sie uns das Helfen in
Betracht ziehen läßt, ist von mehreren Faktoren abhängig (Dovidio, 1984:
367–374).

Situationsbedingte Merkmale

Wir wissen bereits:

- Wir lassen uns weniger aufstören, wenn andere dabei sind – es sei denn, es
  sind Freunde oder nahe Verwandte. In diesem Falle ist die Betroffenheit
  genauso stark, wie wenn wir allein wären.
- Die Art des Problems spricht das Gefühl unterschiedlich stark an: Sehen wir
  einen Fremden ein Bündel Papiere verlieren, gehen wir vielleicht mit einem
  bedauernden Lächeln an ihm vorüber; sehen wir einen Fremden vom Rad
  fallen und auf der Straße liegen, ist der Impuls zur Hilfeleistung sehr stark.

- Manche Situationen schrecken uns so sehr auf – das Kind, das gleich aus dem Fenster fällt –, daß sie alle übrigen geistig-seelischen Prozesse, die zum Altruismus gehören, überspringen und uns auf der Stelle zum Rettungsversuch ansetzen lassen.
- Besonders grauenhafte und abstoßende Situationen, etwa ein Unfall, bei dem jemandem ein Arm abgerissen wird, können uns lähmen oder dazu führen, daß wir uns abwenden, weil uns schlecht wird.

Merkmale des Opfers

Einige der wichtigeren bereits behandelten Parameter:

- Notsituationen attraktiver Personen berühren uns stärker als Notsituationen unattraktiver Personen.
- Notsituationen von Menschen, die wir als zu *uns* gehörig betrachten, bewegen uns stark; Notsituationen von Menschen, wir wir als zu *ihnen* gehörig betrachten, bewegen uns unter Umständen wenig.
- Sie berühren uns möglicherweise gar nicht, wenn die betroffene Person betrunken, schmutzig, entstellt oder auf andere Weise abstoßend ist.
- Fast immer fühlen wir uns angesprochen, wenn die hilflose Person ein kleines Kind, alt oder behindert ist.

Warum sprechen uns bestimmte Merkmale der Situation oder der betroffenen Person an? Man könnte denken, daß sich diese Frage von selbst beantwortet: Wenn man ein Kind sieht, das jammernd neben seinem Hund hockt, der gerade von einem Auto überfahren wurde, oder von dem armenischen Major liest, der beim Erdbeben 1988 seine gesamte 15köpfige Familie verlor, meint man, daß jeder normale Mensch hier mitfühlen müßte.

Und doch muß die Frage beantwortet werden. Warum bewegen uns die Sorgen und Nöte anderer, insbesondere fremder Menschen? Wenn Selbsterhaltung der Urtrieb allen Lebens ist, warum haben wir dann Gefühle, die uns, um anderer Leute Not zu lindern, gegen unser eigenes Interesse handeln lassen?

Hierfür sind zwei geistig-seelische Prozesse verantwortlich, die bereits erwähnt wurden.

Die *Rollenannahme* ist die vom Heranwachsenden erworbene Fähigkeit, Dinge aus der Perspektive anderer Menschen zu sehen (Dennis Krebs und Cristine Russell, in: Rushton und Sorrentino, 1981: 152; Salovey und Rosenhan, 1989: 19f.; Eisenberg, 1986: 106).

Ihre primäre Funktion ist die Informationsgewinnung: Auf diese Weise lernt man abschätzen, in welcher Verfassung sich die andere Person befindet und was sie von einem erwartet. Diese Information kann uns in der einen oder anderen Form motivieren, eine Hilfeleistung zu erwägen. Eine mögliche Form: Wir denken dann vielleicht, daß es nur gut und richtig ist, jemandem zu helfen, dem es so geht wie dieser Person. Eine andere: Es entsteht Sympathie für die andere Person – Mitleid und Mitgefühl, das auf einem verstandesmäßigen Nachvollziehen der Empfindungen dieser Person beruht, auch wenn wir uns vielleicht nicht wirklich in sie hineinversetzen können. Zwei Beispiele:

– Als die Läuferin Mary Decker bei den Olympischen Spielen 1984 mit der Läuferin Zola Budd zusammenstieß und sich beim Sturz einen Muskelriß zuzog, sahen Millionen im Fernsehen, wie sie sich verzweifelt weinend auf dem Boden wälzte; man konnte ihre Gefühle verstehen und nachfühlen – und sogar wünschen, sie trösten zu können –, aber nur jemand, der jahrelang für einen Wettkampf trainiert und durch einen plötzlichen Unfall jede Aussicht auf den Sieg verloren hat, kann auch nur annähernd nachvollziehen, was wirklich in ihr vorging.
– Hermann Graebe, ein deutscher Ingenieur, konnte während des Holocaust über 300 Juden in Polen, der Ukraine und Deutschland das Leben retten, indem er ihnen eine Arbeitsgenehmigung verschaffte und sie in seinem Betrieb anstellte, der für die deutsche Wehrmacht arbeitete. Neben all den anderen Einflüssen in seinem Leben, die zu diesem Handeln führten, war die Tatsache ausschlaggebend, daß er in Dubno unfreiwillig Zeuge eines Massakers wurde. Vor kurzem schilderte er Bruchstücke dieser Erfahrung für die Herausgeber von *The Courage to Care*:

»Eines der schrecklichsten Dinge, an die ich mich erinnere, ist ein Vater, vielleicht Mitte Fünfzig, der neben seinem vielleicht zehnjährigen ... Jungen stand. Sie waren nackt, völlig nackt, und warteten, bis sie an der Reihe waren, um erschossen zu werden. Der Junge weinte, und der Vater streichelte seinen Kopf. Der ältere Mann zeigte zum Himmel und sprach ruhig mit dem kleinen Jungen. Eine Weile redeten sie so – ich konnte nicht hören, was sie sagten, weil sie zu weit weg waren – und dann waren sie an der Reihe. ... Der Junge weinte und der Vater redete mit ihm und streichelte ihn. Wie erklären Sie das?« (Rittner und Myers, 1986: 40ff.)

Graebes Worte lassen darauf schließen, daß er die Gefühle des Vaters zwar nicht nachvollziehen – die Situation war zu abwegig, zu weit weg von jeder Vorerfahrung –, ihn aber verstehen konnte und infolgedessen von Mitgefühl und moralischer Entrüstung geradezu überwältigt wurde. So wurde er zum außergewöhnlich engagierten Retter von Juden.

Die *Einfühlung* (*Empathie*), der zweite geistig-seelische Prozeß, über den uns fremdes Leid anspricht, wirkt, indem sie uns *fühlen* läßt, was die andere Person fühlt. Dies ist ein rätselhafter Vorgang: Wie und warum sollte die Natur uns Empfindungen eingeben wie die, die ein verzweifelter oder in Not befindlicher Mensch hat – Empfindungen, die zur Notsituation dieses Menschen passen, nicht aber zu unserer eigenen? Unpassende Gefühle können dazu führen, daß wir gegen unsere eigenen Interessen handeln; Einfühlung gehört daher zum Kern des Rätsels Altruismus (Eisenberg, 1986: 31; Eisenberg und Strayer, 1987: 3f; Martin Hoffman, in: ebd.: 48).

Ein Teil der Antwort ist, wie wir bereits gesehen haben, daß Einfühlung ein Überlebensfaktor ist und daher bei der evolutionären Auslese begünstigt wird: Sie bewirkt wechselseitiges Verständnis und Hilfe und gibt damit Gruppen mit einer entsprechenden genetischen Disposition größere Überlebenschancen. Der andere Teil ist, daß Einfühlung durch Sozialisation zustandekommt: Als Heranwachsende lernen wir, daß einfühlende Reaktionen mit Freundschaft, Treue und sozialer Anerkennung belohnt werden. Daher nimmt bei Kindern das Einfühlungsvermögen in die Not anderer Menschen im Laufe ihrer Entwicklung zu. Mit Erreichen des Erwachsenenalters vollziehen wir fast alle oft und automatisch die Gefühle von Menschen nach, die in Not sind, und werden von diesen Gefühlen dazu gebracht, das Helfen in Erwägung zu ziehen.

Stellen Sie sich zum Beispiel einen regnerischen, windigen, unangenehmen Tag vor. Sie hören, wie ihre ältere Nachbarin in ihr Auto steigt und immer wieder vergeblich den Anlasser betätigt. Die Batterie wird immer leerer, der Anlasser stottert immer mehr – wie würden Sie reagieren? Hätten Sie jetzt nicht das gleiche flaue Gefühl im Magen, das Ihre Nachbarin haben dürfte? Und würden Sie nicht überlegen, ob Sie hinauslaufen und Ihre Hilfe anbieten sollen?

Methodisch ganz unterschiedlich angelegte Studien belegen, daß die meisten Leute auf die Not anderer Menschen (oder zumindest auf die Not bestimmter anderer Menschen in bestimmten Situationen) tatsächlich mit Einfühlung reagieren. Eine dieser Methoden ist der Selbstbericht: Die Leute werden gefragt, mit welchen Gefühlen sie reagieren, wenn ihnen Geschichten oder Bilder von Menschen in schwierigen Situationen vorgelegt werden. Meistens stimmen ihre Gefühle tendenziell mit den Gefühlen dieser Personen überein. Oder Versuchspersonen werden, wie bei einer ganzen Reihe der bereits beschriebenen Experimente, mit simulierten Krisen konfrontiert und dann gefragt, was sie dabei empfunden haben. Sowohl ihre sichtbaren Reaktionen als auch ihre Antworten lassen auf eine allgemeine Tendenz zu einfühlender Betroffenheit schließen (Eisenberg, 1986: 36).

Schließlich haben manche Forscher auf der Suche nach objektiven Belegen bei Versuchspersonen, die im Experiment andere Menschen in Not sehen oder hören, die Veränderungen des Gesichtsausdrucks beobachtet, den Puls gezählt und die (von der Schweißabsonderung abhängige) Leitfähigkeit der Haut gemessen (Eisenberg und Strayer, 1987). Verknüpft man solche Daten mit den Aussagen dieser Leute über ihre Empfindungen und mit ihrem tatsächlichen Verhalten, erhält man wiederum einen Beleg für die Theorie, daß Einfühlungs-reaktionen ein entscheidender Faktor für das helfende Verhalten sind.

Bis zur Entscheidung für oder gegen das Helfen fehlen jedoch immer noch ein paar Schritte. Wir mögen zwar oft das Gefühl haben, daß unser Entschluß direkt auf den emotionalen Anstoß folgt, aber in Wirklichkeit ist er das Produkt weitergehender und komplizierterer geistig-seelischer Prozesse. Sie können Minuten, Tage oder noch länger dauern, meistens aber nur Sekunden oder Bruchteile von Sekunden. Die Forschung kann solche blitzschnellen Abläufe wie eine automatische Kamera in lauter Momentaufnahmen zerlegen und dadurch der Analyse zugänglich machen.*

Sollte man helfen?

… Sie ist ganz panisch, weil sie zu Hause sein muß, ehe ihre beiden kleinen Kinder aus der Schule kommen. (*Sie sieht so hilflos aus, so fertig, und hat solche Angst um ihre Kinder. Wenn sie die Wahrheit sagt, wenn es kein Schwindel ist, dann ist sie wirklich übel dran. Was könnte sie tun? Die Nachbarn anrufen? Aber sie hat ja auch kein Telefongeld, und vielleicht gibt es auch niemanden, der alles stehen- und liegenlassen würde, um die Kinder zu holen. Sie muß auf jeden Fall nach Hause, bloß wie? Zur Polizei gehen? – Nein, dafür ist gar keine Zeit mehr, und selbst wenn, sie würde dort kein Geld für Taxi und Bahn bekommen, man würde sie nur weiterschicken, zur Bahnhofsmission oder so. Aber die ist am Bahnhof, und ohne Geld kommt sie auch dort nicht hin – schon gar nicht rechtzeitig, um ihr Fahrgeld zu bekommen und vor ihren Kindern zu Hause zu sein. … Eigentlich müßte man ihr helfen, bloß wer?*)

Sind wir uns der Not der anderen Person bewußt geworden und fühlen uns betroffen, erwägen wir die Lage im Lichte unserer gesamten Lebenserfahrung. Auch dies ist ein Grund, warum Kinder mit zunehmendem Alter immer altruistischer werden: Sie haben mehr Erfahrungen, auf die sie zurückgreifen kön-

---

* Die durch Betroffenheit ausgelösten geistig-seelischen Vorgänge können zwar auch einer nach dem anderen ablaufen, aber meistens sind mehrere von ihnen gleichzeitig im Gange; im menschlichen Geist gibt es sehr viel Parallelverarbeitung, wie die kognitiven Psychologen sagen. Da diese auf Papier nicht simulierbar ist, muß ich bei der Lektüre der folgenden Abschnitte an die Vorstellungskraft des Lesers appellieren.

nen, und sind dadurch besser in der Lage, die Probleme anderer Menschen einzuschätzen und eine realistischere und angemessenere Antwort auf die Frage
zu geben, ob man helfen sollte.

In den meisten in diesem Buch behandelten Fällen ist die Antwort offensichtlich ja. Aber manchmal ist die Antwort auch ein Nein, weil Helfen unpas-
send, peinlich, kostspielig, wirkungslos und sogar lebensgefährlich wäre. Zum
Beispiel:

- In der Innenstadt wird ein Handtaschenräuber von zwei Polizisten in Zivil
  an die Wand gestellt, durchsucht und dann in Handschellen abgeführt. Der
  Verdächtige, ein magerer schwarzer Jugendlicher, blutet aus einer Platz-
  wunde an der Lippe, ringt nach Atem und hat offensichtlich furchtbare
  Angst. Sollte jemand versuchen, ihm zu helfen? Ganz klar nein – zumindest
  kein Zuschauer, und nicht hier und jetzt. Wenn Hilfe angesagt ist, dann
  durch einen Verteidiger vor Gericht.
- Bei stürmischer See wird ein kleiner Junge vom Deck eines Kreuzfahrtschif-
  fes gespült. Der Kapitän hält mit dem Bug gegen den Wind, weil alle anderen
  Manöver bei derart hohen Wellen und schwerem Sturm das Schiff auf die
  Seite drücken und zum Kentern bringen könnten. Weder kann er eine Wende
  riskieren, um den Jungen zu suchen, noch schnell genug ein Rettungsboot
  zu Wasser lassen, um ihn zu retten, noch könnte das Boot zum Mutterschiff
  zurückgelangen. Sollte man helfen? Leider nein.

Sollte *ich* zu helfen versuchen?

*… (Eigentlich müßte man helfen, bloß wer? Jemand, den sie kennt – aber wahrschein-
lich kennt sie hier niemanden, und um irgendwo anzurufen, hat sie kein Geld. Jemand,
der gerade vorbeikommt und sie weinen sieht – von dem sie merkt, daß er sie sieht – und
den sie um Hilfe bittet – Ich! Halt, halt, halt! – wieso denn ich? Bloß weil ich weit und
breit der einzige bin? Oder weil sie mir irgendetwas angesehen hat? »Sie sehen so aus wie
jemand, der …«, hat sie gesagt, und ist in Tränen ausgebrochen. Wie jemand, der was?
Der einem Fremden in Not helfen würde? Wie kommt sie denn darauf? – Das weiß ich ja
nicht mal selber, ob das stimmt.) Ganz außer sich und entsetzlich verlegen fragt sie mich,
ob ich ihr nicht das Fahrgeld für Taxi und Bahn borgen könnte – 15 Dollar –, die sie am
nächsten Tag per Post zurückschicken will. (15 Dollar! Die geht ja ran beim Betteln! –
Aber wieso betteln? Eigentlich glaube ich nicht, daß sie eine Bettlerin ist; ich glaube, sie
ist genau das, wonach sie aussieht. Und sie ist wirklich in der Klemme. Kann ich einer
wildfremden Frau trauen? Soll ich ihr trauen? Ich bilde mir ja ein, ich hätte einige Men-
schenkenntnis, und wenn ich sie so höre und sehe, dann glaube ich nicht, daß das alles
vorgetäuscht ist. Und sie braucht wirklich Hilfe. Mir geht es dieses Jahr eigentlich ganz*

gut, ich könnte es riskieren, und so schnell findet sie hier niemand anderen – wer von all den Leuten, die hier unterwegs sind, würde ihr wohl glauben? Ja, ich denke, ich sollte ihr das Geld geben, ich denke, das ist in Ordnung.)

Wenn Lebenserfahrung und Fingerspitzengefühl bei der Frage: Sollte man zu helfen versuchen? zu einem Ja führen, dann ist die nächste Frage: Sollte *ich* zu helfen versuchen? An diesem Punkt kommen mehrere Einflüsse ins Spiel, von denen bereits die Rede war:

- Die *An- oder Abwesenheit anderer Personen*, die helfen könnten oder besser geeignet wären, spielt auch hier wieder eine Rolle.
- Sie bedenken, daß die *hilfsbedürftige Person auf Sie angewiesen ist*.
- Sie bringen *Ihre eigene Befähigung* (oder Nichtbefähigung) zum Helfen in der spezifischen Situation in die Gleichung ein.
- Sie *führen sich die sozialen Folgen von Helfen oder Nichthelfen vor Augen*, indem Sie auf Ihre Erfahrung und Ihre Kenntnis der Erwartungen zurückgreifen, die Ihre Gesellschaft an Sie hat. Wenn Sie wissen, daß es in einer bestimmten Situation die meisten Leute gut von Ihnen finden würden, wenn Sie helfen, und nicht gut, wenn Sie nicht helfen, ist die Antwort auf die Frage, ob *Sie* helfen sollten, wahrscheinlich: Ja (Archer, 1987; Archer, Diaz-Loving u. a., 1981).
- *Ihre eigenen Normen* können einen größeren Einfluß auf die Einschätzung der Situation und auf Ihr Handeln haben als die gesellschaftlichen Normen. Von den gesellschaftlichen Normen hängt ab, was andere Leute von Ihnen erwarten, von den eigenen Normen, was Sie selber von sich erwarten – und oft sind sie strenger. Sie folgen einer gesellschaftlichen Norm des Helfens, um als guter Mensch angesehen zu werden, aber der eigenen Norm, um vor sich selbst als guter Mensch dazustehen. Deswegen sagen auch manche Leute, die wie die Nierenspender eine kostspielige oder gefährliche gute Tat getan haben: »Ich mußte einfach«, oder: »Ich hätte mir selbst nicht mehr ins Gesicht sehen können, wenn ich es nicht getan hätte.« (Shalom Schwartz und Judith Howard, in: Rushton und Sorrentino, 1981: 199 ff.; Schlenker, Hallam und McCown, 1983)

Und ich will helfen, weil …

… (Ja, ich glaube, ich sollte ihr das Geld geben, ich glaube, das ist in Ordnung. Aber will ich wirklich? Ja und nein. Ich könnte 15 Dollar verlieren – und mir blöd vorkommen; ich würde mich genieren, meinen Freunden zu erzählen, daß ich einer ganz gewöhnlichen Schwindlerin aufgesessen bin. Aber wenn ich sie mir so ansehe – sie starrt mich an wie ein

Tier in der Falle – die Augen voller Tränen, unglücklich, gequält, gegen alle Vernunft hoffend, daß ich sie rette. Jetzt wird mir schon ganz elend. Ich hasse das. Wenn ich ihr das Geld gebe, geht es mir mindestens soviel besser wie ihr, und ich hätte ein gutes Gefühl und fände mich großartig – es sei denn, ich müßte denken, ich wäre reingefallen, und mich über mich selber ärgern – nein, das ist kleinlich, nur daran zu denken, was es mir ausmacht und wie es mir geht, wenn ich ihr das Geld gebe. Worauf es ankommt, ist doch, was es für sie bedeutet. Sie wird ungeheuer erleichtert sein, alles wäre wieder gut – das ist doch ein Grund, um ihr zu helfen – und ja, ich möchte wirklich.)

Zu dem Schluß: »Ich sollte helfen« kommt man wie auf einem vorgezeichneten Weg, aber trotzdem braucht man noch irgendeinen zusätzlichen Antrieb oder, psychologisch gesprochen, eine Motivation.

Damit kommen wir endlich zum Kern der Sache: Was ist die primäre Motivation, etwas zu tun, was einer anderen Person auf unsere Kosten nützt? Wenn es überhaupt eine Lösung des Rätsels gibt, das wir hier untersuchen – nämlich wie es Altruismus geben kann, obwohl er dem Eigeninteresse entgegensteht –, dann muß sie hier zu finden sein.

Jahrhundertelang haben sich, wie schon gesagt, die Philosophen den Kopf über die Frage zerbrochen, warum jemand sich zum eigenen Nachteil altruistisch verhalten sollte. Viele, die keinen guten Grund finden konnten, kamen zu dem Schluß, daß es echten Altruismus nicht gibt und daß wir nur dann Gutes tun, wenn es uns selber in irgendeiner Form nützt. Mehr oder minder die gleiche Auffassung vertreten auch die heutigen Sozialwissenschaftler und vor allem die Psychologen, die in ihrer Mehrzahl behaupten, daß aller Altruismus auf die eine oder andere Weise eigennützig ist.

Auf welche Weise kann er uns nützen? Darauf geben die Psychologen mehr als eine Antwort. Die psychoanalytisch orientierten Psychologen sagen, man handele altruistisch, um eigene Schuldgefühle zu kompensieren (David Rosenhan, Peter Salovey u. a., in: Rushton und Sorrentino, 1981: 237). Um dies zu testen, haben die Altruismusforscher bei ihren Versuchspersonen Schuldgefühle erzeugt (Hoffman, 1982; Krebs, 1982: 281–287) – indem sie sie glauben machten, ein Assistent hätte ihretwegen einen Kasten mit Karteikarten fallengelassen oder sie hätten ein Experiment verdorben usw. – und herausgefunden, daß diese Versuchspersonen hinterher hilfsbereiter und großzügiger waren als jene, bei denen sie keine Schuldgefühle hervorgerufen hatten. Aber selbst wenn diese Art »kompensatorisches« Helfen auf Schuldgefühle zurückzuführen ist, so ist damit doch nicht erklärt, warum Versuchspersonen in all den anderen Situationen helfen, in denen kein Schuldgefühl erzeugt wird. Offensichtlich ist Helfen nur zu einem Teil durch Schuldgefühle zu erklären.

Eine andere, ebenfalls vom Eigennutz ausgehende Erklärung findet sich bei der Psychoanalytikerin Anna Freud (1946): Geben ist egoistisch motiviert, weil es dem Gebenden Freude bereitet und also lustvoll ist. Daran dürfte etwas Wahres sein; oft wissen wir, schon bevor wir etwas Gutes tun, daß es unser Wohlbefinden steigern wird. Auch hierfür gibt es Belege in der Forschung: Untersuchungen haben ergeben, daß sich Menschen mit geringem Selbstwertgefühl eher hilfsbereit zeigen – wahrscheinlich, um ihrem Selbstwertgefühl aufzuhelfen – als Menschen mit normalem Selbstwertgefühl. Dieselben Untersuchungen zeigen aber auch, daß auch Menschen mit hohem Selbstwertgefühl altruistischer sind als normal (Eisenberg, 1986: 201 ff.; Hatfield, Walster und Piliavin, 1978). Die Aufbesserung des Selbstbilds kann also nicht das einzige oder auch nur vordringliche Motiv für das altruistische Verhalten sein.

Die meisten Altruismusforscher formulieren denn auch die Eigennutztheorie lieber allgemeiner: Wir sind altruistisch nur dann, wenn der Nutzen, den wir daraus ziehen, wie immer er beschaffen sein mag, größer ist als die Kosten, die mit der Hilfeleistung verbunden sind. Damit unterliegt der Altruismus dem Urgesetz der Verstärkung: Wir tun, was uns etwas einbringt, und vermeiden, was uns nichts einbringt.

Es ist sicher richtig – und oft auch offensichtlich –, daß viele sogenannten altruistischen Akte durch Eigeninteresse motiviert sind. Manche, vielleicht sogar die meisten Menschenfreunde geben hauptsächlich deswegen etwas, weil sie Beifall und Ruhm suchen. Viele Firmenspenden haben den Zweck, das Bild des Unternehmens in der Öffentlichkeit zu verbessern und seine Bedeutung für das Gemeinwohl zu unterstreichen. Politiker setzen sich zumindest teilweise auch deshalb für die Armen und Schwachen ein, weil dies ihre eigene Position festigt.

Und fast alle werden wir, wenn wir ehrlich sind, zugeben müssen, daß auch hinter manchen oder vielen unserer eigenen wohltätigen Akte der Eigennutz steht. Wir spenden für ein Arbeitsbeschaffungsprogramm für entlassene Strafgefangene teils aus Mitgefühl, teils weil dadurch vielleicht die Rückfälligkeitsquote gesenkt und die Kriminalität in unseren Städten verringert werden kann. Wir unterstützen Bürgerinitiativen, weil sich ein großer Teil ihrer Arbeit auch auf unser eigenes kommunales Leben positiv auswirkt. Wir unterstützen den kostspieligen Ausbau von Obdachlosenunterkünften teils aus Mitleid mit den Obdachlosen, aber großenteils auch deshalb, damit aus unseren Parks und U-Bahnhöfen nicht ihre Schlafstätten und Toiletten werden. Wie schon der überaus gallige Gesellschaftskritiker de la Rochefoucauld sagte: »Wir würden uns unserer edelsten Taten oft schämen, wenn die Welt all die Motive kennen würde, die ihnen zugrundeliegen.«

Und dennoch, wie die Beispiele in diesem Buch zeigen, tun viele von uns Gutes, ohne praktischen Nutzen daraus zu ziehen. Worin besteht der Eigennutz, den so viele Psychologen als das eigentliche Motiv ansehen, wenn wir

anhalten, um einem gestrandeten Autofahrer zu helfen, Geld an die Hungerhilfe im Sudan überweisen oder überhaupt freiwillig und unbezahlt Zeit und
Mühe für irgendeine gute Sache aufbringen?

Die Antwort der Psychologen ist eine, die wir schon kennen, und verweist
auf die vielfach belegte enge Verbindung zwischen Einfühlung und Altruismus. Wenn wir jemanden leiden sehen, bringt uns Einfühlung dazu, dieses Leiden nachzuvollziehen. Wir versuchen, die andere Person von ihrem Leiden zu
befreien, damit es uns selber besser geht: Dies ist der Lohn, den uns die Hilfe
für andere Menschen einbringt (Cialdini u. a., 1987; Bar-Tal, 1976; Piliavin u. a.
1981; und viele andere).

Wenn aber dieses eigennützige Ziel der Hauptgrund für Altruismus wäre,
warum greifen wir dann nicht zu einfacheren und weniger kostspieligen Mit-
teln zur Beseitigung unseres Unbehagens? Mit ihrer ersten Studie stellten die
Piliavins und Judith Rodin die These auf, daß es tatsächlich vier Möglichkeiten
gibt, sich bei Einfühlungs-Leiden Erleichterung zu verschaffen: Helfen, Hilfe
holen, den Schauplatz verlassen oder sich einreden, der Betroffene verdiene
keine Hilfe. Sie unterstellten, daß man für jede Alternative eine Kosten-Nutzen-Rechnung aufstelle und dann diejenige auswähle, die für einen selber am
günstigsten ist. »Festzuhalten ist«, schließen sie, »daß die mit dem [Kosten-
Nutzen-]Modell implizierte Motivation weniger positiv ›altruistisch‹ ist, als
vielmehr der egoistische Wunsch, aus einem unangenehmen Gefühlszustand
herauszukommen.« (I. M. Piliavin, J. Rodin und J. A. Piliavin, 1969)

Recht häufig jedoch scheint eben doch das Helfen diejenige Alternative zu
sein, die, was die Befreiung von Unbehagen angeht, den größten Gewinn verspricht. In den letzten 15 Jahren ist Robert Cialdini einer der entschiedensten
Verfechter dieser ganz egoistischen Erklärung des Altruismus gewesen. Cialdini, ein freundlicher, gutmütiger Mann, erzählte mir, wie er zu dieser scheinbar so engherzigen Auffassung gekommen ist:

»Anfang der 70er Jahre gab es Untersuchungen, die zeigten, daß Menschen, die anderen
ein Leid zugefügt hatten, hinterher ungewöhnlich hilfsbereit waren, und es sah so aus,
als wäre die Befreiung von Schuldgefühlen die Ursache für den Altruismus. Aber diese
Leute mit den Schuldgefühlen waren zu Personen, denen sie nichts getan hatten,
genauso über-hilfsbereit wie zu denen, die durch sie zu Schaden gekommen waren. Das
schien mir nicht schlüssig.

Ich kam zu der Auffassung, daß der Auslöser nicht das Schuldgefühl, sondern eine
allgemeinere Stimmungslage – Traurigkeit etwa – sein mußte. Wir sagen: ›Ich habe
geholfen, weil mir dieser Mensch leid tat‹, aber das bedeutet doch, daß wir ein Unbehagen verspürt haben, weil er in einer üblen Lage war. Daraus folgte für mich, daß das
Motiv des Altruismus eher der Wunsch ist, unser Einfühlungs-Unbehagen loszuwerden, als der, dem Opfer zu helfen, und das habe ich experimentell nachzuweisen versucht. Manche meiner Kollegen haben gesagt, diese Auffassung sei nun doch zu

zynisch, aber ich sehe das überhaupt nicht so. Es ist ein höchst anpassungsfähiger und *warum?* lobenswerter Grundzug der menschlichen Natur.«

Damit ist Altruismus nach Cialdinis fröhlich-unsentimentaler Auffassung eine Form von Hedonismus: Wir sind gut zu anderen, wenn wir uns miserabel fühlen, weil es uns dadurch besser geht. Jede negative Stimmung kann uns zum Altruismus motivieren, aber die wichtigste Quelle solcher negativen Stimmungen ist die Einfühlung. In der Fachsprache klingt das bei Cialdini so: »Das Modell des helfenden Verhaltens als Ventil für eine negative Gefühlslage ... geht davon aus, daß der potentielle Helfer aufgrund seiner Einfühlungsreaktion auf die Notlage einer anderen Person Trauer empfindet und daß somit seine Motivation zu helfen ein Versuch ist, seine eigene Stimmungslage anzuheben.«

Cialdinis stärkster Beweis für diese Hypothese stammt aus einem Experiment, daß er vor ein paar Jahren zusammen mit zwei Doktoranden an der Arizona State University durchführte (Manucia, Baumann und Cialdini, 1984). Sie überlegten sich folgendes: Wenn wir Bedingungen schaffen, in denen unsere Versuchspersonen an ihrer traurigen Stimmung nichts ändern *können*, werden sie auch niemandem helfen, denn sie haben – falls unsere Theorie stimmt – dann keinen Grund mehr.

Wie aber sollten sie ihre Versuchspersonen davon überzeugen, daß sich ihre Traurigkeit nicht vertreiben ließ? Sie kamen auf eine etwas verrückte Idee: Sie erzählten den Versuchspersonen, daß sie bei einem Mnemoxine-Test mitmachen sollten, einem neuen Arzneimittel zur vorübergehenden Verbesserung des Kurzzeitgedächtnisses; die eine Hälfte würde das Medikament einnehmen, die andere Hälfte nicht. (Das »Arzneimittel« war nichts als ein paar Milliliter Mineralwasser.) Sie erzählten ihnen außerdem, daß eine merkwürdige, aber harmlose Nebenwirkung auftreten würde: Ungefähr eine halbe Stunde lang würde ihre jeweilige Stimmungslage konstant bleiben; wer vergnügt war, würde vergnügt bleiben; wer traurig war, blieb traurig. (Natürlich gab es keine Nebenwirkung, aber die Versuchspersonen glaubten es.)

Dann wurde mit jedem Teilnehmer – jeder war bei diesem Experiment allein – vorab ein Gedächtnistest durchgeführt, bei dem er sich an ein glückliches bzw. trauriges bzw. neutrales Ereignis erinnern sollte. Der eigentliche Zweck dieser Übung war natürlich, jeweils einige von ihnen in eine vergnügte, traurige oder neutrale Stimmung zu versetzen.

Der Versuchsleiter erinnerte den Teilnehmer dann daran, daß die Wirkung der stimmungsfixierenden Arznei jetzt eingesetzt habe, und ging hinaus, um angeblich etwas zu holen. Unterdessen kam ein Assistent herein, der das Abzeichen einer nichtkommerziellen örtlichen Blutspendeorganisation trug, und fragte die Versuchsperson, ob sie bereit wäre, einige kurze Telefongespräche zu führen, um bei der Beschaffung von zusätzlichen Informationen über die örtlichen Blutspender behilflich zu sein.

»Wenn die Aufhebung von Traurigkeit wirklich das entscheidende Motiv für den Altruismus war«, sagte Cialdini, »dann hätten diejenigen, die dachten, ihre Traurigkeit wäre jetzt sozusagen eingefroren, nicht hilfsbereiter sein dürfen als die Gruppe mit der neutralen Stimmung, denn das Helfen konnte ihnen ja nichts nützen. Diejenigen aber, die die Arznei nicht genommen hatten und dachten, ihre Traurigkeit *könnte* vertrieben werden, hätten *eigentlich* hilfsbereiter sein müssen als die Neutralen. Und genau so war es.« Eine weitere Bestätigung für seine Hypothese erbrachten die Ergebnisse bei den vergnügten Teilnehmern: Da sie keinen Grund hatten, sich eine andere Stimmung zu wünschen, hätten diejenigen, die die Arznei genommen hatten, nicht mehr und nicht weniger hilfsbereit sein dürfen als die, die sie nicht genommen hatten – was sich als richtig erwies.

Dies ist ein starkes Argument für die Egoismus-Theorie, zu deren Anhängern die meisten mit diesem Thema befaßten Verhaltensforscher zählen. Aber einige führende Altruismusforscher, unter ihnen Ervin Staub, Dennis Krebs und David Rosenhan, sind anderer Ansicht. Auch wenn ein großer Teil des altruistischen Verhaltens durch Eigennutz motiviert ist, sagen sie, gibt es dennoch so etwas wie echten Altruismus: Verhalten, das eher die Bedürfnisse einer anderen Person berücksichtigt als die eigenen. Dies kann auch dann der Fall sein, sagt Martin Hoffman, wenn der Altruist doch irgendeinen Nutzen davon hat. Er unterscheidet zwischen Folge und Zweck einer Handlung: »Wenn jemand hinterher ein Gefühl der Zufriedenheit verspürt, heißt das noch nicht, daß er oder sie gehandelt hat, um dieses Gefühl zu bekommen.« (Hoffman, 1981)

Der nachdrücklichste und wortgewandteste Verfechter des echten Altruismus ist Daniel Batson, eben der, der sich mit dem Guter-Samariter-Experiment einen Namen gemacht hat. Nach Abschluß dieser Studie beschäftigte er sich eine Zeitlang, sozusagen in natürlicher Fortsetzung seiner früheren Ausbildung am Theologischen Seminar in Princeton, mit Religionspsychologie. Sein Hauptinteresse jedoch war das Moralverhalten, und er konzentrierte sich schließlich ganz auf dieses Thema, das ihn die letzten 14 Jahre beschäftigt hat und mit dem er bei seinen Kollegen inzwischen identifiziert wird. Er erzählte mir, wie es dazu kam:

»Etwa 1975, als ich an der Universität Kansas lehrte, wollte einer meiner Doktoranden über die kognitiven Aspekte des Altruismus promovieren. Wir überlegten uns eine Versuchsanordnung, bei der die Versuchspersonen eine fiktive Radionachricht über eine Studentin hörten, deren Eltern bei einem Autounfall ums Leben gekommen waren und deren Geschwister deshalb möglicherweise zur Adoption freigegeben werden mußten.

Wir wollten die kognitive Einschätzung dieser Situation durch die Teilnehmer untersuchen und waren sehr enttäuscht, daß sich bei ihnen zwei unterschiedliche, aber heftige affektive Reaktionen herausschälten. Die eine Reaktion war eher ängstlich-beunruhigt und löste keinerlei Wunsch zu helfen aus. Die andere war einfühlend und löste diesen Wunsch aus.

Aus meiner Sicht widersprach dieses Ergebnis Piliavins Kosten-Nutzen-Modell. Es zeigte, daß für das Helfen kein Kosten-Nutzen-Kalkül bestimmend war, sondern die besondere affektive Reaktion auf fremde Not. Das hieß für mich, daß der Mechanismus, der hinter dem echten Altruismus steckt, das durch Einfühlung hervorgerufene Gefühl ist – nicht einfach die Not selbst, sondern ein Nachvollziehen der Gefühle und der Sichtweise der anderen Person. Ein Ergebnis mit radikalen Implikationen für die Natur des Menschen.«

Seither haben sich Batson und andere Psychologen beharrlich damit befaßt, diese Hypothese des Einfühlungs-Altruismus zu testen und für ihre Verbreitung zu sorgen. Batson formuliert sie inzwischen so:

»Die Annahme ist die, daß die Stärke der altruistischen Motivation eine direkte Funktion der Stärke der einfühlenden Gefühlsreaktion ist. Lindert man die Not eines anderen Menschen, bringt einem das natürlich auch soziale Belohnung und Selbstbelohnung, erspart einem soziale Bestrafung und Selbstbestrafung und senkt die Abwehrerregung des Helfenden. Unsere These ist jedoch, daß aus der Einfühlung in die in Not befindliche Person eine Motivation zur Hilfeleistung entsteht, bei der dieser Gewinn für das Selbst nicht das Ziel des Helfens ist; er ist eine bloße Folgeerscheinung.« (Batson, 1987: 93)

Batson teilt durchaus die Ansicht, daß der größte Teil des prosozialen Verhaltens eigennützig motiviert ist – das meiste davon nennt er Pseudoaltruismus –, sagt aber, daß es echten Altruismus gibt, der sich ohne jeden Gedanken an den eigenen Nutzen auf das Wohl der anderen Person richtet. Aber ist er nachweisbar?

Mehrere Jahre vor Cialdini führte Batson mit vier seiner Studenten an der Universität von Kansas ein Experiment durch, das eben diesen Nachweis erbringen sollte. Wenn alles Helfen, so argumentierten sie, auf Beruhigung der eigenen Gefühle abzielt, würden die Menschen immer zwischen Helfen und Sich-Entziehen wählen und sich für das entscheiden, was unter den gegebenen Umständen das einfachere ist. Sollte es jedoch ein Helfen geben, das einzig der anderen Person zugute kommt, müßten die Menschen auch dann helfen, wenn Helfen mühevoll und Sich-Entziehen einfach wäre (Batson, Duncan u.a., 1981).

Um solche Bedingungen im Labor herzustellen, war eine ungewöhnlich komplizierte Versuchsanordnung nötig. Ein Teammitglied, das direkt mit den Versuchspersonen – lauter Studentinnen – zu tun hatte und sich Martha nannte, sagte ihnen, sie seien gleichzeitig an zwei Experimenten beteiligt, einem Gedächtnisexperiment und einem Experiment zu den Auswirkungen physischen Unbehagens (Elektroschocks) auf die Testleistung, bei dem sie nur zuschauen sollten. *(warum??)*

Milgram!

Etwa eine halbe Stunde vor dem Gedächnisexperiment, sagte Martha, würde die Teilnehmerin eine Tablette Millentana bekommen, einen Wirkstoff zur Verbesserung der Gedächtnisleistung (in Wirklichkeit aber ein Placebo, das nur Maisstärke enthielt). Während sie auf die vollständige Resorption des Wirkstoffes wartete, würde sie als Zuschauerin dem zweiten Experiment beiwohnen. Bei diesem würde eine junge Frau namen Elaine versuchen, eine Gedächtnisaufgabe durchzuführen, während sie in unregelmäßigen Abständen Elektroschocks versetzt bekäme.

Szenario

Martha machte die Teilnehmerinnen auch auf eine vorübergehende und harmlose (aber völlig fiktive) Nebenwirkung von Millentana aufmerksam: Der einen Hälfte erzählte sie, sie würden sich 25 Minuten lang wohl und empfindsam fühlen wie bei der Lektüre eines schönen Romans, der anderen Hälfte, es würde ihnen 25 Minuten lang unbehaglich und unwohl sein wie bei der Lektüre eines deprimierenden Romans.

Nach Einnahme der Tablette begann die Teilnehmerin mit der Beobachtung des Elektroschock-Experiments auf dem Videoschirm. In Wirklichkeit sah sie eine Videoaufnahme, in der eine Assistentin den Part der Elaine spielte und nicht wirklich elektrische Schläge versetzt bekam, aber alle Anzeichen von Angst, physischem Unbehagen und wachsendem psychischem Druck spielte. Martha, die so tat, als wäre sie von Elaines Reaktionen betroffen, ging zu ihr, um mit ihr zu reden, kam dann zurück und erklärte der Beobachterin, daß Elaine als Kind einmal vom Pferd auf einen Elektrozaun gefallen sei und das Experiment sehr belastend fände.

Dieses Szenario machte allen Beobachterinnen sehr zu schaffen, aber wie sich bei post-experimentellen Interviews herausstellte, hatten diejenigen, denen man gesagt hatte, daß Millentana sie offen und empfindsam machen würde, ihre Gefühlsreaktion auf Elaine für eigenes Leiden gehalten. Die anderen, die dachten, das Medikament würde sie traurig machen, hatten ihre Gefühlsreaktion auf Elaine in erster Linie als einfühlende Besorgnis angesehen.

Diese abweichenden Interpretationen mußten nun auch, so die Hypothese der Wissenschaftler, zu unterschiedlichen Reaktionen auf das führen, was danach kam – die Gelegenheit, sich der Situation entweder zu entziehen oder an Elaines Stelle zu treten. Die Hälfte der Teilnehmerinnen bekam gesagt, daß Elaine zwei Durchgänge zu machen habe, sie selber jedoch bereits nach einem Durchgang gehen konnten; damit war für leichtes Entkommen gesorgt. Der anderen Hälfte wurde gesagt, daß sie beide Versuche beobachten müßten: Ihre Alternative zum Nichthelfen war die Qual, weiter zuschauen zu müssen. Alle Teilnehmerinnen bekamen Gelegenheit, Elaine bei einem Teil des noch ausstehenden Experiments abzulösen, nachdem sie von ihrem Trauma gehört hatten (wozu es natürlich nicht wirklich kam). Auf diese Weise konnten sie zwischen Helfen – mit beträchtlichen eigenen Kosten – und Nichthelfen wählen; und manche konnten sich, was immer sie wählten, leicht entziehen, während die anderen dableiben mußten.

Falls es nun tatsächlich so etwas wie echten Altruismus gab, und abhängig davon, ob sie auch hätten gehen können oder nicht, würden diejenigen, die ihre Empfindungen für eine Folge der Einfühlung hielten, sich als Ersatzpersonen anbieten. Diejenigen aber, die ihre Empfindungen für eigenes Leiden hielten, würden nur schwach zur Ablösung Elaines motiviert sein, wenn sie nicht einfach verschwinden konnten, und überhaupt lieber gehen, wenn dies ohne weiteres möglich war. Strahlend erzählte mir Batson, was geschah:

»Das Ganze war derart komplex, daß ich den Studenten sagte, ich glaubte nicht, daß es funktionieren würde, und sie sollten nicht zuviel erwarten. Aber siehe da: Es funktionierte! Die ganzen Vorkehrungen hatten genau den gewünschten Effekt – und ebenso das Pattern des Helfens. Diejenigen, die dachten, daß es ihnen selber schlecht ginge, entschieden sich, wenn Weggehen einfach war, viel eher dafür wegzugehen als zu helfen; aber diejenigen, die dachten, sie empfänden Mitgefühl aufgrund ihrer Einfühlung, waren eher bereit, an Elaines Stelle zu treten, und zwar unabhängig davon, ob sie leicht weggehen konnten oder nicht. Das ist in meinen Augen ein äußerst bedeutsames Ergebnis.«

So führte Einfühlung, zumindest bei diesem Experiment, nicht – wie zu erwarten gewesen wäre, wenn die Egoismus-Theorie des Altruismus stimmte – zur Entscheidung für die unaufwendigste Form eigener Gefühlsentlastung, sondern zu Handlungen, die eher einer anderen als der eigenen Person zugute kommen sollten und also so ausfielen, wie sie ausfallen mußten, wenn es tatsächlich so etwas wie echten Altruismus gab.

Welche Theorie des Einfühlungs-Altruismus ist nun die richtige?

Möglicherweise beide. Einige führende Altruismusforscher und -theoretiker, unter ihnen Nancy Eisenberg, Martin Hoffman und Dennis Krebs, sind der Ansicht, daß Cialdini und Batson nicht dieselbe Art »Einfühlung« meinen und bei ihren Experimenten zwei unterschiedliche und voneinander unabhängige geistig-seelische Vorgänge nachgewiesen haben, die beide zu altruistischem Verhalten führen.

Cialdinis Theorien und Experimente betreffen Einfühlung in ihrer elementaren Bedeutung: den gleichen Gefühlszustand wie der einer anderen Person.

Wenn es ein menschlicher Urtrieb ist, Schmerz zu vermeiden und Wohlbefinden zu suchen, werden die Menschen, die mit anderen Menschen mitleiden, Kosten und Nutzen verschiedener Formen von Gefühlsentlastung abwägen und nur dann helfen, wenn Helfen als die billigste oder am wenigsten unangenehme Alternative erscheint.

Batsons Theorien und Experimente betreffen Einfühlung in einem umfassenderen Sinn: einen Gefühlszustand, in dem man den Standpunkt der anderen Person einnimmt und daher mitfühlt, mitleidet und um das Wohl dieser Person besorgt ist. Batson nennt das »Einfühlung«, aber andere Forscher nennen es »sympathetisches Leiden« oder einfach »Sympathie«.

Sympathie kann also, wie wir gesehen haben, durch Rollenannahme ausgelöst werden, am intensivsten aber, wie durch eine Fülle von Material belegt ist, durch Einfühlung. Kleine Kinder erleben Einfühlung, wissen aber nichts damit anzufangen. In dem Maße, wie sie mehr über die Welt und die anderen Menschen lernen, verwandelt sich ihre Reaktion in Besorgnis und Sympathie. Viele Erwachsene besitzen beide Fähigkeiten: Oft reagieren wir auf fremdes Leiden mit einfühlendem Mitleiden und wägen unsere Alternativen egoistisch ab, aber manchmal reagieren wir auch mit einfühlender Sympathie und echtem Altruismus.

Offen bleibt eine mehr philosophische als wissenschaftliche Frage: Ist egoistisch motivierter Altruismus nur Pseudoaltruismus, wie Batson meint? Hat nur die uneigennützige, sympathie-motivierte gute Tat als Altruismus zu gelten?

Meine Antwort (die Sie natürlich nicht teilen müssen):

- Altruismus ist keine einfache Größe; wie Liebe, Schönheit und Lust ist sie etwas Zusammengesetztes.
- Unterschiedliche Arten von Altruismus entstehen aus unterschiedlichen Motivationen und sind daher auch moralisch unterschiedlich zu bewerten. Echter Altruismus ist am bewundernswürdigsten und eindrucksvollsten, aber auch wenn teilweise der Wunsch nach innerem Lohn als Motiv vorhanden ist, bleibt die daraus resultierende gute Tat bewundernswert und moralisch, wenn auch etwas weniger als beim reinen Altruismus.
- Akte des Helfens oder gute Taten, die durch krassen Eigennutz und äußeren Lohn motiviert sind, wie bei Menschen, die Juden für Geld gerettet haben, sind nicht altruistisch. Da sie positive Folgen haben, können wir dankbar für sie sein, aber sie sind keine Beispiele für menschliches Mitleid.

… aber kann ich es mir auch leisten?

… (Sie wäre ja so erleichtert, und alles wäre in Ordnung – deswegen sollte man ihr helfen, ja, und ich täte es wirklich gern. Aber –) Ich zögere einen Moment. … (– vielleicht ist sie ja doch eine Betrügerin. Oder vielleicht ist es sowieso nicht meine Sache. Was würde es mich denn kosten, wenn ich einfach nein sagte und weiterginge? Naja, es könnte mir stundenlang nachhängen. Oder tagelang. Ich müßte an ihre Kinder denken, ich würde mich unwohl fühlen, weil mich jemand in solch einem Zustand um Hilfe gebeten hat und ich sie leicht hätte geben können und es nicht getan habe. Ich wäre mit mir selbst nicht im reinen.

Und auf der anderen Seite, was würde es mir einbringen, wenn ich nein sagte? Nicht viel: 15 Dollar und das Gefühl, daß ich mich nicht habe reinlegen lassen.

Und angenommen, ich helfe ihr, was würde es mich kosten? Wenn's eine krumme Tour ist, 15 Dollar. Das bringt mich nicht um, wäre aber immerhin ein Buch oder eine Flasche Wein im Restaurant. Und ich käme mir naiv vor, einfältig, dumm, um eine Illusion ärmer.

Und was würde es mir einbringen? Ich wäre erleichtert, es würde mir nicht den ganzen Tag oder noch länger im Kopf herumgehen, daß ich ihr hätte helfen sollen, daß ihren Kindern vielleicht irgendetwas Schreckliches passiert ist. Und ich wäre mit mir zufrieden, hätte ein gutes Gefühl –) und sage dann: »Ja, das kann ich machen.« Ich gebe ihr das Geld, sie schreibt sich Namen und Adresse auf, bedankt sich überschwenglich (ich winke ab) und eilt davon.

Sind wir erst einmal, aus welchem Grund auch immer, zum Helfen motiviert, durchlaufen wir eine Art Problemlösungsprozeß: Wir nehmen unser ganzes Wissen und unsere ganze Erfahrung zusammen, um Kosten und Nutzen der verschiedenen Arten von Hilfe abzuschätzen, die wir anbieten – oder nicht anbieten – könnten (Piliavin u. a., 1981: 236–253; Shalom Schwartz und Judith Howard, in: Staub, Bar-Tal u. a., 1984: 235 f.; Eisenberg, 1986: 34 f., 198 f.).

Dies ist kein Widerspruch zu Batsons Befund über eigennützigen und uneigennützigen Altruismus: Jede Art von Motivation führt dazu, daß wir die Folgen der jeweiligen Alternativen kalkulieren, nur auf unterschiedliche Weise.

Einfühlendes Mitleiden

Sind wir egoistisch motiviert und wollen unser eigenes Unbehagen mildern, berechnen wir Kosten und Nutzen des Helfens und des Nichthelfens und wählen die Alternative, die für uns selbst am besten ist (Dovidio, 1984: 383–389).

Die Abwägung all der vielen an diesem Prozeß beteiligten Faktoren erfordert eine Art intuitiver gedanklicher Differenzialrechnung. In den meisten Fällen, vor allem in Notfällen, geschieht dies fast augenblicklich. Das ist nicht weiter erstaunlich, denn wir tun so etwas ständig – zum Beispiel wenn wir im

Bruchteil einer Sekunde beschließen, wie wir eine peinliche Frage beantworten, die uns gerade gestellt wurde, oder wie wir einen auf uns zuschießenden Tennisball am besten zurückschlagen.

Überwiegen die Kosten den Nutzen, würden wir am liebsten gar nicht helfen, aber wir haben alle ein Gewissen. Um uns ohne Schuldgefühle oder Selbstverachtung gegen das Helfen entscheiden zu können, schützen wir oft in Gedanken irgendwelche Gründe gegen das Helfen vor. Die häufigsten sind:

– »In Wirklichkeit ist es gar nicht so schlimm.«
– »Da kann sowieso niemand helfen.«
– »Ich kann da gar nichts machen.« (Manchmal ein legitimer Grund für das Nichthelfen, manchmal Selbsttäuschung und Ausrede.)
– »Das ist nicht meine Sache« – die Polizei (oder der Staat, die Vereinten Nationen usw.) werden sich darum kümmern; oder: »Ich bin nicht schuld daran, daß er in der Klemme ist, warum sollte ich ihm raushelfen?« (– was zwar manchmal stimmt, oft aber eine Form ist, gegen die moralische Norm aufzubegehren, die uns Verantwortung für unsere Mitmenschen auferlegt).
– »Er hat keine Hilfe verdient« – er hat sich das (den Rausch, die Sucht, AIDS, Armut) selbst zuzuschreiben, weil er unmoralisch, faul, pervers usw. ist. Erscheint Helfen zu kostspielig, ziehen sich viele von uns auf die Begründung zurück, daß es letztlich doch »gerecht« zugehe in der Welt und daß es daher anständigen, hart arbeitenden Menschen auch gut gehe, während sich die sündigen und faulen ihre Leiden selbst zuzuschreiben haben und kein Mitleid verdienen.
– »Das Helfen hilft ihnen nicht wirklich.« Jüngstes Beispiel für diese Schutzbehauptung: Nahrungsmittellieferungen für die aufgrund des Bürgerkrieges hungernden Afghanen nützen nur dem totalitären Regime in Kabul; solange man Bettlern etwas gibt, suchen sie sich nie Arbeit.

Sympathie

Ist dagegen unser Motiv in erster Linie die Sorge um die andere Person, wägen wir ab, welche Art Hilfeleistung für sie am besten und am wenigsten kostspielig und für uns nicht allzu kostspielig oder gar ruinös ist (Batson, 1987).

Der potentielle Nutzen für uns selbst, etwa Erleichterung, gutes Gefühl oder soziale Anerkennung, mag uns dabei bewußt sein, geht aber in diese Gleichung nicht ein. Die meisten Nierenspender zum Beispiel haben gesagt, daß sie vor der Operation mit innerem Lohn rechneten (den sie ja auch bekamen), aber aus den Darstellungen ihrer Entscheidungsprozesse wird deutlich, daß dies bei ihren Erwägungen eine geringe oder gar keine Rolle spielte (Abram und Buchanan, 1976; Carl H. Fellner und John R. Marshall, in: Rushton und Sorrentino, 1981).

Was den greifbaren (äußeren) Lohn angeht, so erwägen Altruisten diesen nicht nur nicht, sondern er würde, wenn sie von ihm wüßten, womöglich sogar ihrer Motivation entgegenwirken. Bei einer vor kurzem durchgeführten Studie wurden Studenten, die sich einem Persönlichkeitstest zur Messung ihres Altruismus unterzogen hatten, von einer Doktorandin gefragt, ob sie ihr bei einem Forschungsprojekt helfen könnten, mit dem sie Schwierigkeiten hätte; dabei sagte sie einigen, sie würden dafür einen Seminarschein bekommen, anderen aber, die Hilfe könne ihnen nicht angerechnet werden. Studenten, deren Altruismus hoch bewertet worden war, waren fast doppelt so häufig zur Hilfe bereit, wenn sie mit keinerlei Gegenleistung rechneten, als wenn sie einen Schein bekommen sollten; Studenten mit hoher egoistischer Motivation waren doppelt so häufig zur Hilfe bereit, wenn sie einen Schein bekommen sollten, als wenn sie nichts bekommen sollten (Romer, Gruder und Lizzardo, 1986).

Bei der Einschätzung der Machbarkeit unserer potentiellen Hilfe und ihres Wertes *für die andere Person* machen wir auch die Gegenrechnung auf: Unsere eigene Gesundheit und unser eigenes Leben, die genauso erhaltenswert sind wie die einer anderen Person; und das Leid, das wir Menschen zufügen, die von uns abhängig sind, wenn wir uns oder unser Vermögen zugrunderichten. Dies, und nicht so sehr der persönliche Gewinn, wird gegen das Gute aufgewogen, das wir tun könnten.

Nur ganz außergewöhnliche Menschen unter außergewöhnlichen Umständen verwenden gar keinen Gedanken auf solche Kosten und ziehen nur in Betracht, was für die andere Person am besten ist – so wie bei dem fast unbegreiflichen Verhalten von Arland Williams (des Mannes, der nach dem Flugzeugabsturz im eisigen Potomac anderen zur Rettung verhalf, bis es für ihn zu spät war) oder bei den Soldaten, die einen altruistischen Selbstmord begingen, indem sie sich auf eine gezündete Granate warfen.

Aber Altruismus dieser Art braucht nicht unser Vorbild oder Ziel zu sein. Jeder von uns ist ein Mensch und hat das gleiche Recht auf Leben und Gesundheit wie jeder andere. Beim Altruismus gibt es nichts Absolutes; jeder Fall muß für sich erwogen werden, und das machbare Ideal ist eine Entscheidung, die auf der Basis dessen gefällt wird, was für die andere Person gut und für uns selbst nicht massiv schädlich ist. Dem überfallenen Fremden zu helfen, kostete den Guten Samariter Geld, Zeit und Mühe, aber nicht Leben, Vermögen oder Gesundheit. Als Modell bleibt er für uns so wertvoll wie vor zweitausend Jahren.

P.S.: Meine 15 Dollar habe ich nie wiedergesehen – aber zum Glück hat das nichts an meiner Einstellung geändert. Ich finde, daß ich etwas Wichtiges über mich gelernt und die richtige Entscheidung gefällt habe. Ich habe bei dieser Transaktion nichts verloren.

Siebtes Kapitel

»Wackre neue Welt«

Ein ausgewogenes Menschenbild

Obwohl es zahlreiche Belege dafür gibt, daß Mitleid eine Grundeigenschaft des Menschen ist, war man lange Zeit der Ansicht, die Menschen seien zur Mehrzahl ihrer Mitmenschen roh und herzlos. In jeder Zitatensammlung finden sich reichlich Aussprüche wie: »Der Mensch ist des Menschen größter Feind« (Robert Burton), kaum aber solche wie: »Des Menschen kostbarstes Gut ist der Mensch« (Thomas Carlyle). Die Altruismusforschung belegt, daß Freundlichkeit genauso ein Bestandteil der menschlichen Natur ist wie Grausamkeit, und doch überwiegen in Nachrichten und Geschichtsschreibung die grausamen Taten bei weitem.

Warum sind wir uns des Verabscheuungswürdigen in uns so stark bewußt, des Bewundernswerten aber so wenig? Nicht deswegen, behaupte ich, weil das Verabscheuungswürdige so allgemein und das Bewundernswürdige so selten ist, sondern genau umgekehrt. Prosoziales Verhalten aller Art, einschließlich Altruismus, ist so normal und so sehr das, womit wir rechnen, daß wir es kaum bemerken, aber sehr betroffen sind, wenn es ausbleibt oder sich ins Gegenteil verkehrt. Wir finden nichts Ungewöhnliches daran, wenn ein Passant einem älteren Mann, der hingefallen ist, wieder auf die Füße hilft, aber es überrascht und beunruhigt uns, wenn der Passant sich nicht um ihn kümmert. Wir erwarten, daß die Menschen zu einem in Not geratenen Fremden freundlich und hilfsbereit sind; es erschreckt und beängstigt uns, wenn sie wegschauen und schnell vorbeigehen. Grausamkeit erregt Aufsehen, Freundlichkeit bleibt unbemerkt, und also sind wir mit Seneca der Ansicht, daß »es des Menschen Lust ist, einen Menschen zu vernichten«, und mit William James, daß der Mensch »von allen Raubtieren ... das einzige [ist], das seine Beute regelmäßig unter seinen Artgenossen sucht«.

Die Daten der Altruismusforschung jedoch zeigen uns ein richtigeres Bild von uns selbst. Wie Miranda in Shakespeares *Sturm* kennen wir den Caliban in uns schon lange, aber wenn wir sehen, daß es auch einen Ferdinand gibt, haben auch wir so etwas wie eine Erleuchtung:

>»Wie schön der Mensch ist! Wackre neue Welt,
Die solche Bürger trägt!«

Dabei könnte ein wenig Vertrautheit mit dem Stand der Forschung selbst einen erbitterten Menschenhasser in einen überzeugten Verfechter des menschlichen Anstandspotentials verwandeln. Dies jedenfalls ist die Erfahrung eines Sozialwissenschaftlers, der persönlich allen Grund hatte, die Menschheit für böse zu halten, und der durch seine eigenen Forschungsergebnisse seine Meinung und sich selbst geändert hat.

Hier die Geschichte seiner Arbeit und seines Lebens, wie er sie selbst aufgeschrieben (Oliner, 1986) und mir erzählt hat.

Samuel Oliner ist ein Soziologieprofessor mit weißen Haaren, Tweedanzug und Brille, hinter dessen milder, besonnener Art eine düstere Wahrheit verborgen liegt: grauenhafte Kindheitserfahrungen, die den eigentlichen Kern seiner Identität ausmachen. Mit seinen Freunden oder Kollegen an der Humboldt State University, einer kleinen Universität im Norden Kaliforniens, spricht Oliner kaum darüber, aber in *Restless Memories*, seiner 1979 erschienenen Biographie, hat er darüber berichtet. Sie beginnt mit dem Ereignis, über das er vierzig Jahre später zur wichtigsten Arbeit seines Lebens kam, einer großangelegten Studie über die psychologischen und sozialen Faktoren, die den Menschen zum Altruismus führen.

Paradoxerweise ist dieses motivierende Ereignis ein exemplarisches Gegenstück zum altruistischen Verhalten. Am Freitag, dem 14. August 1942, rollten noch vor Morgengrauen dröhnende Lastwagen in das heruntergekommene Ghetto von Bobowa, einer Stadt im Südosten Polens. In den verfallenen Häusern lebten etwa tausend Juden, die erst kürzlich von deutschen Soldaten aus ihren Wohnungen in den nahegelegenen Städten und Dörfern vertrieben und hierher gebracht worden waren. Ihre Zwangsumsiedlung war die erste Phase der »Endlösung«, der geplanten Judenvernichtung der Nazis, die Ende 1941 in Polen begann und dann auch auf alle anderen von den Deutschen besetzten Länder ausgedehnt wurde. Die Lastwagen fuhren auf den Marktplatz, deutsche Einsatzgruppen sprangen ab, schossen in die Luft und brüllten: »Alle Juden raus!« Verängstigte Männer, Frauen und Kinder rannten weinend und schreiend in den dunklen Gassen herum, die Soldaten schlugen mit den Gewehrkolben auf sie ein und trieben sie auf die Lastwagen, die, sobald sie voll waren, in die Nacht davonfuhren.

In einem der Häuser flüsterte eine junge Frau namens Esther Oliner, die ihre beiden kleinen Kinder an sich preßte, ihrem 12jährigen Stiefsohn Shmulek zu: »Rette dich, lauf weg, Kind! Versteck dich, versteck dich! Sie bringen uns alle um!« Shmulek rannte im Schlafanzug nach draußen, kletterte auf das niedrige, flache Dach des Hauses und versteckte sich unter losen Brettern und Gerümpel. Stundenlang hörte er Schreie, Weinen, Gebrüll, Gewehrschüsse und das Knirschen und Dröhnen der Lastwagen, die auf dem Marktplatz ein und aus fuhren. Den ganzen Tag lag er reglos unter den sonnenheißen Brettern, immer wieder eindösend und immer wieder bei irgendeinem Geräusch mit wild klopfendem Herzen aufschreckend. Endlich:

»Am späten Nachmittag war es still im Ghetto. Keine weinenden Menschen mehr, keine brüllenden Nazis, kein Lastwagengedröhn. Das Ghetto war wie eine Geisterstadt. ... Entsetzliche Einsamkeit kroch in mir hoch, und ich fragte mich, ob ich nicht in Wirklichkeit schon tot wäre. Vielleicht war ich tot und mußte nun in alle Ewigkeit unter diesen Brettern liegen und dem Wind in der absoluten Stille lauschen.«

Schließlich wagte er sich hervor. Das Ghetto war verlassen. Bis auf Shmulek waren alle Bewohner verschwunden, und mit ihnen Vater und Stiefmutter, Großeltern, Stiefbruder und Stiefschwester. Wie er ein paar Tage später erfahren sollte, hatten sie mit allen anderen Ghettobewohnern zu einer riesigen Grube in einem Wald bei Garbacz etwa zehn Kilometer südöstlich marschieren müssen und waren mit Maschinengewehrsalven niedergemäht worden, zusammen mit den Bewohnern eines anderen nahegelegenen Ghettos, unter denen seine anderen Großeltern, sein Bruder, seine Schwester und noch weitere Familienangehörige waren.

Immer noch im Schlafanzug ging Shmulek in das Haus seiner Familie zurück, um etwas anzuziehen. Aber es war von Polen aus dem christlichen Teil von Bobowa völlig ausgeplündert worden; nichts war übriggeblieben. Er suchte in anderen Häusern, bis er ein paar alte, geflickte Kleider fand, die ihm einigermaßen paßten, und versteckte sich dann die Nacht über in einem Schrank, voll panischem Schrecken bei jedem Geräusch, das der Wind verursachte. Am Morgen schlug er sich durch Bobowa durch, voller Angst, entdeckt und festgenommen zu werden, aber da er blond war, braune Augen und eine kurze, gerade Nase hatte, sah er mehr polnisch als jüdisch aus, und niemand achtete auf ihn. Ohne nachzudenken ging er automatisch in Richtung Bielanka, zu dem kleinen Dorf etwa sieben Kilometer östlich, in dem seine Familie gelebt hatte, ehe sie zur Übersiedlung in das Ghetto gezwungen worden war.

An die nächsten zwei oder drei Tage kann er sich nur verschwommen erinnern: barfuß auf kalten, matschigen Straßen, Hundegebell, Kühe auf der

Weide, Nächte in verwüsteten Heuschobern, ständig nagender Hunger. Einmal bat er einen wettergegerbten alten Bauern um ein Stück Brot (seine Sprache verriet ihn nicht; anders als viele Juden, die in den Städten isoliert gewesen waren, sprachen die Oliners, die in einem Dorf unter Polen gelebt hatten, akzentfreies Polnisch); der Bauer gab ihm welches und erzählte ihm kichernd, was die Deutschen mit den Bewohnern des Bobowaer Ghettos gemacht hatten, ohne zu bemerken, daß der Junge unter seiner Schmutzschicht leichenblaß wurde.

Shmulek begriff, daß er in Bielanka bei Nicht-Juden um Hilfe bitten mußte, denn Juden gab es nicht mehr. Er wußte, daß jeder Pole, dem er sich zu erkennen gab, eine Belohnung bekommen konnte, wenn er einen Juden verriet, der aus dem Ghetto kam; er wußte auch, daß es eine Nazi-Verordnung gab, nach der jeder erhängt oder erschossen werden konnte, der ihn versteckte oder ihm half. Die einzige Person, die ihm einfiel und die überhaupt in Frage kam, war Balwina Piecuch, eine Bäuerin in Bystra, einem Dorf nicht weit von seiner früheren Heimat; sie hatte geschäftlich mit seinem Vater zu tun gehabt und sich gut mit ihm verstanden. Nach Einbruch der Dunkelheit schlug er sich zum Haus der Piecuchs durch und klopfte zaghaft.

»Wer ist da?« rief eine Männerstimme.

»Shmulek. Shmulek Oliner«, sagte er, »Arons Sohn.«

Einen Augenblick später war er in der warmen, weiß gekalkten Küche und erzählte Balwina und ihrem Mann unter Schluchzen seine Geschichte. Fassungslos drückte Balwina ihn an ihre Brust und versuchte ihn zu trösten. »Nicht weinen«, sagte sie, »nicht weinen, Kind. Gott wird dir helfen.« Sie sicherte ihm zu, daß sie ihn eine Zeitlang bei sich behalten würde, und schärfte ihm ein, sich bloß gut zu verstecken, damit kein Nachbar ihn sähe. Dann stellte sie Brot, Butter und Milch auf den Tisch; nachdem Shmulek sich sattgegessen hatte, schickte sie ihn auf den Dachboden, wo er im Bett ihres Sohnes Staszek schlafen sollte, während Staszek, ein Junge in Shmuleks Alter, unten schlief.

Shmulek blieb über eine Woche im Haus der Piecuchs, während Balwina ihn bemutterte und ihn auf sein Leben als Nicht-Jude vorbereitete. Sie gab ihm den Namen »Jusek Polewski«, lehrte ihn den Katechismus und ein paar Gebete und schärfte ihm ein, sich niemals nackt zu zeigen, da ihn seine Beschneidung verraten würde. Dann dachte sie sich, weil er in der Gegend bekannt war, einen längerfristigen Überlebensplan aus: Er sollte von Dorf zu Dorf nach Norden gehen und sich als Junge aus armer Familie ausgeben, der Arbeit auf einem Bauernhof suchte.

Die fand er bei einem kinderlosen Paar, Marion und Anna Padworski, in Biesnik, einige Kilometer nördlich. (Damals genügten in dieser rückständigen Karpatenregion schon ein paar Kilometer, um ihn von allen zu trennen, die ihn hätten erkennen können.) Die Padworskis hatten einen Bauernhof übernommen, dessen jüdische Besitzer zwangsweise in ein Ghetto umgesiedelt worden waren; da sie niemanden hatten, der ihnen bei den Kühen half, nahmen sie den Jungen gern. Sie glaubten, er wäre Jusek Polewski aus Lyrzna, dessen verwitwete Mutter irgendwann einmal kommen und mit Padworski den Lohn aushandeln würde. Jusek/Shmulek erfand immer neue Ausreden, warum sie nicht kam (meistens sagte er, sie wäre krank), und Padworski schien sich nichts dabei zu denken.

Das Leben war bitter für Jusek/Shmulek, der ja eigentlich noch ein Kind war: Völlig allein, ohne Familie oder Freunde arbeitete er die ganze Zeit hart, schlief im Stall und kam nur zum Essen ins Haus. Und selbst diese kurzen Pausen waren ihm alles andere als willkommen, da er ständig fürchtete, ein falscher Zungenschlag oder eine Reaktion auf Dinge, die die Padworskis sagten – Padworski fand es gut, daß die Nazis die polnischen Juden ausrotteten –, könnten ihn verraten und seinem Elend ein rasches, schreckliches Ende bereiten.

Seine einzige Stütze war Balwina Piecuch, die von Zeit zu Zeit Staszek schickte, um nachzusehen, wie es ihm ging, und ihm Mut zuzusprechen.

»Staszek blieb immer im Gebüsch außer Sicht, bis ich beim Hüten in seine Nähe kam. Er winkte mir zu, und ich stahl mich davon und wir redeten. Manchmal überbrachte er eine Warnung von seiner Mutter: ›Sei in den nächsten Tagen besonders vorsichtig, sie suchen wieder nach Juden.‹ Einmal hatte ich einen Traum, in dem meine Mutter mich warnte, daß Balwina mich verraten wollte, also erzählte ich Staszek, daß ich meine Arbeit nicht mochte und weggehen wollte; ich wollte, daß Balwina dachte, ich wäre nicht mehr da. Aber schon am nächsten Tag kam Staszek wieder und sagte: ›Ich soll dir von meiner Mutter sagen, daß sie schon auf dich aufpaßt. Du bist hier sicher. Bleib, wo du bist.‹ Und ich glaubte ihr und blieb.«

So überlebte er mehr als zweieinhalb Jahre fast wie ein Sklave; manchmal schien es ihm, als hätte er nie anders gelebt. Dann, im März 1945, rückten die russischen Truppen nach Biesnik vor, und kurz danach schickte Balwina Staszek, um ihn zu holen. Shmulek erzählte den Padworskis, Staszek habe die Nachricht überbracht, daß seine Mutter sehr krank wäre, und ging. Er ging mit Staszek zum Haus der Piecuchs, wo Balwina weinte und ihn küßte und sagte: »Du bist gerettet. Du brauchst keine Angst mehr zu haben.«

Shmulek war wie benommen und auf die Freiheit überhaupt nicht vorbereitet. Ein Jude, der die Vernichtung überlebt hatte, ein alter Freund seines Vaters, nahm sich seiner an, half ihm, das Land seiner Eltern zurückzubekommen (das er den Piecuchs überschrieb) und brachte ihn in einer nahegelegenen Stadt bei einer Gruppe junger Juden unter, die sich ebenfalls wie durch ein Wunder hatten retten können. Eine Zeitlang verdiente sich Shmulek seinen Lebensunterhalt mit Arbeiten für die russischen Besatzungsoffiziere, aber es war ein Leben ohne Befriedigung und ohne Zukunft. Er war ein ungebildeter, unwissender, einsamer, schwer traumatisierter 15jähriger, dessen entscheidende Erfahrung die Hinschlachtung seiner ganzen Familie und das abrupte Ende seiner bisherigen Welt war.

Nach einiger Zeit jedoch hörte er, daß er als Waise für eine Patenschaft des Jewish Refugee Committee zur Einwanderung nach England in Frage kam. Er bewarb sich, wurde angenommen, nach England geholt und lebte dort drei Jahre lang mit anderen verwaisten Jugendlichen in einem kleinen Internat in der Nähe von Canterbury, wo er eine rudimentäre Schulbildung bekam. Drei weitere Jahre schlug er sich als Schreinerlehrling in London durch, wo er karg und einsam in einem schäbigen Zimmer zur Untermiete wohnte. In dieser Zeit versuchte er mit Hilfe des Komitees, einen Verwandten in den USA ausfindig zu machen, der bereit wäre, bei seiner Einwanderung als Bürge aufzutreten. Schließlich erklärte sich Saul Oliner, ein Brooklyner Geschäftsmann und entfernter Verwandter, von dem er nie gehört hatte, hierzu bereit, und im Dezember 1950 kam Samuel Oliner – er hatte seinen Namen inzwischen anglisiert – in New York an.

Zum ersten Mal seit jenem Weltuntergang von Borowa war er nun unter Freunden. Aber es veränderte ihn nur wenig; obwohl er in Saul Oliners Haarnetz-Import-Firma arbeitete und gelegentlich mit entfernten Verwandten zusammenkam, blieb er schwer traumatisiert, war verbittert, oft düster und wußte nicht, wozu er auf der Welt war. Aber als er einberufen wurde und zwei Jahre in Korea gedient hatte, hatte er damit einen Anspruch auf einen Ausbildungsplatz erworben und schrieb sich im Brooklyn College ein. Dort entdeckte er die Soziologie und ein inhaltliches Interesse – die wissenschaftliche Untersuchung menschlichen Verhaltens. Aber weder damals noch in den darauffolgenden Jahren kam er auf die Idee, daß die Sozialwissenschaften ihm zu einer freundlicheren Sicht der Menschen und zu einer Art Bewältigung mit seiner Vergangenheit verhelfen könnten.

Mit Mitte Zwanzig hatte Oliner eine junge Lehrerstudentin geheiratet, war nach San Francisco gezogen, hatte ein kleines Textilgeschäft aufgemacht, bereitete sich in Berkeley auf eine Promotion in Soziologie vor und war Vater dreier Söhne geworden. Noch immer war er jedoch, wie er selbst herunterspielend sagt, »menschenscheu«, »voller Mißtrauen«, und »desillusioniert«. Seine Frau Pearl, groß, liebenswürdig und ein wenig lehrerinnenhaft, schildert den Samuel Oliner jener Jahre so:

»Die Vergangenheit blieb unter Verschluß. Auch mir hat er von ihr oder seinen Gefühlen sehr wenig erzählt, und mit anderen sprach er fast nie darüber. Aber sie waren immer da. Jahrelang hatte er Alpträume, daß er gejagt wurde, und schrie im Schlaf, daß ich ihn wecken und beruhigen mußte. Bis er mit der Holocaust-Vorlesung an der Humboldt-Universität anfing, konnte er sich seiner Vergangenheit nicht wirklich stellen und mit ihr umgehen.«

Das geschah erst, als Oliner bereits 48 war. 1971, mit 41, hatte er seinen Doktor gemacht, war an die Humboldt-Universität berufen worden und hatte sein Geschäft verkauft. Er rechnete wegen dieses späten Einstiegs nicht mehr mit größeren Forschungsvorhaben und hatte auch kein vordringliches Interesse an einem bestimmten Forschungsgebiet. Aber nach einem halben Dutzend Jahren Lehrtätigkeit wurde alles anders.

»Als bestimmte Leute zu bestreiten begannen, daß es überhaupt eine Judenvernichtung gegeben hatte«, erzählte er mir, als ich ihn besuchte, »dachte ich, es wäre an der Zeit, über die Fakten zu reden. Der Fachbereichsvorsitzende war einverstanden, und im Herbst 1977 fing ich mit der Holocaust-Vorlesung an.« Damit mußte Oliner, ob er wollte oder nicht, die Erfahrungen seiner Vergangenheit wieder lebendig werden lassen. Jede Woche riefen die Vorlesungsvorbereitungen qualvolle Erinnerungen wach: die friedliche Kindheit auf dem Land, die durch den deutschen Einmarsch in Polen so abrupt beendet wurde; seine schöne halbwüchsige Schwester, die weinend von der Gestapo nach Hause kam, wo sie von zwei Offizieren vergewaltigt worden war; sein weißhaariger Großvater, den ein Nazi-Offizier gegen den heißen Ofen geworfen und dann niedergeschlagen hatte; das Weinen und die Schreie am Tage der Vertreibung aus Bobowa; die Grube im Wald beim Garbacz, zu deren Besuch er sich nach seiner Befreiung gezwungen hatte.

Oliner war darauf gefaßt gewesen, daß diese Vorlesung ihn selber unglücklich machen würde, aber er hatte die Verzweiflung nicht vorausgesehen, in die sie seine Studenten – meistens Nichtjuden – stürzte. »Sam kam nach Hause und saß im Lehnstuhl am Fenster und schwieg und brütete«, erinnert sich Pearl Oliner. »Nach einer Weile erzählte er mir dann, daß manche Studenten während seiner Vorlesung geweint hatten und daß er sich fragte, ob es richtig war, was er machte.«

Im Frühjahr 1978 kam nach der Vorlesung eine junge Frau mit Tränen in den Augen zu ihm. Sie sprach mit deutschem Akzent und sagte: »Herr Professor Oliner, ich komme nicht mehr zur Vorlesung. Ich halte es nicht mehr aus, ich fühle mich so schuldig wegen dem, was mein Volk getan hat.«

Oliner tat sie leid, und er sagte: »Aber es war nicht Ihr *Volk*, es waren *einige* von ihnen.« Er machte ihr den Unterschied zwischen Deutschen und Nazis klar und versicherte ihr, daß es mitten im Holocaust Nichtjuden und auch Deutsche gegeben hatte, die ungeachtet der Gefahr für ihr eigenes Leben Juden versteckt und versorgt hatten. Nachdem sie ihn angehört hatte, fühlte sie sich wieder imstande, die Vorlesung zu Ende zu hören; aber der Vorfall, sagte er, beeindruckte ihn tief:

»Ich erkannte, daß man zu einem verzerrten Menschenbild kommt, wenn man sich nur an das Negative hält. Millionen konnten oder wollten nicht helfen, aber andere riskierten ihr Leben, um Juden zu retten, wie Balwina Piecuch mich gerettet hatte. Das hatte ich weggelassen. Ich sah, daß ich den Holocaust aus einem anderen Blickwinkel betrachten mußte. Ich mußte meinen Studenten ein ausgewogenes Menschenbild vermitteln. Und ich mußte selber zu einem solchen Bild kommen.

Also bewarb ich mich bei einer kleinen universitätseigenen Stiftung um ein Stipendium für ein Projekt, das ich ›Altruismus in Europa unter den Nazis‹ nannte. Ich bekam das Stipendium, nahm ein Studienjahr und ging nach Berkeley, wo es ein Institut gab, das sich ausschließlich mit Untersuchungen über nichtjüdische Retter von Juden befaßte. Es hieß das ›Institute for Righteous Acts‹ (Institut für rechtschaffenes Handeln) – in Israel werden die Retter ›die Rechtschaffenen unter den Völkern‹ genannt – und hatte in den 60er Jahren die Forschung über Retter gefördert, dann aber die Arbeit eingestellt. 1978 bestand das ganze Institut aus zwei Karteischränken voll Material, aber für meine Arbeit war es genau das Richtige.«

Das Institute for Righteous Acts war eine Idee des Rabbiners Harold Schulweis aus Oakland in Kalifornien gewesen. Schulweis hatte in dem Buch des Historikers Philip Friedman, *Their brother's Keepers* (Ihres Bruders Hüter), gelesen, daß manche Christen ihr Leben aufs Spiel gesetzt hatten, um Juden vor den Nazis zu retten. (Spätere Nachforschungen ergaben, daß es mindestens 50 000 solcher Retter gegeben hatte, die rund 200 000 Juden das Leben retteten (Baron, 1985/86). Schulweis drängte den Direktor des Judah Magnes Memorial Museums, Seymour Fromer, zur Gründung eines Instituts, das über die Retter forschen sollte; ein Gegenstand, von dem er meinte, er könnte von großer Bedeutung für die Moralerziehung sein. Fromer ließ sich überzeugen; das Museum und andere Geldgeber stellten die Mittel für eine Pilotstudie des Psychologen Perry London zur Verfügung, der vier Jahre lang Material sammelte und 27 Retter sowie mehrere gerettete Personen ausfindig machte und interviewte. Dann waren die Mittel erschöpft, London beendete seine Untersuchung, und das Institut fiel in einen Winterschlaf.

Einige Wochen brachte Oliner damit zu, die Karteikästen durchzuarbeiten; dann fing er an, Retter ausfindig zu machen und zu interviewen, die in die Vereinigten Staaten und nach Kanada ausgewandert waren. Diese Interviews mit älteren Dänen, Polen, Deutschen und anderen förderten Schilderungen von Mitleid und Beistand zutage, die ihm manchmal wie ein Kloß im Hals saßen. Aber als Sozialwissenschaftler wollte er mehr, als tiefbewegende Geschichten hören; er wollte durch Forschung hinter die psychologischen und sozialen Einflüsse kommen, die die Retter zu ihrem Verhalten veranlaßt hatten.

Um dafür die richtigen Fragen stellen zu können, brauchte er Hypothesen. Drei sehr vorsichtig formulierte hatte er in Perry Londons Abschlußbericht (London, 1970: 245) in den Archiven des Instituts gefunden: Retter neigten

zum Abenteurertum, seien stark mit einem sehr moralischen Elternteil identifiziert und fühlten sich in ihren eigenen Gemeinschaften eher als Außenseiter.
Damit war Oliner nicht zufrieden: »Ich konnte nicht nachvollziehen, wie er zu
seinen Schlüssen gekommen war, außer über Eindrücke«, sagte er. »Es gab
dazu weder zuverlässige Daten noch statistische Analysen, mit denen die Wahrscheinlichkeit überprüft worden war, daß die Schlüsse etwas mit der Wirklichkeit zu tun hatten und nicht durch Stichprobenfehler zustandegekommen
waren.« Auch die Hypothese vom Abenteurertum fand Oliner nicht sonderlich überzeugend; als Erklärung für die Art Güte, die er erfahren hatte,
erschien sie ihm zu trivial.

Auf der Suche nach anderen, besseren Erklärungen begann er, Hunderte von
Untersuchungen über prosoziales Verhalten zu lesen. Er fand eine ebenso ver-
wirrende wie spannende Fülle von Hypothesen und machte sich ausführliche
Exzerpte zu denen, die ausdrücklich den Altruismus betrafen.

Nach ein oder zwei Jahren Versenkung in die wissenschaftliche Altruismuslite-
ratur kannte Oliner nicht nur das Feld in- und auswendig, sondern fand sich
auch nach und nach mit einem veränderten Menschenbild und einer veränderten Persönlichkeit wieder. Bekannte stellten fest, daß er gesprächig und freundlich, daß er überhaupt ein guter Gesellschafter und, wie ein Kollege sagte, geradezu liebenswert geworden war. Alte Freunde, die bei Oliners zum Essen eingeladen waren, hörten mit Staunen, daß er das Brot, das sie aßen, selbst gebak-
ken hatte, und staunten noch mehr, wenn er während der angeregten Unterhal-
tung irgendwelche Sachverhalte auch einmal mit einem Witz auf den Punkt
brachte, meistens von der Art, wo der Dorfdepp schlauer ist als der Rabbi.

Aber er war auch wie besessen von seiner Lektüre – getrieben nicht länger
von den Dämonen der Vergangenheit, sondern von dem Traum, noch ehe es
endgültig zu spät war, eine große Untersuchung über den Altruismus durchzuführen, wie er sich in den Rettern verkörperte, in einer Gruppe also, die immer
älter und immer kleiner wurde. Vorher jedoch mußten zwei Probleme gelöst
werden.

Das erste war, daß seine Liste von Hypothesen zum Altruismus inzwischen
auf über vierzig angewachsen war, vielzuviele also, um sie alle auf einmal zu
testen, und schon gar nicht mit einem Fragebogen. Und dabei konnte er die
genetische Hypothese von vornherein ausschließen, da sie für das, was ihn
unmittelbar interessierte, ohne Belang war. »Alles spricht dafür«, sagte er,
»daß wir, wie immer unsere ererbten Dispositionen aussehen mögen, aufgrund
von Erfahrungen und psychosozialen Faktoren mehr oder weniger altruistisch
werden können – und da dies Faktoren sind, die der Mensch potentiell beeinflussen kann, waren sie es, die mich interessierten.« Auch viele andere Hypo-

thesen ließen sich als nicht relevant für sein zentrales Interesse ausschließen: »Viele Experimentalsituationen dauern vielleicht eine halbe Stunde und können gar kein tieferes Leiden und keine größeren altruistischen Handlungen induzieren. Ich wollte Hypothesen zu dem ganz tiefen Altruismus von Menschen testen, die oft jahrelang ihr Leben aufs Spiel gesetzt haben, um Menschen zu helfen, die nicht mit ihnen verwandt waren und die sie oft nicht einmal kannten.« Zum Schluß blieben von der ganzen Liste dreizehn Hypothesen übrig.

Sein zweites Problem war die Geldbeschaffung. Durch schieren Zufall kam sein Name einem Mann zu Ohren, der einiges Geld zur Verfügung hatte und es in genau diese Art Projekt stecken wollte. Dies war Dr. John Slawson, ehemals Sozialpsychologe an der Columbia-Universität und dann viele Jahre lang geschäftsführender Vorsitzender des American Jewish Committee. Er hatte 1944 eine Studie initiiert, die dann von Max Horkheimer, Theodor W. Adorno und anderen deutschen Emigranten durchgeführt und unter dem Titel *The Authoritarian Personality* zum Klassiker der Vorurteilsforschung wurde, und schon lange wollte er eine Untersuchung über das entgegengesetzte Phänomen in Gang setzen, die altruistische Persönlichkeit. Als er 1981 in den Ruhestand ging, ehrte ihn das AJC, indem es ihm Mittel für ein Forschungsprojekt seiner Wahl zur Verfügung stellte. Er verfaßte ein Memorandum und umriß darin seine Vorstellungen für ein »Guter Samariter/Retter-Projekt«. In einem Brief an ein anderes Vorstandsmitglied faßte er es so zusammen:

»Vielleicht kommen wir auf diese Weise zu einem Porträt des Altruisten – der Motivationen, die hinter seinen Akten der Barmherzigkeit und hinter seiner Bereitschaft stehen, für sein Handeln Folter und sicheren Tod in Kauf zu nehmen. Was für eine Charakterstruktur hatte der Retter, was für Persönlichkeitsmerkmale, welchen Sozialisationseinflüssen war er in seiner Kindheit ausgesetzt? … Es ist zu hoffen, daß wir mit Hilfe unserer Ergebnisse zu allgemeingültigen Aussagen über diese Art altruistischen Verhaltens auch im Alltagsleben kommen können.« (Slawson an Littauer Foundation, 31. 3. 1983)

Auf der Suche nach einem Projektleiter sprach Slawson eine Reihe bekannter Sozialwissenschaftler an, aber keinem schien das Thema wirklich am Herzen zu liegen. Über Rabbi Schulweis und William Helmreich, den Vorsitzenden des Fachbereichs Soziologie am City College, hörte er schließlich auch von Oliner und lud ihn zu einem Gespräch nach New York ein. Zwar hatte Oliner in der Soziologie keinen Namen, aber Slawson sah, daß er mit Leib und Seele bei dieser Sache war, und beschloß nach einer ausgiebigen Methodendiskussion, ihm die 150 000 Dollar für das zu geben, was Oliner inzwischen das »Projekt Altruistische Persönlichkeit« nannte. Bei der Revson Foundation machte Slawson noch einmal eine kleinere Geldsumme locker, und Oliner verschaffte

sich darüber hinaus Mittel, indem er dem Verlag The New Press die Veröffent-
lichungsrechte verkaufte.

Ende 1982 begann Oliner wie ein Wilder mit der Projektplanung und der
Anwerbung von Mitarbeitern. Über diese Phase des Projekts erzählte er mir
ausführlicher:

»Als erstes diskutierte ich mit meinen Beratern und mehreren Kollegen, welche Arten
von Rettern aufgenommen werden sollten. Die Soziologin Nechama Tec erzählt in
ihrem Buch *Dry Tears*, wie sie und ihre Eltern, polnische Juden, drei Jahre lang von polnischen Christen versteckt wurden, die sie nur aufgenommen hatten, weil sie dafür
bezahlten. Das ist kein Altruismus. Unsere Definition von Altruismus ist: Jemandem
helfen, dem diese Hilfe nützt, und selbst dabei Risiken und Kosten in Kauf nehmen,
ohne eine äußere Belohnung zu erwarten oder zu wollen. Ich sage ›äußere‹ Belohnung,
weil es natürlich auch eine Art Belohnung ist, wenn man mit dem, was man macht,
zufrieden ist, eine innere Belohnung also. Aber viele Retter dachten nicht einmal an
diese Art Belohnung, als sie jemanden retteten.

Ursprünglich hatte ich vor, eine Stichprobe von Rettern zusammenzustellen, sie zu
interviewen und sie zu bitten, ihre Geschichte in ihren eigenen Worten zu erzählen, sie
nach ihrer Kindheit zu fragen, ihrem Selbstbild, den Rollenmodellen, mit denen sie
großgeworden waren, ihren Erfahrungen mit Juden vor der Nazizeit und so weiter.
Natürlich bringt die Arbeit mit solchen Interviews gewaltige methodologische Probleme mit sich – nach so langen Jahren konnten die Leute schon vieles vergessen haben
oder sich in ein besseres Licht setzen wollen. Es bedeutete aber auch, daß wir nur Fälle
benutzen würden, die in Yad Vashem überprüft worden waren, der Gedenkstätte in
Israel, wo Fälle von Rettern gesammelt und geprüft werden.

Außerdem wollte ich, wo immer das ging, Retter-Geretteten-Paare finden und
sehen, wie verläßlich die Geschichten der Retter waren. Zum Schluß hatte ich rund
sechzig solcher Paare, und jedesmal wurde das, was der Retter gesagt hatte, durch die
Geschichte des Geretteten bestätigt, so daß es so aussah, als könnten wir uns größtenteils auf das verlassen, was uns die Retter erzählten.

In meinem ersten, informellen Entwurf gab es noch keine Kontrollgruppe, aber
schon ziemlich bald wurde mir von verschiedenen Seiten geraten, Kontrollgruppen ein-
zuführen und Faktoren zu suchen, die die Retter von den anderen unterscheiden. Die
Kontrollgruppe sollte nicht aus *bösen* Leuten bestehen, sondern einfach aus Leuten, die
den Rettern demographisch entsprachen und auch hätten helfen können, es aber nicht
getan hatten. Ich wußte, wie wertvoll Kontrollgruppen waren – aber ich wußte natürlich auch, wie problematisch es war, sie zu finden und zur Mitarbeit zu bewegen. Ich
beschloß aber doch, daß es den Versuch wert war. Im nachhinein denke ich, daß die Ret-
ter-Kontrollgruppen-Vergleiche das Wichtigste und Wertvollste an der ganzen Studie
sind.

Dann gab es das Problem, mit welchen Fragen überhaupt an die Daten heranzukom-
men war, die wir brauchten. Das machte uns viel Kopfzerbrechen. Ich besuchte Markt-
forschungsinstitute in Michigan und Berkeley und ließ mich bei den Fragen und dem
Erhebungs- und Fragenbogendesign von allen möglichen Leuten beraten, unter anderem von meinem Lehrer Neil Smelser, einem hervorragenden Wissenschaftler, der sich

bereit erklärte, uns in Methodenfragen beizustehen. Am Ende entschlossen wir uns für eine Kombination von geschlossenen Fragen, nämlich bei all den Punkten, über die wir handfeste Informationen brauchten, und offenem Bericht, bei dem die betreffende Person einfach loserzählen konnte. Grundlage der Fragen waren die dreizehn Hypothesen, die ich ausgewählt hatte. Sie waren in drei Gruppen unterteilt: situationsgebundene Faktoren, die möglicherweise bestimmend für das Handeln oder Nichthandeln einer Person als Retter gewesen waren, Einstellungen und Werte dieser Person, und Persönlichkeitsmerkmale.

Die meisten Fragen haben wir selbst formuliert und getestet. Aber für bestimmte wichtige Hypothesen, die die Persönlichkeitsmerkmale betrafen, gab es bereits hervorragende ›Skalen‹ – sorgfältig validierte Fragen, mit denen diese Merkmale gemessen werden. Also nahmen wir Fragen aus vier solchen Skalen auf: Selbstwertgefühl, soziales Verantwortungsgefühl, Einfühlung und Autonomiebewußtsein bzw. das Bewußtsein der Selbstbestimmtheit des eigenen Lebens.

In der Endfassung umfaßte der Fragebogen 66 Seiten mit rund 400 Fragen, die allerdings nicht immer alle gestellt wurden. Die Interviews konnten zwei bis zwölf Stunden dauern. Selbst dann mußten wir noch eine Menge Fragen weglassen, die wir gern gestellt hätten, aber der Fragebogen sollte im Rahmen eines einzigen Interviews zu schaffen sein.«

Im März 1983, als der Fragebogen noch im Entwicklungsstadium war, reiste Oliner nach Europa, um die Hilfe von Sozialwissenschaftlern in Frankreich, Deutschland und Polen für das Training und die Betreuung einheimischer Interviewer zu gewinnen. (In Amerika führten er und sein Team die Interviews selber durch.) Da das Ziel, für das er so leidenschaftlich eintrat, ganz offensichtlich unterstützenswert war, fand er in allen drei Ländern sowie in den Vereinigten Staaten und später auch in Italien, den Niederlanden und Norwegen bereitwillige Mitarbeiter. Die europäischen Betreuer und die Humboldt-Kollegen arbeiteten unentgeltlich, genau wie Oliner und seine Frau, die ebenfalls Professorin an der Humboldt-Universität und Projekt-Mitarbeiterin und Co-Autorin des Buchs ist; ihnen allen war das Thema Zeit und Mühe wert. So erzählte Paul Crosbie, Soziologe an der Humboldt-Universität: »Sam bat mich um Rat, und um etwas sagen zu können, las ich ein paar Fragebogen. Das war der Auslöser. Es riß einen mit.« Am Ende hatte er sieben Monate lang seine Freizeit darangegeben, um ein Programm zur Erfassung und Auswertung der Fragebogendaten zu schreiben.

Von Polen aus reiste Oliner nach Israel, wo er eine Woche im Archiv des Yad Vashem zubrachte, den größten Teil der gut 5 700 dort archivierten Fälle durchsah und rund 500 mögliche Interviewpartner auswählte. Weitere Namen suchte er aus den Karteien des Institute for Righteous Acts zusammen, und in einem Rundbrief bat er 5 500 amerikanische Rabbiner darum, ihm bei der Suche nach Rettern behilflich zu sein. Am Ende kamen Interviews mit 406 Rettern, 126 Personen der Kontrollgruppe und 150 geretteten Überlebenden zustande.

»Methodologisch gesehen ist meine Stichprobe natürlich alles andere als ideal. Sie ist keine Zufallsstichprobe. Aber da nur ein Bruchteil der Retter bekannt ist, ist eine Zufallsstichprobe nicht möglich. In mancher Hinsicht ist sie aber trotzdem ganz gut, weil sie Menschen aus allen Schichten und Berufen, mit ganz unterschiedlichem kulturellen und ökonomischen Hintergrund und aus ganz unterschiedlichen Familien umfaßt.

Problem der Stichprobe

Für die Kontrollgruppe sahen sich unsere ausländischen Betreuer die demographischen Merkmale der Retter aus ihrem Land in unserer Stichprobe an und gingen dann mit Hilfe von Adreßbüchern und ähnlichem daran, eine Stichprobe von Nicht-Rettern zusammenzustellen, die aus denselben Gegenden stammten und nach Alter, Geschlecht und Bildung vergleichbar waren. Auch diese 126 Kontrollpersonen sind keine Zufallsstichprobe, sondern eine *gleichgelagerte* Stichprobe – sie gleichen den Rettern in ihren wichtigsten demographischen Merkmalen. Was sie von ihnen *unterscheidet*, wollten wir ja gerade herausfinden.«

Fünf Jahre lang arbeitete Oliner neben seinen Lehrverpflichtungen als Manager, der sieben Tage in der Woche früh aufstand und bis tief in die Nacht arbeitete, wie es die Funktion eines wissenschaftlichen Leiters bei einem solchen Forschungsprojekt eben mit sich bringt. Er schrieb unzählige Briefe, in denen er seine Betreuer und Interviewer beriet, anfeuerte und anleitete; er führte zahllose Telefongespräche mit ihnen, um Verfahrensfragen zu diskutieren und sie zur Eile zu mahnen; er leitete zahlreiche Mitarbeiterkonferenzen zu allen möglichen Fragen; er sah Computerausdrucke, Auswertungen und Entwürfe für Projektberichte durch und versah sie mit Anmerkungen; und schlug sich, gewöhnlich mitten in der Nacht, mit den praktischen und theoretischen Problemen des Projekts herum.

»Sam war wie besessen«, sagte Paul Crosbie, »und setzte das auch bei allen anderen voraus. Das machte die Zusammenarbeit mit ihm nicht immer leicht, aber man konnte ihm einfach nicht böse sein – er hatte so offensichtlich gute Absichten und Motive.« Jack Schaffer, Psychologieprofessor und enger Freund Oliners, sagte: »Ich habe mich oft gefragt, warum sich Sam dermaßen unter Druck setzte. Meine Vermutung: Viele von denen, die die Vernichtung überlebt haben, fragen sich, warum gerade sie überlebt haben, während so viele andere gestorben sind. Und Sams Antwort könnte zumindest zum Teil die sein, daß er etwas Sinnvolles *tun* wollte.«

Oliners engere Freunde meinen, das Projekt habe ihn geheilt. Rabbi Schulweis meinte zu mir: »Die Arbeit über die Retter war eine Art Erkenntnistherapie für ihn. Er fand den Funken Anstand im Menschen. Es war eine Art moralischer Erziehung.« Douglas Huneke, ein presbyterianischer Pfarrer, der Oliner kennt und selber Retter interviewt und eine Biographie Herman Graebes geschrieben hat, sagte: »Sam spürte die absolute Dringlichkeit, die große Bedeutung der Arbeit. Für ihn war sie eine große Leidenschaft und eine große Erfüllung.«

Diese Erfüllung kam, als Ende 1983 mit den Interviews begonnen wurde. Als die fertigen, übersetzten Interviews auf seinem Schreibtisch landeten, las er sie mit steigender Erregung und Begeisterung. Er erlebte, wie Stück für Stück das Material zusammenkam, das viele seiner Hypothesen bestätigte, manche andere allerdings auch widerlegte. Auch fand er viele der Interviews sehr bewegend, und das Lesen wurde oft mehr oder weniger tränenreich; um dies zu verdeutlichen, zog er ein paar Ordner aus einem Fach in seinem kleinen, vollgestopften Büro und forderte mich auf, mir die Zeit zu nehmen und ein wenig in ihnen zu lesen. Schon nach kurzer Zeit wußte ich, was er meinte. Hier ein paar von meinen Notizen:

– Fall 310: Während des Krieges junge Hausfrau in Warschau. Frage: Womit fing es an? »Angefangen hat es mit den zerlumpten jüdischen Kindern auf den Straßen. Sie krochen durch die Abwassergräben aus dem Ghetto und saßen regungslos neben den Läden. Beine so dünn wie Stöcke, voller Ausschlag. Es war einfach zum Weinen. Welches Verbrechen hatten sie begangen, um so bestraft zu werden?« F.: Warum fuhr sie fort zu helfen? »Mitleid, nur Mitleid. Sie taten mir so leid, es tat mir leid, sie so leiden zu sehen.«

– Fall 274: Priester kurz vor der Priesterweihe, 1943, Norditalien. Ein jüdischer Bekannter bat ihn, ihm zu helfen, durch die Alpentäler in die Schweiz zu kommen. »Ich sagte, ich müßte darüber nachdenken. Am nächsten Tag sagte ich ja.« F.: Warum? »Aus Freundschaft und aus Mitleid für Menschen, die verfolgt wurden.« Nachdem er einer Person geholfen hatte, meinte er, allen helfen zu müssen, die von ihm gehört hatten; machte den Weg hundertmal; wurde festgenommen, monatelang eingesperrt; kam frei, als ein Kardinal intervenierte, dem er jedoch versprechen mußte, keine Rettungsversuche mehr zu unternehmen (fing aber prompt wieder damit an, als er frei war).

– Fall 314: Während des Krieges Hausfrau in mittleren Jahren in Oslo; machte haarsträubende Grenzgänge, um Juden zur Flucht aus dem besetzten Norwegen nach Schweden zu verhelfen. F.: Dachte sie dabei an das Risiko? »Das war ja ganz klar. Ich brauchte gar nicht darüber nachzudenken. Es hielt mich nicht davon ab, zu tun, was ich für richtig hielt.«

– Fall 336: Holländischer Versicherungsangestellter, während des Krieges Mitte Dreißig. Als die Nazis damit begannen, Juden in die Todeslager zu schicken, fing er an, sie bei sich zu Hause zu verstecken und an sichere Adressen weiterzuleiten. F.: Dachte er über sein Risiko nach? »Dazu war gar

keine Zeit. Es mußte einfach sein. Diese Leute durften den Deutschen einfach nicht in die Hände fallen.«

Je mehr Fälle hereinkamen, desto deutlicher wurde für Oliner die Komplexität
und Vielfalt des Phänomens Altruismus. Manche Retter hatten sofort gehandelt, andere mußten erst überlegen; manche hatten Angst gehabt, andere nicht;
manche hatten aus Mitleid gehandelt, andere aus Pflichtbewußtsein. Manche
hatten nichts getan, bis irgendein abgerissener, verzweifelter Flüchtling sie um
Hilfe bat, andere sahen jemanden auf der Straße und sagten: »Kommen Sie mit
mir nach Hause.« Manche nahmen eine einzige Person für kurze Zeit auf,
andere brachten monate- und jahrelang ganze Familien unter und fütterten sie
durch.

Oliner konnte auch sehen, daß die Auswertung noch einige Überraschungen
bereithalten würde. »Ein Retter, den ich selbst interviewt habe«, erzählte er,
»war ein Schweizer Adventist, dessen Vater ihn am Sabbath zur Schule schickte
und dafür ins Gefängnis kam. Ich nahm an, er wäre zum Retter geworden, weil
er sozial marginalisiert war, gelitten hatte und religiös war – erfuhr aber stattdessen, daß er ein hohes Selbstvertrauen besaß, sich überhaupt nicht marginal
fühlte und auch nicht sonderlich fromm war. Dann wiederum gab es Retter mit
ausgesprochen niedrigem Selbstwertgefühl, während in der Literatur zum prosozialen Verhalten ja immer großes Gewicht auf ein hohes Selbstwertgefühl
gelegt wurde.«

Aber dies waren nur Oliners erste, subjektive Reaktionen auf seine Lektüre
der Fragebogen. Viel spannender und befriedigender waren die EDV-Auswer-
tungen der Daten, denn nur diese Auswertungen konnten seine Hypothesen
statistisch bestätigen oder widerlegen. Erstens würden sie zeigen, welche
Erfahrungen und Merkmale bei den Rettern am häufigsten waren; als zweites
käme dann der Vergleich dieser Daten mit denen der Kontrollgruppe: Wenn
Nicht-Retter und Retter die meisten Merkmale gemeinsam hatten und die
Nicht-Retter nur bestimmte bei den Rettern auftretende Erfahrungen oder
Merkmale nicht aufwiesen, dann waren diese möglicherweise für das altruisti-
sche Verhalten ausschlaggebend.

Natürlich konnten solche Unterschiede zwischen den Rettern und der Kontrollgruppe auch auf Zufall beruhen, so wie ein Skatblatt beim Ausgeben rein
zufällig zustandekommt. Da aber die Retter und die Kontrollgruppe in ihren
Hauptmerkmalen übereinstimmten, konnte Oliner einigermaßen sicher sein,
daß Unterschiede im Verhalten nicht bloß auf den Zufall der Stichprobenzusammensetzung zurückzuführen waren.

Einigermaßen sicher ist allerdings noch nicht sicher genug. Das Kriterium
für wissenschaftliche Stichhaltigkeit ist die »statistische Signifikanz«. Um sie

zu bestimmen, werden die Daten mit Verfahren wie etwa dem Chi-Quadrat-Test, der Varianz- (ANOVA), Multivarianz- und Diskriminanzanalyse getestet. Mit diesen Verfahren, die die Psychologen Donald Bowlus und Mary Gruber an der Humboldt-Universität für das Projekt durchführten, kann anhand der Größe der Stichprobe, ihrer durchschnittlichen Abweichung usw. berechnet werden, wie groß die Wahrscheinlichkeit ist, daß bestimmte Korrelationen auf reale Zusammenhänge zwischen bestimmten Faktoren und nicht auf bloße Zufälle in der Stichprobenzusammensetzung zurückzuführen sind.

Ergaben diese Berechnungen eine Wahrscheinlichkeit von nur 50 % für die Nicht-Zufälligkeit eines bestimmten Unterschieds zwischen Rettern und Kontrollgruppe, konnte Oliner nicht sicher sein, daß dieser Unterschied wirklich »signifikant« war. Ergaben sie aber eine Wahrscheinlichkeit von 95 % für einen realen Zusammenhang und von nur 5 % für einen Zufall, dann war der Unterschied signifikant, und er konnte davon ausgehen, daß hier ein Kausalzusammenhang bestand. Und wenn die Wahrscheinlichkeit des Zufalls nur 1 % betrug, konnte er fast vollständig sicher sein, daß er auf etwas wirklich Bedeutungsvolles gestoßen war.

Erst Mitte 1986, nach dreieinhalb Jahren ununterbrochener Arbeit, waren die Daten so aufbereitet, daß mit der statistischen Auswertung begonnen werden konnte. Dann aber, als der Computer der Universität Seite auf Seite Berechnungen auszuspucken begann, gewannen die Ergebnisse des Altruistic Personality Project allmählich Gestalt. Es war sofort klar, daß sie eine ungeheure Bedeutung hatten. Kein geringerer als Ervin Staub, Autorität auf dem Gebiet des Altruismus, schrieb zwei Jahre später in einer Besprechung von *The Altruistic Personality: Rescuers of Jews in Nazi Europe*, dem 1988 erschienenen Buch von Samuel und Pearl Oliner mit der Darstellung ihrer Ergebnisse, diese Arbeit sei »die bis heute umfassendste und eingehendste Untersuchung [von Rettern]«, deren Ergebnisse »bereits vorhandene Ergebnisse der Forschung zu Rettern und zum Altruismus überhaupt bestätigen, bedeutend erweitern und ergänzen. Einige ihrer Ergebnisse widersprechen auch den Ergebnissen früherer Untersuchungen oder widerlegen sie.« (Staub, 1986b)

Während sie noch an ihrem Buch schrieben, diskutierte ich in ihrem Büro fast einen ganz Nachmittag lang mit den beiden Oliners über die Auswertungsergebnisse. Oliner sprach als erstes über die Hypothesen, die von der Studie nicht bestätigt wurden:

»Als ich zuerst auf die Außenseiter-These stieß, dachte ich, ›Mensch, da *muß* etwas dran sein!‹ Sie klang höchst plausibel. Aber als die Auswertungsläufe kamen, ließ sie sich einfach nicht halten. Die überwältigende Mehrheit unserer Retter – 80 Prozent – fühlten sich entgegen der Außenseiter-Hypothese durchaus mit ihrer Gemeinschaft verbunden und unterschieden sich in dieser Hinsicht nicht von der Kontrollgruppe.

Auch mit Londons These, die Retter seien Abenteurer, hatte es nichts auf sich. Gewiß lassen sich hier und da Belege finden, aber die Daten sind eindeutig: In puncto Abenteurertum war einfach kein signifikanter Unterschied zwischen Rettern und Kontrollgruppe nachweisbar.

Noch größer war die Überraschung bei der Religiosität. Viele Leute haben behauptet, daß ethisch-religiöse Grundsätze beim Retterverhalten eine große Rolle spielten. Die Dänen haben neun Zehntel ihrer Juden gerettet, indem sie sie auf Fischerbooten nach Schweden brachten, und nach Ansicht mancher Autoren hing dies mit ihrer religiösen Ethik zusammen. Und in Le Chambon in Frankreich gab es die berühmte Rettungsaktion von Pastor André Trocmé und seinen protestantischen Gemeindemitgliedern. Aber das sind die Ausnahmen und nicht die Regel. Obwohl 90 Prozent unserer Retter religiös erzogen worden waren, gaben überraschenderweise nur 15 Prozent die Religion als Hauptgrund für ihr Handeln an, und ein signifikanter Unterschied zwischen Rettern und Kontrollgruppe war hier nicht festzustellen.

Und dann das Selbstwertgefühl – das war eine echte Überraschung! Aufgrund früherer Altruismusstudien waren wir ursprünglich ganz sicher, daß beim Selbstwertgefühl die Unterschiede gewaltig sein würden, aber die Auswertung zeigte, daß es keine Rolle zu spielen schien. Manche Leute mit hohem Selbstwertgefühl halfen den Juden nicht, manche halfen; manche Nicht-Retter hatten ein geringes Selbstwertgefühl, aber auch manche Retter. Im großen und ganzen gab es hier keinen Unterschied. Immerhin trifft sich das mit den neueren Thesen mancher Forscher, daß hohes wie niedriges Selbstwertgefühl die Menschen – wenn auch aus unterschiedlichen Gründen – zum Helfen motivieren kann.«

Pearl Oliner, die in einem kniehohen Stapel Computerausdrucke herumblätterte, fügte hinzu, daß noch zwei weitere Hypothesen durch die Auswertung widerlegt wurden:

»Wir dachten natürlich, daß zwischen der Einstellung der Leute zu den Nazis und dem Helfen oder Nichthelfen eine hohe Korrelation bestehen würde, aber dem war nicht so. Bei Rettern wie Nicht-Rettern war der Prozentsatz derer, die etwas gegen die Nazis hatten, etwa gleich. Gegen die Nazis zu sein, reichte also noch nicht aus, um jemanden zum Retter zu machen.

Überhaupt waren äußere Umstände sehr viel weniger wichtig, als man es von den Laborexperimenten her vermuten würde. Damit meine ich jetzt nicht die An- und Abwesenheit anderer Menschen, sondern die gesamte Lebenssituation der einzelnen – wo sie lebten, mit wievielen Personen, ob Kinder im Haus waren, die durch die Rettungsarbeit gefährdet worden wären. Weder diese noch die meisten anderen äußeren Umstände machten irgendeinen Unterschied. Nicht einmal die materiellen Bedingungen schienen wichtig zu sein. Man sollte meinen, daß man mit einem freien Zimmer im Haus eher jemanden zu sich nimmt, aber auch das stimmt nicht. Wenn sich jemand dazu durchgerungen hatte, irgendwen zu retten, dann tat er es auch unter schwierigsten Bedingungen.«

Aber welche Faktoren waren es dann, fragte ich. Als erstes nannte Pearl Oliner zwei, die statistisch hinreichend signifikant waren:

»Einen gewissen Unterschied machte es, ob ein Netz von Beziehungen vorhanden war – die Familie oder Freunde, von denen emotionale und praktische Unterstützung kommen konnte. Oder auch, ob jemand bereits früher enger mit Juden zu tun gehabt hatte; manche Retter hatten jüdische Freunde gehabt, aber für viele waren die Juden auch nur eine Erscheinung am Rande ihrer sozialen Welt, in der Schule, im Gymnasium, an der Universität. Beide Ergebnisse hatten wir erwartet, und sie wurden auch bestätigt, aber nicht besonders deutlich. Dann war da noch die Hypothese vom höheren Autonomiebewußtsein bei den Rettern – dem Gefühl, sein Leben selber zu bestimmen – und vom Gefühl der Ohnmacht bei den Nicht-Rettern. Hier war der Nachweis schon deutlicher. Aber am interessantesten sind natürlich die hoch signifikanten Unterschiede. Wir stellten fest, daß die Retter entschieden einfühlsamer und sensibler für die Leiden anderer Menschen waren als die Nicht-Retter; 37 Prozent unserer Retter gaben eine Einfühlungsreaktion als Grund für ihr erstes Helfen an. Die Retter hatten im allgemeinen auch ein ausgeprägtes persönliches und soziales Verantwortungsbewußtsein – eine normengetragene Vorstellung davon, wie sie handeln sollten –, und bei über der Hälfte von ihnen lag hier der erste Anstoß zum Helfen.«

Dann kam Oliner zu den zentralen Aussagen: »Die wichtigste Frage ist ja«, sagte er, »wie die Retter zu Rettern wurden. Wir hatten aufgrund zahlreicher Belege in der Literatur zur kindlichen Entwicklung die Hypothese aufgestellt, daß das Strafverhalten der Eltern von Rettern und Nicht-Rettern ein ausschlaggebender Faktor sein dürfte. Und so war es auch.« Er bat Pearl, die Daten aus ihrem Ausdruck vorzulesen; sie blätterte eine Weile und verkündete dann:

»Genausoviele Retter wie Nicht-Retter wurden von ihren Eltern für schlechtes Verhalten gemaßregelt – aber Eltern von Rettern taten dies signifikant weniger mit körperlichen Strafen als Eltern von Nicht-Rettern, und viel mehr mit Argumentieren und Erklären. Der Unterschied ist so groß, daß wir dieses Ergebnis zu 99,9 % für signifikant halten. Und das ist signifikant!

Ein weiterer signifikanter Faktor für die Entstehung einer altruistischen Persönlichkeit ist das Lob der Eltern für gutes oder freundliches Verhalten. Und die Vorbildfunktion: Das enge Verhältnis zu den Eltern war sehr wichtig, und ein enges Verhältnis zu einem Elternteil, der ein gutes Modell für mitfühlendes Verhalten abgab, war sogar höchst signifikant – es ging bis zur hundertprozentigen Wahrscheinlichkeit, das heißt wir sind hundertprozentig sicher, daß dies ein realer und kein zufälliger Unterschied ist.«

Ich fragte mich gerade, wie alle diese Ergebnisse eigentlich zusammenpaßten, wenn überhaupt, da wartete Oliner, als könnte er Gedanken lesen, auch schon mit dem Ergebnis auf, das er sich bis zuletzt aufgehoben hatte:

»Das Spannendste, was bisher herausgekommen ist, ist eine Dimension, bei der Persönlichkeitsmerkmale, verinnerlichte Werte und familiale Sozialisation zusammenkommen

– also die am höchsten korrelierenden und am deutlichsten positiven Faktoren, über die wir gerade gesprochen haben.

Außerdem steht sie für Einstellungen zu Menschen, die anders sind als man selbst – also wie weit man Menschen außerhalb der eigenen Gruppe als Mitmenschen und nicht als sie ansieht. Dieses Merkmal wurde mit Hilfe einer Skalierung gemessen: ›Waren für Sie vor dem Krieg Türken – oder Zigeuner oder Juden und so weiter – Menschen wie Sie, nicht viel anders, ziemlich anders oder vollkommen anders?‹

Diese von uns eingeführte Dimension haben wir ›Extensivität‹ genannt. Sie mißt die Reichweite des einfühlenden Verhaltens – wie weit es sich auch auf Außenstehende und nicht nur auf die engeren Wir-Gruppen-Mitglieder erstreckt und wie stark Gerechtigkeit als etwas empfunden wird, das nicht nur für uns und unsresgleichen gilt, sondern auch für Menschen außerhalb der eigenen Gruppe. Wir haben dies auch umgekehrt getestet: Wir haben die Extensivitätswerte bei unseren Fällen verglichen und festgestellt, daß wir allein anhand dieser Werte imstande waren, 73 Prozent unserer Fälle als Retter oder Nicht-Retter zu identifizieren. Extensivität ist der Kern der altruistischen Persönlichkeit – und von den Daten her haben wir allen Grund zu der Annahme, daß sie erlernbar ist.«

Heute ist Samuel Oliner kein Besessener mehr; die Arbeit geht weiter, aber in entspannterem Tempo: mit 150 weiteren Fragebogen- und Interviewprotokollen, die noch nachgekommen sind, und mit Detailauswertungen zu Geschlecht, Nationalität und anderen Faktoren. Solche Ergebnisse sind interessant für die Spezialisten, aber Oliner ist überzeugt, daß gerade die allgemeineren Schlußfolgerungen aus dem Altruistic Personality Project für Eltern, Lehrer und Politiker von größtem Nutzen bei der Förderung und Weiterentwicklung des Altruismus in der ganzen Gesellschaft sein dürften. Rezepte hat er jedoch nicht zu bieten; wir sprachen darüber am letzten Abend meines Besuchs bei ihm:

»Ich bin sicher, daß man aus unserer Studie konkrete Folgerungen für Schule und Elternhaus ableiten kann, aber ich bin mir nicht im klaren darüber, in welcher Form und für welche Altersstufe. Wir haben auch gar nicht erst versucht, unsere Ergebnisse in Form bestimmter Maßnahmen auf die Kindererziehung oder die Sozialpolitik zu übertragen. Unsere Arbeit ist das Was des Altruismus; das Wie der Umsetzung dieses Wissens müssen andere erarbeiten – Erziehungswissenschaftler, Entwicklungssoziologen, angewandte Soziologen.

Eine Folgerung ist für mich selber jedoch ganz klar. Ich bin der festen Überzeugung, daß der Holocaust nicht nur im College, sondern auch in der Highschool in den Lehrplan gehört, als etwas, das Bestandteil und Bürde unserer westlichen Zivilisation ist – nicht um im Pessimismus zu versinken, sondern weil er ein Lehrstück darüber ist, wie die Menschheit auf die schiefe Bahn kommen und ihr Menschlichstes preisgeben kann.

Nun wäre natürlich ein Unterricht, der nur aus Greueln und Schreckensmeldungen über die Menschheit besteht, schrecklich deprimierend und würde die Studenten nur in Verzweiflung stürzen. Mit unseren Ergebnissen kann dieser Unterricht aber konstruktiv werden. Wenn man den Schülern sagt: ›Die Menschheit ist nicht nur schlecht. Seht euch das empirische Material an‹, und ihnen ein paar Beispiele und Erkenntnisse über den Altruismus vorführt, macht das den Holocaust-Stoff erträglich. Sie bekommen dann ein ausgewogeneres Bild von der Menschheit.

Ich glaube, viele Menschen haben ein solches ausgewogenes Bild und die Hoffnung, die damit verbunden ist, bitter nötig. Sie brauchen Beweise dafür, daß die Menschheit ihre Seele nicht völlig dem Teufel verschrieben hat, sie sehnen sich danach, etwas Gutes über den Menschen zu hören. Und es *gibt* dieses Gute auch.«

Zum Schluß fragte ich, was dieses Projekt für seine eigene Einstellung zu den Menschen und zum Leben bedeutet habe. Er antwortete langsam und vorsichtig, vielleicht weil er Angst hatte, es könnte sentimental klingen. »Durch das Projekt geht es mir … besser«, sagte er. »Ich empfinde jetzt Dankbarkeit gegenüber den Menschen, die nicht gleichgültig waren. Einigen von ihnen verdanke ich, daß ich hier bin. Vielen anderen ist zu verdanken, daß viele von uns hier sind. Es *gibt* solche Menschen auf der Welt – und wir können unsere Kinder lehren, wie sie zu werden.«

Nach einem Augenblick des Schweigens fügte er hinzu: »Für mich war diese Art Forschung faszinierend, weil sie Einsichten in die Vielfalt des menschlichen Verhaltens vermittelt, in die ganz unterschiedlichen Verhaltensmöglichkeiten, die der Mensch hat – und zu denen eben auch gehört, daß er mitfühlend, gebend, liebend sein kann. Eigentlich ist das wunderbar.«

Wieder schwieg er eine Weile. Dann sagte er noch: »Seit Monaten habe ich keine Alpträume mehr gehabt.«

Erkenne dich selbst

Wenn Sie bis hierher gelesen haben, haben Sie die Forschungsergebnisse bereits angewandt, und zwar auf eine Weise, die wichtig und wirkungsvoll ist: Indem Sie sie lesen, ändern Sie sich bereits. Denn wenn die Menschen eine Ahnung davon bekommen, was hinter ihren – positiven oder negativen – Reaktionen auf die Not und die Bedürfnisse anderer Menschen steckt, ändert dieses neue Wissen um sie selbst ihre Einstellungen und damit ihr Verhalten.

Das wird von manchen Leuten bestritten, die sagen, daß nicht die Einstellungen das tatsächliche Verhalten bestimmen, selbst wenn sie auf Erkenntnissen beruhen. Viele Weiße zum Beispiel, die behaupten, keine Vorurteile gegenüber Schwarzen zu haben, ziehen aus ihrem Wohnviertel weg, wenn Schwarze dort hinzuziehen beginnen. Die neuere psychologische Forschung hat jedoch gezeigt, daß allgemeine Einstellungen (etwa Vorurteilslosigkeit gegenüber

Schwarzen) nicht unbedingt zu einem spezifischen Verhalten führen, sehr wohl aber spezifische Einstellungen (etwa die Bereitschaft, Schwarze als Nachbarn zu haben): Weiße, die nichts gegen Schwarze als Nachbarn haben, werden auch nicht ihretwegen wegziehen (Ajzen und Fishbein, 1972, 1980).

Ein anderes Argument ist, das Verhalten werde hauptsächlich von existentiellen Kräften bestimmt. Einstellungen seien nur das Bindeglied zwischen diesen Kräften und dem Verhalten. Die Marxisten behaupten, daß die Produktions- und Eigentumsverhältnisse unsere Ideologie und unser Verhalten diktieren. Die Soziologen benennen als Determinanten außer den Produktionsverhältnissen auch noch Klasse, Beruf, Machtstrukturen, Volkszugehörigkeit, Kultur und viele andere soziale Größen. Die Ökonomen und die Geopolitiker betonen Einflüsse wie Geographie und natürliche Ressourcen, Klima, Dürre und Hunger. Und für die Historiker gibt es wieder andere Faktoren.

Aber auch wenn sie allesamt zum Endergebnis beitragen, so gibt es doch in der Geschichte viele Belege für die verändernde Macht der Erkenntnis und der auf ihr beruhenden Einstellungen. Man denke nur an die weitreichenden Veränderungen des menschlichen Verhaltens, die auf die Entwicklung der Uhr und des Kalenders folgten, auf das Alphabet und das kopernikanische Modell des Sonnensystems, auf die Theorie von den Bazillen als Krankheitserregern, auf Geburtenkontrolle, Glühbirne, Elektromotor und Computer.

Ähnlich drastische Veränderungen unserer Kultur sind, vor allem in den letzten Jahrzehnten, aufgrund psychologischer Erkenntnisse erfolgt. Für die meisten gebildeten Menschen sind affektive Störungen nicht länger eine Folge des sündigen Lebenswandels oder einer Charakterschwäche, und sie behandeln sie auch nicht mehr als solche; für die meisten Männer sind die Frauen nicht mehr geistig minderwertig, und sie behandeln sie auch nicht mehr so, als wären sie es; und für die meisten Eltern sind ihre Kinder nicht mehr widerspenstige kleine Tiere, die gezähmt werden müssen, und sie erziehen sie auch nicht mehr unter dieser Prämisse. In all diesen Fällen hat Wissen die Einstellungen und über sie das Verhalten verändert.

Daher haben wir Grund zu der Annahme, daß auch das Wissen über die altruistischen Impulse und die Kräfte, die sie hemmen oder fördern, unsere Einstellungen und über sie unser Verhalten beeinflußten.

Und tatsächlich haben wir hierfür ja auch bereits Beweise gesehen. Viele der in den Anfangskapiteln zitierten Studien haben gezeigt, daß Kinder oder junge Erwachsene, die Beispiele altruistischen Verhaltens miterleben und vernünftig erklärt bekommen oder praktische Erfahrungen mit eigener Hilfsbereitschaft machen, in ihren Einstellungen und ihrem Verhalten altruistischer werden.

Denken Sie zum Beispiel an Shalom Schwartz' Folgestudie mit Studenten, die an den Untersuchungen zum Zuschauereffekt teilgenommen hatten und anschließend über den wahren Zweck der Studie aufgeklärt worden waren. Als Schwartz ein Jahr danach eine Situation arrangierte, in der dieselben Studenten auf einen Mann mit einem Stützapparat trafen, der auf der Treppe gestürzt war, bot sich eine größere Anzahl von ihnen zur Hilfeleistung an – und auch zu weiterreichender Hilfeleistung – als ein Jahr zuvor. Das Experiment und die Erklärungen, die ihnen damals gegeben worden waren, hatten zu einer positiveren Einstellung zum Helfen und zu größerer Hilfsbereitschaft geführt.

Was die altruistischen Einstellungen fördert, fördert also offenbar auch das altruistische Verhalten. Deshalb meinen auch die meisten Altruismusforscher, mit denen ich gesprochen habe, daß eine weitere Verbreitung ihrer Ergebnisse auch die Bereitschaft der Menschen erhöhen würde, Hilfsbedürftigen tatsächlich zu helfen. Wenn die Menschen erfahren, was sie gegenüber bestimmten anderen Menschen in bestimmten Situationen gleichgültig, hartherzig oder hilfsunwillig macht, werden sie auch weniger dazu neigen, dem Impuls nachzugeben, an einer hilfsbedürftigen Person vorbeizugehen oder sie zu übersehen. Ihr Wissen macht sie frei, diesen Impuls zu überwinden und nach ihren ein- und mitfühlenden Empfindungen und ihren Vorstellungen von Falsch und Richtig zu handeln.

Ich fragte Bibb Latané, den Nestor der Zuschauerforschung und Mitentdekker – mit John Darley – des Zuschauereffekts, welche sozialen Veränderungen seiner Meinung nach der Tendenz von Zuschauern entgegenwirken könnten, nicht einzugreifen, wenn andere Menschen dabei sind. Und er antwortete:

»Die einfachste und direkteste Veränderung wäre ein breiteres öffentliches Bewußtsein davon, daß Zuschauer den Hilfeimpuls blockieren können. In dem Maße, wie den Leuten bewußt ist, daß die Anwesenheit anderer Menschen sie daran hindern kann, so zu handeln, wie sie eigentlich möchten, werden sie Situationen schärfer wahrnehmen. Wie kann man sie bewußter machen? Durch Bücher. Durch Presseartikel. Durchs Fernsehen. Überhaupt durch Bildung. Ich glaube nicht, daß das direkt und unmittelbar geht, aber ich glaube doch, daß es möglich ist und vielleicht auch geschehen wird.«

In einem Brief zur selben Frage kommt auch Ervin Staub auf diesen Punkt:

»Die breitere Information über die Hemmfaktoren würde schon sehr viel nützen. Wenn uns bewußt ist, daß die Anwesenheit und das Verhalten anderer Menschen uns daran hindern kann, auf fremde Hilfsbedürftigkeit zu reagieren, und daß wir dazu neigen, die Hilfsbedürftigen als minderwertig anzusehen, sind die hemmenden Kräfte bereits nicht mehr so stark. In dieser Überzeugung fühle ich mich nicht nur durch die Forschungsergebnisse bestärkt, sondern auch durch meinen Eindruck, daß Studenten, die diese Informationen bekommen, eine größere Sensibilität entwickeln.«

Er zitiert eine Studie, die der Psychologe Arthur Beaman zusammen mit Kollegen an der University of Montana durchgeführt hatte (Beaman u. a., 1978).

Dabei hörten die ahnungslosen Teilnehmer zunächst eine Vorlesung über Lata-nés und Darleys Untersuchungen zur Ursache des Zuschauereffekts. Später sollten sie zu einer weiteren Vorlesung kommen, wurden aber diesmal jeweils einzeln und zu anderen Zeiten hinbestellt.

Wer kam, wurde dann zu einem anderen Gebäude weitergeschickt; während er zusammen mit einem ebenfalls gerade ankommenden Studenten – der in Wirklichkeit an dem Experiment beteiligt war – dort hinging, trafen sie auf einen jungen Mann, der offenbar gerade einen Unfall mit seinem Fahrrad gehabt und sich verletzt hatte. Zwei Drittel der Teilnehmer kamen dem Radfah-rer zu Hilfe, obwohl der andere Student die Rolle des nichthelfenden Zuschau-ers spielte. In einer Kontrollgruppe von Studenten, die die erste Vorlesung nicht gehört hatten und auch in Gegenwart des nichthelfenden Zuschauers auf das Unfallopfer trafen, boten nur etwas mehr als ein Viertel ihre Hilfe an.

Weiter schrieb Staub:

»Menschen, die es eilig haben und vollkommen mit ihren eigenen Angelegenheiten beschäftigt sind, nehmen die Not anderer Leute häufig gar nicht wahr oder vermeiden es, sich auf sie einzulassen. Wenn sie sich dieser Neigung und der Schwere oder Dring-lichkeit der Notlage des anderen bewußt werden, ist es auch wahrscheinlicher, daß sie diese Notlage wahrnehmen oder sich angesprochen fühlen. Das Ergebnis wird sein, daß ihre prosozialen Ziele manchmal über ihre ich-bezogenen Ziele siegen.

Das Verhalten wird auch dann altruistischer, wenn sich die Menschen ihrer potentiel-len Macht bewußt werden, nicht nur selbst zu helfen, sondern auch andere zum Helfen zu bewegen. Einige meiner eigenen Untersuchungen haben ergeben, daß Bemerkun-gen, die ein Zuschauer (der in Wirklichkeit zum Experiment gehörte) zu einem anderen darüber machte, was bestimmte besorgniserregende Geräusche bedeuten könnten und ob man helfen sollte oder nicht, das helfende Verhalten anderer Zuschauer deutlich zu- bzw. abnehmen ließen (Staub, 1974). Andere Untersuchungen und viele Beispiele aus dem Holocaust zeigen ebenfalls, wie stark Zuschauer einander beeinflussen können; wer dies weiß, wird seinen Einfluß nutzen.«

Jane Pilivian und ihre Kollegen führen in ihrer *Emergency Intervention* noch einen weiteren Beleg für den Einfluß eines auf Wissen beruhenden Bewußt-seins an:

»In unserer Gesellschaft wird uns von klein auf beigebracht, daß uns anderer Leute Pro-bleme ›nichts angehen‹ und wir unsere Gefühle gegen das, was anderen Leuten wider-fährt, abzuschotten haben. … Die meisten Probleme, Krisen und selbst echten Not-fälle, zu denen es um uns herum kommt, filtern wir aus, ehe wir sie überhaupt ›gesehen‹ haben. … [Aber] Studenten aus Vorlesungen, bei denen es in irgendeiner Form um das Helfen ging, berichten immer wieder, daß sie Notlagen viel häufiger als früher wahr-nehmen.« (Piliavin u. a., 1981: 254)

Genug der Expertenmeinungen; machen Sie Ihr eigenes Experiment und sehen Sie selbst. Am Ende des 1. Kapitels habe ich Sie zu einem Altruismus-Test eingeladen, mit dem Sie Ihre eigenen Altruismus-Werte messen konnten; wenn Sie diesen Test gemacht haben, könnte es durchaus interessant für Sie sein, ihn jetzt noch einmal zu machen. Vielleicht stellt sich heraus, daß Ihr Altruismus-Bewußtsein zugenommen hat und daß Sie jetzt höhere Werte erzielen als beim ersten Mal.

[handschriftliche Notiz am Rand: vgl. o., Kap. 4, insbes. S. 101 ff. Mehr oder weniger auf der Hd. liegend!]

Erziehung zum Samariter

In jedem Sandkasten kann man die folgende Szene erleben: Ein Kind versucht, einem anderen sein Spielzeug wegzunehmen, dieses heult und schlägt nach ihm; das erste schlägt zurück, und beide Mütter kommen und rufen: »Nein, nein!«, und ermahnen ihre Kinder, »nett« zu sein und miteinander zu teilen. Ihr Eingreifen ist gut und richtig, soweit es reicht – was eben nicht sehr weit ist. Die Forschung zeigt, daß sich mit Ermahnungen der Egoismus kaum dämpfen und die Großzügigkeit kaum fördern läßt. Die meisten Eltern haben nur wenig Ahnung davon, wie sie ihre Kinder in dieser Hinsicht nachhaltig beeinflussen können, aber die Altruismusforschung zeigt ihnen einen Weg.

[handschriftliche Notiz am Rand: Natürlich Egoismus. Dämpfst – das Publikum;]

Eine Einschränkung ist allerdings angebracht: Ein Kind ist kein Versuchskaninchen mit einem Satz feststehender Merkmale und lebt auch nicht in einer kontrollierten Umgebung. Unsere Kinder kommen mit den unterschiedlichsten Anlagen und Fähigkeiten zur Welt. Darüber hinaus sind sie als Heranwachsende vielen unvorhersehbaren Zufallseinflüssen ausgesetzt – Fernsehen, Nachbarn, Spiel- und Klassenkameraden, wirtschaftlichen Schwankungen usw. Daher können auch Programme für ein Elternverhalten auf wissenschaftlicher Grundlage nicht immer altruistische Menschen hervorbringen; sie könnten ihnen jedoch helfen, altruistischer zu werden, als es sonst der Fall wäre.

[handschriftliche Notiz am Rand: Erklärung kann und Lösungsansätze der Altruismus-Forschung]

Hier ein paar solcher Programmpunkte:

Verstärkung

Viele Eltern glauben zwar, sie könnten ihren Kindern den Altruismus mit Strafen und Belohnungen anerziehen, aber die Fakten sprechen dagegen.

Werden Kinder (durch Drohen oder Strafen) gezwungen, sich nicht egoistisch, sondern hilfsbereit und großzügig zu verhalten, bewirkt das, wie wir gesehen haben, keine charakterliche Veränderung zum Altruismus hin; sie

tun nur solange das, was ihnen gesagt wird, wie die Drohung über ihnen
schwebt.

Auch materielle Belohnungen sind erstaunlicherweise kaum wirkungsvoller,
wenn es darum geht, spontane Freundlichkeit oder Hilfsbereitschaft anzure-
gen; Kinder, die für freundliches und kooperatives Spielen etwas geschenkt
bekommen, sind nur solange freundlicher und hilfsbereiter, wie es Geschenke
gibt, später jedoch nicht mehr. Kinder, die für spontane Freundlichkeit und
Hilfsbereitschaft belohnt werden, sind sogar eher weniger hilfsbereit und
freundlich, sobald die Belohnungen ausbleiben. Die Belohnung unterminiert
den eigenen Antrieb. Sie glauben, daß sie sich um des konkreten Gewinns und
nicht um der Sache selbst willen so verhalten (Joan Grusec, in: Rushton und
Sorrentino, 1981).

Eine bestimmte Art Belohnung jedoch – die Selbstbestätigung – stärkt und
fördert den altruistischen Impuls. Wenn Kinder freundlich und hilfsbereit sind
und dafür gelobt werden oder gesagt bekommen, sie seien freundlich und großzügig – wenn sie und ihr Verhalten dieses *Etikett* bekommen –, werden sie sich
selbst so sehen und ein gutes Gefühl zu sich selbst bekommen; und dies wiederum führt zur Beibehaltung des altruistischen Verhaltens (Ervin Staub, in:
ebd.).

Argumentation und Verhaltensinduktion

Wir haben auch gesehen, daß Predigten und Ermahnungen, sich altruistisch zu
verhalten, relativ wirkungslos bleiben. Argumentieren ist besser, selbst wenn
das Kind noch zu klein ist, um die Erklärung ganz zu verstehen, und sehr viel
besser, wenn es bereits verstehen kann, warum mitfühlendes und helfendes
Verhalten erstrebenswert ist.

Verhaltensinduktion – erklären, wie mitfühlendes und nichtmitfühlendes
Verhalten sich auf das Befinden der anderen Person auswirken – hilft dem
Kind, die Situation vom Standpunkt der anderen Person aus zu sehen (Rollenannahme) und, was noch wichtiger ist, die Gefühle des anderen nachzuvollziehen (Einfühlung).

Aber manchmal ist die Auffassungsgabe des Kindes zu begrenzt oder sein
egoistischer Wunsch zu stark, um mit Argumenten und Handlungsinduktion
allein zum Ziel zu kommen; unter Umständen bedarf es irgendeiner – nicht-
strafenden – Form der Steuerung. Martin Hoffman erzählte mir, wie ihm zum
ersten Mal diese Komponente des Induktionsprozesses klar wurde: »Eines
Tages war ich mit meiner zweijährigen Tochter im Badezimmer«, sagte er, »und
wollte, daß sie mit dem, was sie gerade machte, aufhörte und etwas anderes

machte. Ich erklärte es ihr induktiv, ich machte es genau, wie man es machen sollte, aber sie kümmerte sich gar nicht um mich. Schließlich nahm ich sie bei den Schultern und sagte bestimmt: ›Jetzt hör mir mal gut zu, Jill.‹ Und das half. In dem Moment begriff ich, daß man Stärke zeigen muß, wenn man ein Kind zum Zuhören und Aufpassen bringen will – und das ist auch der Kern meiner Induktionstheorie.«

Modellfunktion

Wir erinnern uns: Wie Eltern ihre Kinder behandeln, ist deren erstes und wichtigstes Verhaltensmodell. Sind die Eltern freundlich und voller Zuwendung, wird das die Vorstellung ihrer Kinder vom richtigen Verhalten gegenüber anderen Menschen prägen; von harten und wenig liebevollen Eltern lernen sie das Gegenteil.

Auch wie die Eltern nicht zur Familie gehörige Menschen behandeln, hat großen Einfluß auf die Kinder; Söhne und Töchter extensiv altruistischer Menschen werden auch eher altruistisch sein. Die Wirkung solcher Elternmodelle ist jedoch nur dann tief und dauerhaft, wenn die Eltern herzlich und liebevoll zu dem Kind sind; nur dann verinnerlicht das Kind Werte und Verhalten der Eltern und macht sie sich zu eigen. Gleiches gilt für das Argumentieren.

Marian Radke-Yarrow, Phyllis Scott und Carolyn Zahn-Waxler vom Laboratory of Developmental Psychology am National Institute of Health haben ein Experiment durchgeführt, bei dem Lehrer jeweils kühl bzw. herzlich zu ihren Schülern waren und ihnen etwas über altruistisches Verhalten erzählten bzw. es ihnen (mit Hilfe der Figuren eines Dioramas) regelrecht vorlebten. Ihr Schluß:

»Extrapolieren wir von den Ergebnissen dieser Studie auf die Kindererziehung ..., so werden Eltern, die in der Außenwelt altruistisch, zu ihrem Kind aber kalt sind, nur wenig Altruismus bei ihm erzeugen. Auch Eltern, die ihre Werte dem Kind didaktisch in Form säuberlicher Prinzipien vermitteln, und sonst nichts, werden bei ihren Kindern auch nur das Erlernen dieser Prinzipien induzieren. Weitergehender Altruismus läßt sich offenbar am besten von Eltern lernen, die nicht nur die Prinzipien des Altruismus zu lehren versuchen, sondern sich auch im täglichen Umgang altruistisch zeigen ..., [und deren] praktisches Verhalten zu ihren Kindern mit ihrem allgemeinen Altruismus in Einklang steht.« (Radke-Yarrow, Scott und Zahn-Waxler, 1973)

Praktische Erfahrungen

Wie Kinder im Umgang mit anderen Menschen oder in der Schule aus ihren praktischen Erfahrungen lernen, wie sie sich zu verhalten haben, so können sie auch den Altruismus dadurch lernen, daß sie Gelegenheit bekommen, altruistisch zu sein. Einfallsreiche Eltern, denen dies ein Anliegen ist, können solche praktischen Lernsituationen für ihre Kinder finden oder schaffen, etwa indem sie sie jede Woche ein oder zwei Stunden lang zu einem Besuch in ein Altenheim schicken, sie Briefe an bedürftige Kinder in Krankenhäusern schreiben oder Spielzeug für sie basteln lassen, sie Essen zu einem bettlägerigen Nachbarn bringen lassen usw.

Wie sagt Ervin Staub?: »Schon die alten Philosophen haben gesagt, daß man Moralverhalten dadurch lernt, daß man sich moralisch verhält. Die Tendenz zu prosozialem Verhalten entwickelt sich zumindest teilweise durch Mitwirkung an prosozialem Verhalten.« (Ervin Staub, in: Zahn-Waxler, Cummings und Iannotti, 1986: 154 f.)

Altruismus als Lehrfach

Kann man Altruismus in der Schule lehren? Oder, genauer gesagt: Werden Kinder durch Altruismus-Unterricht wirklich altruistischer?

Burlington, New Jersey, eine knappe Fahrstunde nordöstlich von Philadelphia am Ostufer des Delaware River gelegen, ist eine weitgehend von Arbeitern bewohnte Stadt mit rund 10 000 Einwohnern. Nicht weit vom Fluß, in einer Gegend mit älteren, etwas heruntergekommenen Reihenhäusern, liegt die Elias-Boudinot-Schule, ein einstöckiger, moderner Flachbau mit grüngekachelten Wänden und Aluminiumfenstern. In den großzügigen Innenräumen werden 130 Kinder im Alter von fünf bis zehn Jahren von der Vorschule bis zur vierten Klasse unterrichtet. Etwa 40 Prozent sind Schwarze oder spanischer Herkunft, 20 Prozent kommen aus Familien, die von Sozialhilfe leben.

Die Boudinot-Schule liegt in keiner sozial problematischen Gegend, die meisten Kinder sind sauber gekleidet und einigermaßen wohlerzogen, aber dennoch ist sie kaum der Ort, an dem man Unterricht in Altruismus erwarten sollte. Genau das aber erlebe ich eines schönen Herbstmorgens, als ich die Schule besuche, in mehreren Klassen.

»Heute wollen wir an unserer Charakterbildung arbeiten«, sagt Mrs. Olive Holmes, eine schlanke, attraktive Schwarze, zu ihren 25 Viertkläßlern. Trotz des imponierenden Namens für dieses Lehrfach freuen sich die Kinder: Charakterbildung macht Spaß. Und aus gutem Grund: Hier können sie von sich selber sprechen, bekommen Geschichten erzählt, spielen Ratespiele und richtiges Theater. »Als ihr heute morgen aufgewacht seid«, sagt Mrs. Holmes, »wie ging es euch da?« Hände schießen in die Höhe, fast alle wollen etwas erzählen.

»Sauer« (Kichern in der Klasse).

»Müde« (mitfühlendes Ächzen).

»Mies« (wieder Kichern).

Mrs. Holmes fragt den »Miesen«, einen hübschen, stupsnasigen schwarzen Jungen: »Was hat denn deine Familie von deiner miesen Laune abgekriegt?«

»Ich hab' meiner Schwester gesagt, sie soll raus aus meinem Zimmer, oder ich hau' ihr eine!«

»Wie fand sie das, was meinst du?«

»Hm ... naja ... nicht so gut, nehm' ich an – sie hat geheult.«

»Hättest du das auch anders machen können? Laßt uns mal alle darüber nachdenken.« Und das tun sie ein paar Minuten lang, manche ganz leise und zögernd, andere ganz selbstsicher, wie ein weißes Mädchen mit Zöpfen, das sagt: »Du hättest ja sagen können, daß du miese Laune hast, und es tut dir leid, aber sie soll dich mal eine Weile allein lassen.«

»Sehr gut!« sagt Mrs. Holmes, und fährt fort: »Wir haben seit letzter Woche zwei Neue in der Klasse. Ich möchte, daß ihr alle mal darüber nachdenkt, wie es euch gehen würde, wenn ihr an eine neue Schule kämt und niemanden kennt und euch überhaupt nicht zurechtfindet.« Schweigen, während alle darüber nachdenken. Dann liest Mrs. Holmes eine kleine Geschichte über Janet vor, ein Mädchen aus einer vierten Klasse, die mit ihrem kleinen Bruder etwas verloren und verwirrt vor ihrer neuen Schule steht. Robert, ein Junge aus der fünften Klasse, geht lächelnd auf sie zu und fragt, ob er ihnen helfen kann. Er bringt sie zum Direktor, stellt sie der Sekretärin vor und sagt, daß er sie in der Mittagspause abholen und zur Cafeteria bringen wird.

»Janet war sehr beeindruckt«, liest Mrs. Holmes, »von ... wovon war sie wohl beeindruckt?« Wieder schießen die Hände hoch.

»Seiner Persönlichkeit.«

»Daß er so nett war.«

»Daß er so freundlich war.«

Mrs. Holmes: »Und wie fühlen sich Leute, wenn jemand nett zu ihnen ist?«

»Gut.«

»Glücklich.«

»Wohl.«

»Sehr gut«, sagt Mrs. Holmes, »und jetzt denkt einmal darüber nach: Würdet ihr das auch tun? Wärt ihr wie Robert?« Sie läßt sie eine Weile überlegen und sagt dann: »Probieren wir's doch gleich mal«, und fragt, wer die Neuen spielen möchte und wer Mr. McNamara, den Direktor. Fast alle melden sich; sie sucht drei Kinder aus und schickt sie vor die Tür; dann kommt »Mr. McNamara«, ein rundlicher schwarzer Junge, strahlend vor Stolz mit den beiden anderen wieder herein und sagt: »Mrs. Holmes, hier habe ich zwei neue Schüler, Michele und Bill«, und geht wieder.

»So«, sagt Mrs. Holmes, »und wer zeigt uns jetzt, was wir machen sollen?«
Ein Mädchen: »Tag, Michele, ich zeig' dir deinen Platz.« (Mrs. Holmes: »Gut!«)

Ein Junge: »Billy, du kannst hier sitzen.« (»Das ist auch gut.«)

Ein Mädchen: »Im – äh, ähm – im Na – *im Namen* der Klasse heiße ich euch herzlich willkommen.« (»Sehr gut!«)

Und so weiter.

In einer anderen Klasse, einer dritten, haben die Schüler gerade eine halbe Stunde Charakterbildung bei Mrs. Elizabeth Piechowski, einer stämmigen jungen Weißen, freundlich, aber resolut. Nachdem sie sie eine Weile darüber diskutieren läßt, was »Großzügigkeit« heißt – die Antworten beginnen mit »freundlich«, werden aber durch Mrs. Piechowskis geschickte Steuerung immer genauer und lauten schließlich: »abgeben«, »Leuten etwas geben« –, liest sie ihnen eine kleine Geschichte vor. Paul, Terry und Kenny, so die Geschichte, spielten gern zusammen, aber immer, wenn sie bei Paul spielten, wollte er die anderen nicht mit seinen Spielsachen spielen lassen. Er nahm sie Terry und Kenny immer wieder weg und sagte, daß sie ihm gehörten und daß er damit spielen wollte. »Terry und Kenny«, liest Mrs. Piechowski, »spielten immer öfter mit anderen Jungen, und schließlich hatte Paul gar keine Freunde mehr und war ganz allein.«

Sie klappt das Buch zu und sagt: »So, jetzt soll jeder Tisch« – die Plätze sind zu sechs Vierer- und Fünfergruppen oder eben »Tischen« zusammengestellt – »fünf Minuten lang darüber diskutieren, ob die Geschichte eurer Meinung nach auch anders ausgehen könnte – was ihr gemacht hättet, wenn ihr Terry und Kenny wärt, und vielleicht auch, was ihr gemacht hättet, wenn ihr Paul wärt. Denkt über beide Seiten nach!«

In den nächsten fünf Minuten geht es zu wie bei einem Workshop oder Seminar für Erwachsene: An jedem Tisch debattieren die Kinder (die das in den Wochen zuvor auch schon so gemacht haben) ernsthaft und intensiv, was die drei Jungen hätten anders und besser machen können. Dann sagt Mrs. Piechowski, daß die Zeit um ist und nun alle hören wollen, was sie sich für Gedanken gemacht haben. »Tisch eins – Steven?«

Steven: »Einander beim Abgeben helfen.«

Mrs. Piechowski: »Gut, aber wie? Tisch zwei – Nicole?«

Nicole: »Wenn ich Paul wäre, würde ich mich erstmal entschuldigen.«

Mrs. Piechowski: »Aber wenn Paul das nicht tut, und du wärst Terry oder Kenny, was dann? Tisch drei – Danny?«

Danny: »Einer oder beide könnten Paul besuchen und mit ihm reden, und vielleicht überlegt er sich's dann anders.«

Mrs. Piechowski: »Das hilft vielleicht, aber vielleicht auch nicht. Was können sie sonst noch machen? Jetzt alle Tische.«

Patricia: »Terry und Kenny könnten mit Paul reden, und dann läßt er sie vielleicht doch mit seinen Sachen spielen.«

Mrs. Piechowski: »Was sollten sie Paul denn sagen, damit er das tut?«

Keesha: »Wir wollen doch Freunde sein, also laß uns bitte mit deinen Sachen spielen.«

Steven: »Wenn du uns nicht mit deinen Sachen spielen läßt, lassen wir dich auch nicht mit unseren spielen.«

Tammy: »Sie könnten sagen, daß es sie geärgert hat, als er sie nicht mit seinen Sachen spielen lassen wollte, und dann überlegt er sich's vielleicht.«

So geht es etwa zehn Minuten lang, vom noch ganz Vagen zum ganz Genauen und von leeren Bravheiten zu wirklichen Gefühlen. Dann faßt Mrs. Piechowski zusammen, was bei der Diskussion herausgekommen ist: »Aus unserer Geschichte haben wir gelernt, daß Paul durch sein Verhalten alle Freunde verloren hat und ganz allein war. Aber ihm war gar nicht klar, wie sein Verhalten auf seine Freunde gewirkt hatte. Vielleicht ging es ihm selber nicht gut, und wenn es einem nicht gut geht, ist es nicht leicht, abzugeben oder zu spüren, wie es anderen geht. Aber daß sie es ihm gesagt haben, hat ihm geholfen, sich das klar zu machen und sich zu ändern.«

Kinder aller Altersstufen haben in der Elias-Boudinot-Schule einmal in der Woche Unterricht in Charakterbildung, genau wie Kinder in 40000 anderen Klassen an 1318 Schulen in 427 Städten, die alle die vom American Institute for Character Education entwickelten Lehrmaterialien benutzen.

Der Anstoß zum AICE, einer kleinen, nichtkommerziellen Stiftung mit Sitz in San Antonio, kam vor zwanzig Jahren von einem pensionierten College-Professor und stellte einen Versuch dar, so grundlegende moralische und soziale Werte wie Ehrlichkeit, Großzügigkeit, Toleranz, Redefreiheit, Achtung vor den Rechten des anderen und Verantwortung für das eigene Verhalten in den Schulunterricht einzubringen. Ein zweites Ziel war, das Selbstbewußtsein der Kinder zu stärken, damit sie sich besser gegen Gruppendruck wehren und anderer Menschen Gefühle besser wahrnehmen können.

Von der Eli-Lilly-Stiftung bekam das Institut einen Zuschuß von über 2 Millionen Dollar, und mit ihm konnten die Mitarbeiter einen ansehnlichen Stab von Lehrern gewinnen, die auf erziehungswissenschaftlicher und psychologischer Basis Lehrmaterial für den Unterricht in Kindergärten und Grundschulen entwickelten. (Seit einiger Zeit gibt es solches Lehrmaterial auch für höhere

Klassen.) Das AICE, das heute vier feste Mitarbeiter und ein Vielfaches davon an ehrenamtlichen Mitarbeitern hat, gibt diese Materialien heraus und bietet Seminare für die Lehrerfortbildung an. Seit 1980 stehen die Lehrmaterialien den Schulen zur Verfügung.

Der Begriff »Charakterbildung« hat einen religiös-konservativen Beigeschmack, aber die Lehrmaterialien des AICE und die Werte, die mit ihnen vermittelt werden, sind keiner Parteipolitik und keiner bestimmten Religion verpflichtet. Zwar sind sie vor allem in mehr oder weniger konservativen Kommunen verbreitet, doch dringen sie inzwischen auch in andere Bereiche vor, da auch liberale Lehrer und Eltern erkannt haben, daß das Programm wissenschaftlich fundiert ist.

Die zunehmende Verwendung von AICE-Materialien ist nur eine Facette einer neuen Bewegung, bei der Erzieher quer durch das ganze politische Spektrum für die Aufnahme von Charakterbildungsunterricht – oder, wie manche es lieber nennen, »Erziehung zu sozialem Verhalten« – in die Lehrpläne der allgemeinbildenden Schulen eintreten. Damit kommt es nach längerer Zeit wieder einmal zu einer Trendwende in der Lehrplangestaltung. Ethikunterricht in Gestalt moralisierender Geschichten und frommer Verhaltensregeln war in Amerika lange Zeit Bestandteil des Unterrichts, aber um die Jahrhundertwende, als sich die Subkulturen in der Bevölkerung immer stärker vermischten, waren Lehrer wie Öffentlichkeit immer weniger davon überzeugt, daß Moral wirklich in der Schule gelehrt werden sollte. Zu Beginn der 30er Jahre argumentierten viele Lehrer und Erzieher, daß in einer pluralistischen Gesellschaft die Schule ihren Schülern nicht die Moral der herrschenden Schicht aufzwingen dürfe. 1932 fragte die National Education Association in einem Bericht über Charakterbildung: »Wer sind wir, daß wir jemandem sagen könnten, was er tun muß, um gut zu sein?«

Zu Beginn der 60er Jahre war dies die herrschende Ansicht. Lehrer und Erzieher, Minoritätengruppen und große Teile der Öffentlichkeit glaubten an eine »wertfreie« Erziehung, und nur die Konservativen waren immer noch der Ansicht, daß ein Ethikunterricht – alten Stils – in die Lehrpläne gehörte. In den 70er Jahren jedoch kam es angesichts der zunehmenden Kriminalität, der Aussteigerbewegung und anderer sozialer Mißstände bei Lehrern, Sozialwissenschaftlern und Kommunalpolitikern aller Schattierungen zu neuen Denkansätzen.

Und mit dem Bekanntwerden der Forschungsergebnisse zum prosozialen Verhalten kristallisierte sich allmählich auch eine Auffassung heraus, nach der die Schule als gesellschaftlicher Mikrokosmos der ideale Ort ist, um die sozialen Fähigkeiten der Kinder zu entwickeln und ihre soziale Entwicklung durch das Lehren von Kooperation, Wahrnehmungsbereitschaft, Einfühlung und bestimmten auf diesen Merkmalen aufbauenden Verhaltensweisen zu fördern. 1982 schrieb J. Philippe Rushton:

»Vielleicht ist das Bildungssystem der Ort …, an dem die Gesellschaft am ehesten einen wirksamen und aktiven Beitrag zur Ausbildung prosozialer Kompetenzen und Motivationen leisten kann. Es ist an der Zeit, zu einem besser strukturierten und weitaus intensiveren Unterricht in prosozialem Verhalten im weitesten Sinne überzugehen. Wie sich ein Kind verhält und argumentiert und wie es aufgrund seiner Werte zu Klärungen kommt und handelt, all das ist wichtig und könnte in den Schulen umfassender behandelt werden als bisher.« (Rushton, 1982)

Dies war eine neue Art Charakterbildung: nicht Predigt und Dogma, sondern Unterrichtserfahrungen, die individuelles Wachstum und entwickeltes Sozialverhalten fördern sollten; aufbauend nicht auf einer politischen oder religiösen Ideologie, sondern auf wissenschaftlichen Erkenntnissen darüber, wie prosoziale Einstellungen und Verhaltensweisen erworben werden.

In den 70er Jahren wurde in Schulen überall im ganzen Land mit dem ersten jener experimentellen Unterrichtsprogramme begonnen, die es später zu Hunderten geben sollte. Die neuen Ansichten von Lehrern, Erziehern und Verhaltensforschern gewannen allmählich auch in der breiteren Öffentlichkeit an Boden.

Obwohl in den Unterrichtsmaterialien selten von Altruismus die Rede ist, ist er eine der wichtigsten Komponenten dieses Charakterbildungsunterrichts. An seiner Stelle werden Reaktions- und Verhaltensweisen benannt, die seine Grundlage sind; Stunden wie die von mir geschilderten laufen beispielsweise unter der Überschrift: »Großzügigkeit, Freundlichkeit, Hilfsbereitschaft und Höflichkeit.«

Sind die AICE-Methoden erfolgreich? Direktor McNamara von der Boudinot-Schule ist überzeugt davon: »Ich sehe die Verhaltensänderungen bei den Kindern«, sagte er. »In den Gängen und in der Cafeteria gibt es deutlich weniger Gerangel und Prügeleien. Wir haben die Ergebnisse des Programms an unserer Schule nicht ausgewertet, aber wir haben alle den Eindruck, daß wir unseren Schülern etwas Bleibendes vermitteln.«

Ähnlich Lobendes ist auch aus anderen Schulen zu hören. Zu den von den Direktoren aufgezählten Auswirkungen gehören: weniger Schwänzen, größere Sauberkeit auf dem Gelände und in den Gebäuden, besseres Lehrer-Schüler-Verhältnis, diszipliniertes Unterrichtsverhalten, weniger Vandalismus. Vor ein paar Jahren verschickte des AICE einen Fragebogen an ausgewählte Lehrer, die mit dem Material gearbeitet hatten, sowie an ihre Schulleiter. Dabei meinten 93 Prozent der Lehrer, die den Fragebogen beantworteten, das Selbstbild ihrer Schüler sei besser geworden, 85 Prozent gaben an, das Verhalten im

Unterricht habe sich verbessert, und die große Mehrzahl stellte auch eine Verbesserung des Verhaltens in der Cafeteria und auf dem Schulhof fest. Gleiche Aussagen kamen von der Mehrzahl der Schulleiter, und 64 Prozent berichteten von einer Abnahme des Vandalismus.

Was alles fast zu schön klingt, um wahr zu sein. Aber auch von vielen anderen Seiten wird über vergleichbare Ergebnisse berichtet (Ervin Staub, in: Rushton und Sorrentino, 1981; Brown, 1979; Feshbach, 1979; Seymour Feshbach und Norma Deitch Feshbach, in: Zahn-Waxler, Cummings und Iannotti, 1986; Berndt, McCartney u. a.: 1983/84; Rachel Hertz-Lazarowitz und Shlomo Sharan, in: Staub u. a., 1984; Spivak und Shure, 1984).

Dutzende von Programmen zum Einfühlungs-Training, die mit Rollenannahme und anderen Methoden arbeiten, wurden in Schulen und Gemeinschaften der verschiedensten Art getestet; fast überall war das Ergebnis positiv (Goldstein und Michaels, 1985: 224f.).

Andere Programme, die Gruppendiskussionen über Kohlbergs moralische Dilemmata einsetzen, führten zu deutlich höheren Werten bei den altruistischen Einstellungen (Berndt u. a., 1983/84).

Wieder andere testeten den Einsatz kooperativer Lernmethoden bei Standard-Lehrstoff; dabei arbeiten die Schüler in kleinen Gruppen zusammen, um Aufgaben zu lösen und einander zu helfen. Forschungsergebnisse wie Lehrerberichte belegen, daß bei solchen Methoden das prosoziale und helfende Verhalten zunimmt (Rachel Hertz-Lazarowitz und Shlomo Sharan, in: Staub u. a., 1984).

Die Ergebnisse der AICE-Programme und ähnlicher Versuchsreihen (s. a. Solomon u. a., 1987; Battistich, Solomon und Watson, 1987) lassen es wahrscheinlich erscheinen, daß im Laufe der nächsten ein oder zwei Jahrzehnte prosoziales Verhalten als Schulfach in der einen oder anderen Form in die Lehrpläne sehr vieler amerikanischer Schulen eingehen wird. Es ist durchaus denkbar, daß damit die Ergebnisse der Altruismus-Forschung ihre wirksamste Anwendung finden.

Unterstützung durch die Gesellschaft

Wir haben einige Formen kennengelernt, in denen Forschungsergebnisse für die Persönlichkeitsentwicklung des Menschen nutzbar gemacht werden können. Aber diese Ergebnisse besagen auch, daß Altruismus nicht nur individuell, sondern auch in unserer Sozialstruktur verankert werden kann – daß also die soziale Umwelt, nicht bloß die Rechtslage, so verändert werden kann, daß sie altruistisches Verhalten fördert.

Hier sind einige Vorschläge von Altruismusforschern und anderen Sozialwissenschaftlern, wie diesem Ziel näherzukommen wäre.

Schaffung von Anreizen

Da der Entschluß, zu helfen oder nicht zu helfen, oft mit Kosten-Nutzen-Erwägungen verbunden ist, wäre es durchaus sinnvoll, die Belohnungen zu erhöhen, die von öffentlichen Stellen für altruistisches Verhalten vergeben werden. Ein von der Hoffnung auf Belohnung motivierter Altruismus ist zwar nicht der reinste, im Ergebnis aber oft genauso gut.

Zur Zeit gehören zur allgemeinen Ethik von Ärzte-, Lehrer-, Juristen-, Wissenschaftlerverbänden usw. lediglich gutgemeinte, aber vage Aussagen über den Beitrag zum Allgemeinwohl, den ihre Mitglieder leisten sollten. Man könnte damit aber viel weiter gehen: Die Verbände könnten im Detail festlegen, welche Dienstleistungen sie in welchem Umfang von ihren Mitgliedern erwarten – und ihnen etwas dafür bieten. Dienstleistungen dieser Art könnten zur Voraussetzung für den Erwerb von Zertifikaten oder für die Mitgliedschaft in diesen Verbänden oder überhaupt zu einem dauerhaften Bestandteil des Berufsbildes gemacht werden. Oder sie könnten ein Äquivalent für andere Leistungsnachweise darstellen. Die Fakultäten könnten sie zum Beispiel bei der Besetzung eines Lehrstuhls genauso berücksichtigen wie die Zahl der wissenschaftlichen Veröffentlichungen.

Dienste für das Allgemeinwohl könnten sich auch finanziell niederschlagen: Hochrangige Chirurgen oder Juristen könnten durch Steuervorteile dazu bewogen werden, kostbare Stunden für altruistische Arbeit zu opfern; denkbar wäre auch, die für diese Arbeit aufgewendeten Stunden zu den üblichen Honorarsätzen als Spenden abzurechnen.

Öffentliche Anerkennung von Produzenten-Altruismus

In unserer Gesellschaft ist es üblich, bei Umweltverschmutzung, dem Vertrieb schädlicher Produkte oder bei anderen von der Industrie verursachten sozialen Schäden das Eingreifen bestimmten Kontrollinstanzen zu überlassen. Aber nur allzu oft intervenieren solche Instanzen erst, wenn der Schaden bereits groß ist. Soziale Verantwortung auf Seiten der Wirtschaft – Produzenten-Altruismus – wäre ein bessere Antwort, schreibt David Kennett, Wirtschaftswissenschaftler am Vassar College:

»In einigen besonders sensiblen Grauzonen (etwa dem Vertrieb von potentiell krebser-
regenden Produkten) kann Regulierung nicht ohne ein höheres Ausmaß an eigenverant-
wortlicher Offenlegung und Selbstbeschränkung greifen. Dies ist der Bereich, in dem
durch altruistisches Verhalten des Produzenten ein Ziel erreicht werden kann, das durch
Regulierung nicht oder nur mit großen sozialen Kosten zu erreichen ist.« (Kennett,
1980b)

Kann Management überhaupt altruistisch sein? Adam Smith fand das unwahrscheinlich: »Soweit ich weiß, ist nie viel Gutes herausgekommen, wenn Kauf-
leute behaupteten, sie trieben ihren Handel zum Wohle der Allgemeinheit.
Dieser Standpunkt ist bei den Kaufleuten allerdings auch nicht sonderlich weit
verbreitet, und es braucht nicht vieler Worte, um ihn ihnen auszureden.« (Zit.
n. ebd.)

Aber vielleicht würde ein Gratifikationssystem, das sozial verantwortliches
Handeln von Firmen honoriert – und ihnen damit indirekt neue Marktanteile
erschließt –, sie doch motivieren. Verbraucherorganisationen, Handelskam-
mern und Industrie- und Berufsverbände könnten ihre eigenen Gütesiegel für
Produkte, Dienstleistungen und Markennamen sozial verantwortlicher
Betriebe einführen.

Organspendepflicht

Jedes Jahr kommen in den Vereinigten Staaten rund 20 000 Menschen unter
Umständen zu Tode, die sie zu nützlichen Organspendern für Menschen
machen würden, die eine Transplantation brauchen. Man schätzt jedoch, daß
weniger als 15 Prozent dieses Potentials wirklich genutzt wird; der Rest wird
begraben, während Menschen mit Nieren-, Leber- oder Herzkrankheiten, die
gerettet werden könnten, weiter dahinsiechen und sterben.

Die gegenwärtige Politik, wie sie in den Landesgesetzen festgelegt ist, geht
vom Prinzip der vollkommenen Freiwilligkeit aus: Niemand wird gezwungen,
bei seinem Tode seine Organe zur Verfügung zu stellen. Aber bereits 1968 kam
bei einer Gallup-Umfrage heraus, daß 90 Prozent der Amerikaner, wenn man
sie darum bitten würde, zu Organspenden nach ihrem Tode bereit wären. Das
Problem ist, daß es kein wirksames System gibt, um mehr als nur einen kleinen
Prozentsatz von ihnen zu bitten.

Medizin-Ethiker und andere haben mehrere Möglichkeiten vorgeschlagen,
um die Ausbeute zu vergrößern, ohne die Persönlichkeitsrechte zu verletzen.
Am ehesten umsetzbar erscheinen die beiden folgenden:

– Erlaß einer gesetzlichen Vorschrift, daß bei Menschen, die zu ihren Lebzeiten nicht explizit die Zustimmung zur Organspende verweigert haben, die

entsprechende Zustimmung im Falle ihres Todes als gegeben gilt. Dann könnten die Ärzte, ohne weitere Genehmigungen einzuholen, dem Toten verwendbare Gewebe und Organe entnehmen.
– Einführung einer Art »Meldepflicht«, nach der alle Bürger gesetzlich zu der Angabe verpflichtet sind, ob sie zur Organspende bereit sind oder nicht; dies könnte im Zusammenhang mit der Ausstellung von Führerscheinen oder Steuerbescheiden geschehen.

Programmkontrolle beim Fernsehen

Jeder Ruf nach einer über die bisherigen Richtlinien hinausgehenden Kontrolle der Inhalte oder Sendezeiten von Fernsehprogrammen wirft ernstzunehmende Fragen der Zensur und des Eingriffs in die Rechte des Zuschauers auf. Dennoch sind in den letzten zehn Jahren in den psychologischen Zeitschriften über tausend Artikel zum Einfluß des Fernsehens auf das Verhalten erschienen, insbesondere Artikel zu einer potentiellen Verstärkung aggressiven und antisozialen Verhaltens bei Kindern sowie einige Artikel zu der Möglichkeit, durch prosoziale Fernsehsendungen prosoziales Verhalten zu fördern. Der derzeitige Konsum von Fernsehgewalt ist ohne Zweifel ein riesiges Hindernis für die Entwicklung humanerer Persönlichkeiten und einer humaneren Gesellschaft.

Eine mögliche Antwort: Die Federal Communications Commission (Bundeskommission für Funk und Fernsehen) könnte die Sendezeiten für Filme mit Gewaltszenen strikt auf den späten Abend beschränken. Sie könnte außerdem prosoziale Inhalte fördern, indem sie die Definition für Sendungen im Dienste des Gemeinwohls auch auf Spielfilme und Unterhaltungssendungen ausdehnt.

Alternativ dazu könnten die Fernsehsender eine eigene Bewertungskommission ins Leben rufen, wie es die Filmproduzenten längst getan haben, um Art und Menge der im Fernsehen gezeigten Gewalt zu bewerten, und jeder Sendung einen an die Eltern gerichteten Vorspann über das Ergebnis ihrer Prüfung vorausschicken.

Gruppenübergreifende Arbeit

Projekte, in denen Personen aus unterschiedlichen sozialen Gruppen für eine gemeinsame Sache arbeiten, führen nachweislich dazu, daß die Feindseligkeiten zwischen den Gruppen zurückgehen, das Bewußtsein ihrer Verbundenheit als Menschen wächst, und die Zahl derer zunimmt, denen gegenüber die Gruppenmitglieder altruistisch empfinden können. Beispiele: Sportmannschaften, deren Mitglieder unterschiedlichen Rassen und unterschiedlichen Religionen angehören; Arbeitsgemeinschaften aus Schülern unterschiedlicher Herkunft; Nachbarschafts- und Gemeindeprojekte aller Art; und gruppenübergreifende politische oder humanitäre Aktionen, Bürgerinitiativen und sonstige Kampagnen.

So schreibt Ervin Staub in seinem Brief:

»Könnte man bei den Einwohnern einer Stadt ein Gemeinschaftsgefühl erzeugen, dann hätte dies zur Folge, daß sie mehr Menschen in ihr Wir-Gefühl einbeziehen, mehr Mitgefühl zulassen und ihre Zuschauerreaktionen positiv wenden könnten. Dazu können Medien, Politiker, einflußreiche Bürger und öffentliche wie kirchliche Organisationen ihren Teil beitragen.

Sie können beispielgebend wirken, Aktionen ins Leben rufen, die die Einwohner zusammenbringen, und für die Werte der Hilfsbereitschaft eintreten. Sie können es dahin bringen, daß die Leute stolz auf ihre Stadt sind und Lust bekommen, für ein gemeinsames Ziel zusammenzuarbeiten. Sie können anregen, daß sich Bürger zu kommunalen Hilfsprojekten zusammenschließen, miteinander arbeiten und spielen und einander helfen, die Gruppengrenzen zu überwinden.

Da die Menschen durch Tun lernen, wird eines der Ergebnisse sein, daß andere Bewohner der Stadt positiver gesehen werden und daß ihr Wohlergehen das Anliegen von vielen wird. Ein weiteres Ergebnis wäre die veränderte Selbstwahrnehmung als hilfsbereite, verantwortungsbewußte Menschen.«

Engagement von Politikern

Wenn es, wie ich meine, ein weitverbreitetes Bedürfnis gibt, an das Gute im Menschen zu glauben, dann müßte ein Aufruf zu altruistischem Handeln von Seiten der politischen Führung landesweite Reaktionen auslösen. Man muß nur daran denken, wie elektrisiert ganz Amerika war, als Präsident Kennedy ausrief: »Fragen Sie nicht, was Ihr Land für Sie tun kann; fragen Sie, was Sie für Ihr Land tun können«; oder wie stolz es auf die Peace-Corps-Idee und das gewaltige Echo war, das sie fand, und wieviele es gab, die in ihr einen Weg sahen, zu dienen und zu geben, statt Ansprüche zu stellen und zu nehmen.

Vielleicht ist es wieder einmal Zeit für einen solchen Appell. Vielleicht würden wir jubelnd aufspringen, wenn der Präsident oder ein anderer hoher Politiker zur Mitarbeit in einem Hilfs-Corps oder einem Samariter-Dienst aufriefe, und spüren, daß unser Bedürfnis, den Mitmenschen Gutes zu tun, uns selber zu anderen, besseren Menschen werden läßt, und daß wir selbst den größten Nutzen davon haben, wenn wir nicht fragen, was uns nützt, sondern wie wir nützen können.

Dies ist das größte Paradox des Altruismus.

Epilog

Zum Abschluß dieser Untersuchung über die mitfühlende Seite der menschlichen Natur möchte ich gern noch sagen, was mir selber die Recherchen für dieses Buch und auch das Schreiben bedeutet haben. Und meine Hoffnung ist, daß es Ihnen beim Lesen ähnlich ergangen ist.

Es scheint mir inzwischen unabweisbar, daß Menschen nicht gänzlich egoistisch, mitleidlos, grausam oder brutal sind. Sie können es sein und sind es auch oft, aber sie können auch großzügig, mitfühlend, freundlich und liebevoll sein, und auch das sind sie oft.

Bei den meisten von uns erstrecken sich die guten Taten leider nur auf den engen Kreis derer, die uns am nächsten stehen, während wir den übrigen Menschen, vor allem, wenn sie anders aussehen, anders essen, anders sprechen, anders riechen, anders glauben als wir, mit Gleichgültigkeit oder potentiell sogar Feindseligkeit begegnen. Von ihren Leiden wenden wir uns oft ab, und wenn wir einen Grund haben, sie für unsere Feinde zu halten, sind wir durchaus bereit, Zehntausende von ihnen in den Feuertod zu schicken, indem wir Bomben auf ihre Städte werfen, oder Hunderttausend mit einer einzigen Atombombe in Asche oder lebende Leichname zu verwandeln.

Aber weder müssen wir so sein, noch sind wir immer so. Viele von uns sind hilfsbereit nicht nur zu Familienmitgliedern, sondern auch zu Freunden, Bekannten und selbst Fremden; viele von uns wenden Geld, Zeit, Mühe, das eigene Blut daran, um anderen Menschen, die wir nicht kennen und auch nie kennenlernen werden, in der Not zu helfen; und ein paar von uns werden im Zweifelsfalle ihr Leben riskieren, um das Leben eines Nachbarn oder selbst eines Fremden zu retten. Ein derartiges Verhalten paßt zwar nicht in das Bild von der menschlichen Natur, wie es die selbsternannten Realisten und Pessimisten zeichnen, ist aber weder abnorm noch verwunderlich; es ist etwas, wozu wir fast alle gelegentlich – und dank der Verhaltensforschung in Zukunft vielleicht auch oft und sogar gewohnheitsmäßig – in der Lage sind.

Das wird nicht mehr zu meinen Lebzeiten sein; ich bin nicht einmal sicher, ob es überhaupt jemals Wirklichkeit wird; aber ich bin davon überzeugt, daß es – als Resultat der Einsicht, daß wir aus besserem Zeug gemacht sind, als man uns immer weisgemacht hat – Wirklichkeit werden *könnte*.

Wie komme ich dazu – ich, der ich den Zweiten Weltkrieg, die Ära des Vietnamkriegs, der Roten Khmer und des Terrorismus der PLO gegen Zivilisten in Linienbussen und Kinder in der Schule erlebt habe? Sehe ich nicht jeden Tag im Fernsehen Berichte über Vergewaltigungen, Brandstiftungen, Drogenmorde, von den eigenen Eltern totgeschlagene Kinder? Bin ich blind für die Vernichtungskampagnen in Äthiopien, Sri Lanka, dem Sudan? Haben nicht die Polizei, die Ärzte in den Notaufnahmestationen der städtischen Krankenhäuser, die Überlebenden aus den mittelamerikanischen Folterkammern und den Vernichtungslagern der Nazis die Wahrheit über die menschliche Natur gesehen und erkannt?

Ja, natürlich. Einen Teil der Wahrheit.

Aber die Altruismusforscher sehen auch anderes; sie sehen weiter und wissen mehr. Manche von ihnen, wie Samuel Oliner, haben am eigenen Leibe die Menschen von ihrer schlimmsten Seite erlebt und doch durch ihre wissenschaftliche Arbeit verstehen gelernt, daß das Mitleid einer Baldwina Piecuch nicht zufällig oder abartig ist, sondern genauso zur menschlichen Natur und ihren Möglichkeiten gehört wie die Brutalität eines SS-Mannes. Andere, die keine solchen Traumen mit sich herumtragen, haben sich von dem Wunsch leiten lassen, das Rätsel der menschlichen Natur zu lösen; des Menschen, der wie ein Teufel der Hölle, aber auch wie ein Engel des Himmels sein kann.

Mir scheint, daß wohl kaum ein Forschungsgegenstand oder -ergebnis von größerem Nutzen für die Gesellschaft sein dürfte. Was ich über die Ergebnisse der Altruismusforschung erfahren habe, macht mir Mut, und ich hoffe, daß es Ihnen genauso ergeht. Mir liegt jede Blasphemie fern, wenn ich sage, daß dieses Buch eine Art Evangelium der Menschheit sein möchte, ein *gospel* im Sinne der alten englischen Wurzel dieses Wortes: *god* (Gott) und *spell* (Geschichte) – eine frohe Botschaft.

Keiner der Altruismusforscher, denen ich während der Entstehung dieses Buchs begegnet bin, ist übertrieben optimistisch, und keiner von ihnen unterschätzt das Potential der Menschen, an ihren Mitmenschen zu handeln wie die schlimmsten Barbaren. Und doch sind gerade sie, ermutigt von ihrem eigenen Material, optimistisch, sie glauben an die Menschheit und an ihr Potential der Güte, und sie hoffen, daß dieses Potential eines Tages voll zur Entfaltung kommt.

Ist das dumm, naiv, lächerlich? Ich glaube nicht, denn ich habe das Material gesehen.

Bei einer Altruismus-Konferenz im letzten Jahr erzählte John Darley, daß Jean Piaget einmal von einem amerikanischen Psychologen gefragt wurde: »Was meinen Sie, Professor Piaget, können wir die Menschen mit Ihren Stufen der geistigen Entwicklung weiterbringen?«

»Ah«, erwiderte Piaget amüsiert, »die amerikanische Frage!«

da haben wir es!

Für mich ist diese Spöttelei ein Kompliment an uns Amerikaner. Die Frage nach dem praktischen Nutzen unserer wissenschaftlichen Erkenntnisse – in diesem Falle die Frage, ob wir unsere Erkenntnisse über die menschliche Natur dazu verwenden können, eine höhere Stufe des Menschseins zu erreichen – ist typisch amerikanisch. Die amerikanische Frage stellen, heißt sie beantworten: Wir glauben, daß wir es können, und wir haben es fest vor.

Weh' dem, das sagte ein Deutscher. Da wär't du erst, der – zu recht! – schreit!

Danksagungen

Hiermit möchte ich den vielen Menschen meinen Dank abstatten, die zum Zustandekommen dieses Buchs in irgendeiner Form beigetragen haben.

Mein erster und größter Dank gilt den Forschern und Wissenschaftlern, die mich mit ihrem Rat begleitet und mit Hintergrundinformationen, Nachdrukken, unveröffentlichten Manuskripten und Originaldokumenten versorgt haben (und hier wiederum vor allem denen, die mir in Form von Interviews großzügig ihre Zeit zur Verfügung gestellt haben:

Bem Allen, Western Illinois University; Richard L. Archer, Southwest Texas State University; Daniel Bar-Tal, Tel Aviv University; C. Daniel Batson, University of Kansas; Donald Baumann, University of Montana; Arthur L. Beaman, University of Montana; Leonard Berkowitz, University of Wisconsin-Madison; Joseph A. Blake, Indiana University East; James H. Bryan, Northwestern University; Linnda R. Caporael, Rensselaer Polytechnic Institute; Robert Cialdini, Arizona State University; E. Mark Cummings, National Institute of Mental Health; John Darley, Princeton University; Robyn M. Dawes, Carnegie-Mellon University; John Dovidio, Colgate University; Julian J. Edney, Colorado State University; Nancy Eisenberg, Arizona State University; Norma Deitch Feshbach und Seymour Feshbach, beide University of California, Los Angeles; William J. Froming, University of Florida; Jim Fultz, Northern Illinois University; Gilbert Geis, University of California, Irvine; John Gibbs, Ohio State University; Robert B. Glassman, Lake Forest College; William J. Goode, Harvard University; Charles Gruder, University of Illinois, Chicago; Robert B. Hampson, Southern Methodist University; Mary B. Harris, University of New Mexico; Selma G. Hirsh, The American Jewish Committee; Martin L. Hoffman, New York University; Nancy Howell, University of Toronto; Carollee Howes, University of California, Los Angeles; Ted Huston, University of Texas, Austin; Alice Isen, University of Maryland, Baltimore County; David A. Kennett, Vassar College; Douglas T. Kenrick, Arizona State University; Dennis Krebs, Simon Fraser University;

Bibb Latané, University of North Carolina; Wim Liebrand, Universität Groningen, Niederlande; John Loehlin, University of Texas, Austin; Mary Main, University of California, Berkeley; Robert E. Marcus, University of Maryland Institute for Child Study; Robert K. Merton, Columbia University; David Messick, University of California, Santa Barbara; Norman Miller, University of Southern California; Young Jay Mulkey, American Institute for Character Education; Paul Mussen, University of California, Berkeley; Samuel P. Oliner und Pearl M. Oliner, beide Humboldt State University; Lizette Peterson, University of Missouri, Columbia; Jane Allyn Piliavin, University of Wisconsin-Madison; Robert Plomin, Pennsylvania State University; Richard J. Pomazal, University of Pittsburgh; Janusz Reykowski, Polska Akademia Nauk, Polen; Carol Rittner, United States Holocaust Memorial Council; Daniel Romer, University of Illinois, Chicago; David L. Rosenhan, Stanford University; Zick Rubin, Brandeis University; J. Philippe Rushton, University of Western Ontario; Sandra Scarr, University of Virginia; Rabbi Harold Schulweis, Temple Valley Beth Shalom, Encino, California; Shalom Schwartz, The Hebrew University of Jerusalem; Nancy L. Segal, University of Minnesota; Daniel Solomon, Developmental Studies Center, San Ramon, California; Ervin Staub, University of Massachusetts, Amherst; Morris I. Stein, New York University; Nechama Tec, University of Connecticut, Stamford; Goody Teachman, Ontario Institute for Studies in Education; George C. Thomas, University of Kansas, Lawrence; Robert Trivers, University of California, Santa Cruz; Mark N. Wexler, Simon Fraser University; und Carolyn Zahn-Waxler, National Institute of Mental Health.

Besonders bedanken möchte ich mich bei C. Joseph Martin, Superintendent der städtischen Schulen von Burlington, New Jersey, und bei William McNamara, Direktor der Elias Boudinot-Schule, die mir den Besuch in dieser Schule ermöglichten.

Außerdem danke ich der Carnegie Hero Fund Commission für ihre Unterstützung und Timothy Mosher, einem ihrer Preisträger, dafür, daß er mir seine Geschichte erzählt hat; dem Peace Corps; Claudia Sawicki, Direktorin von East End Hope for Hospice; und Marjorie Judge und Esther Taylor, beide Southampton, New York, die mir von ihrer Arbeit als ehrenamtliche Altenpflegerinnen erzählten.

Am meisten zu Dank verpflichtet bin ich jedoch dem oben bereits erwähnten Ervin Staub, der eine unerschöpfliche Quelle von Informationen für mich war und darüber hinaus das Manuskript dieses Buches gelesen und mir viele wertvolle Korrekturhinweise gegeben hat. Es ist natürlich nicht seine oder überhaupt irgendjemandes Schuld außer meiner eigenen, wenn trotzdem noch Fehler verblieben sind.

Connie Roosevelt, der dieses Buch herausgebracht hat, war von Anfang an von dem Projekt überzeugt und hat es mit seinen kritischen Anmerkungen positiv bereichert. Bernice Hunt, meine Frau, hat das Manuskript in seiner ersten und in seiner endgültigen Form gelesen und zahllose wertvolle editorische Hinweise beigesteuert.

Literatur

AAFRC Trust for Philanthropy, 1988. *The Annual Report on Philanthropy for the Year 1987*. New York: American Association of Fund-Raising Counsel.

Abram, Harry S., und Buchanan, Denton C., 1976–1977. »The Gift of Life: A Review of the Psychological Aspects of Kidney Transplantation.« *Internat. Jour. of Psychiatry in Med.*, 7, 2:153–164.

Abrams, Samuel, 1986, »Disposition and the Environment.« In Peter B. Neubauer und Albert J. Solnit (Hg.), *The Psychoanalytic Study of the Child*, 41:41–60.

Aderman, David, und Berkowitz, Leonard, 1983. »Self-concern and the Unwillingness to Be Helpful.« *Soc. Psychol. Quarterly*, 46, 4:291–301.

Ajzen, I., und Fishbein, M., 1972. »Attitudinal and Normative Variables as Predictors of Specific Behaviors.« *Jour. of Personality and Soc. Psychol.*, 27:1–9.

– , 1980, *Understanding Attitudes and Predicting Social Behaviors*. Englewood Cliffs, NJ: Prentice-Hall.

Allen, Bem, P., 1978. *Social Behavior: Facts and Falsehoods About Common Sense, Hypnotism, Obedience, Altruism, Beauty, Racism, and Sexism*. Chicago: Nelson Hall.

Allison, Scott, T., und Messick, David M., 1985. »Effects of Experience on Performance in a Replenishable Resource Trap.« *Jour. of Personality and Soc. Psychol.*, 49, 4:943–948.

–, und Samuelson, Charles D., 1985. »Effects of Soliciting Opinions on Contributions to a Public Good.« *Jour. of Applied Soc. Psychol.*, 15, 3:201–206.

Annas, Julia, 1977. »Plato and Aristotle on Friendship and Altruism.« *Mind*, 86, 344:532–554.

Archer, Richard L., 1984. »The Farmer and the Cowman Should Be Friends: An Attempt at Reconciliation with Batson, Coke, and Pych.« *Jour. of Personality and Soc. Psychol.*, 46, 3:709 ff.

– , 1987. »Social Evaluation as an Egoistic Alternative to the Empathy-Altruism Hypothesis.« Papier für das Treffen der Society of Experimental Social Psychology im Oktober 1987, Charlottesville, VA.

– u. a. 1981. »The Role of Dispositional Empathy and Social Evaluation in the Empathic Mediation of Helping.« *Jour. of Personality and Soc. Psychol.*, 40, 4:786–796.

Ascherson, Neal, 1987. »The Death Doctors« (Besprechung von vier Büchern über Auschwitz). *The New York Review*, May 28: 29–34.

Astin, Alexander W., und Green, Kenneth C., 1987. *The American Freshman: Twenty Year Trends, 1966–1985*. Los Angeles: Higher Education Research Institute, UCLA.

– , Schalit, Marilynn; and Korn, William S., 1987. *The American Freshman: National Norms for Fall 1986*. Los Angeles: Higher Education Research Institute, UCLA.

– , 1988. *The American Freshman: National Norms for Fall 1987*. Los Angeles: Higher Education Research Institute, UCLA.

Axelrod, Robert, 1984. *The Evolution of Cooperation*. New York: Basic Books.

Babbs, Ken, 1988. »15 Self-made Heroes.« *American Health*, March.

Backman, Carl W., 1985. »Identity, Self-Presentation, and the Resolution of Moral Dilemmas: Towards a Social Psychological Theory of Moral Behavior.« In Barry R. Schlenker (Hg.), 1985.

Barash, D., 1979. *The Whisperings Within*. New York: Harper & Row.

Barnett, M. A.; King, L. M.; und Howard, G. A., 1979. »Inducing Affect About Self or Other: Effects of Generosity on Children.« *Developmental Psychol*, 15:164–167.

Baron, Lawrence, 1985–1986. »The Holocaust and Human Decency: A Review of Research on the Rescue of Jews in Nazi-Occupied Europe.« *Humboldt Jour. of Soc. Relations*, 13, 1–2:237–251.

Barrett, D. E., und Radke-Yarrow, M., 1977. »Prosocial Behavior, Social Inferential Ability, and Assertiveness in Young Children.« *Child Development*, 48:475–481.

Bar-Tal, Daniel, 1976. *Prosocial Behavior: Theory and Research*. New York: Hemisphere Publishing Corp.

–, 1982. »Sequential Development of Helping Behavior: A Cognitive-Learning Model.« *Developmental Rev.*, 2:101–124.

–; Korenfeld, David, und Raviv, Alona, 1985. »Relationships Between the Development of Helping Behavior and the Development of Cognition, Social Perspective, and Moral Judgment.« *Genetic, Social, and General Psychol. Monographs*, 111, 1:23–40.

Bar-Tal, Daniel, Nadler, A., und Blechman, N., 1980. »The Relationship Between Children's Perception of Parents' Socialization Practices and Helping Behavior.« *Jour. of Soc. Psychol.*, 111: 159–167.

Bar-Tal, Daniel, und Raviv, Amram, 1982. »A Cognitive-Learning Model of Helping Behavior Development: Possible Implications and Applications.« In Nancy Eisenberg (Hg.), 1982b.

–, und Leiser, T., 1980. »The Development of Altruistic Behavior: Empirical Evidence.« *Developmental Psychol.*, 16:516–525.

–, and Shavit, M., 1981. »Motives for Helping Behavior Expressed by Kindergarten and School Children in Kibbutz and City.« *Developmental Psychol.*, 17:766–772.

Bar-Tal, Yoram, und Bar-Tal, Daniel, in press. »Performance of Helping Behavior: Process and Contents.« In W. M. Kurtines und J. L. Gewirtz (Hg.), *Moral Behavior and Development* (Hillsdale, NJ: Lawrence Erlbaum Associates).

Barzini, Luigi, 1965. *The Italians*. New York: Atheneum.

Batson, C. Daniel, 1987. »Prosocial Motivation: Is It Ever Truly Altruistic?« *Advances in Experimental Soc. Psychol.*, 20:65–122.

– u. a., 1986. »Where Is the Altruism in the Altruistic Personality?« *Jour. of Personality and Soc. Psychol.*, 50, 1:212–220.

Batson, C. Daniel, und Coke, Jay S., 1981. »Empathic Motivation of Helping Behavior.« In J. Philippe Rushton und Richard M. Sorrentino (Hg.), 1981.

Batson, C. Daniel u. a., 1981. »Is Empathic Emotion a Source of Altruistic Motivation?« *Jour. of Personality and Soc. Psychol.*, 40: 290–302.

Batson, C. Daniel, Fultz, Jim, und Schoenrade, Patricia A., 1987. »Distress and Empathy: Two Qualitatively Distinct Emotions with Different Motivational Consequences.« *Jour. of Personality*, 55, 1:19–39.

Batson, C. Daniel u. a., 1983: »Influence of Self-Reported Distress and Empathy on Egoistic Versus Altruistic Motivation to Help.« *Jour. of Personality and Soc. Psychol.*, 45, 3:706–718.

Battistich, Victor, Solomon, Daniel, und Watson, Marilyn, 1987. »Effects of an Elementary School Program to Enhance Prosocial Behavior on Children's Social Problem-Solving Skills and Strategies.« San Ramon, CA: Developmental Studies Center.

Baumann, Donald J., Cialdini, Robert B., und Kenrick, Douglas T., 1981. »Altruism as Hedonism: Helping and Self-Gratification as Equivalent Responses.« *Jour. of Personality and Soc. Psychol,*, 40, 6:1039–1046.

–, 1983. »Mood and Sex Differences in the Development of Altruism as Hedonism.« *Academic Psychol. Bull.*, 5, 299–307.

Beaman, Arthur L. u. a., 1978. »Increasing Helping Rates Through Information Dissemination: Teaching Pays.« *Personality and Soc. Psychol. Bull.*, 4, 3·406–411.

Beaman, Arthur L. u. a., 1983a. »Fifteen Years of Foot-in-the-Door-Research: A Meta-Analysis.« *Personality and Soc. Psychol. Bull.*, 9, 2:181–196.

Beaman, Arthur L. u. a., 1983b. »The Importance of Reinforcement Schedules on the Development and Maintenance of Altruistic Behaviors.« *Academic Psychol. Bull.*, 5:309–317.

Benvenisti, Meron, 1988. »Growing Up in Jerusalem.« *New York Times Magazine*, October 16:34–37.

Berkowitz, Leonard, 1972. »Social Norms, Feelings, and Other Factors Affecting Helping and Altruism.« *Advances in Experimental Soc. Psychol.*, 6:63–108.

–, 1973. »Reactance and the Unwillingness to Help.« *Psychol. Bull.;* 79:310–317.

–, 1978. »Decreased Helpfulness with Increased Group Size Through Lessening the Effects of the Needy Individual's Dependency.« *Jour. of Personality*, 46:299–310.

–, 1983. »Some Thoughts About Research on Reactions to Help.« In Jeffrey D. Fisher u. a. (Hg.), *New Directions in Helping* (New York: Academic Press).

–, 1986. »Helpfulness and Altruism.« In Leonard Berkowitz, *A Survey of Social Psychology*, 3. Aufl. (New York: Holt, Rinehart & Winston).

Berndt, Thomas u. a., 1983–1984. »The Effects of Group Discussions on Children's Moral Decisions.« *Soc. Cognition*, 2, 4:343–359.

Bickman, Leonard, 1971. »The Effect of Another Bystander's Ability to Help on Bystander Intervention in an Emergency.« *Jour. of Experimental Soc. Psychol.*, 7:367–379.

Bierman, John, 1981. *Righteous Gentile: The Story of Raoul Wallenberg, Missing Hero to the Holocaust.* New York: Viking.

Bihm, Elson, Gaudet, Irby, und Sale, Owen, 1979. »Altruistic Responses Under Conditions of Anonymity.« *Jour. of Soc. Psychol.*, 109, 1:25–30.

Blake, Joseph A., 1978. »Death by Hand Grenade: Altruistic Suicide in Combat.« *Suicide and Life-Threatning Behavior*, 8, 1:46–59.

Boorman, Scott A., und Levitt, Paul R., 1980. *The Genetics of Altruism*. New York: Academic Press.

Boorstin, Daniel, 1983. *The Discoverers*. New York: Random House.

Bouchard, Thomas J., Jr., 1986. »Diversity, Development and Determinism: A Report on Identical Twins Reared Apart.« In Manfred Amelang (Hg.), *Bericht über den 35. Kongreß der Deutschen Gesellschaft für Psychologie in Heidelberg 1986*. Göttingen: Verlag für Psychologie, 417–435.

Brabazon, James, 1975. *Albert Schweitzer: A Biography*. New York: G. P. Putnam's Sons.

Brewer, Marilyn, 1979. »Ingroup Bias in the Minimal Intergroup Situation: A Cognitive-Motivational Analysis.« *Psychol. Bull.*, 86:307–324.

Bridgeman, Diane L. (Hg.), 1983. *The Nature of Prosocial Development*. New York, Academic Press.

Briggs, Nathaniel C. u. a., 1986. »On Willingness to be A Bone Marrow Donor.« *Transfusion*, 26, 4:324–330.

Bronowski, J., 1973. *The Ascent of Man*. Boston: Little, Brown.

Brown, Dyke, 1979. »Progress Report on Childhood Inquiry.« Mimeo. Orinda, CA: Developmental Studies Center of San Ramon, CA.

Bryan, James H., 1966. »Helping und Hitchhiking.« Unveröffentliches Papier, Northwestern University.

–, 1970. »Children's Reactions to Helpers: Their Money Isn't Where Their Mouths Are.« In Jacqueline R. Macaulay and Leonard Berkowitz (Hg.), 1970.

–; Redfield, Joel, und Mader, Sandra, 1971. »Words and Deeds About Altruism and the Subsequent Reinforcement Power of the Model.« *Child Development*, 42:1501–1508.

Bryan, James H., und Walbek, Nancy, 1970. »The Impact of Words and Deeds Concerning Altruism upon Children.« *Child Development*, 41:747–757.

Bryant, Brenda, und Crockenberg, S., 1980. »Correlates and Dimensions of Prosocial Behavior.« *Child Development*, 51:529–544.

Budd, Louis J., 1956. »Altruism Arrives in America.« *Amer. Quarterly*, 8:40–52.

Burley, J., und Stiller, C. R., 1985. »Emotionally Related Donors and Renal Transplantation.« *Transplantation Proc.*, 17, 6, Suppl. 3:123–127.

Bushman, Brad J., 1984. »Perceived Symbols of Authority and Their Influence on Compliance.« *Jour. of Applied Soc. Psychol.*, 14, 6:501–508.

Callero, Peter L., 1985–1986. »Putting the Social in Prosocial Behavior: An Interactionist Approach to Altruism.« *Humboldt Jour. of Soc. Relations*, 13, 1–2:15–32.

–, und Piliavin, Jane Allyn, 1983. »Developing a Commitment to Blood Donation: The Impact of One's First Experience.« *Jour. of Applied Soc. Psychol.*, 13, 1:1–16.

Campbell, Donald T., 1972. »On the Genetics of Altruism and the Counter-Hedonic-Components in Human Culture.« *Jour. of Social Issues*, 28, 3:21–37.

–, 1975. »On the Conflicts Between Biological and Social Evolution and Between Psychology and Moral Tradition.« *American Psychologist*, 30:1103–1126.

Carcopino, Jérôme, 1940. *Daily Life in Ancient Rome*. New Haven: Yale University Press.

Carlson, Michael, und Miller, Norman, 1987. »Explanation of the Relation Between Negative Mood and Helping.« *Psychol. Bull.*, 102, 1:91–108.

Carnegie Hero Fund Commission, 1984. *Annual Report, 1984*. Pittsburgh, PA: Carnegie Hero Fund Commission.

–, 1985. *Annual Report, 1985*. Pittsburgh, PA: Carnegie Hero Fund Commission.

–, 1986. *Annual Report, 1986*. Pittsburgh, PA: Carnegie Hero Fund Commission.

–, 1987. *Annual Report, 1987*. Pittsburgh, PA: Carnegie Hero Fund Commission.

Carter, Lillian, und Spann, Gloria Carter, 1977. *Away from Home: Letters to My Family*. New York: Simon & Schuster.

Chagnon, Napoleon, 1984. *Yanomamö: The Fierce People*. New York: Holt, Rinehart & Winston.

Churcher, Sharon, 1988. »Making It by Doing Good.« *New York Times Magazine*, July 3:16ff.

Cialdini, Robert B., 1985. *Influence: Science and Practice*. Glenview, IL: Scott, Foresman & Company.

–; Darby, B. L., und Vincent, J. E., 1973. »Transgression and Altruism: A Case of Hedonism.« *Jour. of Experimental Soc. Psychol.*, 9:502–516.

Cialdini, Robert B., und Kenrick, Douglas T., 1976. »Altruism as Hedonism: A Social Development Perspective on the Relationship of Negative Mood State and Helping.« *Jour. of Personality and Soc. Psychol.*, 34:907–914.

–, und Baumann, Donald J., 1982. »Effects of Mood on Prosocial Behavior in Children und Adults.« In Nancy Eisenberg (Hg.), 1982b.

Cialdini, Robert B. u. a., 1987. »Empathy-Based Helping: Is It Selflessly or Selfishly Motivated?« *Jour. of Personality and Soc. Psychol.*, 52, 4:749–758.

Clark, Russell D., und Word, Larry E., 1972. »Why Don't Bystanders Help? Because of Ambiguity?« *Jour. of Personality and Soc. Psychol.*, 24, 3:392–400.

–, 1974. »Where Is the Apathetic Bystander? Situational Characteristics of the Emergency.« *Jour. of Personality and Soc. Psychol.*, 29: 279–287.

Clary, E. Gil, und Miller, Jude, 1986. »Socialization and Situational Influences on Sustained Altruism.« *Child Development*, 57:1358–1369.

Cohen, Ronald, 1972. »Altruism: Human, Cultural, or What?« *Jour. of Social Issues*, 28, 3:39–57.

Coke, Jay S., Batson, C. Daniel; und McDavis, K., 1978. »Empathic Mediation of Helping: A Two-Stage Model.« *Jour. of Personality and Soc. Psychol.*, 36:752–766.

Colaizzi, Antoinette, Williams, Kim J., und Kayson, Wesley, A., 1984. »When Will People Help? The Effects of Gender, Urgency, and Location on Altruism.« *Psychol. Reports*, 55, 1:139–142.

Comte, Auguste [1851] 1875. *System of Positive Polity*. London: Longmans Green.

Cummings, E. Mark, 1987. »Coping With Background Anger in Early Childhood.« *Child Development*, 58:976–984.

–; Iannotti, Ronald J., und Zahn-Waxler, Carolyn, 1985. »Influence of Conflict Between Adults on the Emotions and Aggression of Young Children.« *Developmental Psychol.*, 21, 3:495–507.

Cunningham, Michael R., 1985–1986. »Levites and Brother's Keepers: A Sociobiological Perspective on Prosocial Behavior.« *Humboldt Jour. of Soc. Relations*, 13, 1–2:35–67.

Curtiss, S. u. a., 1975. »An Update on the Linguistic Development of Genie.« In D. P. Data (Hg.), *Georgetown University Roundtable in Language and Linguistics* (Washington, D. C.: Georgetown University Press).

Darley, John, and Batson, C. Daniel. 1973. »From Jerusalem to Jericho.« *Jour. of Personality and Soc. Psychol.*, 27, 1:100–108.

Darley, John, and Latané, Bibb, 1968. »Bystander Intervention in Emergencies: Diffusion of Responsibility.« *Jour. of Personality and Soc. Psychol.*, 8, 4:377–383.

Davis, Mark H., 1983. »Measuring Individual Differences in Empathy: Evidence for a Multidimensional Approach.« *Jour. of Personality and Soc. Psychol.*, 44, 1:113–126.

Dawes, Robyn M., McTavish, J., und Shaklee, H., 1977. »Behavior, Communication, and Assumptions About Other People's Behavior in a Commons Dilemma Situation.« *Jour. of Personality and Soc. Psychol.*, 35:1–11.

Dawes, Robyn M. u. a., 1986. »Organizing Groups for Collective Action.« *Amer. Polit. Sci. Rev.*, 80, 4:1171–1185.

Dawes, Robyn M. u. a., 1987. »Not Me or Thee but We: The Importance of Group Identity in Eliciting Cooperation in Dilemma Situations: Experimental Manipulations.« Papier vorgelegt bei der 11. Research Conference on Subjective Probability, August 1987, Cambridge, Eng.

Derlega, V. J., und Grzelak, J. (Hg.), 1982. *Cooperation and Helping Behavior: Theories and Research*. New York: Academic Press.

Developmental Studies Center, o. J. *Child Development Project*. San Ramon, CA: The Child Development Project.

Dicks, H. V., 1972. *Licensed Mass Murder: A Sociological Study of Some SS Killers*, New York: Basic Books.

Diener, Edward u. a., 1973. »Selected Demographic Variables in Altruism.« *Psychol. Reports*, 33:226.

Dovidio, John F., 1984. »Helping Behavior and Altruism: An Empirical und Conceptual Overview.« *Advances in Experimental Soc. Psychol.* 17:361–427.

–, und Campbell, John B., 1983. »Waiting to Help? Attention and Helping Behavior.« *Academic Psychol. Bull.*, 5:229–236.

Dovidio, John F., und Gaertner, Samuel L., 1981. »The Effects of Race, Status, and Ability on Helping Behavior.« *Soc. Psych. Quarterly*, 44, 3:192–203.

–, 1983a. »The Effects of Sex, Status, and Ability on Helping Behavior.« *Jour. of Applied Soc. Psychol.*, 13, 3:191–205.

–, 1983b. »Race Normative Structure, and Help-Seeking. « In Jeffrey D. Fisher u. a. (Hg.), *New Directions in Helping* (New York: Academic Press).

–, (Hg.), 1986. *Prejudice, Discrimination, and Racism*. Orlando, FL: Academic Press.

Dovidio, John F., und Schroeder, David A., 1987. »Negative Affect and the Empathy-Altruism Hypothesis: A Second Look.« Papier vorgestellt beim Treffen der Society for Experimental Social Psychology, Oktober 1987, Charlottesville, VA.

du Boulay, Juliet, 1974. *Portrait of a Greek Mountain Village*. Oxford: Clarendon Press.

Durant, Will, 1944. *Caesar and Christ*, New York: Simon & Schuster.

Eaves, L. J., und Last, K. A., 1980. »Assessing Empathy in Twins from Their Mutual Perception of Social Attitudes.« *Personality and Individual Differences*, 1:172–176.

Eber, Milton, und Kunz, Lyle B., 1984. ›The Desire to Help Others.« *Bull of the Menninger Clinic*, 2:125–140.

Edney, Julian J., und Bell, Paul A., 1983. The Commons Dilemma: Comparing Altruism, the Golden Rule, Perfect Equality of Outcomes, and Territoriality.« *Soc. Science Jour.*, 20, 4:23–33.

–, 1984. »Sharing Scarce Resources: Group-Outcome Orientation, External Disaster, and Stealing in a Simulated Commons.« *Small Group Behavior*, 15, 1:87–108.

–, 1987. »Freedom and Equality in a Simulated Commons.« *Political Psychol.*, 8, 2:229–243.

Eisenberg, Nancy, 1982a. »Prosocial Moral Reasoning Stories: Procedures.« Vervielf. Manuskr.

–, (Hg.), 1982b. *The Development of Prosocial Behavior*. New York: Academic Press.

–, 1983. ›The Relation Between Empathy and Altruism.« *Academic Psychol. Bull.*, 5:195–207.

–, 1986. *Altruistic Emotion, Cognition, and Behavior*. Hillsdale, NJ: Lawrence Erlbaum Associates.

–; Bartlett, Kim; und Haake, Robert, 1983. »The Effects of Nonverbal Cues Concerning Possession of a Toy on Children's Proprietary and Sharing Behaviors.« *Jour. of Genetic Psychol.*, 143:79–85.

Eisenberg, Nancy u. a., 1985 a. »The Development of Prosocial Behavior and Cognitions in German Children.« *Jour. of Cross-Cultural Psychol.*, 16, 1:69–82.

Eisenberg, Nancy, Lennon, Randy, und Roth, Karlsson, 1983. »Prosocial Development: A Longitudinal Study.« *Developmental Psychol.*, 19, 6:846–855.

Eisenberg, Nancy u. a., 1985b. »Children's Justification for Their Adult and Peer-Directed Compliant (Prosocial and Nonprosocial) Behaviors.« *Developmental Psychol.*, 21, 2:325–331.

Eisenberg, Nancy, und Miller, Paul, 1987. »The Relation of Empathy to Prosocial and Related Behaviors.« *Psychol. Bull.*, 101:91–119.

Eisenberg, Nancy, Reykowski, Janusz, und Staub, Ervin (Hg.), 1988. *Social and Moral Values: Individual and Societal Perspectives*. Hillsdale, NJ: Lawrence Erlbaum Associates.

Eisenberg, Nancy, und Strayer, Janet (Hg.), 1987. *Empathy and Its Development*. Cambridge: Cambridge University Press.

Eisenberg-Berg, Nancy, 1979. »Development of Children's Prosocial Moral Judgment.« *Development Psychol.*, 15, 2:128–137.

–, und Geisheker, E., 1979. »Content and Preachings of the Model Preacher: The Effect on Children's Generosity« ,*Development Psychol.*, 15, 2:168–175.

Eisenberg-Berg, Nancy, und Hand, Michael, 1979. ›The Relationship of Preschoolers' Reasoning About Prosocial Moral Conflicts to Prosocial Behavior.« *Child Development*, 50:356–363.

Eisenberg-Berg, Nancy, und Neal, C., 1979. »Children's Moral Reasoning About Their Own Prosocial Behavior.« *Developmental Psychol.*, 16:102–107.

Feinman, Saul, 1979. »Trusting a Stranger: Effects of City Size, Sex, and Appearance of Stranger.« Papier vorgestellt beim Treffen der Southwestern Sociological Association, 28.–31. März, Fort Worth, TX.

Fellner, Carl H., und Schwartz, Shalom H., 1971. »Altruism in Disrepute: Medical Versus Public Attitudes Toward the Living Organ Donor.« New England Jour. of Med., 284, 11:582–585.

Feshbach, Norma Deitch, 1978. »Studies of Empathic Behavior in Children.« In B. A. Maher (Hg.), Progress in Experimental Personality Research (New York: Academic Press), 8:1–47.

–, 1979. »Empathy Training: A Field Study in Affective Education.« In S. Feshbach und A. Fraczek (Hg.), Aggression and Behavior Change (New York: Praeger).

–, 1982. »Sex Differences in Empathy und Social Behavior in Children.« In Nancy Eisenberg (Hg.), 1982b.

– u. a. 1983. Learning to Care: Classroom Activities for Social and Affective Development. Glenview, IL: Scott, Foresman & Company.

Flavell, J. H., 1963. The Developmental Psychology of Jean Piaget. Princeton, NJ: D. Van Nostrand.

Foehl, Jack C., und Goldman, Morton, 1983. »Increasing Altruism by Using Compliance Techniques.« Jour. of Soc. Psychol., 119, 1:21–29.

Fogelman, Eva, und Wiener, Valerie Lewis, 1985. »The Few, the Brave, the Noble.« Psychol. Today, August:60–65.

Freedman, D. G., 1979. Human Sociobiology. New York: Free Press.

Freedman, Jonathan L., und Fraser, Scott C., 1966. »Compliance Without Pressure: The Foot-in-the-door Technique.« Jour. of Personality and Soc. Psychol., 4:195–203.

Freud, Anna, 1946. »A Form of Altruism.« In Anna Freud (Hg.), The Ego and the Mechanism of Defense (New York: International Universities Press).

Fried, Rona, und Berkowitz, Leonard, 1979. »Music Hath Charms … and Can Influence Helpfulness.« Jour. of Applied Soc. Psychol., 9, 3:199–208.

Froming, William J., Allen, Leticia, und Jensen, Richard, 1985. »Altruism, Role-Taking, and Self-Awareness: The Acquisition of Norms Governing Altruistic Behavior.« Child Development, 56:1223–1228.

Fromm, Erich, 1947. Man for Himself. New York: Rinehart.

Fuchs, Ina u. a., 1986a. »Kibbutz, Israeli City, and American Children's Moral Reasoning About Prosocial Moral Conflicts.« Merrill-Palmer Quarterly, 32, 1:37–50.

Fultz, Jim u. a., 1986b. »Social Evaluation and the Empathy-Altruism Hypothesis.« Jour. of Personality and Soc. Psychol., 50, 4:761–769.

Gaertner, Samuel L., und Dovidio, John F., 1977. »The Subtlety of White Racism, Arousal, and Helping Behavior.« Jour. of Personality and Soc. Psychol., 35, 10:691–707.

–, 1986. »Problems, Progress, and Promise.« In John F. Dovidio und Samuel L. Gaertner (Hg.), 1986.

Gallagher, Winifred, 1987. »To the Manner Born.« Rolling Stone, November 19:56 ff.

Geis, Gilbert, 1981. »The Crime Intervener: Samaritan or Superman?« Distinguished Faculty Lecture, University of California, Irvine.

–, im Druck. »Sanctioning the Selfish: Applying the Bad Samaritan Law in Portugal.«

–, und Huston, Ted L., 1980. »Altruism, Risk-Taking, and Self-Destructiveness: A Study of Interveners into Violent Criminal Events.« In Norman L. Farberow (Hg.), *The Many Faces of Suicide: Indirect Self-Destructive Behavior* (New York: McGraw-Hill).

Gergen, Kenneth u. a., 1972. »Individual Orientations to Prosocial Behavior,« *Jour. of Social Issues*, 8:105–130.

Ghiselin, Michael T., 1974. *The Economy of Nature and the Evolution of Sex.* Berkeley: University of California Press.

Gibbs, John C., 1987. »Social Processes in Delinquency: The Need to Facilitate Empathy as Well as Sociomoral Reasoning.« In W. M. Kurtines and J. L. Gewirtz (Hg.), *Moral Development Through Social Interaction* (New York: John Wiley & Sons).

–, und Schnell, Steven V., 1985. »Moral Development ›Versus‹ Socialization.« *Amer. Psychologist*, 40, 10:1071–1080.

Gibson, Janice T., und Haritos-Fatouros, Mika, 1986. »The Education of a Torturer.« *Psychol. Today*, November: 50–58.

Gies, Miep, 1987. *Anne Frank Remembered: The Story of the Woman Who Helped to Hide the Frank Family.* New York: Simon & Schuster.

Ginsburg, Harvey J., und Miller, Shirley M., 1981. »Altruism in Children: A Naturalistic Study of Reciprocation and an Examination of the Relationship Between Social Dominance and Aid-Giving Behavior.« *Ethology and Sociobiology.* 2, 2:75–83.

Glassman, Robert B., 1980. »An Evolutionary Hypothesis About Teaching and Proselytizing Behaviors.« *Zygon: Jour. of Religion and Science*, 15, 2:133–154.

–; Packel, Edward W., und Brown, Douglas L., 1986. »Green Beards and Kindred Spirits: A Preliminary Mathematical Model of Altruism Toward Nonkin Who Bear Similarities to the Giver.« *Ethology and Sociobiology*, 2:107–115.

Gleitman, H., 1981. *Psychology.* New York: W. W. Norton.

Goldberger, Leo (Hg.), 1987. *The Rescue of the Danish Jews: Moral Courage Under Stress.* New York: New York University Press.

Goldstein, Arnold P., und Michaels, Gerald Y., 1985. *Empathy: Development, Training, and Consequences.* Hillsdale, NJ: Lawrence Erlbaum Associates.

Goodall, Jane, 1986. *The Chimpanzees of Gombe.* Cambridge: Harvard University Press.

Goode, William J., 1979. *The Celebration of Heroes.* Berkeley: University of California Press.

Gordon, Milton M., 1975. »Toward a General Theory of Racial and Ethnic Group Relations.« In Nathan Glazer and D. Patrick Moynihan (Hg.), *Ethnicity: Theory and Practice* (Cambridge: Harvard University Press).

Gould, James L., und Marler, Peter, 1987. »Learning by Instinct,« *Scientific American*, January: 74–85.

Gould, Stephen Jay, 1977. »Caring Groups and Selfish Genes.« *Natural History,* Dezember: 20–27.

–, 1986. »Cardboard Darwinism« (Besprechung dreier soziobiologischer Bücher). *The New York Review*, September 25:47–54.

–, 1987. »Animals and Us« (Besprechung von vier Büchern über Tiere und Tierpsychologie). *The New York Review*, Juni 25:20–26.

Gruder, Charles L., Romer, Daniel, und Korth, Bruce, 1978. »Dependency and Fault as Determinants of Helping.« *Jour. of Experimental Soc. Psychol.*, 14, 2:227–235.

Grunberg, Leil E. u. a. (Hg.), 1987. *A Distinctive Approach to Psychological Research: The Influence of Stanley Schachter.* Hillsdale, NJ: Lawrence Erlbaum Associates.

Gurin, Maurice C., 1987. »Courses in Philanthropy: A First in U.S. Colleges.« *Fund Raising Management*, August:60–63.

Guttmann, J., Bar-Tal, D., und Leiser, P., 1985. »The Effect of Various Reward Situations on Children's Helping Behavior.« *Educational Psychol.*, 5:65–71.

Hackler, James C., Ho, Kwai-Yiu, und Urquhart-Ross, Carol, 1974. »The Willingness to Intervene: Differing Community Characteristics.« *Social Problems*, 21, 3:328–344.

Hallie, Philip P., 1979. *Lest Innocent Blood Be Shed: The Story of the Village of Le Chambon, and How Goodness Happened There.* New York: Harper & Row.

Hamlyn, D. W., 1987. *A History of Western Philosophy.* New York: Viking.

Hampson, Robert B., 1981. »Helping Behavior in Children: Addressing the Interaction of a Person-Situation Model.« *Developmental Rev.*, 1:93–112.

–, 1984. »Adolescent Prosocial Behavior: Peer-Group and Situational Factors Associated with Helping.« *Jour. of Personality and Soc. Psychol.*, 46, 1:153–162.

Hansson, Robert O., Slade, Kenneth M., und Slade, Pamela S., 1978. »Urban-Rural Differences in Responsiveness to an Altruistic Model.« *Jour. of Soc. Psychol.*, 105:99–105.

Hardin, Garrett, 1977. *The Limits of Altruism: An Ecologist's View of Survival.* Bloomington: Indiana University Press.

Hardyck, Jane Allyn, Piliavin, Irving M., und Vadum, Arlene C., 1971. »Reactions to the Victim in a Just or Non-just World.« Beitrag beim Treffen der Society of Experimental Social Psychology, Bethesda, MD.

Harris, Mary B., 1972. »The Effects of Performing One Altruistic Act on the Likelihood of Performing Another.« *Jour. of Soc. Psychol.*, 88, 1:65–73.

–, und Baudin, Hortensia, 1973. »The Language of Altruism: The Effects of Language, Dress, and Ethnic Group.« *Jour. of Soc. Psychol.*, 91:37–41.

Harris, Mary B., und Bays, Gail, 1973. »Altruism and Sex Roles.« *Psychol. Reports*, 32:1002.

Harris, Mary B., und Ho, Junghwan, 1984. »Effects of Degree, Locus, and Controllability of Dependency, and Sex of Subject on Anticipated and Actual Helping.« *Jour. of Soc. Psychol.*, 122:245–255.

Harris, Mary B., und Klingbeil, Dolores R., 1976. »The Effects of the Ethnicity of Subject and Accent and Dependency of Confederate on Aggressiveness and Altruism.« *Jour. of Soc. Psychol.*, 98:47–53.

Harris, Mary B., und Meyer, Fred W., 1973. »Dependency, Threat, and Helping.« *Jour. of Soc. Psychol.*, 90:239–242.

Harris, Mary B., und Samerotte, George, 1975. »The Effects of Aggressive and Altruistic Modeling on Subsequent Behavior.« *Jour. of Soc. Psychol.*, 95:173–182.

–, 1976. »The Effects of Actual and Attempted Theft, Need, and a Previous Favor on Altruism.« *Jour. of Soc. Psychol.*, 99:193–202.

Hatfield, Elaine, Walster, G. William, und Piliavin, Jane Allyn, 1978. »Equity Theory and Helping Relationships.« In Lauren Wispé (Hg.), 1978.

Hellman, Peter, 1980. *Avenue of the Righteous.* New York: Atheneum.

Hessing, Dick J., und Elffers, Henk, 1985. »General and Physical Self-Esteem und Altruistic Behavior.« *Psychol. Reports*, 56, 3:930.

Hoffman, Martin L., 1970. »Conscience, Personality, and Socialization Techniques.« *Human Development*, 13:90–126.

–, 1971a. »Father Absence and Conscience Development.« *Developmental Psychol.*, 4, 3:400–406.

–, 1971b. »Identification and Conscience Development.« *Child Development*, 42:1071–1082.

–, 1975a. »Altruistic Behavior and the Parent-Child Relationship.« *Jour. of Personality and Soc. Psychol.*, 31, 5:937–943.

–, 1975b. »Developmental Synthesis of Affect and Cognition and Its Implications for Altruistic Motivation.« *Developmental Psychol.*, 11, 5:607–622.

–, 1975c. »Sex Differences in Moral Internalization and Values.« *Jour. of Personality and Soc. Psychol.*, 32, 4:720–729.

–, 1981. »Is Altruism Part of Human Nature?« *Jour. of Personality and Soc. Psychol.*, 40, 1:121–137.

–, 1982. »Development of Prosocial Motivation: Empathy and Guilt.« In Nancy Eisenberg (Hg.), 1982b.

–, 1983. »Affective and Cognitive Processes in Moral Internalization.« In E. T. Higgins, D. Ruble, and W. Hartup (Hg.), *Social Cognition and Social Development: A Socio-Cultural Perspective* (New York: Cambridge University Press)

–, 1987. »The Contribution of Empathy to Justice and Moral Development.« In Nancy Eisenberg and Janet Strayer (Hg.), 1987.

–, 1988. »Empathy and Prosocial Activism.« In Nancy Eisenberg, Janusz Reykowski, und Ervin Staub (Hg.), 1988.

–, and Levine, Laura E., 1976. »Early Sex Differences in Empathy.« *Developmental Psychol.*, 12, 6:557–558.

Hoffman, Martin L., und Saltzstein, Herbert D., 1967. »Parent Discipline and the Child's Moral Development.« *Jour. of Personality and Soc. Psychol.*, 5, 1:45–57.

Holden, Constance, 1987. »The Genetics of Personality.« *Science*, 237:598–601.

Holloway, S., Tucker, I., und Hornstein, I., 1977. »The Effects of Social and Nonsocial Information on Interpersonal Behavior of Males: The News Makes News.« *Jour. of Personality and Soc. Psychol.*, 35:514–522.

Hornstein, Harvey A., 1976. *Cruelty and Kindness: A New Look at Aggression and Altruism.* Englewood Cliffs, NJ: Prentice-Hall.

–, 1982. »Promotive Tension: Theory and Research.« In V. J. Derlega und J. Grzelak (Hg.), 1982.

Hothersall, David, 1984. *History of Psychology.* Philadelphia: Temple University Press.

Hott, Louis R., 1979. »The Antisocial Character.« *Amer. Jour. of Psychoanal.*, 39, 3:235–244.

Howard, Robert B., 1987. »The Passing of Benevolence.« *Postgrad. Med.*, 81, 2:13 ff.

Howell, Nancy, 1986. »Images of the Tasaday and the !Kung: Reassessing Isolated Hunter-Gatherers.« Papier vorgestellt am Indiana University African Studies Center, 1. Oktober, Bloomington, IN.

Howes, Carollee, und Eldredge, Robert, 1985. »Responses of Abused, Neglected, and Non-Maltreated Children to the Behaviors of Their Peers.« Jour. of Applied Developmental Psychol., 6, 2–3:261–270.

Huneke, Douglas, K., 1985–1986. »The Lessons of Herman Graebe's Life: The Origins of a Moral Person.« Humboldt Jour. of Soc. Relations, 13, 1–2:320–332.

Hunt, Morton, 1959. The Natural History of Love. New York: Alfred A. Knopf.

–, 1982. The Universe Within: A New Science Explores the Human Mind. New York: Simon & Schuster.

–, 1985. Profiles of Social Research: The Scientific Study of Human Interactions. New York: Russell Sage Foundation.

Hurley, Dennis, und Allen, Bem, 1974. »The Effect of the Number of People Present in a Nonemergency Situation.« Jour. of Soc. Psychol., 92:27 ff.

Huston, Ted L., Geis, Gilbert, und Wright, Richard, 1976. »The Angry Samaritans.« Psychol. Today, Juni:61–64.

–, u. a., 1976. »Good Samaritans as Crime Victims.« In Emilio C. Viano (Hg.), Victims and Society (Washington, D.C.: Visage Press).

Huston Ted L. u. a., 1981. »Bystander Intervention into Crime: A Study Based on Naturally Occurring Episodes.« Soc. Psychol. Quarterly, 44, 1:14–23.

Iannotti, Ronald J., 1978. »Effect of Role-Taking Experiences on Role Taking, Empathy, Altruism, and Aggression.« Developmental Psychol., 14, 2:119–124.

Independent Sector, 1988. Giving and Volunteering in the United States: Summary of Findings. (Umfrage der Gallup Organization). Washington, D.C.: Independent Sector.

Isen, Alice M., 1970. »Success, Failure, Attention, and Reaction to Others: The Warm Glow of Success.« Jour. of Personality and Soc. Psychol., 15, 4:294–301.

–; Horn, Nancy, und Rosenham; D. L., 1973. »Effects of Success and Failure on Children's Generosity.« Jour. of Personality and Soc. Psychol., 27, 2:239–247.

Isen, Alice M., und Levin, Paula F., 1972. »Effect of Feeling Good on Helping: Cookies and Kindness.« Jour. of Personality and Soc. Psychol., 21, 3:384–388.

Isen, Alice M., u. a., 1978. »Affect, Accessibility of Material in Memory, and Behavior: A Cognitive Loop?« Jour. of Personality and Soc. Psychol., 36, 1:1–12.

Isen, Alice M. und Simmonds, Stanley F., 1978. »The Effects of Feeling Good on a Helping Task That Is Incompatible with Good Mood.« Social Psychol., 41, 4:346–349.

Jegstrup, Elsebet, 1985–1986. »Spontaneous Action: The Rescue of the Danish Jews from Hannah Arendt's Perspective.« Humboldt Jour. of Soc. Relations, 13, 1–2:260–284.

Johnson, Daniel B., 1982. »Altruistic Behavior and the Development of the Self in Infants.« Merrill-Palmer Quarterly, 28, 3:379–388.

Jones, Edward E., 1985. »Major Developments in Social Psychology Since 1930.« In Gardner Lindzey und Elliot Aronson (Hg.), 1985.

Kagan, Jerome, Kearsley, Richard B., and Zelazo, Philip R., 1978. *Infancy: Its Place in Human Development*. Cambridge: Harvard University Press.

Kane, Elizabeth, 1988. *Birth Mother: The Story of America's First Legal Surrogate Mother*. San Diego: Harcourt Brace Jovanovich.

Kaplan, Arthur, 1984. »Organ Procurement: It's Not in the Cards.« *The Hastings Center Report*, Oktober:9–12.

Kaplan, John, 1978. »A Legal Look at Prosocial Behavior: What Can Happen If One Tries to Help or Fails to Help Another.« In Lauren Wispé (Hg.), 1978.

Karpe, Richard, 1961. »The Rescue Complex in Anna O's Final Identity.« *The Psychoanalytic Quarterly*, 30:1–27.

Katz, Joseph, 1972. »Altruism and Sympathy: Their History in Philosophy and Some Implications for Psychology.« *Jour. of Social Issues*, 28, 3:59–69.

Kelley, Harold H., and Michela, John L., 1980. »Attribution Theory and Research.« *Ann. Rev. of Psychol.*, 31:457–501.

Keneally, Thomas, 1983. *Schindler's List*. New York: Penguin Books.

Kennett, David A., 1980a. »Altruism and Economic Behavior, I: Developments in the Theory of Public and Private Redistribution.« *Amer. Jour. of Econ. and Sociol.*, 39, 2:183–198.

–, 1980b. »Altruism and Economic Behavior, II: Private Charity and Public Policy.« *Amer. Jour. of Econ. and Sociol.*, 39, 4:337–354.

Kenrick, Douglas T., 1987. »Gender, Genes, and the Social Environment.« In P. C. Shaver und C. Hendrick (Hg.), *Review of Personality and Social Psychology*, 8:14–43.

–, und Funder, David, C., im Druck »Profiting from Controversy: Lessons from the Person-Situation Debate.« *Amer. Psychologist*.

Kerber, Kenneth W., 1984. »The Perception of Nonemergency Helping Situations: Costs, Rewards, and the Altruistic Personality.« *Jour. of Personality*, 52, 2:177–187.

Kidd, R. F., und Marshall, L., 1982. »Self-Reflection, Mood, and Helpful Behavior.« *Jour. of Research in Personality*, 16:319–334.

Knight, George P., und Kagan, Spencer, 1977. »Development of Prosocial and Competitive Behaviors in Anglo-American and Mexican-American Children.« *Child Development*, 48, 4:1385–1394.

Koch, Sigmund, und Leary, David E. (Hg.), 1985. *A Century of Psychology as a Science*. New York: McGraw-Hill.

Kohlberg, Lawrence, 1984. *The Psychology of Moral Development*. San Francisco: Harper & Row.

Kramer, Heinrich, und Sprenger, James [1486], 1971. *The Malleus Maleficarum*. New York: Dover Publications.

Kramer, Roderick M., und Brewer, Marilyn B., 1984. »The Effects of Group Identity on Resource Use in a Simulated Commons Dilemma.« *Jour. of Personality and Soc. Psychol.*, 46:1044–1057.

Kramer, Roderick, M., McClintock, Charles G., und Messick, David M., 1986. »Social Values and Cooperative Response to a Simulated Resource Conservation Crisis.« *Jour. of Personality*, 54, 3:576–592.

Krebs, Dennis L., 1970. »Altruism – An Examination of the Concept and a Review of the Literature.« *Psychol. Bull.*, 73:258–302.

–, 1982a. »Helping in Emergencies: The Construction and Disintegration of a Model« (Besprechung von Piliavin, Dovidio, Gaertner und Clark, 1981). *Contemp. Psychol.*, 27, 10:775–778.

–, 1982b. »Altruism – A Rational Approach.« In Nancy Eisenberg (Hg.), 1982b.

–, 1982c. »Prosocial Behavior, Equity, and Justice.« In Jerald Greenberg und Ronald Cohen (Hg.), *Equity and Justice in Social Behavior* (New York: Academic Press).

–, 1982d. »Psychological Approaches to Altruism: An Evaluation:« *Ethics*, 92, 3:447–458.

–, 1983a. »Commentary and Critique: Applied Approaches to Prosocial Development.« In Diane L. Bridgeman (Hg.), 1983.

–, 1983b. »Commentary and Critique: Cross-Cultural Approaches to Prosocial Development.« In Diane L. Bridgeman (Hg.), 1983.

–, 1983c. »Commentary and Critique: Psychological and Philosophical Approaches to Prosocial Development.« In Diane L. Bridgeman (Hg.), 1983.

–, 1983d. »Commentary and Critique: Sociobiological Approaches to Prosocial Development.« In Diane L. Bridgeman (Hg.), 1983.

–, 1987. »The Challenge of Altruism in Biology and Psychology.« In C. Crawford, M. Smith, und D. Krebs (Hg.), *Sociobiology and Psychology: Ideas, Issues, and Findings* (Hillsdale, NJ: Lawrence Erlbaum Associates).

–, und Miller, Dale T., 1985. »Altruism and Aggression.« In Gardner Lindzey und Elliot Aronson (Hg.), 1985.

Krebs, Dennis, Schroder, Marianne, und Denton, Kathy, 1987, »On the Corruption of Pure Reason in the Moral Domain«, Papier für das Symposium »From moral judgment to action and back again«, Harvard University, Januar, Cambridge, MA.

Kunda, Ziva, und Schwartz, Shalom H., 1983. »Undermining Intrinsic Moral Motivation: External Reward and Self-Presentation.« *Jour. of Personality and Soc. Psychol.*, 45, 4:763–771.

Kurtines, William M., und Gewirtz, Jacob L. (Hg.), 1984. *Morality, Moral Behavior, and Moral Development.* New York: John Wiley & Sons.

Kurtzburg, R. L.; Safar, H.; und Carior, N., 1968. »Surgical and Social Rehabilitation of Adult Offenders.« *Proc. of the 76th Annual Convention of the Amer. Psychol. Assoc.*, 3:649f.

Ladas, Stephen P., 1932. *The Exchange of Minorities: Bulgaria, Greece, and Turkey.* New York: Macmillan.

Landes, William M, und Posner, Richard A., 1978. »Salvors, Finders, Good Samaritans, and Other Rescuers.« *Jour. of Legal Studies*, 7, 1:83–128.

Lang, John S., 1987. »How Genes Shape Personality.« *U.S. News & World Report*, April 13.

L'Armand, Kathleen, und Pepitone, Albert, 1975. »Helping to Reward Another Person: A Cross-cultural Analysis:« *Jour. of Personality and Soc. Psychol.*, 31, 2:189–198.

Latané, Bibb, 1981. »The Psychology of Social Impact.« *Amer. Psychologist*, 36, 4:343–356.

–, und Darley, John, 1968. »Group Inhibition of Bystander Intervention in Emergencies.« *Jour. of Personality and Soc. Psychol.*, 10, 3:215–221.

–, 1970. *The Unresponsive Bystander: Why Doesn't He Help?* Englewood Cliffs, NJ: Prentice-Hall.

Latané, Bibb, und Nida, Steve, 1981. »Ten Years of Research on Group Size and Helping.« *Psychol. Bull.*, 89, 2:308–324.

Latané, Bibb, und Rodin, Judith, 1969. »A Lady in Distress: Inhibiting Effects of Friends and Strangers on Bystander Intervention.« *Jour. of Experimental Soc. Psychol.*, 5:189–202.

Lee, Richard Borshay, 1979, *The !Kung San: Men, Women, and Work in a Foraging Society.* Cambridge: Cambridge University Press.

Lennon, Randy, Eisenberg, Nancy, und Carroll, James, 1986. »The Relation Between Nonverbal Indices of Empathy and Preschoolers' Prosocial Behavior.« *Jour. of Applied Developmental Psychol.*, 7:219–224.

Lennon, Randy, und Eisenberg, Nancy, 1987. »Emotional Displays Associated with Preschoolers' Prosocial Behavior.« *Child Development*, 58:992–1000.

Levi, Primo, 1988. *Ist das ein Mensch? Erinnerungen an Auschwitz.* München: Hauser.

Levin, Paula F., und Isen, Alice M., 1975. »Further Studies on the Effect of Feeling Good on Helping.« *Sociometry*, 38, 1:141–147.

Lewontin, R. C., Rose, Steven, und Kamin, Leon J., 1984. *Not in Our Genes: Biology, Ideology, and Human Nature.* New York: Pantheon Books.

Liberman, Kenneth, 1985–1986. »The Tibetan Cultural Praxis: Bodhicitta Thought Training.« *Humboldt Jour. of Soc. Relations*, 13, 1–2:113–126.

Liebrand, Wim B. G., und van Run, Godfried J., 1985. »The Effects of Social Motives on Behavior in Social Dilemmas in Two Cultures.« *Jour. of Experimental Soc. Psychol.*, 21:86–102.

Liebrand, Wim B. G. u. a., 1986. »Value Orientation and Conformity.« *Jour. of Conflict Resolution*, 30, 1:77–97.

Lifton, Robert Jay, 1988. *Ärzte im Dritten Reich.* Stuttgart: Klett-Cotta.

–, 1987. *The Future of Immortality.* New York: Basic Books.

Lindzey, Gardner, und Aronson, Elliot (Hg.), 1969. *Handbook of Social Psychology*, 2. Aufl., Reading, MA: Addison-Wesley.

–, (Hg.), 1985. *Handbook of Social Psychology*, 3. Aufl. Reading, MA: Addison-Wesley.

Loehlin, John C., 1982. »Are Personality Traits Differentially Heritable?« *Behavior Genetics*, 12, 4:417–428.

–, 1985. »Fitting Heredity-Environment Models Jointly to Twin and Adoption Data from the California Psychological Inventory.« , *Behavior Genetics*, 15, 3:199–221.

–, 1986. »Heredity, Environment, and the Thurstone Temperament Schedule.« *Behavior Genetics*, 16, 1:61–73.

–, Horn, Joseph M., und Willerman, Lee, 1981. »Personality Resemblance in Adoptive Families.« *Behavior Genetics*, 11, 4:309–330.

–, 1985. »Personality Resemblances in Adoptive Families When the Children Are Late-Adolescent or Adult.« *Jour. of Personality and Soc. Psychol.*, 48, 2:376–392.

–, 1987. »Personality Resemblance in Adoptive Families.« *Jour. of Personality and Soc. Psychol.*, 53, 5:961–969.

London, Perry, 1970. »The Rescuers: Motivational Hypotheses About Christians Who Saved Jews from the Nazis.« In Jacqueline R. Macaulay und Leonard Berkowitz (Hg.), 1970.

Lucke, Joseph F., und Batson, C. Daniel, 1980. »Response Suppression to a Distressed Conspecific: Are Laboratory Rats Altruistic?« *Jour. of Experimental Soc. Psychol.*, 16, 3:214–227.

Ma, Hing-keung, 1985a. »Cross-cultural Study of Altruism.« *Psychol. Reports*, 57, 1:337–338.

–, 1985b. »Cross-cultural Study of the Hierarchical Structure of Human Relationships,« *Psychol. Reports*, 57, 3, Teil 2:1079–1083.

–, 1985c. »A Cross-cultural Study of Sex Differences in Human Relationships.« *Psychol. Reports*, 56, 3:799–802.

Macaulay, Jacqueline R., und Berkowitz, Leonard (Hg.), 1970. *Altruism and Helping Behavior.* New York: Academic Press.

Maccoby, Eleanor Emmons, und Jacklin, Carol Nagy, 1974. *The Psychology of Sex Differences.* Palo Alto: Stanford University Press.

McWilliams, Nancy, 1984. »The Psychology of the Altruist.« *Psychoanalytic Psychol.*, 1, 3:193–213.

Main, Mary, und George, C., 1985. »Responses of Abused and Disadvantaged Toddlers to Distress in Agemates: A Study in the Day Care Setting.« *Developmental Psychol.*, 21, 3:407–412.

Manucia, Gloria K., Baumann, Donald J., und Cialdini, Robert B., 1984. »Mood Influences on Helping: Direct Effects of Side Effects?« *Jour. of Personality and Soc. Psychol.*, 46, 2:357–364.

Marcus, Robert F., 1980. »Empathy and Popularity of Preschool Children.« *Child Study Journal*, 10, 3:133–145.

Mason, David, und Allen, Bem, 1972. »The Bystander Effect as a Function of Ambiguity and Emergency Character.« *Jour. of Soc. Psychol.*, 100:145 f.

Mathews, K. E., und Canon, L. K., 1975. »Environmental Noise Level as a Determinant of Helping Behavior.« *Jour. of Personality and Soc. Psychol.*, 32:571–577.

Maybury-Lewis, David, 1965. *The Savage and the Innocent.* Cleveland: World.

Melson, Gail F., und Fogel, Alan, 1988. »Learning to Care.» *Psychol. Today,* Januar:39–45.

Merton, Robert K., 1960. »Some Thoughts on the Professions in American Society.« *Brown University Papers XXXVII.*

–, 1987. »Three Fragments from a Sociologist's Notebooks.« *Ann. Rev. of Sociol.*, 13:1–28.

–, und Gieryn, Thomas F., 1978. »Institutionalized Altruism: The Case of the Professions.« In T. Lynn Smith, und Man Singh Das (Hg.), *Sociocultural Change Since 1950* (New Delhi, India: Vikas Publishing House).

Messick, David M., 1984. »Solving Social Dilemmas: Individual and Collective Approaches.« *Representative Research in Soc. Psychol.*, 14:72–87.

–, u. a., 1983. »Individual Adaptations and Structural Change as Solutions to Social Dilemmas.« *Jour. of Personality and Soc. Psychol.*, 44, 2:294–309.

Midlarsky, Elizabeth, Kahana, Eva, and Corley, Robin, 1985–1986. »Personal and Situational Influences on Late Life Helping.« *Humboldt Jour. of Soc. Relations*, 13, 1–2:217–233.

Milgram, Stanley, 1970. »The Experience of Living in Cities.« *Science*, 167:1461–1468.
Miller, Dale T., 1977. »Altruism and Threat to a Belief in a Just World.« *Jour. of Experimental Soc. Psychol.*, 13, 2:1–13.
Miller, Norman, und Brewer, Marilyn B., 1986. »Categorization Effects on Ingroup and Outgroup Perception.« In John F. Dovidio und Samuel L. Gaertner (Hg.), 1986.
–, und Edwards, Keith, 1985. »Cooperative Action in Desegregated Settings: A Laboratory Analogue.« *Jour. of Social Issues*, 41, 3:63–79.
Misavage, Robert, und Richardson, James T., 1974. »The Focusing of Responsibility: An Alternative Hypothesis in Help-Demanding Situations.« *Eur. Jour. of Soc. Psychol.*, 4, 1:5–15.
Morgan, Charles J., 1985. »Natural Selection for Altruism in Structured Populations.« *Ethol. and Sociobiol.*, 6, 4:211–218.
Morgan, Ted, 1987. »The Barbie File.« *New York Times Magazine*, 10. Mai:19–28.
Moriarty, T., 1975. »Crime, Commitment, and the Responsive Bystander: Two Field Experiments.« *Jour. of Personality and Soc. Psychol.*, 31:370–376.
Mulkey, Young Jay, 1983. *The Character Education Curriculum: An Evaluation with Principals and Teachers*. San Antonio: American Institute for Character Education.
Mullis, Ronald L., Smith, David W., und Vollmers, Kenneth E., 1983. »Prosocial Behaviors in Young Children and Parental Guidance.« *Child Study Journal*, 13, 1:13–21.
Mussen, Paul H., 1982. »Personality, Development and Liberal Sociopolitical Attitudes.« In Nancy Eisenberg (Hg.), 1982b.
– u. a. (Hg.), 1983. *Handbook of Child Psychology*. 4. Aufl. New York: John Wiley & Sons.

Nadler, A., Bar-Tal, D., und Drukman, D., 1982. »Density Does not Help: Help Giving, Help Seeking, and Help Reciprocating of Residents of High and Low Student Dormitories.« *Population and Environment*, 5:26–42.
Nagel, Thomas, 1979. *The Possibility of Altruism*. Princeton: Princeton University Press.
Nisbett, Richard E., und Ross, Lee, 1980. *Human Inference: Strategies and Shortcomings of Social Judgment*. Englewood Cliffs, NJ: Prentice-Hall.
Nisbett, Richard E., und Wilson, T. D., 1977. »Telling More Than We Can Know: Verbal Reports on Mental Processes.« *Psychol. Rev.*, 84:231–259.
Nissen, H. W., und Crawford, M. P., 1936. »A Preliminary Study of Food-Sharing Behavior in Young Chimpanzees.« *Jour. of Comparative Psychol.*, 22:383–419.

O'Connell, Brian (Hg.), 1983. *America's Voluntary Spirit: A Book of Readings*. New York: The Foundation Center.
O'Donohue, Joseph, und O'Donohue, Mary Ann, 1987. »The Peace Corps Experience: Its Lifetime Impact on U.S. Volunteers.« Papier vorgestellt bei der jährlichen Versammlung der American Psychological Association, September 1987, New York, NY.
Oliner, Pearl, 1985–1986. »Legitimating and Implementing Prosocial Education.« *Humboldt Jour. of Soc. Relations*, 13, 1–2:389–408.

Oliner, Samuel P., 1976. »Sorokin's Contribution to American Sociology.« *Nationalities Papers*, 4, 2:125–147.
–, 1982. »The Need to Recognize the Heroes of the Nazi Era.« *Reconstructionist*, Juni:24–27.
–, 1984. »The Unsung Heroes in Nazi-Occupied Europe: The Antidote for Evil.« *Nationalities Papers*, 12, 1:28–30.
–, [1979] 1986. *Restless Memories: Recollections of the Holocaust Years*. Berkeley, CA: Judah L. Magnes Museum.
–, und Hallum, Ken, 1978. »Minority Contempt for Oppressors: A Comparative Analysis of Jews and Gypsies.« *California Sociologist*, 1, 1:41–57.
Oliner, Samuel P., und Oliner, Pearl, 1988. *The Altruistic Personality: Rescuers of Jews in Nazi Europe*. New York: Free Press.
Olweus, Dan, Block, Jack, und Radke-Yarrow, Marian (Hg.), 1986. *Development of Antisocial and Prosocial Behavior: Research, Theories, and Issues*. New York: Academic Press.

Parmelee, Arthur H., 1986. »Children's Illnesses: Their Beneficial Effects on Behavioral Development.« *Child Development*, 57, 1:1–10.
Peace Corps, 1986. *Peace Corps Times*, November/Dezember 1986. Washington, D. C.: Peace Corps.
Pearl, David, 1984. »Violence and Aggression.« *Society*, 21, 6:17–22.
Perry, Richard J., 1985–1986. »A Bouquet of Altruism: Pseudo-Deductivism and the Salvaging of an Idea.« *Humboldt Jour. of Soc. Relations*, 13, 1–2:68–85.
Peterson, Lloyd R., 1966. »Short-Term Memory.« *Scientific American*, July: 90–95.
Peterson, Lizette, 1980. »Developmental Changes in Verbal and Behavioral Sensitivity to Cues of Social Norms of Altruism.« *Child Development*, 51:830–838.
–, 1982. »An Alternative Perspective to Norm-Based Explanations of Modeling and Children's Generosity.« *Merrill-Palmer Quarterly*, 28, 2:283–290.
–, 1983a. »Influence of Age, Task Competence, and Responsibility Focus on Children's Altruism.« *Developmental Psychol.*, 19, 1:141–148.
–, 1983b. »Role of Donor Competence, Donor Age, and Peer Presence on Helping in an Emergency.« *Development Psychol.*, 19, 6:873–880.
–, 1983c. »The Role of Neglected Factors in Age-Related Trends in Children's Altruism.« *Academic Psychol. Bull.*, 5:273–279.
–; Hartmann, Donald, und Gelfand, Donna M., 1977. »Developmental Changes in the Effects of Dependency and Reciprocity Cues on Children's Moral Judgments and Donation Rates.« *Child Development*, 48:1331–1339.
Peterson, Lizette, Reaven, Noah, und Homer, Andrew L., 1984. »Limitations Imposed by Parents on Children's Altruism.« *Merrill-Palmer Quarterly*, 30, 3:269–286.
Peterson, Lizette, Ridley-Johnson, Robyn, und Carther, Cynthia, 1984. »The Supersuit: An Example of Structured Naturalistic Observation of Children's Altruism.« *Jour. of General Psychol.*, 110:235–241.
Piaget, Jean, 1960. »The General Problem of the Psychobiological Development of the Child.« In J. M. Tanner und B. Inhelder (Hg.), *Discussion on Child Development*, Bd. 4 (New York: International Universities Press).

–, und Inhelder, Bärbel, 1969. *The Psychology of the Child*. New York: Basic Books.

Piliavin, Irving M., Piliavin, Jane Allyn, und Rodin, Judith, 1975. »Costs, Diffusion, and the Stigmatized Victim.« *Jour. of Personality and Soc. Psychol.*, 32, 3:429–438.

–, 1969. »Good Samaritanism: An Underground Phenomenon?« *Jour. of Personality and Soc. Psychol.*, 13, 4:289–299.

Piliavin, Jane Allyn, 1987. »Temporary Deferral and Donor Return.« *Transfusion*, 27, 2:199f.

–, und Callero, Peter, 1989. *Giving the Gift of Life to Unnamed Strangers: The Community Responsibility Blood Donor*. Baltimore: Johns Hopkins University Press.

–, und Evans, Dorcas E., 1982. »Addiction to Altruism? Opponent-process Theory and Habitual Blood Donation.« *Jour. of Personality and Soc. Psychol.*, 43, 6:1200–1213.

Piliavin, Jane Allyn u. a., 1981. *Emergency Intervention*. New York: Academic Press.

–, 1982. »Responsive Bystanders: The Process of Intervention.« In V. J. Derlega und J. Grzelak (Hg.), 1982.

Piliavin, Jane Allyn, Evans, Dorcas, E., und Callero, Peter: 1984. »Learning to ›Give to Unnamed Strangers.‹« In Ervin Staub u. a. (Hg.), 1984.

Piliavin, Jane Allyn, und Piliavin, Irving M., 1982. »Effect of Blood on Reactions to a Victim.« *Jour. of Personality and Soc. Psychol.*, 23, 3:353–361.

–, und Broll, Lorraine, 1976. »Time of Arrival at an Emergency and Likelihood of Helping.« *Personality and Soc. Psychol. Bull.*, 2, 3:273–276.

Plomin, Robert, und Daniels, Denise, 1987. »Why Are Children in the Same Family So Different from One Another?« *Behavioral and Brain Sciences*, 10:1–60.

Pomazal, Richard J., 1977. »The Effects of Models on Donations as a Function of the Legitimacy of the Cause.« *Representative Research in Soc. Psychol.*, 8:23–32.

–, und Clore, Gerald L., 1973. »Helping on the Highway: The Effects of Dependency and Sex.« *Jour. of Applied Soc. Psychol.*, 3, 2:150–164.

Pomazal, Richard J., und Jaccard, James J., 1976. »An Informational Approach to Altruistic Behavior.« *Jour. of Personality and Soc. Psychol.*, 33, 3:317–326.

Posner, Gerald, und Ware, John, 1986. *Mengele: The Complete Story*. New York: McGraw-Hill.

Powledge, Tabitha, 1983. »The Importance of Being Twins.« *Psychol. Today*, Juli: 21–27.

Puka, Bill, 1983. »Altruism and Moral Development.« In Diane L. Bridgeman (Hg.), 1983.

Radke-Yarrow, Marian, Scott, Phyllis M., und Zahn-Waxler, Carolyn, 1973. »Learning Concern for Others.« *Developmental Psychol.*, 8, 2:240–260.

Raviv, A., Bar-Tal, D., und Levin-Lewis, T., 1980. »Motivations for Donation Behavior by Boys of Three Different Ages.« *Child Development*, 51:610–613.

Reiss, Michael J., 1984. »Human Sociobiology.« *Zygon: Jour. of Religion and Science*, 19, 2:117–140.

Reykowski, Janusz, 1980. »Origin of Prosocial Motivation: Heterogeneity of Personality Development.« *Studia Psychologica*, 22, 2:91–106.

–, 1982a. »Social Motivation«, *Ann. Rev. of Psychol.*, 33:132–154.

–, 1982b. »Development of Prosocial Motivation: A Dialectic Process.« In Nancy Eisenberg (Hg.), 1982b.

–, and Smolenska, Zuzanna, 1982. »Psychological Space and Regulation of Social Behavior.« *Eur. Jour. of Soc. Psychol.*, 12:353–366.

Rice, Gerard T., 1986. *Peace Corps in the 80's*. Washington, D. C.: Peace Corps.

Rimland, Bernard, 1984. »The Altruism Paradox.« *Southern Psychologist*, 2, 1:8f.

Rittner, Carol, und Myers, Sandra (Hg.), 1986. *The Courage to Care*. New York: New York University Press.

Romer, Daniel, Gruder, Charles, und Lizzadro, Terri, 1986. »A Person-Situation Approach to Altruistic Behavior.« *Jour. of Personality and Soc. Psychol.*, 51, 5:1001–1012.

Rosen, Clare Mead, 1987. »The Eerie World of Reunited Twins.« *Discover*, September: 36–46.

Rosenbaum, Max, und Muroff, Melvin (Hg.), 1984. *Anna O.: Fourteen Contemporary Reinterpretations*. New York: Free Press.

Rosenhan, David L., 1978. »Toward Resolving the Altruism Paradox: Affect, Self-Reinforcement, and Cognition.« In Lauren G. Wispé (Hg.), 1978.

–; Salovey, Peter, und Hargis, Kenneth, 1981: »The Joys of Helping: Focus of Attention Mediates the Impact of Positive Affect on Altruism.« *Jour. of Personality and Soc. Psychol.*, 40, 5:899–905.

Rosenhan, David L. u. a., 1981. »Emotion and Altruism.« In J. Philippe Rushton and Richard M. Sorrentino (Hg.), 1981.

Rosenthal, A. M. 1964. »Study of the Sickness Called Apathy.« *New York Times Magazine*, 3. Mai.

Rubenstein, Daniel I., und Wrangham, Richard W., 1980. »Why Is Altruism Towards Kin so Rare?« *Zeitschr. für Tierpsychol.*, 54, 4:381–387.

Rubin, Zick, und Peplau, Anne, 1973. »Belief in a Just World and Reactions to Another's Lot: A Study of Participants in the National Draft Lottery.« *Jour. of Social Issues*, 29, 4:73–93.

–, 1975. »Who Believes in a Just World?« *Jour. of Social Issues*, 31, 3:65–89.

Rushton, J. Philippe, 1975, »Generosity in Children: Immediate and Long-Term Effects of Modeling, Preaching, and Moral Judgment.« *Jour. of Personality and Soc. Psychol.*, 31, 3:459–466.

–, 1976. »Socialization and the Altruistic Behavior of Children.« *Psychol. Bull.*, 83:898–913.

–, 1978. »Urban Density and Altruism: Helping Strangers in a Canadian City, Suburb, and Small Town.« *Psychol. Reports*, 43:987–990.

–, 1982. »Altruism and Society: A Social Learning Perspective.« *Ethics*, 92:425–446.

–, 1984. »The Altruistic Personality: Evidence from Laboratory, Naturalistic, and Self-Report Perspectives.« In Ervin Staub u. a. (Hg.), 1984.

–; Chrisjohn, Roland D., und Fekken, G. Cynthia, 1981. »The Altruistic Personality and the Self-Report Altruism Scale.« *Personality and Individual Differences*, 2:293–302.

Rushton, J. Philippe u. a., 1986. »Altruism and Aggression: The Heritability of Individual Differences.« *Jour. of Personality and Soc. Psych.*, 50, 6:1192–1198.

Rushton, J. Philippe, Littlefield, Christine H., und Lumsden, Charles J., 1986. »Gene-Culture Coevolution of Complex Social Behavior: Human Altruism and Mate Choice.« *Proc. of the National Acad. of Sci., USA*, 83:7340–7343.

Rushton, J. Philippe, Russell, Robin J. H., und Wells, Pamela A., 1984. »Genetic Similarity Theory: Beyond Kin Selection.« *Behavior Genetics*, 14, 3:179–193.

Rushton, J. Philippe, und Russell, Robin J. H., 1985. »Genetic Similarity Theory: A Reply to Mealey and New Evidence.« *Behavior Genetics*, 15, 6:575–582.

Rushton, J. Philippe, und Sorrentino, Richard M. (Hg.), 1981. *Altruism and Helping Behavior: Social, Personality, and Developmental Perspectives*. Hillsdale, NJ: Lawrence Erlbaum Associates.

Rushton, J. Philippe, und Wiener, Janet, 1975. »Altruism and Cognitive Development in Children.« *Brit. Jour. of Soc. and Clin. Psychol.*, 14, 4:341–349.

Rutkowski, Gregory K., Gruder, Charles, und Romer, Daniel, 1983. »Group Cohesiveness, Social Norms, and Bystander Intervention.« *Jour. of Personality and Soc. Psychol.*, 44, 3:545–552.

Rutte, Christel G., Wilke, Henk A. M., und Messick, David M., 1987a. »The Effects of Framing Social Dilemmas as Give-Some or Take-Some Games.« *British Jour. of Soc. Psychol.*, 26:103–108.

–, 1987b. »Scarcity of Abundance Caused by People or the Environments as Determinants of Behavior in the Resource Dilemma.« *Jour. of Experimental Soc. Psychol.*, 23:208–216.

Sadler, Alfred M., und Sadler, Blair L., 1984. »A Community of Givers, Not Takers.« *The Hastings Center Report*, Oktober.

Sagi, Abraham, und Hoffman, Martin L., 1976. »Empathic Distress in the Newborn.« *Jour. of Developmental Psychol.*, 12, 2:175f.

Salovey, Peter, und Rosenhan, David L., 1983. »Effects of Joy, Attention, and Recipient's Status on Helpfulness.« Papier vorgestellt beim Jahrestreffen der American Psychological Association, Anaheim, CA.

–, 1989. »Mood States and Prosocial Behavior.« In H. L. Wagner und A. S. R. Manstead (Hg.), *Handbook of Social Psychophysiology* (Chichester, England: John Wiley & Sons)

Samerotte, George, und Harris, Mary B., 1976. »Some Factors Influencing Helping: The Effects of a Handicap, Responsibility, and Requesting Help.« *Jour. of Soc. Psychol.*, 98:39–45.

Samuelson, Charles D., und Messick, David M., 1986. »Alternative Structural Solutions to Resource Dilemmas.« *Organizational Bahavior and Human Decision Processes*, 37:139–155.

Sauvage, Pierre, 1985–1986. »Ten Things I Would Like to Know About Righteous Conduct in Le Chambon and Elsewhere During the Holocaust.« *Humboldt Jour. of Soc. Relations*, 13, 1–2:252–259.

Scarr, Sandra, und McCartney, Kathleen, 1983. »How People Make Their Own Environments: A Theory of Genotype – Environment Effects.« *Child Development*, 54:424–435.

Schaller, Mark, und Cialdini, Robert B., im Druck. »The Economic of Empathics Helping: Support for a Mood Management Motive.« *Jour. of Experimental Soc. Psychol.*

Schaps, Eric, Solomon, Daniel, und Watson, Marilyn, 1985–1986. »A Program That Combines Character Development and Academic Achievement.« *Educational Leadership*, Dezember/Januar: 32–35.

Schlenker, Barry R. (Hg.), 1985. *The Self and Social Life*. New York: McGraw-Hill.

–; Hallam, John R.; und McCown, Nancy E., 1983. »Motives and Social Evaluation: Actor-Observer Differences in the Delineation of Motives for a Beneficial Act. «*Jour. of Experimental Soc. Psychol.*, 19:254–273.

Schroeder, David A. u. a., im Druck, »Empathic Concern and Helping Behavior: Egoism or Altruism?«*Jour. of Experimental Soc. Psychol.*

Schulweis, Harold M., 1986. »They Were Our Brothers' Keepers. « *Moment*, Mai: 47–50.

–, o. J. »Using History to Restore a Sense of Balance. « *Baltimore Jewish Times*.

Schwartz, Shalom H., 1968. »Awareness of Consequences and the Influence of Moral Norms on Interpersonal Behavior. « *Sociometry*, 31, 4:355–369.

–, 1970a. »Elicitation of Moral Obligation and Self-Sacrificing Behavior: An Experimental Study of Volunteering to Be a Bone Marrow Donor. « *Jour. of Personality and Soc. Psychol.*, 15, 4:283–293.

–, 1970b. »Moral Decision Making and Behavior. « In Jacqueline R. Macaulay und Leonard Berkowitz (Hg.), 1970.

–, 1973. »Normative Explanations of Helping Behavior: A Critique, Proposal, and Empirical Test.« *Jour. of Experimental Soc. Psychol.*, 9:349–364.

– 1975. »The Justice of Need and the Activation of Humanitarian Norms. « *Jour. of Social Issues*, 31, 3:111–136.

– 1977. »Normative Influences on Altruism. « *Advances in Experimental Soc. Psychol.*, 10:221–279.

–, 1986. »Altruism and Aggression. « In H. A. Michener, J. D. Delamater, und S. H. Schwartz, *Social Psychology* (San Diego: Harcourt Brace Jovanovich).

–, und Ben-David, A., 1976. »Responsibility and Helping in an Emergency: Effects of Blame, Ability, and Denial of Responsibility.» *Sociometry*, 39:406–415.

Schwartz, Shalom H., und Fleishman, John A., 1982. »Effects of Negative Personal Norms on Helping Behavior. « *Personality and Soc. Psychol. Bull.*, 8, 1:81–86.

Schwartz, Shalom H., und Gottlieb, Avi, 1980a. »Bystander Anonymity and Reactions to Emergencies. « *Jour. of Personality and Soc. Psychol.*, 39:418–430.

–, 1980b. »Participants' Postexperimental Reactions and the Ethics of Bystander Research. « *Jour. of Experimental Soc. Psychol.*, 17:396–407.

–, 1980c. »Participation in a Bystander Intervention Experiment and Subsequent Everyday Helping: Ethical Considerations. « *Jour. of Experimental Soc. Psychol.*, 16:161–171.

Schwartz, Shalom H., und Howard, Judith A., 1980. »Explanations of the Moderation Effect of Responsibility Denial on the Personal Norm-Behavior Relationship. « *Soc. Psychol. Quart.*, 43:441–446.

–, 1982. »Helping and Cooperation: A Self-Based Motivational Model. « In V. J. Derlega und J. Grzelak (Hg.), 1982.

Schweitzer, Albert, [1933] 1949. *Out Of My Life and Thought*. New York: Henry Holt and Company.

Segal, Nancy L., 1984. »Cooperation, Competition, and Altruism Within Twin Sets: A Reappraisal. « *Ethol. and Sociobiol.*, 5:163–177.

–, 1985. »Holocaust Twins: Their Special Bond. « *Psychol. Today*, August: 52–58.

–, 1987. »Cooperation, Competition, and Altruism in Human Twinships: A Sociobiological Approach.« In Kevin MacDonald (Hg.), *Sociobiological Perspectives on Human Development* (New York: Springer-Verlag).

Seth, Indu R., und Gupta, Prabha, 1983. »Altruism in Hindus and Muslims.« *Psychol. Studies*, 28, 2:69–73.

Seyfarth, Robert M., und Cheney, Dorothy L., 1984. »Grooming, Alliances and Reciprocal Altruism in Vervet Monkeys.« *Nature*, 308:541–543.

Shackleton, Edward, 1959. *Nansen the Explorer*. London: Witherby.

Shaffer, David R., 1985–1986. »Is Mood-Induced Altruism a Form of Hedonism?« *Humboldt Jour. of Soc. Relations*, 13, 1–2:195–216.

Sharabany, R., und Bar-Tal, D., 1982. »Theories of the Development of Altruism: Review, Comparison, and Integration.« *Internat. Jour. of Behavioral Development*, 5:49–80.

Sherif, Muzafer u. a., 1961. *Intergroup Conflict and Cooperation*. Norman, OK: University of Oklahoma Institute of Intergroup Relations.

Sherrod Drury R., und Downs, Robin, 1974. »Environmental Determinants of Altruism: The Effects of Stimulus Overload and Perceived Control on Helping.« *Jour. of Experimental Soc. Psychol.*, 10, 5:468–479.

Shostak, Marjorie, 1983. *Nisa: The Life and Words of a !Kung Woman*. New York: Vintage.

Shotland, R. Lance, 1985. »When Bystanders Just Stand By.« *Psychol. Today*, Juni:50–55.

–, und Huston, Ted L., 1979. »Emergencies: What Are They and Do They Influence Bystanders to Intervene?« *Jour. of Personality and Soc. Psychol.*, 37, 10:1822–1834.

Simons, Carolyn W., und Piliavin, Jane Allyn, 1972. »Effect of Deception on Reactions to a Victim.« *Jour. of Personality and Soc. Psychol.*,, 21, 1:56–60.

Skinner, B. F., 1972. *Beyond Freedom and Dignity*. New York: Bantam/Vintage.

–, 1978. »The Ethics of Helping People.« In Lauren G. Wispé (Hg.), 1978.

Smith, Adam, [1759] 1949. *Theorie der ethischen Gefühle*. Frankfurt: Georg Kurt Schauer.

Smith, Eric Alden, 1985. »Inuit Foraging Groups: Some Simple Models Incorporating Conflicts of Interest, Relatedness, and Central-Place Sharing.« *Ethol. and Sociobiol.*, 6:27–47.

Smith, Ronald E., Wheeler, Gregory, and Diener, Edward, 1975. »Faith Without Works: Jesus People, Resistance to Temptation, and Altruism.« *Jour. of Applied Soc. Psychol.*, 5, 4:320–330.

Smithson, Michael, Amato, Paul R., und Pearce, Philip, 1983. *Dimensions of Helping Behavior*. Oxford: Pergamon Press.

Solomon, Daniel u. a., 1987a. *Promoting Prosocial Behavior in Schools: A Second Interim Report on a Five-Year Longitudinal Demonstration Project*. San Ramon, CA: Developmental Studies Center.

– u. a., 1985. »A Program to Promote Interpersonal Consideration and Cooperation in Children.« In Robert Slavin u. a., (Hg.), *Learning to Cooperate, Cooperating to Learn* (New York: Plenum Publishing Corp.).

– u. a., 1987b. *Enhancing Children's Prosocial Behavior in the Classroom*. San Ramon, CA: Developmental Studies Center.

Spivak, G., und Shure, M., 1974. *Social Adjustment of Young Children*. San Francisco: Jossey-Bass.

Staub, Ervin, 1969. »A Child in Distress: The Effect of Focusing Responsibility on Children on Their Attempts to Help.« *Developmental Psychology*, 2, 1:153.

–, 1970. »A Child in Distress: The Influence of Age and Number of Witnesses on Children's Attempts to Help.« *Jour. of Personality and Soc. Psychol.*, 14, 2:130–140.

–, 1971a. »A Child in Distress: The Influence of Nurturance and Modeling on Children's Attempts to Help.« *Developmental Psychology*, 5:123–133.

–, 1971b. »Helping a Person in Distress: The Influence of Implicit and Explicit ›Rules‹ of Conduct on Children and Adults.« *Jour. of Personality and Soc. Psychol.*, 17, 2:137–144.

–, 1971c. »The Learning and Unlearning of Aggression.« In *The Control of Aggression and Violence*, herausgegeben von Jerome Singer. New York: Academic Press, Ch. 4.

–, 1971d. »The Use of Role Playing and Induction in Children's Learning of Helping and Sharing Behavior.« *Child Development*, 42:805–816.

–, 1974. »Helping a Distressed Person: Social, Personality, and Stimulus Determinants.« *Advances in Experimental Soc. Psychol.*, 7:293–341.

–, 1975. »To Rear a Prosocial Child: Reasoning, Learning by Doing, and Learning by Teaching Others.« In David J. DePalma und Jeanne M. Foley (Hg.), *Moral Development: Current Theory and Research* (Hillsdale, NJ: Lawrence Erlbaum Associates).

–, 1978a. *Positive Social Behavior and Morality.* Vol. 1, *Social and Personal Influences*. New York: Academic Press.

–, 1978b. »Predicting Prosocial Behavior: A Model for Specifying the Nature of Personality-Situation Interaction. In L. A. Pervin und M. Lewis (Hg.), *Perspectives in International Psychology* (New York: Plenum Press).

–, 1979. *Positive Social Behavior and Morality.* Vol. 2. *Socialization and Development*. New York: Academic Press.

–, 1981. »Promoting Positive Behavior in Schools, in Other Educational Settings, and in the Home.« In J. Philippe Rushton und Richard Sorrentino (Hg.), 1981.

–, 1984. »Steps Toward a Comprehensive Theory of Moral Conduct: Goal Orientation, Social Behavior, Kindness, and Cruelty.« In William M. Kurtines und Jacob L. Gewirtz (Hg.), 1984.

–, 1985. »The Psychology of Perpetrators and Bystanders.« *Political Psychol.*, 6, 1:61–85.

–, 1986. »A Conception of the Determinants and Development of Altruism and Aggression: Motives, the Self, and the Environment.« In Carolyn Zahn-Waxler, E. Mark Cummings, und Ronald J. Iannotti (Hg.), 1986.

–, 1988a. »The Evolution of Caring and Nonaggressive Persons and Societies.« *Jour. of Social Issues*, 44, 2:81–100.

–, 1988b. »The Roots of Altruism and Heroic Rescue« (Besprechung von Oliner und Oliner, 1988). *The World and I*, Juli.

–, im Druck (a). »The Evolution of Bystanders, German Psychoanalysts, and Lessons for Today.« *Political Psychol.*

– 1989b. *The Roots of Evil: The Psychological and Cultural Origins of Genocide*. New York: Cambridge University Press.

–, im Druck (b). »The Psychology of Torture and Torturers.« *Jour. of Social Issues.*

–, und Baer, Robert S., 1974. »Stimulus Characteristics of a Sufferer and Difficulty of Escape as Determinants of Helping.« *Jour. of Personality and Soc. Psychol.,* 30, 2:279–284.

Staub, Ervin u. a., (Hg.), 1984. *The Development and Maintenance of Prosocial Behavior: International Perspectives on Positive Morality.* New York: Plenum Press.

Staub, Ervin, und Feinberg, Helene K., 1980. »Regularities in Peer Interaction, Empathy, and Sensitivity to Others.« Papier vorgestellt beim Treffen der American Psychological Association, Montreal, Kanada.

Staub, Ervin, und Noerenberg, Henry, 1981. »Property Rights, Deservingness, Reciprocity, Friendship: The Transactional Character of Children's Sharing Behavior.« *Jour. of Personality and Soc. Psychol.,* 40:271–289.

Stein, Morris I., 1966. *Volunteers for Peace: The First Group of Peace Corps Volunteers in a Rural Community Development Program in Colombia, South America.* New York: John Wiley & Sons.

Stoessinger, J. G., 1982. *Why Nations Go to War,* New York: St. Martin's Press.

Strayer, Janet, 1980. »Naturalistic Study of Empathetic Behaviors and Their Relation to Affective States and Perspective-Taking Skills in Preschool Children.« *Child Development,* 51:815–822.

Tajfel, Henri, und Billig, Michael, 1974. »Familiarity and Categorization in Intergroup Behavior.« *Jour. of Experimental Soc. Psychol.,* 10:159–170.

Taylor, H. O., 1927. *The Medieval Mind,* London: Koming.

Teachman, Goody, und Orme, Michael, 1981. »Effects of Aggressive and Prosocial Film Material on Altruistic Behavior of Children.« *Psychol. Reports,* 48, 3:699–702.

Tec, Nechama, 1983. »Righteous Christians in Poland.« *Internat. Soc. Sci. Rev.,* Winter:12–19.

–, 1984a. »Sex Distinctions and Passing as Christians During the Holocaust.« *East European Quarterly,* 18, 1:113–123.

–, 1984b. *Dry Tears: The Story of a Lost Childhood.* New York: Oxford University Press.

–, 1986a. »Polish Anti-Semitism and the Rescuing of Jews.« *East European Quarterly,* 20, 3:299–315.

–, 1986b. »Polish Anti-Semites and Jewish Rescue During the Holocaust.« *Proc. of the Ninth Congress of Jewish Studies,* div. B, 3:181–188.

–, 1986c. *When Light Pierced the Darkness.* New York: Oxford University Press.

Tellegen, Auke u. a., im Druck, »Personality Similarity in Twins Reared Apart and Together. *Journ. of Personality and Soc. Psychol.*

Thomas, Elizabeth Marshall, 1958. *The Harmless People.* New York: Vintage.

Thomas, George C., Batson, C. Daniel, und Coke, Jay S., 1981. »Do Good Samaritans Discourage Helpfulness? Self-Perceived Altruism After Exposure to Highly Helpful Others.« *Jour. of Personality and Soc. Psychol.,* 40, 1:194–200.

Thompson, William C., Cowan, Claudia L., und Rosenhan, David L., 1980. »Focus of Attention Mediates the Impact of Negative Affect on Altruism.« *Jour. of Personality and Soc. Psychol.,* 38, 2:291–300.

Titmuss, Richard M., 1971. *The Gift Relationship: From Human Blood to Social Policy*. New York: Pantheon Books.

Toi, Miho, und Batson, C. Daniel, 1982. »More Evidence That Empathy Is a Source of Altruistic Motivation.« *Jour. of Personality and Soc. Psychol.*, 43, 2:281–292.

Trivers, Robert L., 1971. »The Evolution of Reciprocal Altruism.« *Quarterly Rev. of Biol.*, 46:35–57.

–, 1985. *Social Evolution*. Menlo Park, CA: Benjamin/Cummings.

Turnbull, Colin, 1972. *The Mountain People*. New York: Simon & Schuster.

–, 1978. »Rethinking the Ik.« In Charles D. Laughlin, Jr., und Ivan A. Brady (Hg.), *Extinction and Survival in Human Populations* (New York: Columbia University Press).

Underwood, Bill u. a., 1977. »Attention, Negative Affect, and Altruism,« *Personality and Soc. Psychol. Bull.*, 3, 1:54–58.

Underwood, Bill, und Moore, Bert S., 1982. »The Generality of Altruism in Children.« In Nancy Eisenberg (Hg.), 1982b.

van de Kragt, Alphonse J. C., Orbell, John M., und Dawes, Robyn M., 1983. »The Minimal Contributing Set as a Solution to Public Goods Problems.« *Amer. Polit. Sci. Rev.*, 77, 1:112–122.

van de Kragt, Alphonse J. C. u. a., 1986. »Doing Well and Doing Good as Ways of Resolving Social Dilemmas.« In Henk A. M. Wilke, Dave M. Messick, und Christel G. Rutte (Hg.), *Experimental Social Dilemmas* (Frankfurt am Main: Verlag Peter Lang).

Viorst, Milton, 1986. *Making a Difference: The Peace Corps at Twenty-Five*. New York: Weidenfeld & Nicholson.

Walster, Elaine, Berscheid, Ellen, und Walster, G. William, 1970. »The Exploited: Justice or Justification?« In Jaqueline Macaulay und Leonard Berkowitz (Hg.), 1970.

Wexler, Mark N., 1981. »The Biology of Human Altruism.« *Soc. Science*, 56, 4:195–203.

–, 1981–1982. »Sociobiology and Human Altruism: A Social Scientist's Perspective.« *Humboldt Jour. of Soc. Relations*, 9, 1:32–60.

Whiting, Beatrice, und Whiting, John, 1975. *Children of Six Cultures*. Cambridge: Harvard University Press.

Whitworth, John McKelvie, 1976. *God's Blueprints: A Sociological Study of Three Utopian Sects*. London und Boston: Routledge & Kegan Paul.

Wicklund, Robert, und Gewirtzer, Peter, 1982. *Symbolic Self-Completion*. Hillsdale, NJ: Lawrence Erlbaum Associates.

Wiener, Valerie Lewis, 1987. »Psychology of Favors: Age und Gender Differences in Everyday Helping.« Papier vorgestellt beim 1987er Treffen der American Psychological Association, New York, NY.

Wilson, Edward O., 1975. *Sociobiology: The New Synthesis*. Cambridge: Harvard University Press.

–, [1970] 1979. *On Human Nature*. New York: Bantam Books.

Wilson, Midge, und Dovidio, John F., 1985. »Effects of Perceived Attractiveness and Feminist Orientation on Helping Behavior.« *Jour. of Soc. Psychol.*, 125, 4:415–420.

Wispé, Lauren G. (Hg.), 1978. *Altruism, Sympathy, and Helping: Psychological and Sociological Principles*. New York: Academic Press.

Woodham-Smith, Cecil, 1950. *Florence Nightingale*. London: Constable/The Book Society.

Wundheiler, Luitgard N., 1985–1986. »Oskar Schindler's Moral Development During the Holocaust.« *Humboldt Jour. of Soc. Relations*, 13, 1–2:333–356.

Zahn-Waxler, Carolyn u. a., 1984. »Altruism, Aggression, and Social Interaction in Young Children with a Manic-Depressive Parent.« *Child Development*, 55:112–122.

Zahn-Waxler, Carolyn, Cummings, E. Mark, und Iannotti, Ronald J. (Hg.), 1986. *Altruism and Aggression: Social and Biological Origins*. Cambridge: Cambridge University Press.

Zahn-Waxler, Carolyn, und Kochanska, Grazyna, 1989. »The Origins of Guilt.« In Ross Thompson (Hg.), *36th Annual Nebraska Symposium on Motivation: Socioeconomic Development* (Lincoln, NE: University of Nebraska Press).

Zahn-Waxler, Carolyn, und Radke-Yarrow, Marian, 1982. »The Development of Altruism: Alternative Research Strategies.« In Nancy Eisenberg (Hg.), 1982b.

–, und King, Robert A., 1979. »Child Rearing and Children's Prosocial Initiations Towards Victims of Distress.« *Child Development*, 50, 2:319–330.

–, 1983. »Early Altruism and Guilt.« *Academic Psychol. Bull.*, 5, 2:247–259.

Zimbardo, Philip G. u. a., 1974. »The Psychology of Imprisonment: Privation, Power, and Pathology.« In Zick Rubin (Hg.), *Doing Unto Others* (Englewood Cliffs, NJ: Prentice-Hall).

Register

Gerhard Schulze

Die Erlebnisgesellschaft

Kulturzoziologie der Gegenwart

1992. Ca. 800 Seiten, gebunden

Seit der Nachkriegszeit hat sich die Beziehung der Menschen zu Gütern und Dienstleistungen fortdauernd verändert. Das vorrangige Problem des Alltagslebens ist heute nicht mehr die Sicherung der Existenz, sondern die Orientierung in einer Flut von Möglichkeiten. An die Stelle der Frage »Wie erreiche ich dies oder das?« tritt die Frage »Was will ich eigentlich?«.

Wohin die Entwicklung gegangen ist, wird am Wandel der Werbung besonders deutlich. Design und Produktimage werden zur Hauptsache, Nützlichkeit und Notwendigkeit zum Accesoire. Oft wird Ästhetik ironisch als Zweckmäßigkeit verschleiert. Diese Ästhetisierung des Alltagslebens ist Teil eines umfassenden Wandels, der keineswegs auf den Markt der Güter und Dienstleistungen beschränkt bleibt.

Das Leben schlechthin ist zum Erlebnisprojekt geworden, ungeachtet aller Unterschiede der sozialen Lage. Während es noch scheint, daß sich alles auflöst, haben sich bereits neue Deutungsmuster und eine vielgestaltige Ordnung sozialer Milieus herausgebildet. Sie grenzen sich voneinander ab durch unterschiedliche Lebensphilosophien, Geschmackskulturen und Lebensstile. Die Unterschiede sind nicht nur feiner, sie sind auch unendlich vielfältiger geworden. Gerhard Schulze analysiert die Zeichensprache der offensichtlichen persönlichen Attribute, mit der die Menschen diese Ordnung aufrechterhalten.

Campus Verlag · Frankfurt/New York

Morton Hunt

Die Praxis der Sozialforschung

Reportagen aus dem Alltag einer Wissenschaft

Aus dem Englischen von Margit Popp
1990. 348 Seiten

Morton Hunt gibt dem Leser, sei er allgemein interessiert oder selbst Sozialwissenschaftler, einen pointierten Überblick über die verschiedenen Methoden und Bereiche der Sozialforschung, der die jeweiligen Vorteile und Grenzen deutlich macht.

»Ein engagierter und klar geschriebenes Buch, das den State of the Art der Sozialwissenschaft präsentiert.

Marie Jahoda in *Nature*

»Der Nicht-Soziologe Hunt vermittelt eine weitaus genauere und lebendigere Vorstellung vom Forschungsprozeß als die aufgeräumten Schubladen und die vorgekaute Prosa des typischen Methodenlehrbuchs.«

Contemporary Sociology

Campus Verlag · Frankfurt/New York